ETF
ハンドブック

プロフェッショナルが理解すべき最先端投資ツールのすべて

The ETF Handbook
How to Value and Trade Exchange-Traded Funds
Second Edition
by DAVID J. ABNER

デビッド・J・アブナー［著］
渡邊雅史［訳］

一般社団法人**金融財政事情研究会**

THE ETF HANDBOOK, 2/E
How to Value and Trade Exchange-Traded Funds

Copyright @2016 by David J. Abner. All rights reserved.
Published by John Wiley & Sons, Inc., Hoboken, New Jersey.
Published simultaneously in Canada.

This translation published under license with the original publisher
John Wiley & Sons, Inc. through Japan UNI Agency, Inc., Tokyo

『ETFハンドブック』日本語版の出版に寄せて

　『ETFハンドブック』は、ETF業界で最も広く読まれている書籍の一つとなった。2009年に初版が出版された時、ETFの残高は世界で1.3兆ドル程度であり、ETFの投資家コミュニティは非常に小さかった。それからほぼ10年後、この商品は、すべての人々の投資方法のグローバルな変化の最前線に位置している。ETFは、将来を予測して投資する機関投資家のポートフォリオマネジャーによる限定的な採用から、緊急的なニーズがなくても、あらゆるファンド投資家に使われるようになるまで拡大してきた。この変化は、金融システムのインフラストラクチャー全体の再考を伴っており、革新的な方法による大規模なデータ処理の能力を向上させている。また、ゼロに近い金利環境は、支払手数料とポートフォリオ全体のパフォーマンスの重要性を高めた。

　この革命を推進しているのは、投資家にとって直接的に意味のあるETF業界のインフラストラクチャーのいくつかの要素である。そして、透明性がその中心にある。2008年の金融危機以降、透明性への要求は最高潮に達している。この危機における最も重要な点は、それが、世界の大企業の信用力の監視を委託されていた専門家によるデューデリジェンスの欠如から生じたということである。これまでより情報が利用可能になるにつれて、人々はいつも眠らずに仕事をしてくれると思われていた専門家に頼っているだけでは不十分であるということを認識し始めた。このことは、他の領域にも影響を与えた。専門家ではない人たちによる機械的な株式分析手法の急増はその一例である。他にもYouTube上でのさまざまなテクニックの実演など、プロではない専門家の成長を促したのである。

　この信念の変化によって犠牲となったものの一つは、ポートフォリオ内における「スタイル・ドリフト」という概念であった。21世紀が始まる30年前から、投資家は、ポートフォリオの保有銘柄をまれに（通常は四半期ごと）

しか開示しないミューチュアルファンドを利用していた。ポートフォリオ内の「ウィンドウ・ドレッシング」の概念は、金融業界ではよく知られていたが、外部の投資家にはよく理解されていなかった。ウィンドウ・ドレッシングとは、投資家に四半期のスナップショットが提供されるタイミングで、ポートフォリオを公開されている投資目標にあわせて戻す行動のことである。

　ウィンドウ・ドレッシングの例を示そう。もし、あなたが大型株のマネジャーで、あるべきリターンを達成するのに苦労していたら、そのリターンを搾り出すために、ポートフォリオでボラティリティの高いハイテク株をいくつか買うかもしれない。このことは、ポートフォリオ全体のリスクを増加させるだろう。しかし、あなたは、四半期末の直前に、本当は投資マンデートに組入れを認められていないこれらの株式を売却することができる。そして、投資家がリスク数値を計算するために使用するポートフォリオのスナップショットは元どおりになっているのである。この行動については違法ではないとされていて、だれもよくその存在を知らないだろう。ポートフォリオで何かが「爆発」しない限りは、あなたが何を保有しているのかについてはだれもわからない。もしそうなったら、ボラティリティの低い大型株ファンドでその権限外の銘柄を保有していたために、25％の下落にあったと説明する必要はもちろんあるのだが。日次でポートフォリオの保有銘柄を提供することが技術的に可能となった世界では、この慣行はなくなるべくしてなくなっていっている。

　ETFの特徴としての、日次で保有銘柄の透明性を提供するというこの能力は、どんなポートフォリオのコアにとっても最低限の要件となるべきである。これは、毎日のようにサイトにログインしようとしない投資家にとっては不要であると思えるかもしれない。しかし、すべての投資家は、市場全体をみるためにこの情報を使う独立した監視者（訳者注：流動性供給者およびその他の市場参加者）からおおいに恩恵を受けるだろう。情報の透明性によって、不適格または腐敗した専門家の小さなサークルではなく、より大規模な

コミュニティがそれを公に利用できるようになっているのである。これは、ETFの成長と進化を推進する重要な変化であり、すべての投資家に利益をもたらしている。

　このETFハンドブック全体を通して、私は、現在利用可能な他の投資商品と比較して、いまの投資の世界に適したETFの透明性以外の特徴についても強調している。ETFは、投資家の特定のニーズに基づいてリスクを調整して、より幅広く分散されたポートフォリオの実現を可能とする金融商品である。ETFはまた、投資家がエクスポージャーのコストと各ポートフォリオの構成要素のリスク／リターン特性を真に評価して、ポートフォリオのコア部分だけでなく、ポートフォリオ全体の手数料を引き下げることを可能にした。リスクと手数料の両方の管理は規律ある投資アプローチの特徴であり、ETFはあらゆるレベルの投資家がこれまで以上に効率的にこれを実現することを可能にしている。ETFはまさに、世界中の投資ポートフォリオの黄金時代の到来を予言しているのである。

David J. Abner

序　文

　この数年、投資可能なETFの本数やその原資産の種類が顕著に増加している。今後この業界がさらに発展するためにも、初めての利用者が幅広いETFの取引執行方法について理解を深めることは重要である。新たに拡大している投資家層への啓蒙はETFの発行体の間で共通の試練となっている。業界大手のETFプロバイダーでも、いくつか名の通った商品を提供する一方で、ほとんど取引されないような商品もある。投資家層が幅広い商品を活用するためには、どのように効率的な執行がなされるかを理解することが必要である。ETFの評価と取引方法について適切な理解を深めることは、投資家が商品の幅を広げるのに役立つ。これにより、取引の関係者が必要なサービスを提供することができるようになり、この新しい業界が今後も成長していくことにつながる。本書では、ファンド評価のために必要なツールと、ETFの取引と執行のために必要なコンセプトの両方を紹介する。本書の内容はトレーダーや投資家にとって重要なものとなるだろう。

ETFの実際

　先日、この情報が意味をもつ2つの場面に遭遇した。1つ目は、ある顧客からETFの執行に関して助けを求める電話を受けた時のことである。この顧客の当初の質問は「御社のETFを2銘柄購入しようとしているが、日中の取引量がとても少ない。この1週間ほどずっとビッドを出しているが、執行できないでいる。手を貸してくれないか」というものであった。このような質問を受けるのは初めてではなかった。ETFの利用者層が増えるにつれ、ETFの発行体へのこのような質問も増えた。私は同様の問合せにこの15年にわたり対応し続けてきた。当初、こういった質問は商品を新しく導入する際に流動性を必要とする、主に機関投資家やヘッジファンドによるものであった。

　その後、私はより小規模な投資家を担当するようになった。すなわちアド

バイザーやより幅広い顧客層に対して、より多様なETFを彼らが望むような執行方法で取引するための手伝いをするようになったのである。まず初めに、これまで顧客が何をしてきたか、そして彼らの投資目的は何かを確認する。たとえば、顧客はアドバイザーで、2つのETFを5万口ずつ購入しようと考え、それぞれ1日当りの流動性は約1万5,000口であるとする。通常、市場ではおおよそ10セントの開きがあり、両サイドに約500口ずつあるとする。ETF市場がどのように機能するのかをしっかりと理解していない場合、取引には数日かかるか、もしくはどうしようもない状況に陥ったと思ってしまうかもしれない。しかし、私は顧客が満足のいく取引をする手助けができた。実はこの顧客は非常に少ない指値だけをビッドサイドに置いていたということがわかった。そして市場が下がり始めたら、そのつどビッド価格を下げていたのだ。これにより、流動性供給者（リクイディティ・プロバイダー）が実際の取引希望サイズを確認できず、顧客も反対側の流動性が提供されると考えられるETFの評価額付近での執行ができなかった。これでは、魚釣りのボートのなかにいても針と餌をつけた釣り糸を垂れないようなものである。せっかく釣りに行っても魚は釣れないだろう。

　私は顧客と投資目的についての議論をした後、ETFがどのように評価されるのかを説明した。そして、流動性の低いETFにおいては、多くの場合、流動性供給者との間での取引になると説明をした。希望する流動性を供給してもらうためには、ETFの評価額付近での取引をしたいと流動性供給者に伝えることが重要である。そのうえで、それぞれのETFのフェアバリューは市場のオファーサイドより約3セント内側であると算出した。そして、その顧客にとってはとても荒っぽいと思われることを実行した。われわれの手のうちすべてを電子取引の上に載せることにしたのである。500口ずつビッドするのではなく、それぞれのETFに5万口ずつ、ETF評価額に沿った彼の買付希望価格でビッドサイドに置いたのである。

　ETF市場は非常に幅広く拡大したため、時には取引を執行するために取引システムのベルを鳴らさなくてはならない場合もある。これは、店のドア

にかけてあるベルで、店主が客の出入りがわかるのに似ている。日中の取引量が少ないETFに大きなサイズのビッドが現れた場合、流動性供給者は彼らのシステムを通して連絡を受ける。時折、私の商品のビッドまたはオファーに大口の注文が表示された場合、私は自ら流動性供給者に電話をし、彼らが取引機会を逃さないように知らせている。われわれは市場の少しの変動では価格を変更せず、ノイズとして対処した。この顧客のねらいは、大きな値上りを期待した長期的な取引をすることであった。彼は30.10ドルか30.07ドルかについては無関心であったにもかかわらず、市場が動くにつれて価格を調整していたのである。これにより彼の注文が成立するであろうフェアバリューの水準を常に下回っている状態を維持してしまっていたのである。この話の結末は、両方の大口の注文はすぐに完了したということである。

　彼の執行方法はいくつかの点で有効である。まず、この投資家はETFの流動性供給者がフェアバリューと考える水準でビッドしていた点である。また、興味を引く程度の十分なサイズを提示していた点も重要である。この顧客は、許容できる価格水準で、彼が望んでいたETFのエクスポージャーが実現できてとても満足していた。当初は流動性がどこからくるのか理解していなかったが、いまは適切な方法でポジションを出し入れできたことが快適であったようだ。ETFのオーダーを執行するために学ぶべきことはたくさんあるが、重要なことは、市場で何が起こっているかのコンセプトを知ることである。これらのすべての詳細について、本書で言及したい。

　2つ目の例は、顧客が代替手段を使ってエクスポージャーの確保に成功した事例である。私はある大手機関投資家から、われわれのETFの手法が気に入ったため購入したいという内容の電話を受けた。この投資家はETFが利用可能な潜在的な流動性の話を耳にしており、彼らの目的を達成するための執行方法についてもっと知りたいということであった。電話の主の懸念は、取引をしようとしているETFの1日当りの売買高が少ないことであった。この投資家は大手の機関投資家であったため、1日当りの売買高が5万

口未満のETFのうちいくつかを数十万口ずつ購入したいと考えていた。この投資家の投資期間は長く、取引日については今日か、翌日か、もしくは数日後かという点は気に留めなかった。

　この種の注文では、ETFの構造で最も重要な一面、すなわち設定と交換という機能を駆使する。この投資家は指定参加者である大手のブローカー・ディーラーとすでに取引があった。指定参加者は新規のETFの受益権の設定において直接ETFの発行体と取引ができる。そのため、この顧客は指定参加者に純資産価額（NAV：Net Asset Value）に基づいた価格での買い注文を出した。指定参加者は市場にアクセスし、ETFの原資産を購入し、ETFの発行体に拠出した。それに対して、発行体は新規のETFの受益権を指定参加者に差し出し、その後指定参加者はこれを顧客に渡した。この顧客は、ETFの市場価格にインパクトを与えることなく、ファンドの純資産価額に沿った価格で取引を執行することができた。このシナリオでは、投資家が流通市場で実際に取引することがなかったため、ETFの平均売買高は取引とは無関係であった。大口の取引には、このようにETFの構造を利用することで対応することができる。この機能がETFを成長へと導く一助となったのである。小口の取引についても、流動性アグリゲーターにアクセスしたり、その仕事を理解したりすることによって同様に可能となる。設定／交換のプロセスや流動性供給者の利用については、全体的なETFの構造においても大変重要な要素であるため、後ほど本書でこれらの内容について解説する。

本書の内容

　本書は3部構成になっていて、それぞれETFの異なった側面を紹介している。第1部ではETFのさまざまな構造を紹介し、ETFの背後にある方法論やETFを市場に出す方法を紹介する。第1部はETFの発行体としての視点で書かれている。私は本書の執筆時点でETFの発行体で10年ほど働いており、その以前も10年以上ETFの取引を行ってきた。私のETFという商品

とのかかわりについての話も参考になると考えている。

　1990年代後半、私はマンハッタンのミッドタウンにあるベア・スターンズ社でクローズドエンドファンドのビジネスに携わっていた。顧客の注文の手助けと、裁定取引機会のための自己勘定取引の戦略を担当していた。カントリー・ウェブス（Country WEBS）商品の常連ユーザーでもあった。これらの商品は後のiシェアーズの国別ETFのもととなった。ある日、デスクの営業担当が「聞いたことのないファンドにオーダーが入った、マーケットメイクできるか」と尋ねてきた。私が担当であったため、その依頼を引き受けた。その商品に精通してはいなかったが、顧客の要望に応じてQQQ（Nasdaq 100 Index Tracker）のマーケットメイクをした。直後、私は自身の取引ポートフォリオに巨額の損失を出した。敗因の分析のなかで、この商品についてより多くを学ぶにつれて、私はこの新しい商品の魅力に取りつかれてしまった。私は徐々に、このユニークな商品が取引の関係者たちにとってどれほど可能性に満ちたものであるのかということを実感し、ベア・スターンズ社でETFビジネスを立ち上げるに至った。この数年でわれわれが経験した爆発的な成長を、私はこの時点では予想もしていなかった。

　当時、私はこれまでのすべてのキャリアを市場やトレーディングのパフォーマンスに費やしてきていた。バスケットやファンドのトレーダーであったため、個別の会社の株式を購入することにはとても躊躇していた。個人のポートフォリオの管理のため、私は主にプレーンバニラのミューチュアルファンドに投資していた。こつこつとドルコスト平均法で毎月積み上げ、資産が増えるのをみていた。2000年に結婚し、妻と家を買うことにしたが、私は当時保有していたすべてのミューチュアルファンドを解約し、大きな資金を頭金として拠出した。2年後、投資資金がたまり、そしてETFビジネスが成長し始めた時、今後ミューチュアルファンドは決して買わずにETFだけに投資をしようと決めた。ETFが投資家にとっていかに意義のある商品であるかということに気づいたのである。私はETFを市場に浸透させ、投資家が運用目標を達成するために有効活用できるように手伝いをしたいと考

えた。これが、私が数年後に若く革新的なETFプロバイダーに移籍する素地となった。

　第1部は、ETFを市場に提供して、それをどのように投資に役立たせるのかということに関連したさまざまな要素を紹介する。私はこれまでETFのおおよその沿革以上のことや商品のメカニズムの詳細について言及するのを避けてきた。それについてはほかの書籍でもたくさん紹介されているからである。今回は、いままで詳しく言及されてこなかった、またはETFの発行体や流動性供給者として働いている者しか完全には理解していなかったトピックや内容に焦点を当てている。興味をもっているすべての人々に広く理解してもらうため、インサイダーの視点を紹介したいと考えている。

　私たちは投資手法の革命のなかに生きている。オンラインの証券口座からマウスのクリック一つでこんなにも多くの商品に投資できることなどいままでなかった。投資における格差がなくなりつつあり、機関投資家のツールが広く一般にも浸透してきた。考え方や新しい商品の採用における重大な変化に伴って、習熟の速度も上がってきた。しかし、この投資ビークルの取引を執行する技術はまだ広く理解されてはいない。この商品の主な特徴は通常の株式のように取引所で売買可能な点であるから、それを理解することはきわめて重要である。

　第2部は正しく評価されていないETFのエコシステムの神髄について触れる。すなわち、トレーディングである。驚くべきことに、大小を問わずほとんどの投資家がポートフォリオを構成する商品の裏側にある取引のメカニズムを理解していない。本書では、この商品の取引のメカニズムや原資産の流動性、ポートフォリオのなかで商品の利便性を順位づけるための方法について、インプライド流動性に関する詳細な解説や私が使用しているEBILSランキングシステムを用いて、かつてないほど深い部分まで掘り下げる。ETFのエコシステムのなかにおいてどんなプレイヤーがいるのかについても紹介する。

　第3部では、商品のフェアバリューを計算するメカニズムについて議論す

る。海外構成銘柄のETFがなぜ日中インディカティブ・バリュー（IIV）からかい離して取引されているのかについて説明する。また、コモディティのカテゴリーにおいて利用可能な商品のタイプや通貨ETFのさまざまな形態についても紹介する。第3部は、ETFの注文を効率的に執行するための基礎を構築するために、ETFをどのように評価するのかを理解するための枠組みを紹介する。私はしばしばETFのビジネスへの参入に興味をもつ人たちと話すことがあるが、第3部は彼らにとっても、どのようにETFのバリュエーションのプロセスが行われるのかを理解する助けとなるだろう。たとえばある上場商品がプレミアムになった場合、その裏側のメカニズムを理解していれば、なぜこの現象が起こったのか、また次に何が起こるのかということもわかるはずである。

　上場商品の世界では日々目まぐるしい変化と成長が起こっている。本書の最後ではこの業界に関する補論を入れている。ETFのためのブルームバーグの利用方法に関する解説や、ETFの発行体やウェブサイトのアドレスも掲載している。欧州や日本のETF市場に関しても触れており、米国以外のグローバルな業界で何が起こっているのかを紹介している。

> **取引のヒント**
>
> 　本書のなかでは、市場におけるETFの取引に関する具体的なポイントについて「取引のヒント」として強調している部分がある。

読み始めるにあたって

　本書はETFに関して最初に読む本ではない。しかしながら、私は読者にカーテンの裏側には何があるのかというインサイダーの視点を紹介したい。本書の内容や視点はユニークなものであると考えている。ETFの適切な利用のためのガイドとなるだろう。投資家は商品がどのように機能しているか

の詳細を知り、理解する権利がある。取引関係者は、今後くるであろう雪崩のようなETFの注文をさばくだけのインフラストラクチャーを構築しなければならない。読者がETFのメリットを享受し、有益な投資や取引に役立ててくれることを祈っている。

免責事項

本書のコンセプトやアイデアは私独自のものであり、ウィズダムツリー・アセットマネジメントを代表しているものでは決してない。投資はリスクを伴うものであり、元本を毀損するおそれもある。通常の投資リスクに加え、海外投資は為替や政治、経済リスクを伴う。単一国や単一業種、小型企業への投資に特化しているファンドは価格のボラティリティがより激しくなる。投資家は投資目的、リスク、ファンドの費用について、投資前にじっくり考慮するべきである。本書は税務アドバイスをするものではないため、税に関する問合せは専門家に助言を求めるよう勧める。

謝　辞

　本書の第2版の作成を了承した時には、目前にどれほど大変なことが待ち受けているかということを想像できていなかった。本を書くということはある意味で子どもをもうけるようなものである。妻が3人の子どもを出産するのをみて、一度でも、ましてや複数回、出産を望む人がいることに私は驚くばかりである。しかし、いざ自分の赤ん坊が生まれてくるのをみると、そんな大変な時間はほぼすべて頭のなかから消し去られてしまう。本を執筆することは子どもをもつことと同じくらい大変だといいたいわけではないが、製本された作品を一目みると、費やした苦労はどこかに吹き飛んでしまう。私が第2版を執筆すると決めた時、第1版を出版するのがどれほど大変だったかなどは、ほとんど思い出せなかった。前作で提供した情報に関する需要は引き続きあり、私は必要な情報を更新する義務があるように感じていた。

　私は今回の更改作業から、以下3点を学んだ。
1　第1版で紹介したETFのメカニズムに関する情報の多くは今日でも引き続き有効であり、今後のこれらの商品群の寿命までを通してみても同様であろう。
2　ETF業界は5年間で2倍以上になり、この情報に価値を見出した新規参入者は今後も多く流入してくるだろう。
3　第1版作成時に喜んで貢献してくれた方々は、私が今回の仕事のアシスタントを募集していると知ったら、たいていは私の前からいなくなった。

　第1版と第2版の両方を手伝ってくれたのは2名だけである。アニータ・ローシュは古くからの友人で、われわれのキャピタル・マーケット・グループへの貢献という意味でも、彼女はウィズダムツリーのチームにとって大変貴重な財産である。彼女は第1版、第2版のすべての文章を読み、そして彼女の貢献のおかげで、計り知れないほど質が改善されたのである。業界について日々交わす言葉が私の思考におおいに役立った。そして私の義母である

リン・コーエンも、本書の第1版、第2版だけでなく、*Visual Guide to ETFs*も一語一語すべて読み、意味をなす文章に書き換えてくれた。本書を読み終えるであろう読者の方々は、ぜひこの体験をよいものにしてくれたことを個人的に彼女に感謝してほしい。アリッサ・クレインマンはこれらの変更をデジタル化するのに貢献してくれた。

　この試みは当初、インターンの助けを借りた。イェシーバー大学のベンジャミン・ハーシュコヴィッツは第1部の内容を編集するにあたり最大の原動力となってくれた。われわれが共有した短い時間のなかで、彼は「ミレニアル世代」がもつETF業界への情熱を示してくれた。

　私の本はETFのメカニズムと取引に焦点を当てていることもあり、私の職場のキャピタル・マーケット・グループの人々が常に意見を提起してくれたのは自然のことだろう。ザック・ハスコー、マイケル・バレル、ペイジ・コービンは準備万端で、積極的に手を貸してくれた。知恵を持ち込んでくれただけでなく、無類の前向きなエネルギーを注いでくれた。次世代の債券ETFの情報をアンバー・バジャジにお願いすることにも成功した。彼は債券の章のレビューをして、よりよいものに仕上げてくれた。レベッカ・シーハンもまた、ETF業界に深く精通しており、本のあらゆる構成要素に手を貸してくれた。感謝しきれない。ライアン・ルーバーは、業界におけるさまざまな側面を説明している章において、彼の投資形態に関しての深い知見を発揮してくれた。彼のおかげでその章はとてもしっかりとしたものになった。補論の欧州に関する内容は、ラフィ・アヴィアブとネイサン・ジャングが作成してくれた。日本に関しては、渡邊雅史が担当してくれた。

　ウィズダムツリーのチームは最高だ。投資家に提供できるETFに関する情報に飢えながら、彼らはメカニズムをよりよく説明するため、投資家がより深く理解するため、そして金融商品という土俵の上で比類ないほど革新的であるため、日々切磋琢磨している。毎日彼らの傍らで働けることを、私は誇りに思う。

　私は、これまでこの業界でどれだけの友情を築き上げてきたかということ

に、いつも驚くのである。とりわけ友人の一人であるジュリー・アベットはこの業界について大変熱心であり、彼女のこれまでの膨大な経験を、この本を隅から隅までレビューすることにあててくれた。彼女の協力には感謝しきれない。

　第2版を執筆すると承諾した時は、執筆過程において自分の生活がどれほど変化するのか想像もできなかった。会社のグローバル展開に深くかかわるようになり、想像していた以上に出張が増えた。妻と子どもが大変よく支えてくれ、腹を立てていないことが信じられない時もある。彼女らは本当に怒っていないようだ。早く終わらせてもっと時間を費やしてほしいようではあるが、私の家族は心から誇りに思ってくれ、自分たちはETF革命の戦友とでも思っているようだ。リン・マニュエル・ミランダの『ハミルトン』の言葉を借りれば、「これは一瞬ではなく、まさに大きな行動なのである」。そして彼らはチャンスを無駄にしているわけではないのである。

はじめに

　上場投資信託（ETF）は今日の金融市場において最も興味深い商品である。レゴのブロックがさまざまな大きさの物をつくるのに子どもから大人にまで利用されているのと同じように、ETFは近年ポートフォリオ構築のための部品となってきており、どんな規模の投資家でも利用することができ、いかなるポートフォリオの要求にも答えることができる。小規模の投資家は低い手数料、利用のしやすさ、上場による標準化に魅了されている。一方、大規模な機関投資家は、革新的な商品と高度なポートフォリオ管理ツールの恩恵を受けることができ、同時に低いコストとより優れた透明性を享受できる。

　ETF業界で最も頻繁に参照されている表として図表Ⅰ－1があり、時間とともにETF市場が拡大していることがみてとれる。

　これはETFを考察するうえで重要な視点の一つであり、純資産総額とは投資家がある戦略に預け入れた金額を示しており、ETF業界参加者のトップラインである収益がどの程度であるかを理解するのにも役立つ。もう一つの視点として、業界の売買高の推移がある。ETFの売買高の進展については図表Ⅰ－2のとおりである。

　1日当りの市場での売買高に占める割合から、市場全般や市場参加者全体のエコシステムに対し、ETFという商品の重要性がどれほど高まったかをみることができる。

　私は長年にわたりETFに関するさまざまな質問に答えてきた。さまざまなカンファレンスで講演し、何千というさまざまな規模の投資家と会い、この商品に関する本を2冊執筆した。この本は2010年に執筆した本の第2版である。第1版を書き終えた後、ETFに興味をもつ投資家は2種類に分類できることがわかった。一つは、より深い質問をするために、記事や文献を読み、打合せの場を設ける投資家。もう一つは、目立った点のみを紹介するおおまかな説明を読む投資家である。この第2版では両方の種類の投資家に焦

図表Ⅰ-1　純資産総額の推移

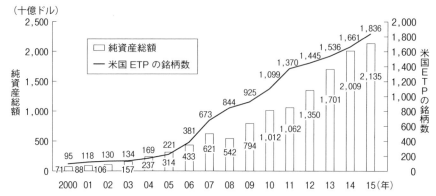

出所：BlackRock、Bloomberg

図表Ⅰ-2　売買高の推移

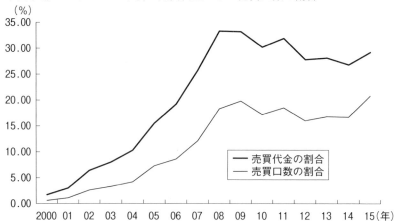

出所：Credit Suisse Trading Strategy Group

点を当てており、各項目についてどの程度の理解を求めるかどうかにかかわらず、本書がいかなる種類の投資家にとっても読むに値するものとなることを望んでいる。

初めに、この業界に対してよく受ける質問やそれに関する答えを書き記す。以下の質問と回答は、この業界に対する理解を深めるための強い基礎を築き、この商品を扱うにあたって参照できるものとなるだろう。

ETFに関する質問

1　ミューチュアルファンドとETFの主な違いは何か

ETFはミューチュアルファンドの商品群の一つといえる。両商品はプールされた投資信託であり、どちらも1940年投資会社法に基づいて設定される。1940年代以降市場は劇的に変化し、1940年法のなかには現代ほどは厳格ではないものもある。

ETFがミューチュアルファンドと異なる主だった特徴は下記のとおりである。

i　取引所への上場……このことは、すべての範囲の投資家が利用できるように標準化を促し、日中の取引を可能とし、そして伝統的なミューチュアルファンドと比べて流動性を高めている。

ii　保有銘柄の日々の透明性……すべての投資家が日次で保有状況を把握できる。ETFと原資産が別々でありながらも関連をもった方法で取引できるようにすることで、裁定取引を促している。

iii　税務上の優位性……多くのETFはそれに対応するミューチュアルファンドに比べ、キャピタルゲインの払出しがより少なくなっている。これは設定／交換メカニズムの性質によるもので、ETFが資産をファンドに出し入れする際にどの投資家に対しても課税が発生しないようになっている。

iv　手数料の安さ……よく議論されている点であり、いまはすべてのファンドが劇的な手数料競争にさらされている。一方で、議論されていないこと

は、ファンドマネジメントのプロセスから取引執行のプロセスを取り除くことによって、最終投資家への費用が軽減できるということである。同じETFのなかにおいて、他の投資家の行動によって不利益を被らないようになっている。このことは非常に重要である。なぜならあなたが唯一の投資家であっても、または何百万といる投資家の一人であっても、他の投資家がファンドに出入りする影響を受けないからである。これは、資産の変化に関するこれらのコストを保有投資家に課すミューチュアルファンドとはおおいに異なる点である。

主な違いとして、ETFは取引所に上場している必要があり、また資産の組入れや返還を設定／交換というプロセスを経て行うという2点があげられる。取引所での取引は、ETFを実際の原資産のバスケットから独立させることができ、同時に設定／交換プロセスによってそのバスケットとつないでもいる。このつながっている構造はしばしば裁定取引と呼ばれ、原資産のバスケットとETFの受益権を交換すること、またはその逆が可能となっている。これにより、ETFの受益権の取引価格は常に交換可能な資産と関連するように保たれている。ある意味で、ETFは原資産のパフォーマンスと流動性を便利に包んでその保有者に提供する移転メカニズムとして機能している。もし原資産がETFの唯一の流動性の源泉であれば、一般的なミューチュアルファンドの流動性と変わらないであろう。そのかわりに、取引所に上場しているということは流動性の基盤にまったく別の要素を加えるのである。ETFは取引所に上場しており、日中に取引可能であるため、多くの市場参加者がこの商品に現代の市場の原則を適用しようとしている。取引所に上場しているため、ETFは高い透明性をもち、日々の保有銘柄の開示ができるように整えられている。そして、米国市場におけるETFは一般的に単一のシェアクラスのみであるため、取引所においてすべての投資家が1つの商品に集約されるように設計されている。これは多くのミューチュアルファンドと大きく異なる点であり、異なった投資家ごとにいくつかのシェアクラスをもつミューチュアルファンドは、一般的に投資家属性によって価格が異

なる。取引所で同じ商品を異なった目的で取引するさまざまな投資家の集合体は、ETFに原資産の流動性を上回る追加的な流動性の層を生む。これが市場からの流動性であり、さまざまな取引戦略のためにETFを用いる参加者たちによってもたらされ、そして他の商品に比べETFの取引メカニズムを非常に優れたものにしている。これが同種のミューチュアルファンドが利用可能な流動性よりもETFの流動性が優れているといわれる理由である。これについては次の質問でさらに詳しく説明する。

2 ETFの流動性はミューチュアルファンドとどう違うか

基本的にETFとミューチュアルファンド（MF）の最小の流動性は同じである。MFの投資家は、マネジャーにほほどんな規模の資金でも渡すことができ、かわりにファンドの受益権を受け取ることができる。この場合、資金は直接マネジャーに渡り、マネジャーはMFの資産が増えた分について必要な資産を買い付けるためにブローカーたちと交渉する。ETFの場合は、資金をマネジャーに渡すかわりに、投資家は一般的にはブローカーを通じて流通市場で直接買い付ける。"クリエーションユニット"という形式で原資産を購入しETFのマネジャーに拠出するのはブローカーの仕事である。機関投資家の規模の投資家の場合、ブローカーが投資家のかわりに設定のメカニズムを利用することで、純資産価額（NAV）＋諸経費でETFのポジションをつくることができる。用語は異なるかもしれないが、そのコンセプトは同じである。どちらの形態においても、新規資金は原資産に配分され、新たな受益権が発行される。ETFの投資家は"インプライド流動性"という指標を使って、1日にそのETFにどれだけの資金を投資することができるのかを評価する。この指標は投資におけるマーケットインパクトを回避するために使われる。同様の指標がミューチュアルファンドのトレーディングチームでも使われており、新規資金のための資産購入の際にどのような取引をするのかを決定するときに使用され、トランザクションコスト分析（TCA）と呼ばれている。つまり、ETFとミューチュアルファンドの流動性を考えるうえで最初のステップは、もし双方が同じ原資産であれば、基本となる流動性も

同じであるということである。

　しかしながらETFは、一元的な手数料体系、シェアクラスが1つであること、そしてバスケットの日次の透明性によって、流動性において優れている。ETFは取引所で取引され保有銘柄は日々公表されているため、さまざまな潜在的な投資家たちはいつでもファンドを利用することができる。この新たな利用者は追加的なETFの流動性をつくりだすことができ、すべての他のETFの投資家にとっても利益となる。この最もわかりやすい例はSPDR S&P500 ETF Trust（SPY）である。原資産のバスケットのインプライド流動性をみてみると、どの原資産についても平均日次売買高（ADV）の25％を超えないという制約のなかでは、ETFに換算して3,500万口の取引を1日で行うことが可能であると確認できる。これは取引可能金額にすると1日当り約73.5億ドルと同等である。一方で、このファンドの平均日次売買高は1億500万口、金額で220億ドルである。このETFにおいて確認できる追加的な流動性は、ETFを利用する人々のさまざまな取引戦略によるものである。たとえば、先物に対する指数の裁定取引、オプション取引、高頻度取引戦略などである。幅広いさまざまな投資家層がすべて同じ体系のもとで、同じ価格決定方法で、取引所で相互にやりとりをすることによって、ETFが追加的な流動性を提供しているということは、ミューチュアルファンドには不可能なことである。この追加的な流動性は多くのETFでみられ、特に外国市場に投資するもので見受けられる。たくさんのETFが、原資産のバスケットのみを取引する場合から想定するよりも多く、米国市場で取引されている。インドや日本のような国に連動するETFの場合がそうである。おもしろいことに、いくつかの欧州に投資するETFは、そのインプライド流動性を平均日次売買高と比べてみてみると、もっと多くの受益権を日々取引できる可能性があることがわかる。

3　機関投資家はETFにシードマネーを拠出できるか

　どんな投資家もETFにシードマネーを拠出できる。ETFへの"シード"とはつまるところ単にファンドに最初の投資をするだけである。これは、一

般的には1クリエーションユニット（約2,500万ドル）のサイズまたはそれ以上で行われる。ETFがポートフォリオのなかに資産を受け入れるプロセスは"設定プロセス"として知られている。カウンターパーティーである指定参加者（AP：Authorized Participant）が原資産のバスケットをETFの発行体に適切な割合で拠出し、その後新しいETFの受益権が発行され、取引所で取引が開始される。米国では、シード拠出者は一般的に他の投資家に比べても特に便益を享受しない。主な便益は、ファンドに最初の資産を拠出した際、ファンドの当初NAVちょうどで受け取れることである。これはすべての設定において同様ではあるが、最初に実行される際にはとても明確である。しばしば、機関投資家がETFプロバイダーと特定の投資戦略に基づいて商品を設計する際、この機関投資家が当初の投資家（シード拠出者）になる場合がある。このプロセスはETFの成長にとってとてもよい方法である。なぜならこの方法は、原資産の投資テーマが目先のターゲットに向けてデザインされたものであるということを他の投資家に即座に示すことができるからである。機関投資家にとって、他の投資家の存在は必要なことではないが、この方法は彼らだけがこの投資テーマを取り上げているわけではないという安心感を与えることができる。ETFの発行体とETFの開発および資金の拠出について協力する他の利点としては、ETFの設定に向けたマーケティングやPRを行ってくれる可能性もあげられる。

4　ETFが償還されるかどうかはどうすればわかるのか

毎年、多くのETFがさまざまな理由で償還される。一般的には、資産の増加が困難であることが原因であり、ETFの発行体の戦略変更も伴ってETFは償還される。多くの小さなETFの発行体はビジネス上のリソースが限られており、資産が少ないものを市場に提供させ続ける費用が過大になる。より大規模なETFの発行体は、資産の少ないETFも長期間にわたり上場させておく傾向があり、ファンドの運用目的が将来のある時点において投資家に価値のあるものとなると信じている間は上場させておく。ETFの償還の多くは企業としての事業リストラの一環であるか、または商品の品揃え

の方向転換を図る場合である。これまで、純資産の大きいETF（5,000万ドル以上）や、そのETFがポートフォリオの必要不可欠な部分となっているような、拠り所となる投資家がいるETFの償還はみたことがない。拠り所となる大きな機関投資家がいる場合、一般的には適切なタイミングでその投資家に変更や上場廃止の旨を伝えるのが販売者の責務であろう。

5　保有しているETFが償還されたらどうなるのか

償還の方法については、ETFもミューチュアルファンドもほとんど同じである。ETFが償還される場合、事前にすべての投資家に通知され、一般的には、定められた期間内でなされる。投資家は流通市場もしくは発行市場（大口のブロック取引をする場合）を使って受益権を売却することができる。また、取引終了日まで、すなわちETFの原資産が市場で売却されるまで、ETFを保有することも選択できる。その場合、その資産価値が残っているすべての投資家に分配される。償還されるまで投資家が残っていた場合、残ったファンドの資産の売却費用はファンドのすべての投資家に課されることになるが、これはETFを自分で売却する場合は、費用負担が個別である点と異なる。

6　ETFの最大保有者になることのリスクはあるのか

しばしば投資家は最大保有者になること、もしくは単独の投資家になることを懸念するが、これは誤った認識である。ETFの構造は、投資家が実際のファンドの構造の外で自分のポジションの執行を管理できるようになっている。もし、そのETFの単独の投資家だったとしても、それはセパレート・マネージド・アカウントと同じように機能し、その資産の評価や大本の流動性は、ETFが広く保有されているのと同様である。認識しておくべき重要なことは、投資家の行動はファンド内の他の投資家のポジションに影響を及ぼさないということである。たった1人の投資家になることは完全に実行可能なことであり、追加的な費用や制約を受けることなくファンドに資金を出し入れできる能力は維持されている。

一般的に、ETFは少額のシードマネーで設定される。この初期の投資は

通常マーケットメイカーなどから拠出され、この当初設定されたポジションを使って初期の流動性を供給し、ETFの最初の取引を促す。シードマネーはその他の設定とまったく同じ方法でETFに入ってくる。ETFの設定は決められたサイズで行われ、一般的には5万口である。解約も同様に行われる。仮にある機関投資家がETFを10万口保有している場合、ブローカーと連携して解約手続をとらせることは日々可能である。もしくは、流通市場で売却することも可能である。ETFは取引所で取引されることから、当初発行された受益権は一般的に幅広い投資家に保有される。これにより、純資産の小さなETFも数多くの投資家に保有される可能性がある。引き続き保有分を持ち続けたままであっても、ETFの保有資産を流通市場で購入することで積み上げることができる。このときETFの評価に影響はない。もし、投資家が受益権を売却しない場合に他の購入者が市場で購入しようとすると、ETFの流動性供給者たちが購入者に向けてETFの空売りをして、自身のポートフォリオをフラットにするためにETFの設定手続をとる。ETFの資産は増え、元の投資家は何の変化もなくポジションを保有し続けることができる。加えて、少数の持分の投資家であったかもしれないが、他の投資家がなんらかの理由により受益権を売却しようとするかもしれない。十分な量が売却された場合、ETFの流動性供給者は受益権を解約し、ある時点で1人の投資家がETFの100％を保有する単独の保有者となるかもしれない。これもまた原資産の評価や保有しているETFの機能にはなんら影響を及ぼすものではない。したがって、ETFの唯一の保有者や大口保有者になったとしても、追加的なリスクはない。

7　なぜETFはミューチュアルファンドに比べて税効率が高いのか

投資家がETFのポジションをとる際、ポジションをとるときと外すときの両方で執行コストが発生する。投資家がミューチュアルファンドに投資する際には、執行コストはファンド内のすべての投資家に広がってしまう。以下で、ミューチュアルファンドとETFのプロセスを紹介しよう。

ⅰ　発注をして、資金をミューチュアルファンドのマネジャーへ送金する。

すると、彼らのトレーダーが市場にアクセスして原資産を購入する必要がある。ファンド自体の発注はNAVであるため、資産を購入したことによる費用は、発注者ではなくファンド全体に影響を及ぼす。ファンドのNAVには、ファンドにこの新たなポジションを組み入れる費用も反映される。ポジションを解消する際も、ファンドマネジャーのトレーディングチームは、ファンドのポートフォリオから一部の資産を売り、投資家に投資資金を返還する。取引がファンド内で行われるため、ポートフォリオへのインパクトはファンドのすべての投資家へ配分されてしまう。したがって、自身のポジションに何の変化がなくとも、他の投資家の行動による影響を受けてしまう。また、NAVは他の投資家がファンドに出入りする費用の影響を受けてしまう。

ii このプロセスはETFではまったく異なる。ETFを購入する際、一般的には受益権を流通市場で購入することが多く、それが最終的に設定につながる。設定は、ブローカーが原資産のバスケットを購入し、これをETFの発行体へ拠出する。受益権を売却する際はその逆が起こる。すなわち、ETFの発行体はファンドの原資産の一部を返却する。ETFの発行体は市場で資産の取引を行わないため、ファンド内で資産の売買による実現益が発生しない。これにより、株式指数連動型ETFはキャピタルゲインの分配が少なく、一般的にはほぼ起こらない。さらに、受益権に関する投資家の行動はすべて流通市場、すなわちファンドの外で行われており、執行におけるコストはその投資家それぞれが負担する。投資家の行動による執行コストはNAVや他の投資家に影響を及ぼさない。ミューチュアルファンドとは異なり、他の投資家の行動による影響を受けることがないのである。

8　ETFの指定参加者の数はファンドの流動性を高めるのか

指定参加者（AP）は一般的に投資銀行や取引業者の大きなETFマーケットメイキング部門であることが多い。実務上の理由により、彼らはすべてのETFの指定参加者になるために契約を交わし、これにより注文を取りこぼ

すことがなくなる。限られたファンドのみ取り扱う取引専門業者もおり、このような業者はすべての発行体と契約を交わすわけではない。このことが指定参加者のリストに多少の独自性をもたらしている。約90％の指定参加者がすべての発行体の間で共通しているが、いくつかの専門業者は別である。このことは、ETFの流動性と指定参加者について重要な点を導き出す。しばしばETFの流動性供給者は指定参加者であり、またその逆も同じであるといわれるが、そうではない。ETFの設定／交換プロセス自体は指定参加者によって行われるが、ETFの流動性を供給するには、単にその商品を取引所で取引することができればよいのである。ETFの取引業者が1日中流動性を供給するが、設定／交換のプロセスは彼らのカストディアンに行ってもらうようなケースも多い。カストディアンが指定参加者となり、株式の拠出や受取りの責務を請け負うのである。またその逆も可能である。そのカストディアンは、業者もしくは自社の顧客向けにETFの取引業務のようなETFの流動性供給ビジネスを行っていない場合もある。この一例として、シンガポールを本拠地として世界中に拠点をもつ取引業者がいる。この業者は米国ETFの1日当り取引の多くを占めるが、彼らは自分たちの設定／交換プロセスを行うために、彼らの米国のカストディアンの一つを利用している。彼らはこのサービスに少額の執行コストを払うが、これは指定参加者になる費用よりも安い。設定／交換の行為は、単にETFとバスケットの拠出と受領というオペレーショナルな手続きなのである。

　このことは重要である。なぜなら指定参加者の数はその発行体の商品が利用可能な流動性に等しいとしばしば誤解されるからであり、これは間違いである。ETFの取引をする者、マーケットメイクをする者、そして流動性を供給する者というETFの流動性供給者の包括的なエコシステムがそこには存在しているのである。実際、ETFの取引者の数はETFの指定参加者の数より何倍も多い。ETFの発行体のキャピタル・マーケット・チームはたえずETF取引業者との関係構築に励んでおり、自社の商品の流動性を提供できる準備がきちんとできるように促しているのである。これによって、商品

をよりタイトなスプレッドとより高い流動性のもとで、うまく取引できるようにしているのである。

9　ETFの資産規模は投資家に影響を及ぼすのか

しばしばETFの業界内では、特定のETFに投資をしたいがETFの資産がある程度になるまで待つ投資家がいるということを耳にする。多くのウェルスマネジメントにおいても、ETFをそのプラットフォームに載せるにあたって資産規模を適格基準に掲げるところもある。このような制限はETFの構造について誤解をもっていることに起因する。顕著な誤解として、純資産の小さなETFの大口取引を執行しようとすると、価格に影響が出るのではないかという懸念がある。これは単純に間違いである。ETFの価格は原資産の価値とその時点のさまざまな市場イベントによって決まる。たとえば米国内のETFについて、1億ドル分の米国大型株ETFの取引を執行したいがそのETFには1,000万ドルの資産しかない場合、ETFの流動性エコシステムは、取引を促すために原資産である株式の流動性をETFに充てる。これが日々、何千ものETFにおいて途切れることなく起こっている。その他の誤解として、ファンドの大口投資家になることにより、自身のファンドへの出入りが制限されるというものがある。これもまた間違いである。すべての投資家が流通市場でETFのポジションを増減させることができる。その裏側では、ETFの流動性供給者が発行市場を利用して資産を増減させており、これはジャスト・イン・タイム方式の在庫管理と同じ仕組みである。1940年投資会社法のもとに設立されたETFの保有者として、ETFの80％または1％の保有者となろうが、すべての保有者が同じ保護を受けられる。保有割合は、価格へのインパクトを除くと、日々自由にファンドに出入りできることとは何の関係もない。商品群が成熟するにつれ、多くの洗練された機関投資家が、ETFの発行体と共同してオーダーメイドの戦略に基づいたETFを立ち上げてきた。多くの場合、このような商品の設定は機関投資家からETFへの巨額の投資を伴うものである。このような投資家はETFの構造を理解し、唯一の大口投資家になることへの恐怖がない。これは過去10年にわ

たり業界で行われてきた啓蒙活動の成果が出てきた兆候である。

10 ETFの取引におけるベストプラクティスとは

ETFを取引するときに気に留めておくべきいくつかのベストプラクティスがある。まず初めに、ETFの価格が市場について何を示しているのかを理解すべきである。ETFの価格は市場全体をみる窓のようなものである。それは、ファンドの原資産の現在の価値であると市場が考えているものを表している。原資産の株式が同時に取引されているETFでは、価格は通常バスケットの価値に連動している。市場の構造に注意を払っている投資家は、ETFが原資産のビッドサイドで取引されているか、それともオファーサイドかという点に注目するかもしれない。これは取引の瞬間における市場の圧力についてちょっとした示唆を与えてくれる。ETFが取引されている間に原資産の株式市場が閉まっているようなETFの場合、そのファンドの価格は、次に原資産が取引を開始したときにどう評価されるかということについての、市場参加者の集約された見方を表している。たとえば、米国上場の日本株のファンドが原資産の直近の価値よりも低い価格で取引されている場合、ファンドの価格は、次にそれらの株式が取引を開始するときには低い価格で始まると市場が期待していることを示している。ファンドの価格はその時点で市場がその資産のフェアバリューをどうみているのかを表している。債券の領域は、ファンドの投資家が、歴史的に非常に不透明であった市場に対しての情報を得るうえでとても重要になってきている。債券を保有するETFは、頻繁に取引されていなかったり価格が不透明だったりする債券について、リアルタイム・プライシング・メカニズムがなされる傾向がある。ETF業界は債券におけるリアルタイム・プライシング・メカニズムをつくりだしたのである。価格が市場について何を伝えようとしているかを理解することが、ETFを効率的に取引するための最初の一歩である。

取引所におけるさまざまな発注方法や他の市場参加者とどう向き合うかを学ぶことは、ETFを取引するうえで次に重要な概念である。ETFを利用して投資するとき、公開市場で受益権の売買の交渉をしなくてはならないとい

う複雑な要因と引き換えに、自身の執行については取引日の1日を通して独自に管理できるという利点を手にできる。ETFの執行を促す市場参加者のエコシステムはここから生まれてきた。電子取引を使う投資家のために市場でETFの流動性を供給する者や、機関投資家と取引所外取引を行った後で取引所に記録のみをする者もいる。昨今では、見積依頼のシステムも発展してきており、取引所外で他のETFユーザーと取引ができるようになっている。また、電子取引を通じてどんな種類のオーダーでも執行できるように、投資家が利用できるさまざまな発注方法がある。本書の第6章で後述されている"ETF取引のための10のキーポイント"は、ETFの取引執行に関するさまざまな質問に対して役に立つだろう。

目　次

第1部　ETF市場の概要

第1章　ここまでの道のり

- 投資商品の歴史……………………………………………………………10
  - お金（マネー）の誕生………………………………………………11
  - 金匠銀行家……………………………………………………………12
  - 投資商品の登場………………………………………………………12
- 始まりはクローズドエンドファンドだった……………………………14
  - CEFの独自の特徴……………………………………………………15
  - クローズドエンドファンドと上場投資信託の違い………………16
  - CEFのディスカウントとプレミアム………………………………18
  - CEFについてのまとめ………………………………………………20
- ミューチュアルファンド…………………………………………………24
  - インデックス連動型とアクティブ運用型のミューチュアルファンド……28
  - ミューチュアルファンドとは何か…………………………………28
- ETFの登場…………………………………………………………………30
  - 透明性…………………………………………………………………32
  - 取引所への上場………………………………………………………33
  - 税効率…………………………………………………………………37
  - 低い報酬………………………………………………………………40
  - 多様性…………………………………………………………………43
- まとめ………………………………………………………………………44

第 2 章　ETFの開発過程

市場へのアクセスかアウトパフォーマンスか……………………………………47
インデックス連動かアクティブ運用か……………………………………………48
原資産…………………………………………………………………………………50
リバランスとインデックス変更……………………………………………………51
ETFのバスケット……………………………………………………………………53
　　クリエーションユニットの決定………………………………………………53
　　設定と交換のプロセス…………………………………………………………57
　　指定参加者（AP）………………………………………………………………64
まとめ…………………………………………………………………………………67

第 3 章　市場にETFを提供する

取引所との協業………………………………………………………………………71
スペシャリストとリードマーケットメイカー……………………………………73
ETFのインキュベーション…………………………………………………………76
　　ETFのシーディング……………………………………………………………78
販売……………………………………………………………………………………89
ETFの償還……………………………………………………………………………90
　　ETFが償還されたときに考えること…………………………………………92
　　償還についてのまとめ…………………………………………………………94
まとめ…………………………………………………………………………………95

第 2 部　ETFの取引と執行

第 4 章　売買高とETFの流動性

ETFの取引は株式とは大きく異なる ……………………………………………103

株式の売買高の概観……………………………………………………105
ETFの売買高の詳細……………………………………………………107
ETFの資金フロー──ETFをそのサイズで判断してはならない………117
資金フローが勘違いを引き起こす可能性……………………………120
買い手の資金フロー……………………………………………………123
売り手の資金フロー……………………………………………………126
CEFとETFの資金フローの比較………………………………………127
MFとETFの資金フローの比較…………………………………………128
まとめ……………………………………………………………………130

第5章　売買高≠流動性──ETFのインプライド流動性を理解する

取引モデル………………………………………………………………135
　取引のための市場の深さの計算……………………………………138
ETFのインプライド流動性……………………………………………141
　ＥＴＦの流動性の要素………………………………………………145
　ＥＴＦの平均日次売買高……………………………………………146
　ＥＴＦの流動性提供のための関連デリバティブ…………………146
　ＥＴＦの流動性提供のための相関のある取引ビークル…………147
ETFのインプライド流動性：インプライド日次取引可能口数……148
　ＥＴＦのインプライド流動性は何を示しているのか……………149
　計算……………………………………………………………………150
　例………………………………………………………………………155
　IDTSを利用する際のいくつかの考慮事項…………………………157
ETFバスケットインプライド流動性スケール（EBILS）……………160
　EBILSレーティングをどのように考えるか………………………165
ETFのマーケットメイクのための一般的なツール…………………169
まとめ……………………………………………………………………171

第6章　売買執行

タイムフレームと注文タイプ…………………………………………176
　執行のタイムフレーム………………………………………………176
　執行のタイプ…………………………………………………………177
成行注文（マーケットオーダー）……………………………………178
指値注文（リミットオーダー）………………………………………180
ストップ・ロスとストップ・リミット・オーダー…………………184
アルゴリズム取引………………………………………………………185
リスク価格取引（ブローカー・ディーラーの自己資本の利用）……188
　リスク取引のコスト…………………………………………………190
設定／交換………………………………………………………………192
　NAVクロス取引のメカニズム………………………………………196
　推定NAVでの取引……………………………………………………197
　スプレッド……………………………………………………………199
市場における執行の例…………………………………………………201
　例1：売買高の少ないETFにおいて電子的に出された成行注文…201
　例2：規模の大きなリスク価格取引とエージェンシー・クリエーション……………………………………………………………………204
　例3：オーバーナイトで執行されたバスケット取引………………206
ETF取引のための10のキーポイント…………………………………207

第7章　市場参加者と取引戦略

ブローカー・ディーラーのファシリテーションデスク……………214
　機関投資家向けETFトレーディングデスク………………………214
　インターミディアリー・デスク（アドバイザー・プラットフォーム・トレーディング・デスク）……………………………………………218
電子的なマーケットメイキング………………………………………221

| 自己勘定の裁定取引デスク……………………………………………… 221
| リードマーケットメイカー（LMM）…………………………………… 226
| 高頻度取引業者………………………………………………………… 229
| 流動性アグリゲーター……………………………………………………… 230
| 取引戦略………………………………………………………………………… 231
| 海外構成銘柄のETFの裁定取引……………………………………… 234
| 貸株のファシリテーション…………………………………………… 238
| 統計的裁定取引と高頻度取引………………………………………… 241
| まとめ…………………………………………………………………………… 245

第8章　市場構造とETF——フラッシュクラッシュからポートフォリオを守る

フラッシュクラッシュⅡ（FCⅡ）：2015年8月24日………………… 249
　　ルール48………………………………………………………………… 250
　　リミット・アップ／リミット・ダウンによる取引停止とバンド……… 251
　　起こらなかったことは何か…………………………………………… 254
　　なぜETFの取引はインディカティブ・バリュー（IV）からかい離し
　　たのか…………………………………………………………………… 256
　　FCⅡの結果から何を期待するのか…………………………………… 259
投資家の行動を調整する……………………………………………………… 260
最初のフラッシュクラッシュ（FC）：2010年5月6日……………… 261
　　なぜETFの価格が迷子になったのか………………………………… 262
　　再発するのか…………………………………………………………… 271
まとめ……………………………………………………………………………… 274

第3部 ETFのバリュエーション

第9章 国内構成銘柄のETF

純資産価額の算出 …………………………………………………… 284
　日次のクリエーションバスケット ………………………………… 285
　総キャッシュと推定キャッシュ …………………………………… 287
プレミアム・ディスカウント ………………………………………… 288
　プレミアム・ディスカウントのアノマリーを避ける …………… 290
日中インディカティブ・バリュー（IIV）の算出 ………………… 296
　公表されるIIVに潜んでいるもの ………………………………… 298
まとめ …………………………………………………………………… 301

第10章 海外構成銘柄のETF

海外構成銘柄のETF …………………………………………………… 305
　純資産価額の計算 …………………………………………………… 306
　為替の考慮 …………………………………………………………… 306
　設定／交換のタイミング …………………………………………… 309
　日中インディカティブ・バリュー（IIV）と推定NAV ………… 315
流動性の提供 …………………………………………………………… 318
　プレミアム・ディスカウントについての補足 …………………… 321
まとめ …………………………………………………………………… 322

第11章 債券および通貨ETF

債券 ……………………………………………………………………… 330
　債券ETFの成長トレンド …………………………………………… 331
　債券市場における主な相違点 ……………………………………… 334
債券ETFのイノベーション …………………………………………… 339

アクティブ対パッシブ··339
　　通貨ETF··346
　　通貨商品の形態··347
　　通貨ETPの成長トレンド··352
　　IIVとNAVのプライシング······································356
まとめ··358

第12章　レバレッジ、インバース、およびコモディティ

レバレッジ商品の概要··363
　　リターンの複利効果··365
　　一定のレバレッジを提供するための日次リセット······370
インバースETFの理解··371
　　取引と流動性··372
コモディティ··374
　　先物ベースのファンド··376
　　現物のコモディティ··379
まとめ··380

第13章　ETFの形態

上場商品のカテゴリー··383
ETFの規制··388
　　免除規定（exemptive relief）································390
　　SEC取引市場部··391
　　上場のための要件··392
上場投資証券（Exchange-Traded Note）····················396
税制··399
　　ETNの税務処理··402
　　その他の重要な税務処理··404

目　次　35

形態による問題が発生するとき	405
ETNの信用リスク	405
発行制限によるプレミアム・ディスカウント	406
ブローカー・ディーラーの信用制限	407
市場が閉鎖したとき	408
まとめ	410

補論A　ブルームバーグのETF参照方法ガイド

ブルームバーグのETF機能の基礎	411
ETFの原資産データ	413
ETFの検索	413
ETFの分析	415
図表ツール	416
保有者分析	418
ETFの取引	419

補論B　ETFの発行体

補論C　日本のETF市場の概要

概況	424
日本のETF市場	424
日本のETFの種類と形態	426
銘柄	427
日本のETF投資家	428
海外上場ETF	430

補論D　欧州のETF市場の概要

| 欧州のETF市場 | 431 |

形態別の欧州ETP ……………………………………………………… 433
資産クラス別の欧州ETP ……………………………………………… 434
上場国別の欧州ETP …………………………………………………… 434
発行体別の欧州ETP …………………………………………………… 435
欧州のスマートベータETP …………………………………………… 435

第1部

ETF市場の概要

すべてはすずかけの木の下で始まったと信じることは難しいかもしれない。ニューヨーク証券取引所（当時のNew York Stock and Exchange Board）、すなわち現在のNYSEを創設したすずかけ協定は、1792年5月17日に署名された。その後何年もの間にわたってビジネスの進化の案内役となる業界の始まりとしては地味なものであった。200年後、米国最初のETFが取引所に上場された。投資というものが再び変わり、投資家にとっての民主化がなされようとしていた。世界中の幅広い資産クラスへの投資がどんな投資家にも可能となったのである。その価格の適正さと透明性の高さは前例のないものであった。

　本書は変化についての本である。上場投資信託の利用は投資家と金融業界の両方にとってたしかに革命的な変化である。これまでにない透明性、流動性、そしてアクセスをいまの投資家はETFを通して利用することができる。この商品は、新しい指数も古い指数も、そしてあらゆる幅広い資産クラスも、すべてのレベルの投資家が利用可能な一つの取引ツールとして巧妙にパッケージ化している。ETFはファイナンシャル・アドバイザーが顧客のポートフォリオをより分散する、よりよいリスク管理のために調整を行う、そして投資家のコストを削減することを可能にしている。また投資家は、これらの利点を得るために、かつてないほどETFをそのポートフォリオに組み入れようとしている。この本はすべての規模の投資家のために書かれている。大規模なポートフォリオの運用をこの商品で実践する手法が必要な機関投資家にとって役に立つ情報も、この革命的な新しい商品を理解する必要のあるごく小規模の個人投資家にとって価値のある情報もあるだろう。

　今回の改編版は3つの部分に分かれている。より複雑になっているが、歴史から始まって高度なETFの評価までを述べている。

第 1 部

本書の第1部は3つの章に分かれている。

第1章は現代の金融システムをつくりあげてきた出来事を強調しながら、簡単に歴史をひも解いていく。投資の世界における2つの他の主な商品としてミューチュアルファンドとクローズドエンドファンドの形態と特徴が議論されている。そしてこの章では、それらとは異なったETFの形態と今日におけるポートフォリオへの導入の目的について深掘りしていく。他の商品と比べて何がポートフォリオに最もふさわしいかを決定するうえで、ETFの優位性をみておくことは価値があるだろう。この章の最後では、この成長している投資ツールの利点を説明している。

　第2章はETFの組成のプロセスを細かく示している。これには、原資産のバスケットの構築と適切な流動性のための原資産の構成銘柄のスクリーニングについてなどが含まれる。なぜ、そしてどのようにして、商品がつくられるのかということを投資家が理解する一助となるだろう。この章ではまた、ETFの設定と交換のプロセスの基本的な性質について解説している。

　第3章は商品を市場に提供することに伴う複雑な細部について議論する。この章は適切な成功のためにどのようにしてすべての変数を合致させるのかに焦点を当てる。それは、ETFを立ち上げるためのパートナーや取引所との関係、適切な機能の確保、成長の継続および投資家に対するよいサポートを含んでいる。この章の最後では、ETFが償還する可能性がある理由とそれが投資家のポートフォリオにどのように影響するのかについて述べている。

　上場投資信託が投資商品として利用可能になって20年以上が経過した。低い経費率は投資家がETFに言及する際に最初に思いつく特徴である。投資家にとってはETFの世界に入る理由としてはこれだけで十分かもしれないが、それはこの商品の他の利点よりも劣るものかもしれない。本書の第1部では、商品形態の進化とこの新たなツールが投資家にもたらすさまざまな利点を述べている。テクノロジーを通じた金融市場の進化によって、投資家はこれらの商品を利用できるようになった。そして、それは現代におけるポートフォリオ構築のためにまさに正しいことであったと証明されたのだった。

第1部でこの商品の進化と特徴について説明した後で、第2部においてこの商品の実際の取引について深掘りしていく。この商品の最も重要な利点の一つは取引所に上場していることであり、無数の便益が投資家にもたらされている。そのため、この点がこの本の中心となっており、投資家の知識の中心ともなるべきである。

　第3部ではETFの評価の仕方と、NAVの算出メカニズムについて検討する。このセクションでは商品の内部のメカニズムを深掘りして、投資家の求めるエクスポージャーとリターンを提供するために実際にそのなかで何が起こっているのかについての理解を促す。

第1章

ここまでの道のり

2014年の終わりまでに、米国の登録投資会社の資産は18.22兆ドルまで拡大した。3つの主なカテゴリーは、ミューチュアルファンド（MF：15.85兆ドル）、上場投資信託（1940年法ファンド以外も含む。ETF：1.98兆ドル）、クローズドエンドファンド（CEF：0.29兆ドル）[1]であった。小さな家計資産から巨大な機関投資家まですべての投資家がファンドというものを利用している。2000年の時点では、ミューチュアルファンドがファンドの資産のうちの95％以上を占め、8,370の投資会社で7兆ドル近くの資産をもっていた。この時点では、ETFは80のETFが660億ドルを分け合っているだけで、7兆ドルの市場の1％よりも小さかった。それが、2014年の終わりまで話を進めると、米国のETFは2兆ドル近くの残高にまで達したのである。これは米国のすべてのファンド資産のうちのおおよそ11％を占める。現在、1,500を超える投資戦略が、幅広く発展した商品群としてETFの投資家に提供されている。われわれは重要な問いをわれわれ自身にしなければならない。どうやってここまできたのか。そして、これからどこへ向かうのか。

　われわれは、急速なイノベーションを求められる時代に生きている。昨日買った新しいフラットスクリーンのテレビは、箱から取り出す前に時代遅れになっている。金融市場は、すべてのものに素早く効率的にアクセスしたいという革命的な要求を無視することはできなかった。昨日うまくいったものが、今日もうまくいくとは限らないのである。賢明な投資家は、頂点に居続けるために、常に最適な商品と技術を求め続けなければならない。ETFの登場は、成功した金融市場のディスラプション（破壊）の主要な事例の一つである。

　ETFの誕生以前は、投資家はETFが現在可能としているような金融商品、ベンチマークそして投資戦略にアクセスし、エクスポージャーをとることはできなかった。直近10年のETF、CEF、ミューチュアルファンドの新規発行と純資産総額（AUM：Assets Under Management）をみてみると、ミュー

---

[1] Investment Company Institute Factbook 2015.

チュアルファンドが業界における支配的立場を失いつつある可能性が示唆されている。図表1－1はミューチュアルファンドとETFという2つの主な競合商品について、新規発行の金額を示したものである。

図表1－2で示されているように、米国株のものについては、ミューチュアルファンドからの資金流出に対して、ETFへの資金流入は対照的である。

本章では、ミューチュアルファンド、上場投資信託、クローズドエンドファンドの間の共通点と相違点について概観する。なぜETFがもつ異なった特性がこの数年間にわたる急成長を可能としたのかについて説明する。またETFの誕生と急速な発展についても簡単にみていく。そして最後に、この新たな商品形態の未来について議論する。この新しい投資ビークルの複雑さを深掘りしていく前に、この投資商品の創生と発展を理解することは必須である。続く後の章において、どのようにETFが最初につくられて市場に提供されたのかについて詳しく説明していく。第2部では、効率的な取引と市場の理解を通して、ポートフォリオのなかでETFをどのように位置づけ

図表1－1　ETFの新規発行とミューチュアルファンドへの新規キャッシュフロー

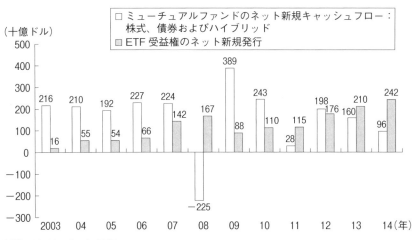

出所：ICI Factbook 2015

図表1－2　ETFへの資金流入とミューチュアルファンドからの資金流出

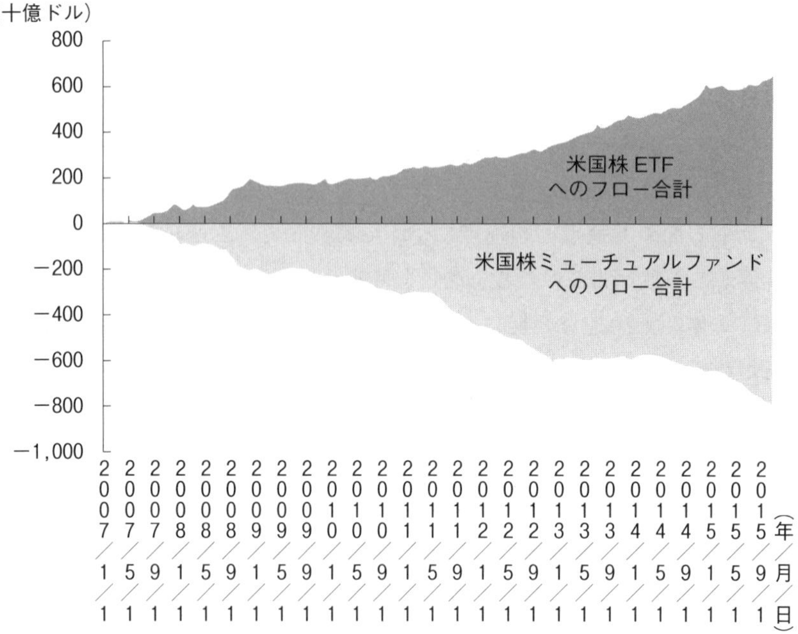
（十億ドル）
800
600
400
200
0
−200
−400
−600
−800
−1,000
米国株 ETF
へのフロー合計
米国株ミューチュアルファンド
へのフロー合計
2007/1/1
2007/5/1
2007/9/1
2008/1/1
2008/5/1
2008/9/1
2009/1/1
2009/5/1
2009/9/1
2010/1/1
2010/5/1
2010/9/1
2011/1/1
2011/5/1
2011/9/1
2012/1/1
2012/5/1
2012/9/1
2013/1/1
2013/5/1
2013/9/1
2014/1/1
2014/5/1
2014/9/1
2015/1/1
2015/5/1
2015/9/1
（年/月/日）

出所：KCG 2016

ていくかという戦略について述べる。第3部ではETFをどう評価するのかという、より技術的な側面について解説する。

投資商品の歴史

本書は変化についての本である。上場投資信託の利用は投資家および投資ビジネスにかかわる人々にとって革命的な変化である。現代の技術はわれわれの世界を縮小させ続けて、金融商品の発展はものすごいスピードで起こっている。最新の技術と戦術の情報を得続けることは困難な課題である。どのようにしてわれわれはいまの投資商品に行き着いたのだろうか。歴史を概観することは、利用可能な金融商品とそれらがどのように進化してきたのかに

ついての理解を深めてくれるだろう。

お金（マネー）の誕生

　投資によって将来に対する富を保全するという概念は常に重要な意味をもっている。紀元前1750年までさかのぼってみると、ハムラビ法典が投資の法的な枠組みを提供している。この法律は債務者と債権者の権利のようなものを定めることを目的としていた。マネーが発明されるはるか以前は物々交換が主であった。物々交換は取引の最も古い方法である。それはモノやサービスをほかのモノやサービスと交換するという概念である。古代の人々が紀元前6000年から物々交換をしていたという記録が残されている。このやり方は、さまざまな商品がお金というものなしで世界中に拡大することを促した。しかしながら、物々交換の取引システムには多くの欠点があった。同じ価値の商品またはサービスをもち、またその時点で取引をしたいと思う2人のトレーダーが必要であった。ほかの複雑な点は、トレーダーと彼らが提供する商品またはサービス同士の信用の確立であった。社会が発展するにつれて、物々交換システムの制約は、通貨とマネーの誕生に屈することになった。

　通貨は小分けにすることができる一般的なコモディティを利用することによって始まった。家畜、小麦、ビーズ、粘土、金属の破片などの形態の通貨が発生した。生産者と消費者は後で取引するかもしれないコモディティをいま保有する必要があった。さらに社会が発展するにつれて、この仕組みの制約も大きくなった。コモディティの通貨は供給が制約され、取引のために手に入れる方法も複雑であった。コインの誕生が貨幣取引の発展における次の段階であった。最初に製造されたコインは紀元前700年から500年の間の中国、インド、そしてエーゲ海にさかのぼる。金融の発展への需要が拡大するにつれて、それは先進的な社会の屋台骨として機能した。固有の価値をもっている金と銀のコインの発行はその安定性を向上させた。現代の銀行が本当に誕生するのは、17世紀のロンドンまで待たねばならなかった。

金匠銀行家

　現代的な形態としての銀行はロンドンの金匠（金細工職人）によって発行された紙幣から発展した。それは金や他の貴重品の保有者が略奪者による盗難をおそれたことから始まった。1640年代に、イングランドの内戦の勃発によって民衆は信頼できる富の保管先を求めた。貴重品を鑑定し安全に保管することができた金匠はそこにビジネスの機会を見出した。金匠は彼らの金庫に金を保管し、このサービスに手数料を取り始めた。彼らは預金者に対して金庫の中に保管された保有量を記した証書を発行した。この発行された証書によって金を引き出せるということが、紙幣と現代の銀行手形の誕生をもたらした。商人が金をもって旅行するのを怖がるとき、金匠はその場所で使うための手形を発行した。その記録管理と取引の単純さが現代の銀行の基礎を生み出したのである。

　金匠が別の収益機会に気づくのにそれほど長くはかからなかった。ほとんどの手形の裏付けとなる金は金庫のなかに残されていた。職人たちは、要求された引出しに充てるために他の人の金の貸出を始めた。そして、証書は金を借りる人に対しても同様に発行された。金匠の債務者と債権者の両方の証書は幅広く受け入れられるようになった。現代の銀行手形が登場したのである。金匠は金属のお金の交換を補うために大量の富を積み上げた。手形の流通が保管されている金やコインを上回るのに長い時間はかからなかった。紙幣の信用が金融の拡大を促したことで、資本主義経済システムのマネーサプライはもはや貴金属の制約を受けなくなったのである。

投資商品の登場

　世界が技術的に進化してきた時、紙幣とその背後にある銀行に対するより深い信頼によって、金融をさらに発展させる機会が拡大した。投資家は富を成長させる新しい方法を探していたのである。最初の投資信託はオランダ商人のエイドリアン・ヴァン・ケトウィッチによってつくられたとされてい

る。ケトウィッチのファンドの名前は"Eendragt Maakt Magt"といって、「団結は強さを生む」という意味である。彼のアイデアは単純なものであった。彼は小口の投資家の資金を一緒にして集めようとしたのである。小さな資本をあわせて大きな分散効果を提供するという考えは非常に魅力的であった。資本を集約してリスクを分散するというアイデアはミューチュアルファンドとクローズドエンドの投資会社の初期の形態の基礎となった。オランダ王のウィレム１世が最初のミューチュアルファンドの投資家であったと1822年に記録されている。

　初期の形態は1849年のスイスの投資信託として実現された。1880年代にスコットランドの投資家は急速にこの投資手法を採用した。このシンプルな考え方の投資のデザインはフランスに伝わり、その後すぐに英国へ、そして19世紀の終わりに最終的に米国に根を下ろした。この初期の段階では、ミューチュアルファンドは"ストックトラスト"と呼ばれていた。そしてストックトラストは"投資会社"へと進化した。ニューヨーク・ストックトラストが1889年に最初に登場した。1893年につくられたボストン・パーソナル・プロパティ・トラストは米国で最初のクローズドエンドファンドであった。現代のミューチュアルファンドは1924年につくられ、1928年に設定された。

　投資家がその投資商品の形態、デザインや目的を手直しすることで、ファンドの分類というものが生まれた。"投資会社"は証券を発行して、主として有価証券に投資することに従事する会社である。投資会社は集団として投資家から受け取ったお金を投資し、それぞれの投資家はその投資会社の持分に応じて利益と損失を共有する。投資会社のパフォーマンスは保有する証券や他の資産のパフォーマンスに（完全に同一ではないが）基づいている[2]。

　投資会社の定義に当てはまる投資商品の最も大きな３つの形態は、ミューチュアルファンド、上場投資信託、クローズドエンドファンドである。上場投資信託は最も新しく、最も急速に成長している分野であり、現在は資産規

---

[2] Securities and Exchange Commission, "Fast Answers: Investment Companies", July 9, 2013.

模でいうと2番目に大きい。それぞれの商品の独自の形態について、そのメリットとそれらがもたらす複雑性に焦点を当てながら解説する。投資ファンドの世界における代替商品を理解しておくことで、ETFが既存のポートフォリオに対して満たすことができる多数のニーズを把握することができるだろう。それはまた、どのようにしてETFが以前の商品の便利な特徴を有しながら、同時にそれらの形態としての欠点を改善して発展してきたのかを理解させてくれるだろう。

始まりはクローズドエンドファンドだった

　3つの投資会社のうち最初に説明するのはクローズドエンドファンド（CEF）についてである。CEFが一般的になったのは1860年のブリティッシュ・インベストメント・トラストまでさかのぼる。CEFは英国において米国のインフラストラクチャーへの投資に用いられた。この投資ビークルはその発行した持分を通して米国の鉄道建設のための資本を提供した。投資を共同化してより投資が難しいエクスポージャーにアクセスできることは、すぐに米国人の興味をこの投資ビークルに引きつけた。1893年に設定されたボストン・パーソナル・プロパティ・トラストは米国で最初のCEFであった。狂乱の1920年代がやってきた時、CEFはその経済的繁栄を支えた。あらゆる規模の投資家がそれに参加しようとアドバイザー会社に群がった。CEFは少額の資本を集めることで大きな事業に参加することを可能にした。CEFは450億ドルとなり、全市場の時価総額の大きな部分を占めていた。上限がないかのように、無知な投資家が活況な株式市場で簡単に金持ちになることを夢見てあわてて参加してきた。この未熟な投資家たちは詐欺にひっかかりやすく、多くの人が、実現可能な投資目的がないCEFを購入した。緩い規制のために重大な市場操作が生じていた。インサイダーは株価をつり上げ、割高な株価で売却することで巨額の利益を得た。過度の投機とインサイダーによる手口は、最終的に米国史上最も壊滅的な株式市場のクラッシュへ

とつながった。

　1929年のウォール・ストリートのクラッシュは最終的には大恐慌の先駆けとなった。CEFはこの大暴落の被害者の一人であった。膨張したレバレッジ、過度の投機、そして規制の欠如がそのクラッシュの原因であった。この1929年のクラッシュは公的部門の目を開かせた。法規制がつくられ、ルールを執行、作成、保護するために証券取引委員会（SEC）が組織された。1933年証券法、1934年証券取引法、そして1940年投資会社法がCEFと投資会社を規制した。これらの法律がすべての投資家を不正や過剰なレバレッジなどの他の危険な行為から守った。新たな規制と新たなガイドラインを伴っていたとしても、"クローズドエンドファンド"という名称は非常に傷ついてしまった。投資家がCEFから離れたことで、オープンエンドのミューチュアルファンドが1940年代に飛躍的な成長をみせた。1984年までCEFが再び目覚めることはなかった。CEFにはそれ特有のいくつかの重要な形態としての要素がある。

CEFの独自の特徴

　証券取引委員会はクローズドエンドファンドの伝統的かつ明確な特徴をいくつか指摘している。
- クローズドエンドファンドは通常、継続的な募集はしない。むしろ決められた口数を一度に募集（新規募集）し、その後ニューヨーク証券取引所やナスダック証券取引所などの流通市場で取引されるようになる。
- クローズドエンドファンドは、新規募集後は市場で価格設定がなされるため、純資産価額（NAV）より高くあるいは低くなる場合がある。
- クローズドエンドファンドの投資口は一般的には解約できない。クローズドエンドファンドは投資家の要望によって投資口を買い戻す必要がないからである。インターバルファンドなどのいくつかのクローズドエンドファンドにおいては、ある一定期間の間だけ買取りを行っているものもある。
- クローズドエンドファンドの投資ポートフォリオは、SECに登録した別の

機関である「投資アドバイザー」によって管理されている場合が多い。
- クローズドエンドファンドはミューチュアルファンドに比べて、「低流動性」証券への投資が大部分を占めることも可能である（低流動性証券とは、通常、ファンドのNAVを計算する方法で算出された推定価格で7日間以内に売却することができない証券を指す）。低流動性資産に投資するファンドは通常クローズドエンドファンドであることが多い。

クローズドエンドファンドは種類が豊富で、さまざまな投資目的や投資戦略、投資ポートフォリオをもつことができる。クローズドエンドファンドはSECの登録や規制のもとに置かれ、投資家保護のために数々の条件を課されており、主に1940年投資会社法や同法が採用している規則に基づいて規制されている。クローズドエンドファンドは、1933年証券法や1934年証券取引所法の規制も受ける[3]。

クローズドエンドファンドと上場投資信託の違い

ミューチュアルファンドとETFの比較は目にすることが多く、比較の基準は資産規模であることが多い。近年ETFの形態に運用資金が流れ込んでいることを受け、投資家は大部分を占めていたミューチュアルファンド市場を再考し始めている。しかしながらETFの構造はクローズドエンドファンドとのほうが比較しやすく、投資を検討するにあたってはクローズドエンドファンド市場を検証することが必要となる。

クローズドエンドファンドの取引方法はETFとの比較において最も重要で、多くの投資家はここで混乱してしまう。2つの商品の決定的な違いは、設定と解約の面においてである。どちらも流通市場で取引されるが、クローズドエンドファンドは新規募集段階でのみ、決まった口数の受益権が発行される。一方、ETFは継続的に受益権を発行できるように設計されている。その名のとおり、クローズドエンドファンドは閉じているのである。つまり

3　Sec gov.

固定数の投資口が決まっていて、ETFの場合はオープンエンドのため、受益権の発行者の意思で、受益権を設定したり解約したりできる。

　クローズドエンドファンドには構築されたポートフォリオが存在する。運用者は新規募集時に集めた資金をその構築されたポートフォリオへ投資する。CEFの構造がレバレッジの可否を決定し、レバレッジはポートフォリオのパフォーマンスの起爆剤となる。CEFの投資目的が明確であるように、原資産の構成銘柄やレバレッジについても、どの程度のリターンを追求するかによって異なる。レバレッジによる利益は、勝っているポートフォリオであれば高いリターンをもたらすが、負けているときは損失を拡大させる。ポートフォリオのリターンとその想定されるレバレッジから負債を引いた値から純資産価額（NAV）が導き出される。つまり、純資産価額はそのエンティティの資産から負債を除した値となる。一般的にはクローズドエンドファンドはNAVでは取引されず、構成される原資産のバスケットとクローズドエンドファンドを交換できないため、価格の決定は需要と供給によるものとなる。価格は、特定のCEFが提示するポートフォリオやレバレッジ、およびキャッシュフローの管理を所有するために、買い手と売り手が合意する価格となる。価格がNAVの上または下で取引されることを、それぞれ「プレミアム」、または「ディスカウント」と呼ぶ。プレミアムは、原資産証券が平均リターンを超過するだろうという市場の自信または運用者への自信を示し、ディスカウントは投資家が商品の構造に不信を示していることを暗示する。高いファンドの手数料や過剰なレバレッジ、流動性のなさや購入者への不適当な扱いは通常クローズドエンドファンドがディスカウントになる要因となる。

　CEFとETFの主な違いは、原資産バスケットの証券との関係である。最も簡素な形式では、ETFを保有するのも原資産のバスケットを保有するのも変わらないはずである。これを代替可能性があると呼ぶが、代替可能性とは2つの資産を互いに交換できることを意味する。ETFの受益権を購入し、バスケットを売ることで完全な裁定取引ができあがる。一方の資産が他方の

資産と同等であるために、ETFはNAVで取引することができる。ETFの構造は経済的には原資産バスケットの証券のポジションを表している。このことが、2つの資産間に生じうるディスカウントやプレミアムを継続的に狭める役割を果たしている。後ほど、ETFのディスカウントやプレミアム、代替可能性の力について議論する。

　この資産の互換性はCEFには存在しない。クローズドエンドファンドを取引する際にはその原資産バスケットとの間に裁定機会がなく、代替性はない。ETFのように日々のバスケットを開示するような機能がCEFにはない。スプレッドを確保できるような一方から他方への直接的な変換ができない。市場のアノマリーによりETFがそのバスケットの価値よりも離れて取引された場合、投資コミュニティはこのETFがクローズドエンドファンドのように取引されたというだろう。

　一般的に通常より多くの市場リターンを獲得しようとする人々は、CEFの領域で以下の4つのタイプの取引を遂行しようとする。

1　ディスカウントでの取引や投資
2　アクティビストの投資に従う
3　CEFとETFのコンバージョン取引（スプレッド取引）
4　高い利回りまたは高い分配金の獲得

CEFのディスカウントとプレミアム

　一般的に、CEFのディスカウントやプレミアムは長期間であり、これは商品の構造の微妙な違いによる。新規募集時に発行された受益権が一定数であるということは、CEFの価格が、通常プレミアムまたはディスカウントで取引されるということになる。限られた供給に対する投資家の需要が原資産のアセットクラスの市場価格を決める。賢く取引する以外に一般的な投資家がプレミアムやディスカウントについてできることは何もない。多くの個人投資家は長年にわたりCEFに慣れてきており、ディープディスカウントのときにファンドに引きつけられる。しかしながら、ディープディスカウン

トだからといって、ディスカウントを狭めるイベントがない限り、パフォーマンスを手助けするものとはならない。そして多くの投資家がCEFの新規募集時にNAVより少し高い価格で参入しているため、価格がNAVに対しディスカウントされたところまで動いたのをみただけで、そこで止まってしまうのである。図表１－３はクローズドエンドファンドのライフタイムを通じて長期に生じるであろうディスカウントの様子を示したものである。この図によると、米国に上場している株式のCEFの場合、15年間で平均５～10％のディスカウントが生じていることがわかる。

多くのCEFがディスカウントで取引されているという事実は、ETFの台頭により解決された。ETFの形態は、原資産の価格と異なった価格で取引されている場合に裁定取引の圧力が働くため、プレミアムやディスカウントを生じにくくする。これはETFが原資産のバスケットと交換可能であるためである。このETFの特徴が、原資産のNAVから離れて取引しないように投資家を保護している。ETFが継続してNAV付近で取引されるのはこのためである。CEFにはこの保護機能がないため、投資家はCEFをディスカウ

図表１－３　株式CEFの平均ディスカウント

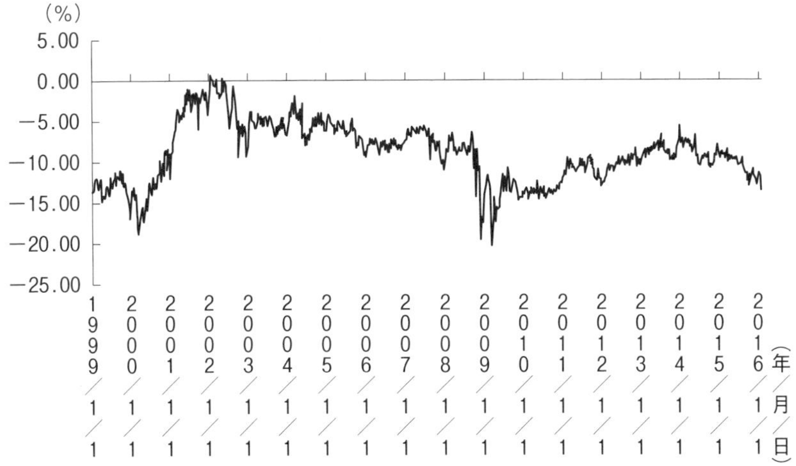

出所：WallachBeth Capital、Bloomberg

ントで取引しようとする。現時点でも、いくつかの株式のCEFは15％ほどのディスカウント状態が継続している。仮にCEFとETFが同じエクスポージャーを1口当り同じ価格で提供していたとして、その他の要素がまったく同じであった場合、投資家はETFを選ぶべきである。なぜなら、ETFは原資産の価値からかい離するリスクが低いからである。後ほど、ETFの設定／交換や裁定取引について説明する。

多くのCEFがなぜディスカウントで取引されるのかを理解したところだが、プレミアムで取引されていることについてはどのように説明すればよいのだろうか。現在、およそ20％のCEFはNAV以上の価格で取引されている。これが何を意味しているかというと、たとえば100ドルの価値のある資産を保有するファンドが流通市場（取引所）では130ドルで取引されていることを意味する。このファンドを購入したいと考えている投資家は、ファンドの証券バスケットに対し30％も多く支払って購入しようとしているのである。プレミアムでの取引は投資家が高い利回りや高い分配をねらっているときに生じる。CEFは高い利回りと関連することが多いが、これは資本構造にレバレッジが組み込まれているためである。市場に天井がないようにみえる場面においては、投資家は供給に制限があり、レバレッジが効いているCEFに群がる。プレミアムに雪だるま効果が起こり、市場のセンチメントはプレミアムを危険なほど高く押し上げることがある。分配や利回りはCEFで常に同じというわけではない。ファンドが原資産の証券からインカムを得ていない場合は、CEFの分配は資本の払戻しとなる。

CEFについてのまとめ

クローズドエンドファンドの市場にはまだ利点はあるが、ディスカウントやプレミアム、レバレッジ、分配などについて、平均的な投資家がこの種の投資会社のリスクを正確に測定するのは困難である。ETFの形態を最初に取り入れたのは多くのCEFのユーザーであり、ETFにいくつか共通点を見出したのに加えて追加的な利点があったからこそ、劇的に市場を変えたので

ある。アクティブ運用やレバレッジ、投資困難なアセットクラスなどETFの種類が爆発的に増えたことにより、いまではCEFに真っ向から圧力をかけている。図表1－4のとおり、CEFの資産規模は停滞基調にあり、このプロダクトの将来を物語っている。

わずか約2,890億ドルの資産が約568のCEFによって保有されているが、今後10年間において、2つのプロダクトの間でより大きな転換取引が行われ、より混ざりあうと思われる。今後もより多くの資産がCEFの形態からETFへと流れていくだろう。

ディスカウントとプレミアムについては、よりボラティリティが大きなものや、より安定的なものがある。図表1－5において、継続的にプレミアムで取引されているファンドの例を示している。過去10年間におけるクローズドエンドファンドのプレミアムとディスカウントの図が示すとおり、設定以降にファンドは少し動いた後、大きなプレミアム状態となった。プレミアムにはボラティリティがみられ、ディスカウントに陥ることもあったが、通常このファンドの購入者は投資口を獲得するために膨大なプレミアムを支払わなければならない。

図表1－4　CEFの総資産額

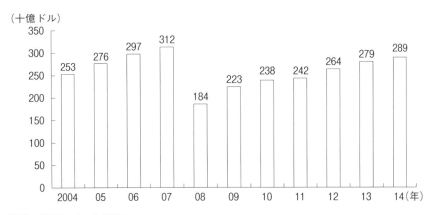

出所：ICI Factbook 2015

図表1−5　プレミアムで取引されているCEFの例

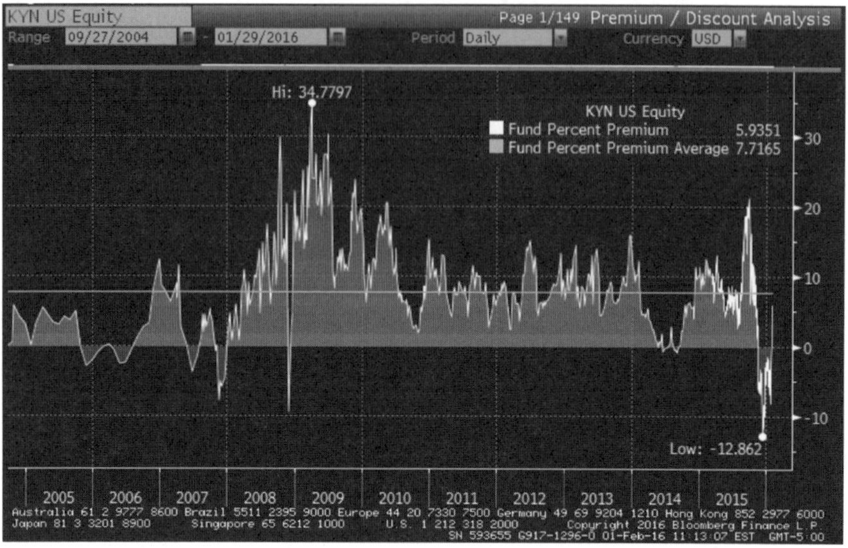

出所：Bloomberg

　一方で、ディスカウントが許容範囲内で落ち着いているようにみえるものがあり、一時的に下落する可能性はあるが、基本的には安心できるのではないかと投資家に思わせるようなものもある。これはもしCEFのディスカウントのアノマリーをねらっているのであれば、大きなリスクとなる。ファンドに何か起こる可能性があり、ディスカウントが急激に不利に働くようになる。図表1−6にみられるように、2006年には若干のディスカウント状態であったのに対し、2007年後半から2009年にかけて劇的にディスカウントが大きくなったファンドが存在している。このファンドは、基本的に元に戻ることはなく、2015年までディープディスカウントの状態で取引されていた。仮にこのファンドをロングし、ヘッジのためファンドのNAVの動きを模倣するような何かをショートしていたとすると、ファンド価格がアンダーパフォームしたことにより大きな損失を被ったことだろう。

　ETF市場の成長と拡大により、この2つのアセットクラスをお互いに取

図表1−6　ディスカウントで取引されているCEFの例

出所：Bloomberg

引する新しい投資機会が台頭してきた。ETFの形態へと変換しているクローズドエンドファンドもいくつかあり、今後も同様のケースが増えるだろう。1996年にモルガン・スタンレーとバークレイズが協力してワールド・エクイティ・ベンチマーク・シェアーズ（WEBS）と呼ばれる17の商品をアメリカン証券取引所（Amex）に上場させた。1996年6月に雑誌 *Derivatives Strategy* には「"WEBS"という上場投資インデックスファンドは、オフショアのシングルカントリーファンド（クローズドまたはオープン）への明確な挑戦である[4]」と掲載された。このETFはいまも存続しており、iシェアーズの一部として新たにブランディングされ、多くの残高を集めるに至った。初期の転換取引のうち注目を集めたファンドの一つに、Claymore Raymond James SB-1 Fund（RYJ）がある。これはクレイモア・アドバイザーズ（数

---

[4] *Derivatives Strategy* magazine archive, June 1996.

少ないETFとCEFの両方を発行する会社の一つ）によって発行されたCEFであり、ファンドが一定の期間にわたり10％以上ディスカウントされて取引された場合、ETFへの転換を決議する権限を有する旨の内容が目論見書に記載されていた。このファンドはETFの形態に転換され、双方の形態において同じファンドがどのようになるのかというケーススタディとなった。この転換によりCEFの継続的なディスカウント状態が著しくかつ永続的に軽減され、今後の同様の転換事例のモデルケースとしてみられるようになった。

この事例は、ETFとCEFには、互いに関連した投資機会があるという点で重要である。ディスカウントの動きをとらえる戦略を採用するCEFの専門家にとって、ETFは最初のヘッジツールとして素晴らしい役割を果たす。より洗練された投資家やアドバイザーは、数は少なかったものの、ETFの初期に、両方を組み合わせながらポートフォリオを構築することができた。これはいまでも正しく、投資目的に応じて、2つのアセットクラスで裁定取引の機会をねらったり、2つのポジションをローテーションしたりできる。

このような共通点によって、今日のETFの成長を後押ししたテクノロジーの発展や考え方の変化は、CEFの市場もまた成長させたと考えるのは合理的である。しかし、このトレンドは逆回転を始めている。

ミューチュアルファンド

マサチューセッツ・インベスターズ・トラストは1924年に最初の近代ミューチュアルファンドを立ち上げたとして高い評価を受けている。繰り返しになるが、分散することによってリスクを軽減させるためにプール方式の投資形態を採用していた。しかしながら、この形態は当時一般的だったCEFとはとりわけ区別されていた。オープンエンドのミューチュアルファンドは、各取引日の終了時に投資家から受益権を買い取らなければならなかった。ミューチュアルファンドは、1929年当時、クローズドエンドファンドが700ファンドあったのに比べて、19ファンドと謙虚なスタートであった。

大恐慌による1929年の市場暴落は、投資会社の取引を停止させた。SECが投資家保護の目的でセーフガードを指示したことを受けて、市場と商品への信頼が徐々に回復していった。そして、1940年投資会社法が施行され、ミューチュアルファンドやそれらを管理している者に対してルールと規制が設けられた。この法律の施行によりオープンエンドファンドの存在が急浮上した。大恐慌に関連してCEFへの信頼をなくした投資家にとって、オープンエンドファンドは投資ツールの選択肢となった。

　第二次世界大戦後には経済が上向き、1951年までには約100のミューチュアルファンドが存在していた。1960年代にはミューチュアルファンドはハイテク株のアグレッシブな成長をねらうようになった。この時期のミューチュアルファンドは資産の約90％が株式への投資であった。1970年までには約350のミューチュアルファンドがあり、残高は480億ドルとなっていた。1970年代の高インフレとベアマーケットの組合せにより、株式主導のミューチュアルファンドの魅力が減退していき、投資家からの解約によって資産も減少していった。金融のイノベーターたちは、この市場の転換期のなかで、投資家にとって魅力的な新しい種類のミューチュアルファンドをつくるという挑戦に立ち向かうことになった。ブルース・ベントは1971年に初めてのマネーマーケットファンドであるReserve Fundをつくりあげた。マネーマーケットファンドは米国財務省短期証券やコマーシャルペーパーなどの短期社債に投資した。預金者や投資家は、高利子率の環境のもと、マネーマーケットの高い利回りにアクセスすることができた。次に、バンガードのジョン・ボーグルが1976年に最初のインデックスファンドであるFirst Index Investment Trustを立ち上げた。これはS&P500に連動し、今日ではVanguard 500 Index Fundとして約2,000億ドルの残高を有している。インデックス型のミューチュアルファンドはいかなるサイズの投資家でも市場指数の構成銘柄にあわせて、それを追随することを可能にした。間もなく、免税の効果を提供する地方債のミューチュアルファンドが登場した。近代ミューチュアルファンドの進化は継続的に成功をもたらした。1982年にはミューチュアルファンドの

資産のうち、マネーマーケットファンドが76％、債券ファンドが8％、株式ファンドが16％となった[5]。1980年代には個人退職口座（IRA：Individual Retirement Accounts）や企業型退職プランの401（k）が誕生し、大部分はミューチュアルファンドが占めていた。1990年代にはミューチュアルファンドの世界においてユニークな戦略を実践して、商品群をさらに成長させるため、マネーマネジャーがしのぎを削っていた。幅広いジャンルの商品が誕生し、エリートのマネジャーたちは各々数十億ドルの資金を運用していた。2000年時点で、米国の家計の49％でミューチュアルファンドが保有されており、その数は約8,000本、純資産総額は7兆ドルとなっていた。

ミューチュアルファンドはすべての投資会社の形態のなかで引き続き最大の資産規模を有しており、Investment Company Institute（ICI）によると2014年末時点で約16兆ドルの資産が9,260本のミューチュアルファンドに投資されている。ミューチュアルファンドには大きく4つのカテゴリーがあり、それは、株式、債券、マネーマーケット、ハイブリッドである。ICIによると、約89パーセントのファンドの資産が「個人投資家」とされている家計によって保有されている。図表1－7はミューチュアルファンドの資産の割合を示している。

米国のミューチュアルファンドのうち半数以上（52％）の資産が、株式のファンドとなっている。債券ファンドは22％であり、マネーマーケットは17％であった。残りの9％は株式と債券に投資するハイブリッドファンドとなっている。ファンド運用の観点からみると、ミューチュアルファンドには基本的に2つの種類がある。アクティブ運用型とインデックス連動型である。アクティブ運用型は業界内の大部分を占めており、投資家のためにアルファを捻出することを目的とするポートフォリオを、ポートフォリオマネジャーが管理している。ミューチュアルファンドのパフォーマンスにおいて使われる「アルファ」とは、ファンドがベンチマークを超過した分のパーセ

5　State Street Global Advisers Strategy and Research, September/October 2008.

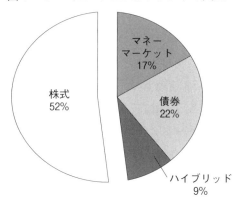

図1-7 ミューチュアルファンドの資産

出所：ICI Factbook 2015

ンテージのことをいう。インデックスファンドでは、その名のとおり、インデックスを複製することが唯一の目的である。アクティブ運用型のファンドと異なり、インデックスファンドの運用方法はパッシブである。つくりあげられた後は、単に指定されたインデックスのリターンへのエクスポージャーを提供するだけである。摩擦のないインデックスファンドであれば、そのファンドが複製するインデックスとまったく同じリターンを、それが良かろうが悪かろうが、提供するはずである。ミューチュアルファンドのなかで、インデックス連動型のファンドは一般的になってきており、2014年末時点では2.1兆ドルの資産が382本のインデックス型のミューチュアルファンドに投資されており、新規資金の純流入金額は610億ドルが国内株式、380億ドルが世界株式、そして490億ドルが債券やハイブリッドへの流入となった。2000年以降で、株式インデックス型のミューチュアルファンドが占める割合が倍になったことを覚えておいてほしい。しかし、2014年末時点において、すべてのミューチュアルファンドに占める株式インデックス型のミューチュアルファンドの割合はまだ20％であった。ETFの登場と成長を学ぶうえで、このインデックス型の投資ビークルの認知度について言及することは重要なことである。

インデックス連動型とアクティブ運用型のミューチュアルファンド

　２兆ドル規模のETF市場が、一夜にして18兆ドル規模のミューチュアルファンド市場を飲み込むことはないということを投資家は理解する必要がある。一方で、インデックス連動型のミューチュアルファンドとETF市場を比較することは妥当だろう。ETF市場は違う方法で進化してきており、90％以上がインデックスベースの株式型のファンドである。成熟したミューチュアルファンド市場は、今後ETF市場がどこへ行くのかを多少なりとも示唆している。ETFの大部分がインデックスに連動したファンドであるが、従来のインデックス連動型のミューチュアルファンドと比較して大きな利点がある。2016年において、インデックス連動型のETFの資産は、インデックス連動型のミューチュアルファンドとおよそ同額である。これらの商品が成長していくにつれて、今後大勢の人がETFの形態を適用していくと推測する。

　ETFがポートフォリオのアクティブ運用を許可されたのはつい最近である。投資家の好みの変化は、ミューチュアルファンドとETFの両方のインデックス連動型の商品の拡大に寄与した。引き続き膨大な資産がアクティブ型のミューチュアルファンドにあるが、ETFにラップした形式で市場に持ち込まれることで、投資家にとってユニークな利点をもたらす可能性がある。債券やアクティブ運用、リキッドオルタナティブなどのETFが、今後もアクティブ運用型のミューチュアルファンドの市場を侵食していくものと予想され、引き続きETFの成長の過程を目にすることになるだろう。ETFが投資家にもたらした意味のある変化を理解するために、ここからミューチュアルファンドの特徴についていくつか解説する。

ミューチュアルファンドとは何か

　ミューチュアルファンドは投資会社であり、投資家の資金をプールして、ひとまとめに株式や債券、その他の証券を購入する。この原資産の構成銘柄

のバスケットはポートフォリオと呼ばれる。ミューチュアルファンドの受益権を発行する会社は、投資を管轄するマネジャーを任命する。シンプルな考え方としては、少額の資金に、1回の購入による簡単な分散投資へのアクセスを提供することである。投資家は自身の選んだポートフォリオの一部を購入する。かつては投資が困難だったエクスポージャーにアクセスできたり、スーパースターマネジャーのポートフォリオを複製できたりするかもしれない。ミューチュアルファンドは小口の投資家であってもグローバル市場へ参加することを可能にする。限られた投資金額であっても世界中の何百という企業で構成されたポートフォリオをもつことができる。

投資家の立場からすると、ミューチュアルファンドの購入は簡単である。単純に投資資金をミューチュアルファンドの会社に送金すればよい。そうすれば、証券口座を使用している場合はその口座にミューチュアルファンドの受益権が現れるし、またはファンドのポジションを記載した報告書を直接送付してもらえる。ファンドのポートフォリオマネジャーは新しい資産を購入するため新規資金をポートフォリオに配分する。その取引費用はファンドに課され、そのファンドのすべての投資家がNAVへの影響を受ける。これは大変重要な点であり、どの投資家の行動も、ファンドへの出入りの両方においてNAVへ影響するが、同時に、他の投資家に影響を及ぼしてしまう。

ミューチュアルファンドのポジションは、原資産の終値で日々記録され、これがNAVとなる。日々の記録によって、ファンドのすべての投資家について同じNAVとなる。ファンドに出入りする際の執行価格は、同じ日次のNAVとなる。キャッシュがファンドから出入りする場合、ミューチュアルファンドのファンドマネジャーは、ファンドのトラッキングに影響を与えないように、市場の引けで購入や売却を行って、キャッシュと原資産を入れ替える。しかし、これによって2つの影響が生じる。ボラティリティの高い市場においては、仮に投資家が朝にファンドから出ることを選択したとしても、資産の終値、すなわちNAVでの取引となってしまうため、日中にポジションを調整することができない。加えて、ボラティリティの高い市場で

は、ミューチュアルファンドのポートフォリオマネジャーは、ファンド内でトラッキングエラーを生じさせないようにするため、一般的に大きな資産を取引終了近くで動かそうとする。流動性や価格がより大きく変化しやすいときには、これは大きな不均衡を日中につくりだす可能性がある。

ETFの登場

　ETFは、基本的には、現代的な要素を多数含んだミューチュアルファンドの一形態である。この点については、しばしば、慣れ親しんだ安心感のあるミューチュアルファンドから動くことについて、懸念を表明する投資家から見落とされることがある。私にしてみれば、これは、新しい奇抜なカラーテレビを取り入れるのではなく、長年保有していたからという理由で、白黒テレビを手放したくないといっているようなものに思える。

　上場投資信託は、すでに議論してきたようなクローズドエンドファンドやミューチュアルファンドに比べると比較的新しいタイプの投資ファンドである。米国において、ETFは1993年にニューヨーク証券取引所（NYSE）に上場された。SPDR S&P500 Trust（SPY）と名づけられたこのETFはS&P500に連動するようデザインされた。2015年末に本書を執筆していた時、米国には1,800本を超えるETFが上場されており、世界中においては4,400本であった。米国ではちょうど2兆ドルあまりの資産が、そしてグローバルでは約3兆ドルがこの商品に投資されていた。上場投資信託はプールされた投資ビークルであり、証券取引所に上場されている。これにより、取引中いつでも、市場が決めた価格で受益権を売買することができる。ETFは他の上場株式と同じルールで規制されており、透明性と原資産のすべてが1カ所に集まった場所を提供している。ETFの最も魅力的な要素の一つは、これまでアクセスするのにコストが高すぎたか、または困難であったエクスポージャーを提供できることである。ETFは原資産のインデックスやコモディティ、資産バスケットのパフォーマンスを追随することができる。特定のイ

ンデックスを追随したい場合も、これまでのようにそれぞれの構成銘柄を購入する必要はない。これにより大きな取引コストを回避することができる。今日においては、ETFを使えば、1種類の受益権を購入するだけでインデックス全体の成果に連動することができる。この構造は貴金属やコモディティ、その他のユニークな資産にも当てはめることができる。ETFはファンドと株式の多くの利点を併せ持っている。ETFは株式市場で取引されているため、受益権を日中に売買できる。普通株式と同様に、ETFも需要と供給によって価格が変動する。そして、ファンドと同じように、ETFはあなたのかわりに選んだ資産に投資をするが、ポートフォリオのためにインデックスの銘柄をあくせく再構築する必要はない。投資家は単純に、望んだとおりの必要なエクスポージャーを提供するETFを選べばよいのである。今日の市場において、ほとんどのETFは特定の市場インデックスに連動しているが、インデックスとは連動しない商品のほうに向かって進化している。ETFは投資戦略を一つの上場証券として巧妙にパッケージ化しているのである。

　ここ最近の上場投資信託の資産の成長やビジネスのエコシステムの発展には目を見張るものがある。この成長にはいくつもの要因が貢献している。それは、ウォール・ストリートのマーケティング活動から、電子取引の成長のために大きな構造上のメリットを提供するような規制の変更までさまざまである。しかしあまり言及されていないが、実は投資家が、簡単に理解ができてコストが低い投資手段を要求するようになってきていただけだったのである。ETF市場の主な部分は、これまでの商品にはなかったような透明性のレベルやその他の利点とともに、まさにそれを提供している。金融商品市場は創造的破壊を待っていたが、ETFがその需要を満たすツールだったのである。

　次に、この商品の構造と、なぜこれが投資の世界で旋風を巻き起こしているのかについてみてみよう。図表1－1と1－2では、この商品の劇的な成長と資金流入をみることができた。投資家が、ポートフォリオの新規の部分

や全体の投資戦略の置換えとしてETFを使うようになった決定的な理由をいくつかあげたい。主なものは次のとおりである。

1　透明性
2　取引所への上場
3　税効率
4　低い報酬
5　多様性

以下では、これらの主な特徴について触れ、その詳細を解説していく。

透明性

もし、すべてのETFの利用者に価値を与えている特徴を何か1つだけ選ばなければならないとすれば、それはポートフォリオの透明性であろう。ポートフォリオの透明性は、すべての投資家にリスクに対するプロテクションを提供している。

透明性が明確な特徴であると指摘するのは、日々ファンドが何を保有しているか正確に算出しているファンド商品はETF以外には存在しないということに投資家はなかなか気がついていないからである。ETFが登場する以前は、ポートフォリオの保有銘柄の開示は四半期か半期である場合が一般的であった。ETFは日次ベースでポートフォリオの公開がされている。これは、スタイルドリフト（訳者注：当初の運用戦略を変更すること）の排除から、取引価格をちょうどファンドの価値の付近に維持し続けるという裁定取引の基礎をつくることまで、多くのよい効果を引き起こした。実際、透明性は当初から投資商品のゴールドスタンダードであるべきだと考えていた人もいたかもしれない。

ETFの透明性について議論する際、その資産の大部分はインデックス連動型の商品であるという点を理解することが重要である。日次開示はインデックス連動型にはうまく機能する。しかし、ミューチュアルファンドの資産の多くは、アクティブ運用と呼ばれているものである。アクティブ運用の

ファンドにはポートフォリオマネジャーがいて、決められたベンチマークを上回るために保有銘柄を管理することが彼らの目的なのである。日次でのポートフォリオの開示をするべきではないと最もよく議論される理由は、投資家がファンドに投資するのではなく、自分でポートフォリオをつくってしまうのではないかとおそれるからである。仮にこれが投資家にとってより経済的かつ効率的であれば、正しい議論かもしれない。その他の議論として、ポートフォリオを日々公開することは「フロントランニング」の観点からファンドのコストを押し上げてしまうのではないかというものがある。実際には、超過リターンを達成するためのアクティブ戦略がいかに似通っているかということが明らかになることで、競争の継続のためにファンドの管理費用を低くさせる方向に動かすだろう。少しずつだが、すでにこのような変化がみえるようになってきている。

加えて、アクティブ運用のファンドのポートフォリオマネジャーの間では、投資家が「魔法のような」独自戦略に回帰するのではないかという懸念もあるだろう。しかし、これらの懸念は、投資家が日々ファンドのポートフォリオのなかに何があるのかを知ることができるというメリットを上回るものではない。現在、その変更を事前にアナウンスすることはないが、バスケットを日々開示しているアクティブETFが利用可能である。このモデルはよく機能していて、これらのファンドの資産も急増している。ブラックロックが直近のETFの商品群に関する提言で掲げていたとおり、私は同社が目標とする「保有銘柄とエクスポージャーの日次開示」[6]には賛成である。

取引所への上場

取引所への上場はすべてが流動性のためというわけではなく、それはいくつかある利点のうちの一つでしかない。取引所に上場する利点は主に以下の3点である。

---

[6] BlackRock iShares, *ETFs: A Call for Greater Transparency and Consistent Regulation*, October 2011.

1　標準化
2　日中取引
3　流動性

　マルチアセットのポートフォリオを同じアカウント構造のもとで保有するにあたり、標準化はとてつもない恩恵を提供している。これは数年前までは不可能なことであった。いまではETFに包まれた債券のポジションを投資口座のなかで管理でき、ポートフォリオで2つの別々のものを管理するような複雑なことをしなくてもよくなった。そしてコモディティやオルタナティブも同様に含めることができる。商品の取引もまた標準化されている。ETFがどのように取引されているのかを理解してしまえば、おそらく同じツールを使用しながら、ポートフォリオのすべてのパーツを同じ口座内で簡単に取引できるのである。

　上場投資信託を日中取引できるという点は良くも悪くもETFの特徴となっている。ミューチュアルファンド業界は、顧客に最良執行の概念を説明する必要がないという恩恵にあずかっている。ポートフォリオのパフォーマンスにおける下手な取引の実行について説明する機会はほとんどない。有益である一方で、ETFの流動性や日中の取引については、多くの場合において誤解されたままである。私はETFを約15年間取引しているが、いまだに流動性や取引に関する基本的な質問について答え続けている。すべての新しい投資家は、どうやってその商品についてのよい取引を達成するのかを学ぶための時間が必要なのである。

　投資プロセスにおいて、執行に関する部分は非常に重要な点である。ETF業界は、投資家に、自分の執行を自分で担うという能力を与えた。しかし、投資家のラーニングカーブは、業界が予想していた以上に急なものとなっている。ETFを取引する際には、あなた自身またはあなたの顧客が主唱者となっていく必要がある。ETFのポートフォリオ管理にあたって、執行のデューデリジェンスや戦略に秀でていれば、年間何百万ドルという金額を節約できるのである。

多くの投資家にとって、ETFが日中で取引可能であることはそれほど重要ではなく、そうである必要もないだろう。私がこの点を流動性から切り離したのはこのためである。仮に、ある投資手法を使っていて、今日あるファンドを買うという指図が出されたとしよう。複数のパラメーターによってある一定期間保有してその後売却するとした場合、その執行日を除いて、日中に取引できることはある種の保険のようなものである。必要なときはそこにあるが、多くの場合は必要としない。異なる種類の投資に日中での取引可能性を加えることによって、補助的な利点もある。たとえば、海外の原資産のETFを取引している場合、米国で日中に取引可能であることは、海外資産に追加的な取引時間帯を加えることになる。多くのETFは世界中のさまざまな市場で、さまざまな税制上の構造で、24時間取引されている。ポートフォリオを管理するうえで、このことは非常に大きな柔軟性や価格発見機能を追加しているのである。

　トレーディング業界が、スプレッドと取引により利益を得ることから、顧客サービスと流動性をベースにしたプロセス主導のビジネスへと発展してきたことをふまえると、ETFにおける顧客体験は今後も改善していくだろう。大手の顧客執行サービス提供者は、多くの商品において、手数料無料のETF取引を提供している。本質的には、現在、株式の執行方法に全面的な変化が起きている。なぜなら、それらにはETFも含まれるからである。ETFは株式と類似する点はあるものの、株式とは異なった方法で取引されるため、アドバイザーにサービスを提供している主な執行プラットフォームは、設備を一新している。流動性アグリゲーターの成長やETFへの転換を伴ったバスケットの委託取引などについては後ほど詳しく紹介する。

　商品を取引所に上場させて、さまざまな市場参加者向けに標準化された形式を提供することで、流動性の増加やこれまで提示されていたスプレッドの縮小を図ることが可能となった。しばしばETFの価格が原資産のバスケットの「ビッド」と「アスク」のスプレッドの内側で取引されているような市場の事例をみたことがあるかもしれない。これは、取引所がその戦略に関し

てすべての投資家に、集中と価格決定の場を提供しているからである。原資産のビッドとアスクの内側の流動性にアクセスできるという利点は、ミューチュアルファンドのポートフォリオマネジャーや投資家が利用することのできない優位性なのである。

　すべてのETFで起こっている現象というわけではないが、売買高の多いETFの取引においては、ETF自身のほうが原資産バスケットのスプレッドよりもタイトに取引されていて、期待以上に大きなサイズの取引が執行されている。図表1－8では、SPDR S&P500 ETF Trust（SPY）の市場価格とインディカティブ・バリュー（IV）が示されている。

　スプレッドの列をみると、バスケットはETFの想定スプレッドが4セント開いていることを示唆している。しかしながら、ファンドの取引スプレッドはたった1セントの開きとなっている。このファンドはバスケットを取引するよりもスプレッドがタイトとなっている。これはいくつかの売買高の多い商品や海外バスケットの商品において、より明確なアノマリーとなってきている。同じ商品に異なる目的をもった幅広い市場参加者を集めたことがこの現象の一因である。この優位性はまた、これまでアクセスが困難であった資産クラスへアクセスができるまで商品が発展したという証明でもある。さまざまな事例において、ETFが原資産の流動性の増加を手助けするビークルとなってきている。異なるさまざまなタイプの投資家を一つの標準化されたビークルにもってくることは、まさに商品の流動性を集約することになっている。図表1－8でみるように、幅広いETFのユーザーが同じ土俵に集まってきている。機関投資家と小口の投資家向けに複数のシェアクラスがあったり、代替的な構造をもっていたりするということはないのである。

　スプレッドがタイトである他の理由として、バスケットとETFという2つのプロダクトを保有している際に、相互に簡単に交換し合えることによって、裁定取引が可能であるということがある。これは代替可能性として知られている。ETFの価格とバスケットの価格のスプレッドを獲得しようとトレーディング業界ではさまざまな競争が繰り広げられている。これは投資家

図表1-8　SPYの価格とバスケットの価値　　　　　　　　　　　（単位：ドル）

	ビッド	アスク	スプレッド	終値
SPY価格	119.25	119.26	0.01	119.25
SPY IV（バスケットの価値）	119.22	119.27	0.04	119.24

出所：Bloomberg

にとって有益なことであり、トレーディング業者が競争すればするほど、スプレッドはさらに狭くなる。いくつかのETFと一緒に、先物やオプションなどの代替取引ビークルが取引されることもある。投資家にとっては、ユーザーをETFに集約させることで、以前よりもETFのスプレッドがタイトになり、より流動性を享受できるようになるのである。

税効率

　税効果の面で、ETFが他の投資商品となぜ異なっているのかの基礎について述べる。個々人の状況は異なるため、個人的な税務相談については税務当局および会計士に相談するべきである。また、ここではファンドが一般的な課税環境であることを前提として議論する。ファンドが非課税口座や異なる構造のもとで保有されている場合、状況は異なることがある。

　ETFの構造上の税効率は、商品の成長を高める主な特徴の一つである。議論を簡単にするために、以下の3つのサブカテゴリーを設ける。

1　ポートフォリオ管理のプロセス上の税効率
2　分配のプロセス上の税効率
3　税効率に影響する構造上の違い

　ポートフォリオ管理のプロセスにおけるETFの構造上、主な税務上の優位性は、現物による「設定」と「交換」という概念から生じている。設定と交換がどのように機能するのかという具体的な内容については第2章で触れるが、ここでは、ETFとミューチュアルファンドやクローズドエンドファンドが異なる点について説明する。

投資家がミューチュアルファンドに資産を追加する際、ポートフォリオマネジャーは投資家から現金を受け取り、原資産バスケットを購入する。投資家がミューチュアルファンドの受益権の解約をしたい場合はその逆が起こる。この時点で、ミューチュアルファンドのマネジャーは投資家に払い戻すために現金を捻出しなければならない。一般的には、彼らはファンドが保有する資産を売却する必要がある。ミューチュアルファンドにとって、この資産の売却は課税イベントを生じさせる。ファンドは解約に対応するために、ある程度の現金の準備をしているが、パフォーマンスの劣後を発生させる可能性があるため、それは控えめに行われている。ほかにも些細な管理上のテクニックはあるかもしれないが、本質的には、投資家がミューチュアルファンドに出入りする際には、ポートフォリオマネジャーは原資産の売買を行う。これは他の投資家にも共有されてしまう課税イベントを生じさせる。そして、将来のある時点で、分配スケジュールに基づき、ミューチュアルファンドは投資家にとって課税イベントとなる短期および長期のキャピタルゲインの分配を行う。

　一般的な株式のETFが資産を受け入れたり払い出したりする方法はまったく異なる。ETFユーザーの多くがいまだに、ETFが資産を受け入れる方法や、払い出す方法、さらには資産からどのように収益を稼いでいるのかを理解していないということには驚かされる。最初のステージは資産を受け入れるところである。ETFは発行市場と流通市場の2つのレベルで取引される。

　ETFが取引される際、新たな資産の受け入れプロセスは、実はETFのポートフォリオ自体からは離れた流通市場から始まる。ETFを購入したい投資家が殺到すると、流動性供給者のコミュニティがこれらの買い手にETFの受益権を売却する。流動性供給者は、彼らのトレーディングブックのヘッジのために、通常は原資産バスケットを購入する。これが取引の日中に繰り返され、流動性供給者はETFのショートポジションが大きくなり、同時に原資産バスケットのロングポジションも大きくなる。取引日の終了時

点で、流動性供給者は自らの取引ポートフォリオを評価し、バランスシートをきれいにするための行動を起こす。ここが、ETFの構造上の魔法が起こるところである。流動性供給者がすべてを正しく行っていれば、トレーディングブックには2つのポジションがある。ETFのショートと株式バスケットのロングであり、これはETFポートフォリオのクリエーションユニットに完全に一致するはずである。そして、彼らはETFの設定をすることができるのである。このプロセスにおいて、流動性供給者はETFの発行体のポートフォリオ管理エージェントに原資産のバスケットを拠出して、新たなETFの受益権が発行される。これは発行市場における取引であり、ETFのポートフォリオによる取引または課税イベントとはみなされない。日中に取引される流通市場の取引とは区別されているのである。ごくまれに、流動性供給者が市場での売却を目的としてETFの受益権を最初に設定することもある。

この理由を理解するためには、日々ETFの市場で活動している流動性供給者について考えてみればいい。1日中ETFを売りバスケットを購入している日々が続くかもしれない。しかし、翌日も同じようなことが起こるとわかっている場合には、毎日のように設定の注文を出そうとは思わないだろう。

流通市場においては、ETFの受益権の数は増加しない。流通市場の活動が発行市場にさまざまな影響を及ぼす可能性はあるが、詳しくは本書において後ほど説明する。ETFが管理する資産が増加した時点において、発行済口数の増加を通じてその増加は公表されている。では、反対の状況では何が起きるのかを考えてみよう。たとえば、市場に売り手がいたとする。投資家はETFの受益権を売却することだけを考えている。1日中、投資家はETFを流動性供給者に売却し、流動性供給者はETFの原資産バスケットの株式を売却する。これがETFと原資産バスケットの間における流動性の移転である。この逆の例においては、1日の取引終了時点において、流動性供給者は大きなETFのロングポジションと完全に一致するユニットサイズの原資

産バスケットのショートポジションを保有している。正しく行われていれば、これは完全なヘッジポジションとなり、市場エクスポージャーはないが、さまざまなロングまたはショートポジションのための資金調達コストがかかる。バランスシートのコストとエクスポージャーを管理するために、流動性供給者はETFの受益権の交換を実行しようとする。この例では、流動性供給者はETFの受益権をETFの発行体に拠出し、発行体は原資産バスケットを流動性供給者に渡す。そのETFの受益権はもはや存在せず、市場で取引できなくなるため、ETFの発行済口数は減少する。ファンドの資産についても、当該資産分の現物資産が持ち出されたため、同様に減少する。これらはすべて、ETFが税効率上優れている点となる。

この発行市場のやりとりは、取引とみなされないため、ETFにとっては課税イベントが生じていない。現物移管による設定や交換の手続は、株式をポートフォリオから出し入れ可能にするが、その一方で税務上の取引とみなされない。これは非常に重要な概念であり、私がこの商品の構造上のアルファの一部としているものである。

低い報酬

ETFの主な競争相手であるミューチュアルファンドとクローズドエンドファンドをみると、投資家に課す手数料とその捻出方法について、はっきりとした違いがあることが浮き彫りになる。ETFのように、どちらの商品もファンドの純資産残高に対するパーセンテージとして管理報酬を課す。

CEFはIPOによって設定される。ファンドのセールスチームは、販売した受益権の口数に基づいて販売手数料というかたちで支払を受ける。これによりファンドが損益分岐点上の手数料を捻出するために十分な口数で設定されなければならないというリスクを軽減することができる。いったん販売されれば、一定の条件（議決権行使やその他のオープンエンドの形態）を除いて受益権は解約できない。管理報酬は、取引開始日以降、ファンド資産の全額に対して発生する。ファンドがパフォーマンス上、何かを生み出す前、さらに

いえば1株でも取引される前から、手数料を支払ってくれる十分な資産が無期限にロックされた状態となっている。

　CEFは投資の世界において興味深い分野である。IPO時に決められた数の受益権を発行した後は、市場がファンドとNAVの価格を関連づける機能を担う。次に起こるのは以下の2つしかない。

1　ファンドがうまく受け止められ、多くの人々がもっと受益権を買いたいと思い、プレミアムとなる。すなわち、ファンドの価格がファンド内の実際の資産の価値よりも高くなる。この時点において、CEFの発行体は、需要を満たすために、より多くの受益権を市場に供給するためにライツイシューを起こすか、もしくは同じようなファンドを設定し、別のIPOとして販売部隊に顧客向けに販売させることができる。

2　もしくは、CEFはNAVに対してディスカウントの状態に陥るかもしれない。すなわち、ファンドの価格がファンド内の資産よりも低くなるのである。仮にIPOの際に受益権を購入し、ファンドがディスカウント状態となった場合、投資家のポジションは損が出ている状態となる。ファンドの新規購入者であれば、それぞれの銘柄を公開市場で購入するよりファンドを通して購入したほうが安くなるため、本質的に、資産を安く購入できることになる。一般的に多くの投資家はCEFをIPO時に購入する場合、販売手数料を考慮するとプレミアムを支払っている。そして、その後ほとんどのCEFがディスカウント状態となり、投資家に損を生じさせてしまう。

　投資家がミューチュアルファンドを利用する方法もまた興味深い。投資家は本質的にはファンド会社に現金を拠出している。ファンド会社は投資家のポジション分のファンドの受益権を新たに発行する。すべてではないが多くの場合、投資家は受益権の直接の保有者であるため、ミューチュアルファンドの会社は投資家について多くのことを知っている。会社はこの識別情報を使って投資家のために特定のマーケティングをすることができ、投資家がポートフォリオのなかに、ほかにどんなポジションをもっているのかを追っていくことができる。販売者に対しては、明確に区別された資金フローに基

づいて、投資家から集めた資産に対して直接報酬を支払うことができる。ミューチュアルファンドの顧客はファンドに加入するにあたり初期手数料を強いられる場合もある。これは投資するにあたっての手数料である。ファンドが利益を生む以前に、投資家がある特定の投資をする権利のためになぜ支払をしなければならないのか、理解するのは難しい。ICIによると、2015年までの5年間にわたって手数料付きのファンドの純新規流入額がマイナスとなっているが、その理由はこれで説明できる。ミューチュアルファンドに投資されている資産の多くはアクティブ運用型のファンドとして知られているものであり、特定のファンドマネジャーが資産の運用を行っているものである。投資家は、マネジャーが時間とともに市場に勝つことができ、したがって高い手数料を支払う価値があると信じていた。多くのアクティブ運用型のミューチュアルファンドは、ファンドの資産の1％を超える手数料を設定している。指数連動型のミューチュアルファンドの市場においては、より低い手数料のものを見つけることができるが、商品の残高でみた場合、10％程度しかない。

　ETFの登場により、ポートフォリオのためのビルディングブロックとして、幅広く管理が容易なエクスポージャーを集めるために投資家が支払う手数料は、大幅に減少した。2015年7月時点のETFの残高加重での経費率は30bp、すなわち0.3％であった。多くのETFの資産は指数連動型のファンドであるが、その数や種類はほぼ毎日増加している。最近では、規模が大きくて頻繁に連動対象とされているエクスポージャーを提供している指数連動型ファンドの競争が凄まじくなり、バンガード、シュワブ、そしてブラックロックといった会社は、投資家のポートフォリオにおいてコアのビルディングブロックとなるようなものについては継続的に報酬を引き下げている。2016年の初め時点においては、S&P500のインデックスファンドは約0.03％で購入することができる。ETFが市場に登場した頃と比べると、大幅に安くなった。それに加えて、ファンドのポートフォリオの保有銘柄に対する透明性は著しく向上し、そしてETFの構造を通じれば、投資家は、同じファ

ンドの他の投資家の行動による影響を受けない。

　これは投資家にとって非常に重要な点であり、ミューチュアルファンドに投資する際に経験したように、ファンドに出入りする他の投資家によってキャピタルゲインが分配されないかということを心配する必要なしに、ポジションを維持することができるのである。

多 様 性

　現在、何千ものETFにわたって、大量のエクスポージャーが供給されている。主要な指数から海外市場の債券、レバレッジ型のコモディティや、その間に存在する微妙な違いのあるものまで、投資家は幅広い種類のETFのなかから希望する特定のエクスポージャーを選ぶことができる。ETFは投資家の伝統的なベンチマークの見方も変えている。ETFは、もはや既存の指数戦略にはとどまっていない。個々の指数がどうつくられ、投資家にどのような利点をもたらすのかということに疑問をもつまでに、この業界は進化したのである。ETFのマネジャーは、伝統的な指数プロバイダーと仕事をしているだけではなく、これまで以上に膨大なデータにアクセスできる環境のもと、最新の金融知識をベースに新しい指数を生み出しているのである。大昔につくられたベータエクスポージャーという概念、すなわちポートフォリオのコアの部分を、最もよく知られたインデックスに限定するというアイデアは、ポートフォリオ管理のテクニックとして疑問視されるようになった。インデックス運用の初期段階においては、インデックスを構築して管理し、リターンを生むことも、そして、その有効性をテストするための必要なリサーチをすることすら困難であった。今日ではプロセスはずっと簡素化され、ETFで包むことのできる数多くの新しい投資テーマを提供する新しいインデックスの作成が可能になった。テクノロジーの発展は投資商品の進化を加速させた。ETFは投資家のポートフォリオに大きな変化をもたらしたのである。

■ まとめ

　よりいっそうの効率性のために、発明し、発展し、探求することは人間の本来の性質である。ETFは投資プールとみなされる投資領域から生まれて、アクセスの難しいエクスポージャーへの投資を可能にした。ETFは引き続き、投資をさらに民主化し、より安く、より効率的にしている。ETFは、投資家がインデックス投資をするにあたってこれまで以上に力を与えている。この新しい商品を理解し、投資リターンを追求するための適切な利用法を学ぶことは投資家の責務である。ようこそ、未来へ。

第2章

ETFの開発過程

ETFの開発にあたり、ファンド会社はさまざまな意思決定を下す必要がある。まずは新しいETFがどのような種類のエクスポージャーを提供するかということを決めなければならない。原資産となるエクスポージャーが決まると、次にそのエクスポージャーを顧客へ提供するための最善の方法を決定する。ファンド会社は、数ある形態のなかからどれを使って市場に商品を提供するか吟味する（本書ではETFの形態は市場の他の商品とは別のものとして取り扱うが、第13章でその形態の特徴について議論する）。

　もとになる原資産と形態が決まれば、実際のETFの詳細が決まる。クリエーションユニットの構造、すなわちファンドの原資産を構成するバスケットは、ETFの開発において最も重要な事項の一つである。ETFの原資産バスケットの透明性、流動性、取引の容易性を担保することは、いまでもなお成功の指標であるといわれている。ETFは上場商品であるため、日中に市場で取引をすることができる。本書で繰り返し強調されている概念として、ETFが原資産の純資産価額（NAV）に近い価格で取引されるメカニズムがある。日中にETFの資産を設定／交換できるプロセス、すなわちETFと原資産バスケットの代替性は、非常に重要かつ顕著な商品のデザインの特徴であるといえる。

　本章ではETFを市場に提供するまでの基本的事項について説明し、どのようにアクセスやパフォーマンスを提供するか、パッシブまたはアクティブのファンドなのか、基本的な構成銘柄のユニバースはどうなるかについて考察した後、クリエーションユニット、設定／交換のプロセス、指定参加者など、ETFの実際の開発に踏み込んでいく。

　設定／交換のプロセスは本章の終わりで取り上げられている。ETFを理解するうえで、設定のバスケットで何が起き、またバスケットとETFの価格や流動性の関連性は何かを理解することほど重要なことはない。ETFの設定／交換のメカニズムこそが、その成功を導く最も重要な差別化要因なのである。

市場へのアクセスかアウトパフォーマンスか

　ETFの全体像は、市場アクセスを提供するものと、なんらかのかたちでパフォーマンスを追加するものという、本質的に異なる2つの目的に振り分けられる。白黒の区別をつけられることもあるが、商品範囲の中間に位置する商品もある。図表2－1に示されている商品範囲においては、アクセスを提供する純粋な商品や、アクティブに運用されている商品、そして、エンハンストインデックスやエクスポージャーを達成するために他の方法を用いるような、中間に位置する商品をみることができる。

　アクセス商品とは、ETFユーザーにパッシブ・エクスポージャーを提供するツールである。投資家は、通常なんらかのインデックスに連動してそれを複製しようとするアクセス商品を通じて、特定のインデックス、地域、国、コモディティ、通貨、もしくはセクターのエクスポージャーを達成することができる。ETF市場は、投資家が過去に夢みてきたエクスポージャーにアクセスすることを可能にする投資商品の範囲を拡大した。これまで、投資口座に、金塊について株式のような形態としてのポジションを保有することなど現実的ではなかった。ベトナム等の国々、グローバル株式の特定のセクターのグループ、世界中の国々の通貨も、いまではETFを通じて投資可能である。

　インデックスに連動するなどで定義されたエクスポージャーへのアクセスを提供するETFは、ベータ型商品とみなされる。特定のベンチマークを上

図表2－1　商品範囲：インデックス連動からアクティブ運用ETFまで

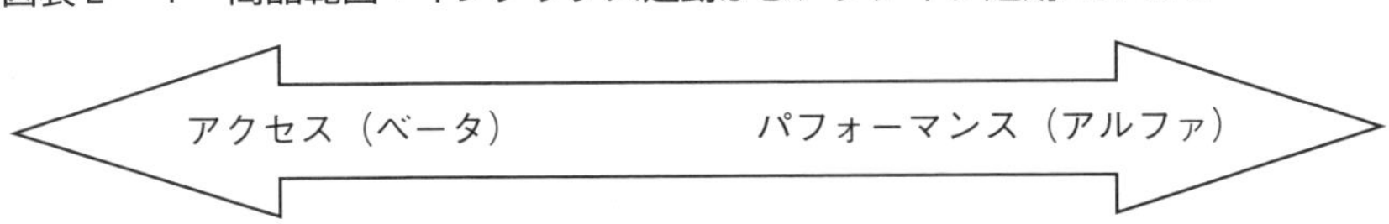

インデックス連動型	ファンダメンタル加重とルールベース戦略	アクティブ運用型
← アクセス（ベータ）		パフォーマンス（アルファ） →

回るように努めるファンドは、アルファ型商品とみなされる。

　もしETFが伝統的なベンチマークインデックスへの純粋な連動を超えて何かを提供しようした場合、それはパフォーマンス商品とみなされる。この新しいETFはこの数年で流行ってきた。ETFの成長の初期段階においては、ETFはすべてアクセスビークルとしてデザインされ、エクスポージャーを提供するツールとして他の形態の商品と競合していた。最近では、ETFはその範囲を超えて移行していて、伝統的なベンチマークをアウトパフォームしようとしており、それにより、運用者がポートフォリオで使用する新しい戦略を提供している。

　パフォーマンス型の商品は基本的なインデックス連動ツール以上のものを提供しようとしている。それらは市場に、コアまたはサテライトポートフォリオやその他の戦略を完成させるために利用することができる投資商品を提供している。新しいインデックスに連動するパフォーマンス商品はパッシブアルファ形式のものを提供する。これらはアクティブ運用のファンドのように取引はされないが、ルールベースのメカニズムになっている。ファンドは新しく組成されたインデックスルールに連動するが、そのなかにはアウトパフォーマンス（アルファ）の目標がある。新しいアクティブ運用のポートフォリオは、従来のインデックスのベンチマークに対するアルファを生み出そうとしており、インデックスに連動するのではなく、ベンチマークを上回るリターンを生成しようとしている。

インデックス連動かアクティブ運用か

　新しいETFを組成する際、主要な検討事項の一つは、投資家に提供しようとしている価値を完全に概念化することである。インデックスにはさまざまな種類があり、それぞれの目的にあった結果を得るためのさまざまな方法がある。市場に連動させるというメカニズムを提供するために、特定のグループのすべての選択可能な銘柄を選ぶ者もいる。他の者は、同じグループ

のサンプリングを行い、最適化による加重を行い、そしてその他のスクリーニングを駆使して、合理的な連動メカニズムをつくりだす。

　ETFの基礎となるインデックスを組成する場合、インデックスの実際の目標を定義することが重要である。そのインデックスは特定の証券に対して歴史的に観測されていなかった特有の観測方法を提供するためにデザインされたものなのか、ベンチマークに連動もしくはアウトパフォームするために設計されたものなのか、または、すでに存在するインデックスを改善する目的で生み出されたものなのかもしれない。例として、時間の経過とともに時価総額をもとにしたインデックスをアウトパフォームするために、ファンダメンタルのスクリーニングを採用してインデックス化したものがある。

　通常、インデックスを組成する会社はETFを発行する会社とは別となる。同じインフラストラクチャー内にインデックスの開発とETFを発行するグループの両方をもつ企業もいくつかある。典型的なインデックスプロバイダーは、ETFの発行体とは異なる懸念を抱いているということが興味深い。インデックスの構築における決定事項の一つに、原資産への投資可能性ということが避けて通れないが、これは必ずしもインデックスプロバイダーにとって最初の懸念事項になるわけではない。ETFの世界における商品開発チームは、さまざまなエキゾチックなエクスポージャーを達成するために、商品構造を最適化することに対して非常に創造的であった。典型的なインデックス連動の方法では達成できないと判断した場所については、彼らはアクティブ運用のビークルのほうへと進んでいった。

　アクティブ運用ETFは、完全に透明性のある方法で、米国で成長してきた。アドバイザー・シェアーズのアクティブETFレポートによると、2016年1月31日時点で、米国ではアクティブ運用ETFが134以上あり、その資産は約230億ドルある。ETF業界の内外でアクティブETFの成長をみている者が何人かいて、今後も急成長すると考えている。アクティブ運用ETFは原資産インデックスを複製するという伝統的な手法から商品を解き放った。その最も単純な形態のままで、ETFプロバイダーはインデックスやそのルー

ルに厳格にとらわれることなく、従来のベンチマークをアウトパフォームすることをねらう商品を生み出した。アクティブ運用の免除規定を利用した最初の商品のなかには、エクスポージャーをノンデリバラブルフォワードやその他の方法で構成したアクティブ運用のポートフォリオによってもたらされた通貨ETFがある。2016年時点では、アクティブ運用されている資産の50％以上が、短期およびグローバルの債券ファンドとなっている[1]。これらの商品は未熟な状態であり、アクティブ運用の免除規定がETFの世界をどこに導くのかはまだわからない。

原資産

ETFが効果的かつ代表的であるためには、インデックスや戦略の総合的な目標を遵守しつつ、合理的な状況にある証券のグループから構成されるべきである。ETFのバスケットを開発する際には、通常、いくつかの構成銘柄抽出の切り口がある。たとえば、大型株で構成されているETFの場合は、次のような手順がとられる。

1 インデックス構築のため、すべての株式のユニバースから、定義された最低時価総額を満たす銘柄を抽出する。
2 次に、最低の浮動株や流動性、またはさまざまな変数を用いて銘柄を切り出す。さまざまな変数を使って、構成銘柄をスクリーニングしたり切り出したりする。
3 インデックスユニバースが確定したら、インデックスを作成してETFを組成する。
4 ETFは、原資産の売買高やその他の設定バスケット構成銘柄の潜在的な制約によって、インデックスの完全な複製か、または最適化したものになる。

---

1 AdvisorShares Active ETF Report, 1/31/2016, page 5.

ETFのバスケットを最適化し、構成銘柄をさらに削減し、そして完全な複製を提供するという決定を、簡単にとらえるべきではない。それぞれのメソドロジーにはさまざまな利点と欠点がある。バンガードやブラックロックのような最大規模のETFの発行体は、バスケットの最適化か完全な複製かでしか区別できない似たようなファンドについて、さまざまなカテゴリーのなかで競争している。これらの決定は、時間の経過とともに大きなパフォーマンスの差につながる可能性がある。

　インデックスとETFの両方の原資産の規模は、非常に重要な考慮事項である。仮にユニバースがあまりにも小さすぎると、商品の成功を確保するための十分な原資産の流動性や、十分な投資家を引きつけることができない。ETFの短い歴史のなかでも、商品が上場され、成長を続けるのに十分な資産を引き入れることができなかった事例がいくつかある。このような失敗の原因の一つは、非常に狭い目標であったために、きわめて特殊で小さい投資ユニバースにつながってしまったことである。これは2つの個別の問題につながる。ファンドの利用を望んだり必要としたりするのは限られた数の投資家だけであるということと、ファンドの原資産の構成銘柄を取引するのが非常に困難であるために流動性が達成できないということである。

　本書のなかでは、原資産バスケットを通じてETFの流動性にアクセスする活動について議論している。原資産ユニバースの規模は、実際のETFの売買高と関連する重要な要素となる。

リバランスとインデックス変更

　インデックスとETFの開発段階におけるもう一つの重要な考慮事項は、構成銘柄のユニバースの回転率とコーポレートアクションである。バスケットが頻繁に変更されると取引コストの増加につながり、時にはインデックスの目標を復元するにあたって誤差が生じることとなる。選択された構成銘柄について、コーポレートアクションの頻度、価格の変動性、ウェイトの変

動、配当利回りを決定するためのさまざまな分析が行われ、インデックス管理のガイドラインが作成される。構成銘柄数が限られており、加えて銘柄変更が週次で行われるようなインデックスを追随することは困難であり、コスト高となる。ウェイト付けは、ユニバースを代表するために合理的に分散されていなければならない。仮に、バスケットがいくつかの株式に集中しすぎていると、残りのユニバースの代表性を失ってしまう。これにより、連動性の問題や、少ない銘柄が商品全体に強く影響してしまう可能性が生じる。

　完全に複製されたバスケットは、原資産のインデックスに比べてトラッキングエラーが最も少なくなる。発生するエラーは、主にリバランス時の取引コストと管理費用による。さらに、インデックスと同様、さまざまな理由による構成銘柄の変更に伴い、必然的になんらかのリバランスの仕組みが働く。合併や買収、時価総額の大幅な変化、配当の大きさと頻度、および、その他のインデックスとETFバスケットの両方のリバランスの必要性を生み出す可能性がある原資産の株式の変更がある。

　リバランスのルールを作成することと、それに連動することの主な考慮事項は、必ずしも一致するとは限らない。インデックスの分散度合いの根底にある概念のことを考えるかもしれないが、実はインデックスが当初は取引媒体として意図されているわけではないため、構成銘柄の取引に関する懸念には注意が払われていない。しかしながら、ETFのバスケットの作成において、取引は非常に重要な考慮事項である。これは、多くの点で、ETF自体の成長が、そのバスケットが取引されて、発行体に拠出されるという能力に依存しているからである。加えて、トラッキング・ディファレンス（インデックスとバスケットのリターンの間の差）を限定するために完全なインデックスの複製を望んだとしても、ある時点においては、バスケットに膨大な数の構成銘柄が含まれていることによる複雑性と限界的付加価値の限定という点と、どの程度完全な連動からのかい離を許容できるかという点において、トレードオフが存在するのである。

ETFのバスケット

　上場投資信託のバスケットは商品組成のなかで中心的な特徴を有するものである。それはクリエーションユニットと呼ばれ、商品の機能を進化させるものである。クリエーションユニットとは、ETFの発行体によって公開されるもので、現物または現金、構成銘柄とETFの株（口）数が適正化されたものである。ETFバスケットは、透明性、流動性、アクセシビリティ、連動性といった重要な特性を満たすことを目標としている。これらすべてはバスケットとファンドの開発段階において考慮する必要がある項目である。

　インデックスは構成銘柄のなかの選択可能なすべてのユニバースを利用することがあるが、ETFが実行可能なバスケットを作成するにあたっては、原資産の構成銘柄を十分に吟味することが不可欠である。具体的には、これらの商品の流動性に焦点を当てて、相関性とアクセシビリティのトレードオフを満たすため、そのユニバースより小さいサンプリングを利用するほうがよいかどうかを分析する。流動性に加え、インデックスの個々のウェイトにも焦点を当てるべきである。ETFは構造上、あまりにも過大なウェイト付けからは恩恵を受けない。また、相対的なパフォーマンス上の価値がないのに取引コストを増加させてしまう可能性があるため、あまりにも小さいウェイトの恩恵も受けない。流動性とウェイト付けのバランスは、ETFの発行体によって、連動性および導入のコストを最小限に抑えるべく十二分に検討されるべきものである。

クリエーションユニットの決定

　ETFのクリエーションユニット（CU）の決定にかかわるいくつかの具体的な点をみていこう。ETFの価格帯は商品の位置づけにおいて非常に重要である。想定元本の決定から始まるのが一般的で、バスケットの構成銘柄の取引の効率性を確保するため、この時点において、ETFバスケットは異な

る価格帯で分析される。

　ETFバスケットの原資産の構成銘柄の平均売買高は、ETFの潜在的な将来の売買高の決定要因となる。原資産のユニバースの各決定段階や、ETFをクリエーションバスケットに落とし込む際に、その原資産の構成銘柄に対するなんらかの分析がなされる。ETFの形態が使用されていない場合、潜在的なバスケットの流動性には大きな余裕がある。クローズドエンドファンド（CEF）は、日々受益権を発行するという要素を持ち合わせていないため、流動性の低い資産への投資が可能であったことから人気を得た。ETFは受益権を日次で設定および交換することが可能であることから、取引を円滑に保つためには原資産バスケットの流動性が重要となる。

　原資産バスケットを決定する際の主な要素の一つは、構成銘柄の流動性分析である。これは、ETFの開発の初期段階だけでなく、リバランスやETFの運用期間中にも行われる。後の章でETFのバスケットを通じた流動性について深く解説するが、この段階でバスケット流動性のいくつかの評価をみてみよう。図表2－2は、ETFのクリエーションユニットのバスケットに関するいくつかの注意すべき点を示している。

　まず初めに注意する点は、バスケットのアルファベット順の2番目、銘柄BBBである。この銘柄の1日当り平均売買高は他の銘柄と比べて著しく少なく、バスケット内では例外的な銘柄となっている。他の銘柄に必要とされるクリエーションユニットは、平均日次売買高（ADV：Average Daily Volume）の1％未満であるが、BBBの必要な株式を取引するためには、1日の平均売買高の20％を取引しなければならない。これはETFの潜在的な流動性の問題を引き起こす可能性がある外れ値である。表の右側をみると、インプライド日次取引可能口数の25％は、わずか6万2,500口であることがわかる。その数値は、BBBのADVの25％を取引した場合、ETFの6万2,500口を購入することができるということを意味している。BBBは、そのADVに比べて必要とされる株数が著しく多いので、1日に設定および取引可能なETFの量に対する深刻な制約となる。

反対に、銘柄IIIをみると、クリエーションユニットに必要な株数はADVに比べて著しく少ないことがわかる。インプライドETFに関する列では、もしそれがバスケットの唯一の銘柄であったとしたら、クリエーションユニットを組成するために取引しなければならないのはわずか13株であり、その株式の平均日次売買高の25％だけの取引に制限をしていたとしても、3億8,400万口のETFを組成する取引を1日でするのに十分である。1ユニット当りETF 5万口として、7,692クリエーションユニットに相当するということが重要である。別の言い方をすると、原資産バスケットとしての1万5,385クリエーションユニットは、3億8,400万口のETFとなる。現時点のNAVが5.86ドルであり、これはETFを潜在的に1日当り約22億5,000万ドル取引できることを示唆している（3億8,400万×5.86）。しかしながら、バスケットには他の銘柄も含まれているため、銘柄BBBによりETFの1日の想定売買高は約29万3,000ドルに制限される。これはETFの原資産バスケットを取引するうえで非常に大きな制約となる。このように、ETFの潜在的な流動性を計算するためには、流動性が最も低い銘柄を用いることになる。流動性の制約の観点からは、BBBが除外されることがETFにとってよりよい方法かもしれない。

　このETFバスケットの他の特徴として、ポートフォリオ全体に対する証券PPPのウェイトがある。銘柄PPPはポートフォリオの23.87％を占めている。この一銘柄がポートフォリオの約24％を占めていることで、バスケットの他の銘柄と比べても非常に過大なウェイトとなっている。通常ETFには、ファンドに大きなウェイトの不均衡をもたらす可能性がある価格変動によってウェイトが大きくなった銘柄に対して、それを相殺するようななんらかの定期的なリバランスがある。しかしながら、市場にはポートフォリオをリバランスしない商品もあり、限られた銘柄にウェイトが偏ってしまい、そのような場合、バスケット全体としてのパフォーマンスを制約してしまう。

　ETFの原資産のパフォーマンスよりも、構成比率や流動性がクリエーションユニットの実現性を決めることがある。これは純資産総額（AUM）

図表2-2　原資産バスケットの潜在的な流動性制約

架空のETFの原資産バスケットの潜在的な流動性制約

#	ティッカー	終値	平均日次売買高 (ADV)	1クリエーションユニット当りのADV (%)	1クリエーションユニット当り口数	バスケットのウェイト (%)	インプライド日次取引可能口数 (ADVの25%の場合)	インプライドクリエーションユニット数 (ADVの25%の場合)
1	AAA	10	100,000	0.02	21	0.07	59,523,810	1,190
2	BBB	11	5,000	20.00	1,000	3.75	62,500	1
3	CCC	12	300,000	0.13	386	1.58	9,715,026	194
4	DDD	13	400,000	0.02	80	0.35	62,500,000	1,250
5	EEE	14	500,000	0.01	49	0.23	127,551,020	2,551
6	FFF	15	100,000	0.13	131	0.67	9,541,985	191
7	GGG	16	200,000	0.62	1,242	6.78	2,012,882	40
8	HHH	17	300,000	0.05	139	0.81	26,978,417	540
9	III	18	400,000	0.00	13	0.08	384,615,385	7,692
10	JJJ	19	500,000	0.17	857	5.55	7,292,882	146
11	KKK	20	100,000	0.11	113	0.77	11,061,947	221
12	LLL	21	200,000	0.59	1,177	8.43	2,124,044	42
13	MMM	22	300,000	0.29	880	6.60	4,261,364	85
14	NNN	23	400,000	0.22	894	7.01	5,592,841	112
15	OOO	24	500,000	0.01	56	0.46	111,607,143	2,232
16	PPP	25	100,000	2.80	2,800	23.87	446,429	9
17	QQQ	26	200,000	0.66	1,311	11.62	1,906,941	38
18	RRR	27	300,000	0.11	331	3.05	11,329,305	227
19	SSS	28	400,000	0.14	571	5.45	8,756,567	175
20	TTT	29	500,000	0.26	1,300	12.86	4,807,692	96

クリエーションユニット当り残高　$293,239.00
クリエーションユニット当り口数　50,000
NAV　$5.86

の成長を可能にするライフラインなのである。これにより、その商品は投資家にとって実行可能で価値のあるものとなり、発行体にとって有益なものとなる。これらは、どんなよい投資商品にも通じる相互に依存する目標である。以前は、運用会社の世界においては、パフォーマンスと連動性が投資家と発行体の唯一の共通の目標であったということは興味深い。ETFの場合は、そのETFが成功するためには、発行体と投資家が、パフォーマンス、連動性、そして取引可能性（これが執行コストを決定する）の整合性をとる必要がある。

設定と交換のプロセス

設定／交換のプロセスは時々、ETFを利用する投資家に誤解されることがある。設定のプロセスは発行市場の機能であり、このプロセスが、ETFの原資産の流動性へのアクセスを促しているということを理解しておくことが重要である。設定／交換のプロセスは商品が成長または縮小するたびにその背後で利用されているが、多くの投資家はこの商品を利用する際に、それを直接利用する必要はない。

ETFが取引所で取引されている場合は、流通市場で取引されているとみなされる。発行市場は発行をする場であり、新規発行（IPO）の際に受益権は最初に発行市場で発行され、その後、流通市場で取引される。ETFも同様であり、ETFが日次で設定／交換されることを「継続発行」と呼ぶ。指定参加者（AP：Authorized Participant）が設定する際、クリエーションユニットに必要な株式やキャッシュが発行体に拠出され、発行体はAPにETFの受益権を渡す。発行体はAPに拠出する受益権の在庫を管理しているわけではなく、設定プロセスの一環として、発行体はETFの受益権を発行する。新しい受益権はETFの総発行口数に加算され、日々公開される。逆の状況では、APが交換の注文を執行する際、ETFの受益権が発行体に拠出され、発行体は原資産をAPに引き渡す。これらの拠出時には、規定された現金部分の金額も含まれる。ただし、この場合、発行体はその受益権を保有したり

在庫の一部としたりすることはなく、これらの受益権は理論的には「抹消」されている。これは、市場においてもはや発行されていないことを意味し、純資産総額（AUM）は減少する。

> **取引のヒント**
>
> 　設定／交換の際に利用される株式の現物移管は、片方では設定バスケットを引き渡し、反対側ではETFの受益権を引き渡す方法である。これには通常、ポートフォリオ内の一部の丸め誤差またはその他の小さな項目について補完するために少額の現金部分が伴う。現金は、このような例外を除き発行体には拠出されず、ミューチュアルファンドに比べて大きな差別化要因となっている。現物移管のプロセスでは、ファンドは新たな投資のために必要な株式を市場に買入れに行かずにそれらの株式を取得することができる。そして、交換プロセスにおいても、ファンドは、資産の減少により必要なくなった銘柄バスケットを出すことができる。このプロセスは取引とはみなされず、また課税イベントともならず、ファンドのポートフォリオの管理において非常に重要な影響をもたらす。重要な特徴の一つは、ポートフォリオマネジャーは、資産の原価を管理することができるということである。本書を通じて、このユニークな機能のさまざまな他の利点についても議論していく。

　図表2－3は、設定プロセスの基本的な図を示している。その最も単純な形態では、APは発行体に株式のバスケットを拠出して、発行体はETFの受益権を引き渡している。これらの取引は公式の取引とはみなされず、統合テープには報告されない。これは相互の現物移管である。この典型的な一例において、ETFの発行体は市場で株式を取引しておらず、APから受け取っているだけである。

　最初に取引の基本的な性質を理解し、後にさらに細分化していくために、

意図的にこの図を単純化した。この一見単純なプロセスによって、数百万口のETFをちょうどNAV近辺で取引することが可能となり、根底にある金融市場の性質を変化させているのである。また、ETFのポートフォリオマネジャーが、ポートフォリオを税効率の高い方法で管理することも可能としており、これは他の商品では実現不可能である。

図表2－4は逆のプロセスを示している。この場合、ETFの発行体は原資産バスケットをAPに拠出する。ETFのポートフォリオからの現物の引渡しは、ETFのポートフォリオマネジャーが損益を管理する鍵となる。これにより、ポートフォリオのリバランスやコーポレートアクションから発生する可能性のある潜在的なキャピタルゲインを削減することができる。報告されるポートフォリオの取引とは異なり、これらの取引はETFにとって課税対象の取引とはみなされない。

図表2－3　単純化した設定プロセス

指定参加者（AP）は株式のバスケットを発行体に渡す。
発行体はETFの受益権をAPに渡す。
これらは現物移管で行われる。

図表2－4　単純化した交換プロセス

指定参加者（AP）は株式のバスケットを発行体から受け取る。
発行体はETFの受益権をAPから受け取る。
これらは現物移管で行われる。

現物株式の拠出と受領は、APが原資産の執行および取引エージェントとしての役割を果たすプロセスである。発行体に拠出するために、市場で資産を購入するのか、または借りてくるのかについてはAPの責任である。現物移管とは、発行体がETFの受益権と引き換えに株式を受領または引き渡すことである。それらの証券同士が代替可能なビークルであり、相互に変換可能であるからこそ、これが可能となっている。このプロセスは、資産の増減がある場合に、ETF自体から取引の費用を排除することができる。また、ポートフォリオの資産を、市場で取引して課税イベントを発生させることなく減らすことができるため、ETFは高いレベルの税効率を達成することが可能となっている。この能力によって、通常、多くのETFではキャピタルゲインの払出しが非常に少ないかまたは発生しない。それとは対照的に、大規模な資産の解約に直面したミューチュアルファンドは、現金を解約者に返金するために、ファンドから資産を売却しなければならない。これによりファンドに取引費用が生じ、また、以前購入した資産や売却しなければならなくなった資産からのキャピタルゲインという課税対象のイベントが発生する。ETFの構造では、資産の成長や縮小から生じた取引費用は個々の投資家の責任であり、他の受益者が負担するものではない。

　本章と本書の残りの部分で、このプロセスの個別の重要な特徴について言及しているため、ここでは、単純化した設定／交換プロセスを図示した。他の多くのこのプロセスについての図は、実際に何が起こっているかという効果を覆い隠すようなかたちになっている。本書のさまざまな箇所で、一方においては顧客の関与と、その反対側では市場での取引といった周囲の出来事を説明するための基本的な図表を追加的にみることになる。

　ETFの成功はほぼすべての面で、設定／交換のプロセスへとさかのぼる。クローズドエンドファンドとミューチュアルファンドの2つは、競合する主要な商品であり、受益権の設定と解約には非常に異なった方法がとられている。CEFはIPOにより受益権を発行し、一度公開されると永遠に一定の発行数で取引される。アクティビストや償還となるイベントが起きない限り、

CEFの受益権は取引所に上場され続ける。ミューチュアルファンドは取引所に上場されることはなく、顧客から直接現金を受け取り、その顧客に直接受益権を発行する。解約の場合は、発行済口数を削減し、顧客に現金を返す。IPOによるCEFの上場や、ミューチュアルファンドの新規発行の両方において、ファンドのポートフォリオマネジャーは、受け取った現金について、取引を通じて市場で運用する。ほとんどのETFのポートフォリオマネジャーは証券のバスケットを取引しておらず、それらは登録されたカウンターパーティーであるAPから拠出されるだけである。

ETFの受益権はファンドの公式NAVで設定／交換される。すべての費用を含む設定／交換の総費用はAPによって支払われ、APはその費用を投資家に請求するか、または市場でクオートしたETFのスプレッドに含める。ファンドのNAVは、クリエーションユニットと呼ばれる現物バスケットと特定のキャッシュ調整額から計算されるため、バスケットとETFは等価となる。バランスシートの使用や株式のポジションをとる費用がかからないとした場合、ETFの受益権と、ETFのクリエーションユニットと必要なキャッシュのどちらを保有するかは特に差がないことになる。唯一の違いは管理費用である。これが、個々の証券と独特なETFの構造との間における基本的な裁定取引の関係性を説明している。ETFは取引所に上場されている証券として売買されており、市場の需要と供給により価格が決まる。一方で、クリエーションユニットを構成する証券のバスケットは、互いに、またETFからも独立した上場証券として取引されているが、設定／交換のメカニズムにより裁定取引の関係が形成されており、トレーダーが個別証券のさまざまな価格を統合して、それとNAVをひもづけることが可能となっている。この点については、第7章の取引戦略の議論でさらに詳細に取り上げる。

顧客主導による設定／交換　　設定／交換が顧客の注文に基づいたものであったとしても、実際に設定／交換を行うかどうかはAPが決定する。実際に顧客がETFへもしくはETFからまとまった額を動かそうとするとき、多く

の場合、顧客は設定／交換が可能かどうかを確認してくる。彼らは、彼ら自身が実際に設定／交換を行っているという考えから離れて、むしろ、だれかがETFへまたはETFからの出入りについて設定／交換メカニズムを使って調整してくれていると考えたほうがよい。これにはいくつかの理由がある。

1　顧客は設定のサイズによって制約を感じるべきではない。
2　設定／交換プロセスは終値ベースでバスケットの価格を評価するが、APは適切に取引を執行するために日中の流動性にアクセスできる。多くの取引方法があるため、終値での取引に制限されるわけではない。
3　設定／交換プロセスは1日の終わりにバックオフィスで執行される機能であり、ポジションを移管したり解消したりするために利用するものである。しかしそれは、APが、日中を通して、顧客に対してETFの流動性の提供や原資産の取引をすることを可能にしている。
4　受益権の設定／交換は、会計ベースのファンドの公式NAVで行われる。APやETFのマーケットメイカーは、原資産の取引のすべてのコストを負担する。これらのコストは投資家への価格に反映される。ETFとその所有者に影響はなく、ミューチュアルファンドの受益者のように、毎回の設定と解約にかかる費用を共有させられることはない。

さらに詳細にこれらの点について述べよう。顧客は設定のサイズによって制約を受けるべきではない。設定のサイズは、一般的には、APによって設定もしくは交換の注文が出せる最小のサイズである。最小サイズは、ETFの発行体が機関投資家と取引するための規制プロセスの一環としてつくられたものである。この方法によって、APは小さい取引を集約して大きなサイズをつくり、その後設定によってポジションをフラット化できる。ETFの顧客や取引の注文を担うアドバイザーが、APのデスクやポートフォリオトレーディングのデスク（通常、これらは同じかまたは関連している）に連絡をとると、トレーディングデスクはETFの原資産バスケットを取引して、ETFの想定執行価格を教えてくれる。クリエーションサイズが10万口である場合には、トレーディングデスクは顧客のために原資産市場で少量のバス

ケットを取引するだろう。これは流動性供給者がETFでリスク価格を提供するときに実際に起こっていることである。ETFの価格を提示するためにリスクをとっており、取引が完了した後でバスケットでヘッジしているのである。この方法はリスクがない方法で行うこともできるが、それは投資家からの委託取引の場合となる。この注文は、トレーディングデスクにまずは効率的に原資産のバスケットを執行するように指示し、次にバスケット取引から想定されるETF価格を算出させて、顧客へETFの取引報告書を送らせる。クリエーションユニットのサイズよりも注文量が少なければ、トレーディングデスクのブックから余っている在庫を調達する。ETFのデスクがクリエーションユニット全体を集めてポジションを解消するまでの資金調達のコストをカバーするために、この方法ではファシリテーションの手数料が若干高く設定される。

　次の重要なポイントは、価格である。ETFはクリエーションバスケットを毎日公表しているため、正確な銘柄バスケットの取引をするときはいつでも、ETFをNAV価格からコストを除いたものに対して取引していることになる。なんらかの理由で、公式NAV価格をベンチマークとして設定している場合は、終値で取引するのが最適である。ETFの公式NAVは原資産の終値がもとになるため、終値で取引をすれば、ETFのNAVと合致するはずである。しかしながら、同じETFバスケットを取引終了1時間前に取引する場合は、ファンドのインプライドNAVで取引していることになる。この状況は、ETFの日中インディカティブ・バリュー（IIV）を参照した取引である。設定／交換のプロセスによって、流動性供給者はバスケットとETFの間に生じた裁定機会を追求することができる。トレーディング・ビークルとして原資産バスケットを活用する戦略を利用することで、実際にETFを取引所で取引することなく、日中NAVかまたはそれに非常に近い価格で、ETFの執行をすることができる。一例として、国内原資産の構成銘柄をもつ非常に流動性の低い米国上場ETFの原資産バスケットを、日中の売買高加重平均価格（VWAP：Volume Weighted Average Price）で購入するように

APに指示することがある。APはバスケット内のすべての原資産株式の注文を処理して、バスケット全体のVWAP価格を得て、それをETF価格に転換することができる。これは、実際にはETF自体を取引しないでETFを取引しており、流動性を追求するもう一つの方法である。

> **取引のヒント**
>
> 売買高加重平均価格（VWAP）は、一定期間に取引された株式の売買金額を総株数で除した値である。VWAPで取引する場合、それは同期間に大部分の株式が取引された価格で取引することを意味する。VWAPのアルゴリズムは、他の市場参加者に沿った価格で売買するために、運用者によって活用されている。

その時点で、APは顧客にETFの受益権を売却したポジションと、ETFを再現したバスケットを購入したポジションを保有している。そして、このブックのポジションを解消するために、設定の注文を出す。この後は、ETFの設定／交換を担い、現物移管のファシリテーションを行っている重要なプレーヤーについてみていく。

指定参加者（AP）

ETFの資産の受入れや払出しを可能としている設定／交換メカニズムは、指定参加者（AP）と呼ばれるETFの流通市場における取引のファシリテーターにとっても、ポジション管理システム上の必要な役割を果たしている。基本的には発行体とマーケットメイカーの間で、受益権の拠出や受取りを可能にするために設計されており、発行体が実際にバスケットを執行する必要がないようになっている。

APになるためには、ETFの発行体との契約が必要であり、ETFの受益権と引き換えに株式バスケットを統合して提供する立場にある。APはETFか

らバスケットを受け取ることもあり、解約の注文があったときにバスケットを市場に放出する役割も担う。これは全体のプロセスの最も重要な側面の一つであり、APがバスケット取引を１つの大きな塊に集約して、それを拠出することがなければ、資産の増加は見込めず管理報酬も稼げない。この究極の目標は、APと発行体のパートナーシップと、発行体への株式バスケットの拠出に依存している。このプロセスが、ETFを成長させ資産を増加させるのである。

　APになるための初期費用はなく、実際に参加者にとっても、とても良好なビジネスとなっている。ほぼすべての大手投資銀行と清算機関がETFの設定／交換プロセスを担うためのAPとなっている。ETFの設定／交換には処理手数料といわれる費用が発生する。この手数料は取引に必要とされるユニット数にかかわらず定額料金であり、大規模な顧客のマーケットメイキング業務に大きな規模の経済性をもたらしている。将来どの程度のETFの受益権がAPによって取引されるかは不明であるため、ETF市場において、設定／交換の手数料は標準的なスプレッドに組み込まれている。これは、APが各取引にこの手数料分のスプレッドを組み込むことを可能にさせ、取引フローを集約させる際に、１ユニットと複数ユニットの間の差異から利益を得ることが可能となる。委託取引の設定または交換の注文の場合、顧客が手数料を支払う。マーケットメイクがされていれば、ETFのスプレッドは１口当りの手数料を含んでいることになる。ETFの商品ごとのマーケットメイクによって、とりわけ売買高の少ないETFにおいては、APが市場のスプレッドから設定／交換の手数料を回収できる。将来的な取引量が不明瞭である場合、マーケットメイカーは設定／交換プロセスを通してブックをフラット化するためのコストをそのスプレッドに含める。売買高の多いETFにおいては、ファシリテーションしたポジションを市場で解消する機会があるため、確率を調整した設定手数料がスプレッドに含まれることで、少しだけタイトな市場をつくることができる。これが、商品が発展して売買高が増えるとスプレッドが狭くなる理由の一つである。

APは、ETFとミューチュアルファンドとの間の大きな差別化要因となっている。APが投資家とETFの発行体の間に立ち、ETFのポートフォリオマネジャーはETFの投資家と直接対話することはない。そのメリットは、APは、ETFの発行体が資産を増加または減少させているかどうかに無差別であり、それはすなわち投資家の売買行動に対しても無差別であるということである。これは、ETFの構造にとって非常に重要な要素であり、投資家からの最も重要な質問の一つに対しての解決につながる。それは、流動性はポジションをとるときと解消するときで同じであるか、という質問である。答えはイエスであり、流動性供給者はいくらで取引をするかに基づいているのであって、売り買いの別に基づいているわけではないからである。

APがファシリテーションした注文フローの取引例　　複数の顧客に対応しているAPの場合、次のような手順をとる。顧客がETF-Aを10万口購入する注文を入れてきた場合、流動性供給者となるAPは顧客にETFを売却して、そのETFのショートポジションを解消するためにクリエーションユニットのバスケットを買い付けることができる。ETF-Aのクリエーションサイズは10万口であり、ユニットサイズに関係なく、設定または交換の手数料は2,000ドルであるとする。顧客の注文がトレーディングデスクにくると、将来的な追加の注文に関しては不明確であるため、APは顧客にETF-Aの価格を提示する際に、設定のプロセスを行うための1口当り手数料、すなわち1口当り2セント（2,000ドル/100,000＝0.02ドル）を含める。その後に、別の顧客がETF-Aを10万口追加で購入しにくるかもしれない。この時点でも、APは将来の顧客が反対注文を出すかどうかわからないため、アスク価格に設定の費用、すなわち1口当り2セントを含める。

　この例では、日中の売買高の少ないETFを前提とした。APは、ETFのポジションを流通市場で解消するのではなく、バスケットを用いてヘッジする。この時点でAPはスプレッドに包含させることで4,000ドルの設定の手数料を回収しているが、APが設定の手数料として支払う金額は固定であるため、2,000ドルしか支払う必要がない。ここに売り手の概念を加えてみよう。

新しい顧客がETF-Aを20万口売却したいと持ち込んだとしよう。この時点で、APは希望買取額を計算し、1口当り1セントの交換手数料を加える（2,000ドル/200,000=0.01ドル）。顧客はETF-Aを取引して売却し、APは20万口分のETFの原資産バスケットを売却する。APはこの時点でETFと構成銘柄のバスケットのポジションを完全に解消しており、バランスシートを使用していない状態となる。加えて、APは発行体に対して処理されていない設定／交換の注文を3つ集めたことになる。これは非常にまれでありかつ流通市場での流動性が低いETFを単純化した事例ではあるが、仮にETFの取引所のオーダーブック上での流動性が高ければ、将来の注文フローを容易に予測することができ、APは取引ごとに設定／交換の手数料を上乗せすることもなく、ETFのスプレッドも徐々に狭くなる。これは発行体が設定／交換コストを低くするために努力し、プロセスエージェントとの間での手数料を最低限の水準にするために交渉を行うことの重要性を示している。これらのコストは暗黙のETFの取引コストとして、取引のコストに直接的に影響を及ぼす。すべてのETFにこのコストは存在するが、日中の売買高が少ないETFにとっては、市場参加者のスプレッドを狭めるような反対側の取引があまりないため、より深く関連した問題である。この点については、第6章で取引の執行に関連してさらに詳細に議論する。

まとめ

本章では、ETFの開発段階の初期の手順から紹介したが、それはETFの原資産のエクスポージャーに関しての決定がそこでされるからである。ETFの開発メカニズムについてしっかりとした基礎知識をもっておくことは、商品の適切な利用において有益である。ETFの成長と設定／交換メカニズムを使用したAPによるファシリテーションは、ETFの最も有益な点である。

上場投資信託は、ユーザーにさまざまな利点を授ける「純粋な」商品であ

る。本書の最終章で、上場金融商品のさまざまな形態について詳しく紹介している。上場ファンドの業界はETFに類似した商品を含みながら成長してきたが、いくつか重要な区別すべき特徴がある。それぞれの投資機会にどの商品が適しているかを吟味するうえで、これらの特徴を理解することは重要である。

第3章

市場にETFを提供する

コンセプトから実際に誕生させるまでの道のりは、上場投資信託（ETF）のように複雑な投資ビークルにおいては単純なものではない。ETFを市場に出すためには、多くの要素を調整する必要がある。取引所へ上場することにより、ETFの成長と人気が高まった。上場することで、オープンエンドのファンドを日中に取引できる能力というユニークなメリットを、投資家が活用することが可能となっている。ETFは、その日の終わりの流動性のみを提供している他の商品と比較して、日中のボラティリティを利用するための柔軟性を投資家に提供している。しかし、ETFの種類によっては、取引所に上場することが混乱の原因となったものもある。

　投資家が最も混乱する問題の一つは、ETFの売買高である。ETFが、インデックスの複製ツールとヘッジのための商品から、ユニークな投資ビークルへと向かってさらなる進化の道を進むにつれて、その構造のさまざまな部分がさらに価値を増してきた。売買高は、しばしば混乱を生み出す要素である。ETFのなかには日中の売買高が多いものもあるため、売買高が多いほど、そのETFが有用であると考えられることがある。しかし、この仮定は、ETFの市場が提供してくれるさまざまな要素を考慮に入れていない。提供されている新しい商品の多くは投資のための商品である。それらはミューチュアルファンドまたはヘッジファンドのスタイルの投資と競合するものである。日中に取引できるという特徴は高頻度取引のビークルにとっては重要であるが、日々の売買高は投資のためのビークルにとってはあまり重要ではない。重要なのは、ファンドへの出入りによる執行への影響を軽減するために原資産バスケットを利用する機能であり、これは設定と交換の仕組みによって可能になっている。

　ETFにとっての理想的な状況は、流動性供給者がETFを通して顧客と原資産バスケットの間の仲介者となっている場合である。ETFの構造が機能している場合、顧客は、その規模が原資産バスケットによって消化可能であれば、取引所におけるETFへの影響を最小限に抑えつつETFに出入りすることができる。ニューヨーク証券取引所（NYSE）Arcaは、上場数において

米国最大のETFの取引所で、ほぼすべての商品にリードマーケットメイカー（LMM）を置くことでこの活動を促進している。米国で3番目に大きな取引所であるBATS（訳者注：現在のCboe Global Markets）は、ETFにおいてマーケットメイカーにさまざまなインセンティブを提供している。より新しいETFや売買高の少ないETFの立上げを助けるための流動性プログラムがつくられている。より多くのETFをクオートして、投資家のためにスプレッドを減らすように、マーケットメイカーにインセンティブを与えるというのが彼らの目的である。LMMは、新しいETFを市場に投入するうえで重要なプレイヤーである。本章では、LMMと、新商品のシーディングおよびETFの立上げに関連するその他のプロセスについて詳しくみていく。

本章では、ETFのシーディングについて議論する。なぜなら、それはETFをコンセプトから上場商品にするためのプロセスの重要な部分であるからである。また、ETFの成長を助け、市場に出る新しい商品の大部分を理解するために、インキュベーションについても議論する。本章では、新興の商品をつくり、ヒットさせるためのマーケティングの重要性についても触れる。本章の終わりでは、上場投資信託を償還する手続とその時に投資家の受益権に何が起こるのかについて説明する。

取引所との協業

上場投資信託は、その名前で暗示されているように、取引所に上場されて取引される。この構造的な違いは、ミューチュアルファンドが提供していない有用性を追加している。ETFは、単一の取引所、複数の取引所、および電子通信ネットワーク（ECN：Electronic Communications Network）で取引することが可能である。取引所は、通常、少額の上場手数料を請求し、上場することを選択したETFの発行体に対するサービスのリストを提供する。現時点までの上場に関していえば、業界はNYSE Arcaが米国のETFの上場における大部分を支配しているという事実に、ただ従ってきただけだった。

しかし、ETF商品の急速な拡大と上場の分散化の必要性が、競争の扉を開きつつある。ナスダックOMXグループとBATS Global marketsは、ETFを彼らの取引所に上場させるために積極的に取り組んでいる。BATSは、2012年初めに最初のETFを上場して以来、いまはETFの売買高が最も多い取引所となったと主張している[1]。コンピュータの精度と効率性は、フロアのトレーダーによる従来型の取引所を必要としていない。取引所は、単なる買い手と売り手のための電子会議場となっているのである。

　ETFの取引所への上場ビジネスにおいて市場シェアを獲得しようと参入してくる競合は、効率性を高めてくれる。競争の激化は上場手数料を削減し、ETFの市場の質を向上させるだろう。これは、コストを低く抑え、投資家への追加的な流動性の提供を促すことになる。電子取引はさまざまな方法で、大多数の投資家にとって、特定の取引所が提供する独占的価値を希薄にしてきた。たとえば、自分の電子口座で取引したときに、その注文がどの取引所に送られて処理されたのかわからないことが多くある。ベア・スターンズでトレーダーとして働いていた時は、われわれは取引されるべき取引所を具体的に指示する注文フローをみていた。しかし、スマート・オーダー・ルーティングと最良執行の規制は、注文フローがルーティングされている場合でも、適正価格を得ようとする顧客に有利となるようにしており、個別の取引所の価値を低下させている。

　取引所は、ETFの二次的な流通のための仕組みとして、ETFの発行体と投資家との間の仲介者として機能する。そこは、買い手と売り手が一緒にくる場所である。ETFに特有であるのは、最小から最大の投資家まですべての規模の買い手と売り手が、同じファンドの同じシェアクラスを、同じ取引所で、同じ価格で取引していることである。これにより、すべての投資家にとって、取引の流動性が高まる。新たに上場されたETFの多くは、初めに、投資家がこの新商品に投資する前に、その利用可能性を探っている期間があ

---

[1] http://www.reuters.com/article/2015/03/20/batsglobalmarkets-etf-id USL2N0WM1TM20150320

る。これは、新しいETFが、初期の投資資金、市場参加者、残高、および興味を募る期間である。2008年後半に市場のスイートスポットに入った３倍レバレッジETFのような例外は常に存在する。これらいくつかのファンドでは、初期段階なしで売買高と残高の両方が非常に急速に成長した。しかし、最初に上場したETF（1993年のSPY）は、立上げから３～４年経ってもそれほど多くの残高と売買高を得てはいなかった。取引所は、新たな商品の初期段階において、発行体と投資家を助けることによって成功の機会をつくりだす。また、さらなる投資家の関心を引き出して、資金を呼び込むのに役立つインセンティブを与えることが可能である。新しい発行体および投資コミュニティにとっての本当の価値は、流動性を獲得する能力に根ざしている。立上げの背後において、販売する能力が欠如していたり、確固たるマーケティングや販売計画がなかったりするファンドは、ほとんど関心をもたれることはないだろう。

スペシャリストとリードマーケットメイカー

　ETFの世界には、もはやスペシャリストはいない。NYSE Arcaのプラットフォームやその他の電子取引所への上場の動きに伴い、リードマーケットメイカー（LMM）がその役目を引き継いだ。LMMとスペシャリストの最も大きな違いの一つは、時間と場所の利点がなくなったということである。本質的にLMMは、他と比べて情報が少ないETFに対して、電子的に流動性を提供することをコミットしている。LMMは買い手と売り手を引き合わせる。彼らは、売りと買いが同時には一致しないときに、市場において売買のためのビッドとオファーを提示している。LMMは、ETFの流動性を提供するための公式指名であると理解することが重要である。市場においてETFをクオートしている他のすべてのマーケットメイカーは、ほぼ同じ機能を果たし、最終投資家に対して同じ目的を果たしている。すべての流動性供給者は、バスケット、先物、その他の代替ヘッジのような多数の利用可能な方法

でETFの流動性を調達し、それらを現在の買い手および売り手のためにETFに転換する。LMMとそれに続くすべてのマーケットメイカーまたは流動性供給者は、公式指名という点においてわずかに異なっているかもしれないが、特定の時期に顧客の売買の興味が互いに一致していない場合に、最終的な買い手および売り手として市場に存在している。

　LMMは、通常、ETF市場におけるフローをファシリテーションする際に、いくつかの方法で収益をあげる機会がある。彼らは、伝統的なマーケットメイキング、すなわちビッド側で買ってアスク側で売ることや、ETFとその原資産バスケットの間の裁定取引、または在庫の貸株手数料やLMMとしての取引のリベートを受け取ることによって、収益をあげることができる。裁定メカニズムを通じて流動性とヘッジを提供する能力により、ETFは流動性供給者が最小限のリスクで提供できる大量の流動性をもつことが可能となった。流動性供給者は、1日の終わりには、完全にヘッジされた状態か、ポジションをもっていない状態にしようとする。透明性の高いバスケット、および完璧なヘッジポジションとETFを交換できることで、マーケットメイカーにとってはETFに参加するための素晴らしい環境が整っている。このシナリオにおけるETFの裁定取引機会とは、LMMがETFに流動性を提供できる価格とヘッジのポジションをとれる価格との間のスプレッドのことである。この概念を理解することが重要である。この概念は本書全体を通して強調されている。すなわち、ETFは株式とは異なり、そのため、株式とは異なった取引がされているのである。この違いは、ETFにおける流動性の源泉を、従来の個別銘柄の株式よりも多く生み出している。

　一般的な例としてIBMを取り上げてみよう。マーケットメイカー／スペシャリスト／LMMが、公開されたクオート、または大口の注文フローの反対側に立ってIBMの流動性を提供する場合、ポジションをヘッジまたは相殺する直接的な方法はあまりない。LMMが顧客に10万株のIBMを売却したばかりの場合、IBMとの相関が高いと思われる別の会社の株式を買って、ポジションが解消できるまでIBMの価格と同じように動くことを期待する

か、または、ポジションを相殺するようなデリバティブを購入するかもしれない。しかしこれらの選択肢はともに、流動性供給者に、監視をして、バランスシートを使わなければならないポジションを残す。しかし、ETF、特にETFが取引されている間にバスケットも取引されているETFには、裁定取引の機能がある。正確な原資産バスケットを購入することによって流動性が利用可能になるのと同じだけのETFを売却することができる。この2つは別々のものであるが、同じように変動するだろう。すなわち、市場へのエクスポージャーを中立化させているのである。これは、単一の株式のマーケットメイキングとは大きく異なった話である。流動性とバランスシートの解消のための選択肢がより多くなっているのである。

　LMMがETFで収益をあげることが可能なすべての方法の基礎となるテーマの一つは、すべてがETFのなかで取引されている株式に結びついていて、そして、それら2つの別々のものが完全に代替可能であるという事実である。一方は他方に交換することができる。このような仕組みは、取引所の目的と契約上のマーケットメイカーの目的が一致しているため、取引所の成長にとって、とてもよいものである。しかし、LMMのモデルが役立つのは、売買高が多くない新しいETFの商品の流動性を高めるための特別な仕組みによる。これについては、新商品のインキュベーションの仕組みが重要になってくる。

　LMMの仕組みの要件をみてみよう。LMMは、取引所と契約した流動性供給者である。LMMの最も基本的な要件はNYSEによって次のように定められている。

1　LMMは、その会社が登録されている各証券について、連続した両方のクオートを維持しなければならない。
2　LMMは、全国最良気配（National Best Bid and Offer）であった時間の割合、平均表示サイズ、平均クオートスプレッドなどの最低限のパフォーマンス要件を満たしている必要がある。
3　パフォーマンス要件は、NYSE Arcaによって決定される[2]。

数千の上場商品のそれぞれにLMMを設けるという要望を満たすために、要件は合理的に一般化されている。しかしながら、ETFの商品群は、取引所のシステムにおいてもユニークなものであり、その成長は最も鋭敏なマーケットウォッチャーの一部ですら驚いている。ETFのインキュベーションの仕組みにおけるニーズとその手順のいくつかを解説しよう。

ETFのインキュベーション

　ETFのインキュベーションとは、シード（初期投資）と初期の流動性とマーケティングを提供して、新しく時に複雑な投資戦略に関しての投資家の利用価値を創造することである。ETFのインキュベーションの仕組みは、商品のより幅広い採用を促した新しい形態において、投資家の理解と安心感の育成を可能にするだろう。シードとは、ETFが取引所に上場するために必要となる最初のクリエーションユニットである。新しいETFにシードするための標準化された仕組みがあるべきである。そうすれば、投資家は大きなシード額と小さなシード額の違いによって誤解をすることはないだろう。ETFの立上げの際のシード資金は、本質的にシード提供者（一般的にはマーケットメイカー）による金融取引である。それは、そのETFへの実際の関心を正確に表すものではなく、ファンドが上場されてしまえば、シードの大きさは投資家にとって問題ではない。

　インキュベーションの段階では、初期の純投資を引きつけるために流動性供給者を設定する必要がある。投資家は、ETFを最小限のインパクトで、また原資産の証券の価値に密接に関連した価格で取引できるように、十分な流動性を求めている。独立した取引業者や流動性供給者のグループは、小さなスプレッドを集めることができれば、原資産バスケットや他のヘッジを通じて流動性を提供する意向がある。ETFの構造に内在している裁定取引機

2　https://www.nyse.com/publicdocs/nyse/products/etp-funds/LMM_Requirements.pdf

会があるため、取引業者全体が、直接の支払がなくても取引に参加をしてくる。あるETFが新しくてユニークであっても、必ずしも広範なユーザーを素早く引きつけるわけではない。流動性を有機的に創出することは可能であるが、利用可能なETFの数に比べて流動性供給者は比較的少数である。追加の流動性の援助を必要とするような新しいETFや、売買高の少ない商品をすべてカバーするための協調的な取組みはなされていない。この事実は、新しいETFが立ち上がるのを助けるために、インキュベーションの段階において、LMMとその参加をさらに促すための標準化された方法が圧倒的に必要であることを示している。ETFにおけるLMMの売買高の割合は、ETFの売買高と逆の相関関係にあることが統計的に証明されている。実際、最も流動性の高いETFの一部において、LMMを完全に除くことについて市場では議論されている。この事実は、流動性が最も必要とされる新しく売買高の少ないETFにおいて主に利用するために、LMMの機能を構造化する方法を見つける必要があることを示している。

　投資家に流動性を提供するために可能なことを説明するために、非常に基本的なETFを例に用いてみよう。S&P500のバスケットのように、バスケットの借入れが簡単にできるプレーンバニラの国内ETFに流動性を提供している場合には、LMMに対しては、最小の規模、深さ、および電子取引能力の厳しい要件が存在するだろう。それは、原資産のクリエーションバスケットの取引に基づいてETFの取引をヘッジするためのコストの関数となっているだろう。競争によって価格が実際のバスケットのスプレッドよりもしばしばタイトな水準となっているような売買高の多いETFでは、LMMの要件は緩やかになり、特別に強制された期間にのみ観測することができる。ETFとそのバスケットがリアルタイムで同時に取引されている場合、一方の流動性から他方をファシリテーションすることは、単に先進的な計算を適用することにすぎず、すべてのETFについても同じように提供することができる。原資産の株式を借りるためのコストがあり、取引される規模や市場の深さに関連して、執行コストの計算が行われる。ヘッジの難しさが増すに

つれて、市場の幅と深さはそれぞれより大きく、また、より小さくなる。

　投資家にだけではなく、流動性供給者にも新しいETFを紹介するマーケティングの努力も必要である。発行体のキャピタル・マーケット・デスクは、通常、ETFの初期の流動性の促進、および市場の質とシードに関して流動性供給者と協力することを任されている。これらの初期手続は、ETFの立上げのメカニズムが機能するために重要である。設定／交換のプロセスとリスクについては、明確かつ詳細に説明する必要がある。これらの商品のポジションとヘッジを維持している業者は、すべてのリスクを定量化できていなければならず、それによって、ETFに適切な価格をつけ、それを自身でヘッジすることができる。ヘッジをより包括的にすればするほど、流動性供給者にとってはコストがかからず、投資家のためのスプレッドが小さくなる。投資家は、商品の適切性を判断して、潜在的なポートフォリオのパフォーマンスを予測できるようになるために、この新しいETFのすべての側面を理解する必要がある。投資家にとって心地よい水準を達成すれば、発行体は需要という潜在的な最大限の資産を引きつける立場になれる。

　ETFのインキュベーションは、マーケットメイカーと投資家の両方にとって学習機会となる。そのETFが新規の資産を引きつける前に、新たなポートフォリオ構築、パフォーマンス評価、リスク、そして妥当性に関するデューデリジェンスを行う必要がある。このプロセスは、バスケットの透明性という、ETFの構造上で最も重要なコンポーネントの一つに依存している。これは、この商品が機能するために役立ち、流動性の提供と投資家の保護のために重要である。不透明なアクティブ運用のファンド業界を存続させようとする動きがあるが、投資家や流動性供給者に保有銘柄を日次で開示していない可能性のある新商品については、投資家は非常に慎重に踏み出すべきである。

ETFのシーディング

　ETFの初期のシードについては、当初からプロセスに関与していた人を

除き、多くの人に誤解されている。ETFが取引所に上場するためには、一般的に、ファンドのシードと呼ばれる10万口が必要である。当初、スペシャリストは幅広いスプレッドとリベートから収入を得るため、ETFに参加したいと考えていた。そのため、彼らは可能な限り多くのETFを上場させることに関心があった。ETFがそれほど多くなく、上場している大部分が合理的な売買高で取引され始めたとき、スペシャリストはシード資金を供給するための開かれた蛇口となった。これは、ETFの発行体にとって素晴らしい状況であった。彼らは、ファンドの立上げを助けるために、シード資金をファンドに投入しようとする人々をまさに手に入れたのであった。ETFの商品ラインアップの成長は、新商品の立上げのためのシード資金がかつては非常に豊富だったことに一部起因している。ETFをシードするためのバランスシートの使用は、2008年後半の景気後退前は非常に安価だったのである。

　私がETFのシードと呼んでいる最初のクリエーションユニットの背後にあるポジションについてみてみよう。この例では、ETF-Xはプレーンバニラの米国の国内ETFであるとする。これは新しく市場に登場したもので、最初の設定を行うための「シーダー」が必要である。典型的なETFの設定の注文においては、指定参加者（AP）は、ETFの原資産である株式のバスケットを購入し、それらを発行体に引き渡す必要がある。ETFの発行体は継続的な発行機能を利用して、新規のETFの受益権をAPに提供し、発行済口数の増加をもたらす。最初のクリエーションユニットにおいても、プロセスはまったく同じである。APが発行体に株式を渡し、発行体がETFの新しい受益権を発行する。ETFが発行済の受益権または純資産（AUM）をもてば、取引所に上場することが可能となる。

　一般的な設定の注文は、通常、APによるポジションを使って指図される。おそらくAPは、ETFの受益権を売却して原資産バスケットを購入したか、またはETFを含む他の取引に参加したのであろう。しかし、ETFのシーダーは、最初のクリエーションユニットを提供するために、ETFの方向性

を考慮する必要はない。シーダーおよび流動性供給者は、市場の方向性を決定する仕事に関しては、マネーマネジャー、ヘッジファンド、およびその他のさまざまな顧客に委ねている。シーダーは金融業者である。彼らはなんらかの見返りのためにバランスシートを利用しようとする。LMMのシーディングモデルは、理論的に利益をもたらすLMMの指定と引き換えに、そのバランスシートを使用することを前提としている。そして、発行体に拠出するためにバスケットを買うかわりに、シーダーはそれを借りてくる。その後、彼らは発行体に株式のバスケットを渡し、それがシーダーのブック上のショートポジションとなる。これらのショートは借入株式でカバーされており、発行体はETFの受益権をシーダーに引き渡す。これにより、ETFをロングし、対応する原資産の株式バスケットをショートするというポジションがつくられる。一定の状況下においては、ETFのロングポジションと原資産バスケットのショートポジションは、ファイナンスの観点から非常に有益となる可能性がある。後述の貸株の取引戦略についての章で、この種の取引についても議論する。このポジションはまた、さまざまな理由によりシーダーにとって高価なポジションとなる可能性もある。それは、主にロングポジションのコストが貸付手数料によって相殺されるだろうと想定しているためである。しかし、新しいETFの場合は、ショートする者からの受益権を借りたいという需要はほとんどない。とはいえ、この状態は、市場へのエクスポージャーがなく完全にヘッジされており、スリッページのリスクなしにリアルタイムで計算ができるようなコスト構造となっている。ここでは、このポジションが経済的にはどのようになっているのかを示す。

シードポジションの経済性

［ETFのロング］
・ETFの購入に使用された資金の調達費用の支払
・管理報酬の支払
・ETFのバスケットの株式が支払った配当の受取り

［株式バスケットのショート］

・クリエーションユニットの原資産株式を売却して受け取った資金の金利の受取り
・株式バスケットの借入費用の支払
・ショートしている株式バスケットの配当の支払

　この2つのポジションは、ETFとその原資産バスケットの間の代替性によって、裁定取引の機会をつくりだす。典型的な1940年法に基づいたETFには、ETFの原資産株式のバスケットがあり、設定と交換のプロセスを通じて、それぞれ別々の2つのものを、現物移管によってお互いに交換することが可能である。しかし、シーディングにおいては、ETFに他の資産が蓄積されるか、流通市場でポジションを売却するまで、シーダーはそのポジションを保つ必要がある。

　ETFが取引所に上場されると、（成功した場合）必然的に人々はETFを購入する。上場した早期の段階においては、二通りの市場参加者しかそのETFの受益権を売ることができない。それは、初期の設定を行った者、またはそれとは別のマーケットメイカーのいずれかである。別のマーケットメイカーが新しいETFを売却する場合、決済を容易にするために、シーダーからそれを借りるか、または発行体から新しい受益権を設定する必要がある。LMMがシードをした場合、ETFのロングとバスケットのショートとなっているブックのポジションがすでに存在するため、非常にクリーンなプロセスとなる。これは、LMMとして取引所に出て、だれかから借りなくても、一般に売却するための受益権を提供できることを意味する。その後、ETFを売却するたびに、株式を買い戻して借り入れた株式を返すことによって、バスケットのショートポジションを解消する。LMMは最終的にETFのポジション全体を売却して、ショートしている原資産バスケットのヘッジポジションを買い戻し、エクスポージャーを解消して、そのポジションで使われていたバランスシートを解放する。それなりの売買高がある場合は、LMMは最初に設定したポジションよりも多くを売却し、さらなる設定を行う必要がある。これが、ETFが残高および発行済口数を拡大する方法であ

る。

　そして、ETFの最初の受益権は、市場全体を通じて配分される。通常、ETFは、さまざまな理由でETFを必要とし、ETFの長期的または短期的なポジションに関連する方向性のリスクをとろうとする投資家またはトレーダーに売却される。

LMM以外によるシード　　市場で展開を始めるためのやや複雑な方法は、LMM以外がシードを引き受けるというものである。この考え方を理解することは重要である。すなわち、LMMがETFをシードして、売却する株式をもっているか、またはだれかがETFをシードしてからLMMにその株式を貸し出して取引を開始するかのどちらかなのである。このことは重要である。典型的なETFに対し、最初に興味をもつのは、買い手側であるため、LMMは取引の初期で売却するための受益権をもっていなければならない。LMMがシードもせず受益権も借りないで、ETFの取引を始めようとした場合は、取引所に出てくる可能性はあるが、受益権の売却を躊躇して、投資家にとって価値ある水準でオファーを提供することはなく、ビッドを行うだけだろう。あるいは、ファンドの買い手側の需要に遭遇したときに、受益権を設定することを余儀なくされるかもしれない。ファンドが、LMMではなく、設定されたETFの受益権の貸出を拒否した当事者によってシードされた場合は、実際はLMMは早期の設定を強いられるだろう。LMM、シーダー、および発行体は、立上げ前にこのプロセスをすべて理解しておく必要がある。

　実際には、LMMにおけるETFのポジションを考えると、最初の取引日に続く最初の決済のために、シードをするか、少なくとも受益権を借りて確保するかのどちらかによって、売却する受益権を得ることになる。これにより物事を円滑に動かすためのマーケットメイキングが可能になる。最近、資金調達に伴うバランスシートの余力が大幅に縮小されているため、必ずしも選択する必要はないが、シードのプロセスはLMMから離れる方向に進んでいる。この状況は理解できるし、純粋に経済的な話である。ETFの数は爆発的に増加し、その多くはより長いインキュベーションの期間を必要とし、バ

ランスシート上において高い負荷となる可能性がある。2,000以上のETFが存在し、その多くが1日に5万口未満しか売買されていない環境では、シードポジションの保有期間に関する期待は、適切に調整する必要がある。

事実、シーディングとは、単にバランスシートのレンタルでしかない。もともとはLMMが受け取る取引収益によって支払われていたものであった。いまでは、彼らは無関係のシーダーからその受益権を借りる費用を支払ってもまだ、LMM事業をすることを正当化するのに十分な利益をあげている。これにより、LMMではないシーダーにとっての新しい収益源が突如現れたのである。ファンドをシードするものがLMMではない場合でも、ショートポジションをカバーするために受益権を急いで借りる必要がある顧客が存在するのである。しかしながら、LMMはわずかなショートポジションについて長期間にわたって借入手数料を支払うことを望まず、最終的にはETFの設定を余儀なくされるため、これは長期的な収益源にはならない。ETF市場への新規参入者は、その収益の一部を得るためか、または他の事業のイニシアチブを推進するために、ファンドにシードをしようとするのである。

ETFをシードする方法は急速に進化している。通常は、上場を望んでいるためにLMMがファンドをシードする。これはまた、ファンドが最初に立ち上がったときに売却するための受益権の保有を容易にする。最近では、LMMがシードをするかどうかについてより選別するようになったために、シードのための資金が不足し、ファンドの上場のための長い待ち行列が存在している。シード資金の獲得が難しいということは、上場する商品の質を向上させる可能性がある。商品にシードすることのコストが増加するにつれて、どの商品を上場するかを決定するプロセスは、より慎重になされるだろう。永遠に登録されたままで、審査プロセスに通らなかったものも出るだろうが、結果としてよりよく、効果的な商品が上場することになるだろう。

発行体の観点からみると、これは悪い状況である。発行体は、ファンドの取引や上場の費用が増加することを決して望まない。これに対処するために、クリエーションユニットのサイズを小さくするプロセスが始まってい

る。クリエーションユニットのサイズを小さくすると、ブローカーのブックに残っているポジションが減少することになる。これらのポジションは、設定をするのには十分に大きくなく、単に関与した当事者の資金調達コストがかかっているだけである。小さいクリエーションユニットは、資金調達コストを削減し、ファンドをシードする費用を少なくする。

LMMが売却するETFがクリエーションユニット未満である場合は、そのショートポジションをカバーするために受益権をいつ設定するのかを決定する必要がある。たとえば、クリエーションユニットが10万口で、LMMが市場で2万5,000口を売却する場合は、設定をして売れ残った7万5,000口のロングポジションをもとうとは思わないだろう。2万5,000口をショートして、借入れの手数料をシーダーに支払おうとするだろう。ショートのための借入費用を支払うか、またはロングのための資金調達費用を支払うかどうかの意思決定が必要となる。これはポジションを持ち越す費用であり、ETFの価格スプレッドに組み込まれている。これらのポジションはすべてバスケットでヘッジされているため、市場変動のリスクにはさらされていないことには注意が必要である。

通常、ETFの設定／交換の機能によって、ポジションを十分に拡大すれば、発行体に対してポジションを解消することができる。したがって、ポジションの持越しコストは不要かまたはとても少ないだろう。しかし、新しいETFでは、売買高が常に十分ではなく、ポジションを保持している間にコストが発生する。この事実は、発行体が商品を市場に出す際に、投資家に課すコストを削減するためにクリエーションユニットのサイズを縮小する方向に動いている理由を説明している。このことについては、第7章でヘッジバスケットの執行についてより詳しく解説する際に再度議論する。

シーディングのリスク　適切に執行がなされれば、最初のクリエーションユニットを維持することに伴うリスクは最小限に抑えられる。シーディングの主なリスクは、原資産バスケットの貸借が不可能で、代替ヘッジが使用されている場合に発生する。これは、シーダーのトレーディングブック上の

ETFのポジションとヘッジとの間のトラッキングエラーにつながる可能性がある。過去10年間において多くの人は、LMMがファンドの完全なロングポジションをとって、ファンドにシードをしていると誤って推測していた。彼らは、LMMがETFの原資産バスケットを購入し、それを発行体に引き渡し、そして、その現物設定の機能を介して受益権を受け取っていると信じていた。これでは、LMMに市場リスクのあるETFの完全なロングポジションを残すことになる。この考えは、LMMが何をしているのか、どのようにETFが機能しているのかについて誤った理解をしている。LMM、または流動性供給者は、大きな方向性の賭けをするようなビジネスをしていない。ほとんどの場合、彼らは、ビッド価格とアスク価格の間、またはある商品と別の商品との間のスプレッドから利益を得るような裁定取引機会を追求しているのである。ETFの場合、裁定取引はETFとその原資産バスケットの間で行われる。

最初のシーディングのリスクは次のように要約できる。
1 借入れのコストが劇的に増加すること。
2 ショートのバスケットがコールされること。
3 ETFのAUMが成長せずに、シーダーが予想よりも長い期間そのポジションにとどめられること。
4 ETFが、原資産バスケットまたは利用可能なヘッジに対して、トラッキングエラーが発生すること。
5 原資産バスケットのコーポレートアクションの見逃しによって、トラッキングの損失が発生すること。

図表3－1では、ETFのヘッジポジションが市場価値の観点からどのようにみえるかの例を確認できる。最初のシードの設定時には、終値で正確な株式のバスケットを提供し、純資産価額（NAV）でETFの受益権を受け取っている。

原資産バスケット（A）の合計時価総額は、バスケットの各株式に終値を乗じたものの合計である。これは、その間におけるバスケットポジションの

図表3-1　最初のシードポジション評価の事例

項目	値
ETFのロングポジションのNAV（1クリエーションユニット）（ドル）	1,533,246.08
ETFのNAVの計算　((A+C)/B)　（ドル）	30.66
推定キャッシュ（C）（ドル）	4,734.32
クリエーションユニット当り受益権（B）	50,000
原資産バスケットの合計時価総額（A）（ドル）	1,528,511.76

注釈：ショートのバスケットの時価総額はクリエーションユニットの価値からキャッシュを引いたものと等しくなる。

ショートの時価総額である。図表のテーブルから、ショートのバスケットポジションの時価総額と、ロングのETFポジションから現金を差し引いたものが同等であることがわかる。バスケットの動きに伴い、ETFの価値も同様に変化するため、市場へのエクスポージャーはない。市場におけるETFの価格は、NAVからわずかに離れた価格で取引される可能性がある。しかし、設定／交換のメカニズムを通してETFのポジションに出入りをすれば、その結果として生じる費用のみを支払うことで、そのポジションからセカンダリマーケットのリスクを取り除くことができる。

シードのパイプライン　　新規ファンドの立上げはETFの発行体の生命線でもあるため、新規ファンドへのシードは重要である。貴重な新規ファンドが市場に投入されると、投資家は投資可能となるさまざまなエクスポージャーの増加の恩恵を受けるだろう。このときETFの発行体にどのように報酬が支払われているのかを考えることが重要である。多くの人々は、ETFへの一般的な資金のフローや、それらの資産からどのように管理報酬が引き出されているのかを理解していない。ETFがプロフェッショナルな品質の投資ツールであり、そのメリットを幅広い投資家に提供していることを理解することも重要である。

　われわれは、設定のプロセス中にETFの受益権を受け取るかわりとして、どのように指定参加者が、発行体に株式のバスケットを受け渡すのかについ

て議論してきた。一方で発行体は、ETFの原資産株式のバスケットをロングし、理論的にはETFの受益権の義務を「ショート」するという本質的なポジションを（1940年法ファンドのなかにおいて）もっている。しかしながら、この場合、発行体のETFのポジションは発行済の受益権であって、実際のショートポジションではないとみなされる。ETFのNAVは、バスケット内の株式の価値とファンド内の残余キャッシュの合計である。典型的な株式のETFにおいては、発行体によって保有されるETFを複製する株式のバスケットは、他の株式のポートフォリオと同じように機能する。それにより配当が支払われ、コーポレートアクションが発生する。発行体は発生したすべての変更を考慮してバスケットを管理する。そのため、常に小さな残余キャッシュポジションが存在するのである。時には、株式がバスケットから外れて、資金を再配分する必要がある。その他の場合にも、バスケットの株式に配当が支払われ、ETFの分配金の支払期日にETFの保有者に払い出される必要がある。発行体は通常、日々報酬を計上し、特定の基準でその報酬を現金部分から受け取る。

　発行体は、ETFの立上げの過程を通じて、最後に支払を受ける者である。スタッフの雇用、ビジネスの構築、インデックスのライセンス契約または組成、法務手数料の支払、設定手順の作成、目論見書の作成などを行う。最後に、それらのすべての費用がかかる仕事の後で、ETFを発行する。ETFは、報酬を生み出す前に、資産を引きつけておく必要がある。ファンドの報酬は、純資産総額に対するパーセンテージに基づいている。ETFの場合、その報酬は通常、さまざまなタイプの多数のファンドの競合相手、特にクローズドエンドファンド（CEF）、ミューチュアルファンド、およびヘッジファンドよりも少ない。ETFには、ブローカーにファンドを販売させるインセンティブとしての販売手数料はない。ブローカーが上客からファンドに手数料を発生させるような、典型的な株式公開（IPO）プロセスもない。ETF発行体の営業員であっても、ETFの販売に関してコミッションベースの手数料は支払われない。ETFの販売業者は、ETFのコンセプトを商品群として

販売し、顧客の利用計画を策定している。これは、取引のコミッションに基づく販売員の役割というよりも、啓蒙者の役割に近くなっている。ETFの初期においては、販売業者は、ETFについて顧客を啓蒙するために、多くの時間とエネルギーを費やすだろう。そして、顧客が購入する準備ができた時、販売業者は顧客に自分のトレーディングデスクに電話するようにいうだろう。ETFの発行体は通常、顧客の執行プロセスから切り離されている。発行体は、実際に顧客の取引を直接処理するわけではない。

　顧客の取引がシステムを通過し始めて、新しいETFの受益権が設定されたとき、発行体はETFから収益を生み出すことができる。まず、顧客は取引システムとブローカーの口座をもっていなければならない。そして、顧客は取引所に注文を送る必要があり、取引するときに取引手数料が発生する。取引所は、取引を執行するための手数料を発生させる。クリアリング業者はチケットを処理するための費用をチャージする。最後に、ETFの受益権が十分に購入された後、APは設定を行い、ETFに資産を運び入れる。そして、発行体は、ファンドを顧客の手に渡すためにすでに支払った上流の費用をすべてカバーするための報酬を生み出すことができる。

取引のヒント

　現在、発行体は、取引に関してより啓蒙的なスタンスを採用している。より洗練され、日中の売買高が少ない商品が導入されることによって、発行体は取引のプロセスの指導により多く関与するようになった。現在、大手の発行体は、取引プロセスについて非常に精通しているトレーディングの専門家を有していて、投資家がそれを理解し、さまざまな当事者と一緒に取引する手助けをしている。また、多くの指定参加者のトレーダーは、さまざまな取引の選択肢について説明し、顧客の効率的な執行を支援するだろう。本書は、販売業者にとって、顧客にプロセスを説明して、ETFの仕組み全体をより深く理解するのを助けるよい

ツールとなるだろう。

販　売

　ファンドの仕組みが整うと、発行体はETFを立ち上げる準備ができたことになる。現在、米国では、NYSE Arca、ナスダックOMX、BATSのいずれかで上場しており、NYSE Arcaは、ETFの上場における支配的なプレーヤーである。2016年2月において、米国内のETP（上場投資商品）のAUMの93％以上を占める1,550以上のETPが上場している[3]。その他の主要な上場市場であるNasdaqとBATSは、この牙城を切り崩し、売買高を獲得しようとしている。彼らは、彼らの取引所に上場してもらうために、発行体やリードマーケットメイカーに報酬を与えるように設計された新しいプログラムに対して非常に革新的に行動している。また、彼らは、ETFの流動性を提供することによる経済性を向上させるためのプログラムを設計して、投資家やマーケットメイカーの経験を向上させることを目指している。

　ETFを上場するプロセスで最後に行われることは、LMMと最初のシーダーの選択である。そして最終的に、取引所がメンバーに連絡して取引が開始されるために、すべてが開始される日を選ぶという単純な問題がある。この時点から、このETFは独自の道を歩み始めるのである。発行済株式数が限られている株式やクローズドエンドファンドとは異なり、これは需要と供給によって成長したり縮小したりする残高と発行済口数をもつビークルである。ETFは、投資家の興味によって、非常に迅速に、またはよりゆっくりと成長する可能性がある。

　ETFは、必ずしも販売員を通して売られるのではなく、投資家によって

---

[3] NYSE, "Strengthening U.S. Equity Market Structure to Better Address Extreme Volatility," February 2016.

発見されて購入されると考えられることがある。このことは、新商品の立上げ全体において、マーケティングのプロセスを非常に重要なものにしている。非常に多くの商品があるため、投資家は2つの主な方法で商品群にアプローチしているようである。一部では、他のファンド投資のシナリオと同様に、特定のファンドファミリーを使う者がいる。また他方では、ETFの商品ラインアップのセグメンテーションの利用について十分に検討している者もいる。彼らは、発行体企業に関係なく、彼らにとって利用可能なさまざまな商品を求めている。

近年、生存に必要な残高を達成することができなかったために、投資という観点からは説得力のある戦略としてファンドが立ち上がっても、その後に償還されてしまうケースがある。これらの償還の一部は、非効率なマーケティング戦略と販売戦略に起因している可能性がある。投資商品のマーケティングは、ブランド、商品の位置づけ、販売の微妙なバランスであり、一般的に発行体の営業員によって行われる。

ETFの償還

多くの投資アイデアと同様に、ETFも失敗の可能性がある。この非常に競争の激しい業界においては、すべてのETFが、一定期間に、費用に対してブレークイーブンとなる残高を引きつけるわけではない。償還につながる可能性のある多様な変数があり、最も一般的なものは、おそらく発行体のコスト構造であろう。一般的に、発行体がETFのプラットフォームに異なるカテゴリーの多数のファンドを提供している場合、個々のファンドについての意思決定は、より広範な事業戦略に関連したものだけとなる傾向がある。わずかなファンドしかもっていない小規模の発行体であれば、市場における各ファンドのコストと事業全体の運営コストが、ETFの生存に大きく影響する可能性がある。

ETFが償還されるのは事実である。すべての投資商品に勝てるアイデア

があるというわけではない。投資家にとってはたしかにネガティブな要素であるが、これはETF業界全体としての汚点とみなされるべきではない。ETFが十分な残高を引きつけて維持することができないということは、商品の再評価につながるはずである。商品群における淘汰は、商品へのキャッシュフローとETF業界の健全性と発展性にとって重要である。このことはほとんどのファンド構造について共通である。リサ・スミスがInvestopediaに書いたように、「数百の（ミューチュアル）ファンドが、1990年代後半から2000年代初頭にほぼ毎年のように償還された。ニッチなファンドは、しばしば流行的に投資されたり、投資家がまったく意識していないリスクがあるような業界の小さな側面に集中していたりするため、特に脆弱である[4]」。米国投資信託協会（Investment Company Institute）のデータによると、2008年には、500を超えるミューチュアルファンドが合併または償還された。これは、どんなタイプのファンドビジネスにおいても自然なプロセスである。

ETFの主な特徴の一つとして、ETFが償還された場合にも利点をもたらすことがあると留意しておくことが重要である。ETFの設定と交換の仕組みと資産の現物移管（両方のプロセスについては第6章で詳述）によって、ETFを償還して残高を解消しても、一般的にETFにとっては課税対象イベントとならない。償還されたファンドは通常非常に小さいため、その償還が、原資産株式を最初のシーダーに戻し、彼らはETFの受益権を返却するということになる場合もある。これは、ETFプロバイダーとAPの間の現物移管であり、取引損益が発生する可能性はない。これは、ファンドの原資産証券のバスケットを合併または売却しなければならないミューチュアルファンドの手続とは非常に異なっている。

ファンドが償還する理由は多くあるが、ほとんどが経済的なものである。ファンドの発行会社は、ETFが立ち上がる前に、ETFの開発および製造に関するすべての費用を負担する。さらに、上場やサポート、およびファンド

---

4 "Liquidation Blues: When Mutual Funds Close," Lisa Smith, http://www.investopedia.com/articles/mutualfund/09/mutual-fund-liquidation.asp

の運営を続けるために必要な費用を支払う。これらのほとんどは、ファンドが収益を生み出すほどの残高を集め始める前に行われる。ETFの発行体は収益をあげるための事業を行っている。彼らは投資家にとって価値のある商品を提供しているが、彼らの基本的な目標は1日の終わり時点での利益である。安定した残高を生み出さなかった場合、ファンドを永久に上場しておく理由があるだろうか。最近までは、シード資金が容易に入手可能であり、いくつかのファンドを上場して維持する費用はそれほど高くなく、ETFを立ち上げるコストは低廉であった。発行体は、クリティカルマスに達するための競争のなかで、可能な限りの上場を行っていた。

しかし、このプロセスは変わった。シード資金とファンドへの初期の資本の注入は、確保しにくくなったか、あるいは新しくユニークなところから生じるようになった。この事実により、発行体がファンドの上場をより慎重に進めることで、上場商品の成功率がはるかに高くなり、償還の可能性が低下することになるだろう。また、これは上場の当初または早期に取得する平均的な残高の増加につながるだろう。市場はすでに、一度に20本のファンドの立上げというよりも、一般的には一度に1本か2本のファンドの立上げに移行している。

ETFが償還されたときに考えること

ETFが償還されようとしているときに留意すべきことはいろいろとある。

発行体がビジネス上の理由でETFを償還したいが、ETFに幅広い保有者がいる場合、発行体はそのファンドを別の発行体に売却しようとするかもしれない。それが失敗してファンドを償還する必要がある場合、資産を売却して、投資家に現金を返すプロセスとなる。投資家にとって、これはNAVでETFを売却したようにみえ、ポートフォリオに税制上の影響をもたらす可能性がある。投資家には損失という主なリスクはないが、投資した資本を別の戦略に再投資しなければならないという不便さがあるということを理解しておくことが重要である。

発行体によって、投資家のための十分なリードタイムをもって適切に伝えることができれば、再投資の多くは償還前に行われる。多くの投資家は流通市場でその受益権を売却し、APはその受益権を集めて交換する。したがって、ETFの最終日において、通常発行体が売却する必要のある残高はほとんどない。

アドバイザーのレピュテーションリスク　アドバイザーであれば、顧客のために選択したファンドが償還されると、難しいやりとりをする必要が出てきてしまう。そのコインの裏側は、ポートフォリオの選択を大幅に制限して、償還のリスクが最も低いいくつかの最大級のETFだけを使用することである。最も明快なやりとりは、投資家に、ETFが償還するさまざまな理由を説明して、再投資とポジションの変更における税金の支払という通常は少額のコストのことよりも、基本的な資産は安全であるという重要な事実を説明することである。発行体は、投資家のために新しくて適切なラインアップを維持しながら、償還や投資戦略の変更のような出来事を減らすように努めている。

資産の再投資の必要性　ETFが償還されると、投資家の資金は証券口座に戻される。現金のかわりに市場へのエクスポージャーを望むのであれば、その資金は再投資されなければならない。資金がすぐに再投資されなければ、市場イベントによる機会を失う可能性がある。

税負担の可能性　ETFの売買は、ポートフォリオに税の影響をもたらす可能性がある。ETFが償還されると、投資家は本質的にはポジションの売却を強制されるので、課税イベントとなる可能性がある。すべてのポートフォリオは異なるため、この時には個々に税務アドバイスを受ける必要がある。

償還のリスク要因　潜在的な償還の可能性を見つけることは必ずしも容易ではない。ETFを保有している際に、償還によって投資家の資本がリスクにさらされるわけではないが、ちょっとした考慮はよい保険となるだろう。

・純資産総額（AUM）……AUMは償還リスクの指標となる可能性がある。

一般的に、純資産総額が数億ドルを有するファンドは、収益をあげている可能性が高く、償還する候補とはならない。

　多くの投資家は、償還リスクの防止に努めるために、AUMで5,000万ドルといった任意の数値を使用している。しかしこれは、機関投資家にとってはあまりにも制約しすぎである。一連のETFが多い発行体の場合は、ファンドの資産が少ない場合であっても、大口保有者のいるETFを償還しようとは思わない。

- 発行体……ほとんどのETFの償還は、歴史的にみて、ETF事業から撤退した企業の結果であり、大手の発行体が出したばかりで成長が遅いETFを償還しているわけではない。ファンド業界を詳しくみてみると、ETFの発行体の多くは、ファンドの成長の段階が異なると考えられる、残高または売買高の少ないファンドを保有している。

　わずかな数のETFしかない小規模のETF発行体の場合は、そのビジネスモデルは非常に異なっている可能性があり、必要な残高に達するまでの十分な期間、市場にファンドを維持しておくことが難しい場合もある。

　少ないAUMのファンドが償還のリスクにさらされているかどうかを評価する際には、発行体の強さと歴史および償還に対する一般的な企業文化を考慮しなければならない。

- ファンドのランク……投資家の気まぐれにより、投資スタイルやマンデートはすぐに変わるかもしれない。ETFが非常に競争の厳しいカテゴリーにあって、差別化の方法を見つけられず、残高が増えにくい場合、償還の可能性は高くなる。米国市場において、ETFが市場のノイズ以上に成長するのを助けるようなマーケティング戦略がない限り、同じような価格帯のベータカテゴリーの5番目のETFであることが、成功するためのやり方ではないだろう。

償還についてのまとめ

　第一に、ETFが償還されたときに、ETFの投資家が投資した金額を失う

ということはない。第二に、ETFの残高は非常に短い期間のうちに大きく変化する可能性がある。残高と売買高が非常に少額であったETFが、突然、一部のポートフォリオマネジャーによって大規模な投資を受けるといった例が多くある。ETFの残高は劇的に増加する可能性があるが、これは売買高に影響を与えない。平均日次売買高が少ないということは、ETFの健全性を評価するための有効な指標とはならない。また、ETFの価値が下落していないにもかかわらず、大きな残高をもっていたETFがその残高の大部分を突然失う可能性もある。これは、パフォーマンスとは関係のない、アセットアロケーションの変化の結果であるかもしれない。したがって、大きなETFはすぐに小さなETFになる可能性があるが、このことで必ずしも潜在的な償還のリストに載せる必要はない。特定のETFの変更に関して最も信頼できる指標は、発行体の強さと彼らのビジネスマネジメントである。

まとめ

ETFの立上げは、非常に複雑で入り組んだプロセスである。潜在的な法律上の課題を解決し、商品のフルインベストメントのメカニズムを開発するためには、多額の費用が必要である。1つまたは2つのニッチな商品を立ち上げる企業は、巨額のマーケティングをしてくる競合に対して、生き残りをかけた困難な戦いをすることになるだろう。

過去数年間の金融市場の変化と商品群の成長によって、LMMを確保して、新しいファンドを立ち上げるためのシードの資金を獲得することがより困難になっている。これらの障害を乗り越えたとしても、新商品発表が多く乱れ飛ぶなかで人々の注意を新商品に向けることは、難しい戦いである。500以上のETFが届出されているが、仮にそのうちの少数が市場に投入されたとしてもかなりの商品数であり、そのうえすでに、2,000を超える商品が米国に上場している。より多くの商品が、競合する形態からETFに移行するにつれて、この数はさらに増えるだろう。また、世界中の投資コミュニ

ティには、より変わったエクスポージャーを提供する新しいファンドや商品についての絶え間ない需要がある。

　ETFの成長にとって、インキュベーションのプロセスを発展させることは不可欠である。新商品を市場に出すことが不可能なのに、価値ある投資を提供する流動性の高いバスケットを選択するメリットについて議論することは無益である。議論されるべきさまざまな構造上の特質の鍵は、それらがすべて取引所に上場する商品であるということである。取引所への上場は投資家にメリットをもたらすものであり、そして、その上場のプロセスは、ETFの残高の成長に伴って発展していかなければならない。

第 **2** 部

ETFの取引と執行

上場投資信託（ETF）の重要なメリットの一つは、ファンドが取引所に上場しており、日中に取引が可能であるということである。これはすべてのタイプの投資家にとって大きなメリットである。短期の投資家やトレーダーは、さまざまな頻度で取引する戦略に、このファンドを組み込むことができる。また長期の投資家は、すべての取引日において、ポジションのフェアバリューをリアルタイムに得ることができる。終値のNAVを待つことなく、日中に出入りが可能であるという追加的な利点は、すべてのポートフォリオに流動性を加え、潜在的なリスクを削減する。ETFが日中に取引できるという能力は、ゲームを変える技術であることが証明されつつある。第2部では、執行の詳細と取引方法、そして、いつ参加者がETFの原資産の流動性を利用できるかについて説明している。

　ETFの取引は、この商品を賢く利用する方法の中心となる部分である。いざ取引をしようしている時には、どのようにファンドの価格を解釈するかについて知っておく必要がある。そして、その評価額に沿って取引しているかどうかを見定めることができるようになるべきである。ポジションをとろうとしているファンドの本源的な価値を理解することは、執行時間と戦略について重要な決定を下すことができるということを意味している。そのバリュエーションが決定されたら、ETFを取引する際にやりとりする人々とETFの注文フローを執行するための戦略を理解する必要がある。さらに、ETFにおいて流動性がどのように提供されているのかわからない場合には、どのくらいの流動性があるのかを見間違え、最も売買高の多いものだけを使用しているかもしれないが、より洗練されたユーザーは実際の売買高に関係なく、より広範な商品群に投資している。

　第2部では、以下について解説している。
・ETFの売買高が何を意味しているのか
・ETFの取引において資金フローがどのようにみえるのか
・ETFの取引モデル
・ETFのインプライド流動性とは何か

・ETFの最良執行の実践
・異なるプレーヤーとのやりとりと、どのように流動性を得るのかという議論を含めた、市場で実行されている大規模および小規模のETF取引の例
・ETFの最も頻繁なトレーダーはだれなのか、およびどのようなビジネスに彼らは従事しているのか
・だれが流動性を供給しているのか、およびだれがそれを得ているのか

　最も人気のあるETFの一つについて、小さな注文を受け、それを執行させることは非常に簡単である。規模の大きくないETFの取引において、よい執行を達成することのほうが、はるかに価値がある。そうすれば、ETFを活用してより優れたポートフォリオを構築し、競合と市場を上回るパフォーマンスを達成することができるだろう。新しいETFの開発については膨大なリサーチが行われている。発行する側の最終目標は常に残高と報酬を獲得することではあるが、発行体は市場に価値のあるツールを持ち込んで、投資家が効率的に目標を達成できるよう努めている。

　プレーヤーと彼らのビジネスモデルについてここで得られた知識によって、最良の方法で注文フローを執行するために利用可能なリソースを最大限活用することができるだろう。これは、あなたのポートフォリオ、顧客、そしてビジネス全体のメリットとなるだろう。

第4章

売買高とETFの流動性

上場投資信託（ETF）の市場は近年において株式の取引と市場の分析手法を変えてきた。バスケットを表しているETFのクオートをみることによって、一連の株式のグループ、およびそれらが同種の類似グループとの関係でどのように動いているかについて、明確にみることができる。これはまた、市場における株式の評価方法を変えている。かつては、市場のさまざまなセクターのパフォーマンスをみるためには、高度なシステムを必要としていた。いまは、たとえば、米国のセクターをカバーしているETFと、同じような海外のセクターをカバーしているETFとを比較して、それがどのように取引されているかを簡単にみることができる。このような取引の比較を使って、ニュースが世界的にどのように解釈されているかをセクターごとに判断することが可能である。

　ETFと株式はともに、株式の取引に関する多くの同一ルールの対象となる。ETFの主立った独特な特徴の一つは、株式の空売りにおけるアップティックルールからの免除であった。この構造的な差異による成功は、近年、すべての米国株式が同じメリットを享受する道を開いた。

　しかし、実際の商品構造においては、ETFには、通常の株式型商品とは大きく異なる内部のメカニズムがある。最も目立つのは、ETFには、設定と交換の仕組みを通じた株式の継続的な発行と呼ばれるものがあるという事実である。この機能はETFの発行済口数の迅速な増加または減少を可能とし、ETFの売買高と残高の伸びを可能とする主要な機能となっている。ETFの原資産のあらゆる流動性を解き放って、すべての投資家がアクセスできるようにしているのが、設定と交換の機能である。

　本章では、以下について議論する。
・株式とETFを取引する際の主な類似点と相違点
・どのようにして、ETFの流動性がそれ自体の売買高と原資産バスケットの売買高の両方に基づいているのか
・現在のETFの売買高の外観

　本章と第2部を通して、どのような参加者が市場にいるのか、および、ど

のようにして、その参加者が、取引所の流通市場または原資産バスケットを使用した発行市場を通じて、ETFの利用可能な流動性を活用できるのかについて詳しく解説する。売買高と流動性はETFの世界への鍵である。原資産バスケットにアクセスすることによって、市場で頻繁に取引されていないETFが活用できるということを理解することで、利用可能な商品の領域を拡大することができる。これによって、以前は利用できなかった、ポートフォリオへのアクセスの拡大とリスク管理のためのツールを得ることができる。

ETFの取引は株式とは大きく異なる

　ETFと株式がどのように取引されるのかということについて、強調しておきたい主な違いの一つが通常の取引相手である。典型的な株式の取引は、市場で出会った2つの相反する見方であるとみなすことができる。強気な見方をもつ投資家と弱気な見方をもつ投資家が、同じ価格で出会うと取引が行われる。

　しかし、ETFの取引は異なっている。ETFの取引の大部分は、強気または弱気な投資家と、流動性の移転をファシリテーションする流動性供給者との間で行われる。投資家は購入または売却を望んでいる。反対の見方をもつ別の投資家から購入するかわりに、投資家は通常、流動性供給者と取引をしているのである。ETFはデリバティブのように機能していて、その価値は原資産の証券のバスケットに基づいている。ETFのポジションは原資産を利用することによってヘッジすることができ、流動性供給者の潜在的なリスクを軽減することができる。平均日次売買高が少ないETFほど、流動性供給者が反対側の投資家がいないフローをより多くファシリテーションする必要がある。

> **取引のヒント**　ETFの流動性供給者とは何か
>
> 　ETFの流動性供給者は、ETFを取引している市場参加者であり、彼らの顧客の注文を満たすために直接的に、または流通市場に電子的に価格を提供することによって間接的にETFを取引している。直接的に投資家の要求を満たしている場合は、通常、顧客との取引の相手側となって、その後でポジションをヘッジしている。彼らが市場にクオートを提示している場合、ヘッジに対して個別またはポートフォリオレベルでETFを売買するように構築された戦略の一部として、一般的には両サイドのクオートを提供している。

　1日に100万口未満の取引であるような売買高の少ないETFが、投資家にとってはETFの流動性供給者が最も重要な機能を提供する商品である。非常に売買高の多いETFにおいては、多くの裁定取引の参加者および他のトレーダーが継続的に競争をしていて、潜在的な利益を搾り出すために常にスプレッドをタイトにしているため、日々の注文フローに関して流動性供給者はあまり重要ではなくなっている。ファンドの成長に伴うリードマーケットメイカー（LMM）と呼ばれる特定の流動性供給者のETFへの参加に関しての興味深い統計が存在している。LMMの参加率とETFの売買高との間には逆相関がみられる。通常、ETFの初期段階は、そのファンドに注力し、流動性を供給することによって取引需要に対応してくれるLMMとともに始まる。ファンドがより一般的になるにつれて、他の流動性供給者がファンドに引きつけられ、LMMが押し出されて、その参加率が下がる傾向がある。ETFの流動性コミュニティにおいては、ほぼすべてのETFにおいて、複数の供給者が深く広く行き渡っている。主に売買高の少ないETFの場合、流動性供給者がETFの取引の相手側となって、同時に以下の2つの目的を達成する機会がある。

1 ETFを購入または売却する投資家の需要を満たす
2 ETFの取引が行われる価格とバスケットやヘッジが執行される価格との間のスプレッドから利益を得る

　このことは、発行体が商品を立ち上げたときに、流動性供給者やLMMがETFの初期の流動性を支援する準備ができているため、ETF業界の成長にとって有益であった。流動性は、ETFの構造に内蔵されている設定および交換のメカニズムによってつくりだされており、これは伝統的な株式や競合する構造のものと比較したときの最も重要な要素であることが判明している。

　設定／交換メカニズムにより、流動性供給者はETFの受益権と原資産との交換またはその逆を行うことが可能となっている。ポジションの相殺が保証されていることは、裁定取引機会の発掘だけではなく、一定の流動性を提供することも可能にしている。ETFの裁定メカニズムの素晴らしい点は、それが市場における取引のためのまったく新しいエコシステムをつくりあげたということである。過去においてはバスケットと先物の間の裁定取引機会を追求できる一握りの株価指数しかなかったが、現在はバスケットとETFの間に何千もの裁定取引機会がある。株式のバスケットを、個別の株式または1つのユニットとして取引できる能力は、以前は指数の裁定取引デスクにしか利用できなかった収益源をつくりだした。ますます多くのインデックスが作成され、それらのインデックスに対してETFが複製ビークルとして発行されるにつれて、裁定取引のスプレッドを利用する機会は劇的に増加している。

株式の売買高の概観

　図表4－1は、上場株式の売買高による区分表である。ユニバースはNYSE Arcaで取引されている商品であるが、ETFやクローズドエンドファンド（CEF）は含まれていない。上場株式に関しては合理的に正規分布をし

図表4−1　NYSE上場株式の3カ月平均売買高（2016年2月3日時点）

	<5万	5万<=x<10万	10万<=x<50万	50万<=x<100万	100万<=x<1000万	>=1000万	合計
売買高区分ごとの銘柄数	189	231	714	335	660	51	2,180
売買高区分の割合（%）	9	11	33	15	30	2	

出所：Bloomberg

図表4−2　ETFの平均日次売買高の上位4銘柄

[ETFの売買高上位4銘柄　2015年1月4日]		
	3カ月ADV	AUM（ドル）
SPY	116,123,568	182,039,453,100
EEM	62,819,852	21,529,898,440
GDX	58,609,660	4,316,717,773
XLF	40,400,888	19,464,052,730
[ETFの売買高上位4銘柄　2010年1月14日]		
	3カ月ADV	AUM（ドル）
SPY	162,159,584	80,391,480,000
XLF	86,049,144	7,173,530,000
QQQQ	85,658,336	18,537,440,000
EEM	71,461,760	40,697,840,000

出所：Bloomberg

ている。上場株式の78％が、過去3カ月間の平均で1日当り10万〜1,000万株取引されている。取引所に株式を上場させることは確立されたビジネスであり、成熟していると考えられる。ETF市場は劇的に成長したが、競合商品に比べるとまだまだ未熟である。この新しい構造の利点を投資家にもたらすために、最近は数多くの商品が発行されている。図表4−2では、2010年と2015年のETFの売買高について、同じ表を用いて違いを確認することが

できる。

ETFの売買高の詳細

　ETFの平均日次売買高（ADV）の重要性については、常に熱い議論が交わされている。ETFの裁定取引機会を求める人々によって生み出されたきわめて高い売買高が、投資家にとって悪いものであるという主張を聞いたことがある。また、ETFの売買高が少ないということは、商品開発の失敗を示しているという意見を聞いたこともある。私はこれらの議論のどちらにも同意しない。より多い売買高は、すべての参加者が自身の目的のために利用できる流動性が増加するため、だれにとっても有益である。また、売買高の少ないETFが、投資家に追加的なリスクを与えるわけではないことも証明されている。売買高の少ないETFであっても、売買高の急激な変動やファンドの規模の急激な変化に対応できる構造をもっているため、日々の売買高が少ないことは、ファンドの失敗や商品開発上の問題のどちらを示すものでもない。前述したように、大きな残高を得るまで、長期間にわたって市場に存在していたいくつかのETFについての長い歴史がある。数年前と比較すると、ファンドを上場しておく費用が増加しているため、一部のファンド会社は、商品が小さいままの状態を長期間持続させることができなくなる可能性がある。しかし、主な発行体は、いままでにない有益なテーマで考え出された新商品を立ち上げる事業をしており、そのために、市場に多種多様な商品を投入し、それらをサポートしている。

　一方では、初期のETFの多くは、長い歴史をもち、大きな金額がすでにベンチマークとして使用していたインデックスに連動していたという事実から、売買高に関する議論が発生している。このことは、すべてのETFは成功の証しとして膨大な売買高が必要であるという信念を導き出してしまった。これは、実際には商品の構造を示す誤った方法である。新しいETFは、異なる分野で競争するためにより高度な構造を利用している。たとえば、

ファンダメンタル加重のETFの多くは、アクティブ運用のミューチュアルファンドと競争するための投資ビークルである。それらは取引ビークルとしてデザインされたものではなく、ショートやトレーディングにも用いられるかもしれないが、通常はヘッジのビークルとしては機能しない。それらは純粋なベータエクスポージャーを超えようとしている。それらは、伝統的な時価総額加重のベータにおける効率性に挑戦していて、簡便な方法を使って、それらのインデックスや、それらをベンチマークとして利用している他のすべてのビークルを上回るよう試みている。スマートベータ、ベターアルファ、またはファクター加重などの商品のいずれであっても、それらは古い時価総額加重インデックスの非効率性を克服して、投資家のインデックスに基づく投資経験を改善するように設計されている。

　これらの新しい商品は、実際的には、上場したミューチュアルファンドともいえる現代的な構造をしている。それらは、古いもののすべての利点をもちながらも、新たな形態のメリットを提供している。それらのアイデアは長期投資家によって使用されるものであるため、この文脈において、売買高によってそれらを判断することは、決定的なものではない。ETFの売買高は、ミューチュアルファンドの投資家が利用可能な売買高を上回ったボーナスであると考えるべきである。ミューチュアルファンドは、その原資産ポートフォリオの売買高にのみアクセス可能である。ETFはそのアクセスに加えて、取引所に集まるものも利用できる。ETFを日次平均売買高で判断することは、申し込めばNAVベースで受益権が取得できるという理由で、ミューチュアルファンドは無限の流動性をもっていると考えることに似ている。どちらの考え方も間違いである。ETFの構造の利点は、売買高が多いことによって繁栄している足の速い資金のアカウントから、頻繁に取引しないバイ・アンド・ホールドのアカウントに至るまでの多くの異なる種類と用途において、あらゆる投資家にとって魅力的なものである。投資の実行可能性を議論する際には、原資産の流動性や純資産総額（AUM）に加えて、それ以外の分析とともに、対象となる顧客を考慮する必要がある。

図表4－2に示されている米国上場のETFの平均日次売買高をみてみよう。比較のために2010年と2015年のデータを提示してある。興味深いことに、ファンドの売買高は全般的に減少したが、純資産総額は4つのファンドのうち3つで増加し、1つで減少した。これは、3カ月間の平均日次売買高（ADV）を利用して、どれくらいその商品が現在取引されているのか、そして、ファンドがどれくらい多くの資産をもっているのかを示したものである。

　図表4－3は、ETFの残高と売買高の散布図を示している。示されたグラフはそれ自身でも目を見張るものがあるが、米国上場のETFすべてを含めた場合はより劇的なものとなる。ETFの売買高の上位4銘柄は、ETFのユニバースの残りの部分よりもはるかに多くの売買高で取引されているため、それらを含めた場合はこのグラフを事実上役に立たなくさせてしまうだろう。これらのファンドは、図表4－2に示されている。上位4つのETFを除いたすべてのETFは、最も頻繁に取引されているETFであるSPYの平均25％未満の取引となっている。2015年1月時点で、SPDR S&P 500 ETF Trust（SPY）の残高は、次に残高の多いものの2倍を超えている。

　図表4－3では、多くのETFが残高で50億ドルを下回っており、1日当り1,000万口未満の取引であることがわかる。また、2つのチャートの間の5年間で、残高の面においてファンドの成長をみることができる。この商品群の極端なものと比べたときに、それには匹敵しないという理由で、ポートフォリオからそのほとんどの商品を除外してしまうことは非生産的だろう。ETFの平均日次売買高はボーナスであり、利用可能な流動性の定義ではないということを思い出してほしい。

　売買高の区分ごとにETFの取引の詳細をみていこう。ここでは、バスケットによる原資産の流動性を含まず、その商品による実際の取引の流動性の観点から理にかなっている範囲を示すために、売買高の区分を使用する。1日当り5万口未満の区分と5万～10万口の区分の間では、取引所ベースの流動性という意味ではほとんど違いがない。これらのETFについては、ほ

図表4－3　ETFの残高と売買高の散布図（売買高の上位4銘柄を除く）

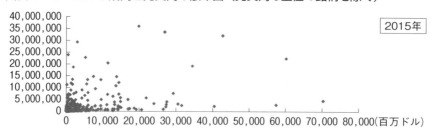

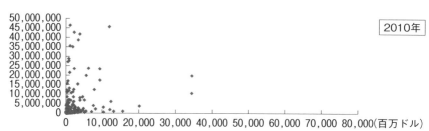

出所：Bloomberg、2016年1月4日

とんどの参加者は取引する際に注意が必要である。より突っ込んでみた場合、最も売買高の少ない区分に多数のETFがあるということを強調しておく。

図表4－4では、2010年と2015年の両方のデータを示しているが、米国で上場されているETFの50％以上が、現在、1日当り5万口未満の取引となっていることがわかる。これらのETFが市場の残高のわずか3％しか保有していないということも図表4－4でみることができる。反対に、米国に上場しているETFの上位11％が残高の約63％を保有していて、それらのETFは1日当り100万口以上取引されている。この商品群は明らかに急速な成長を遂げており、残高および売買高の成長曲線は今後より緩やかになる可能性があるかもしれない。

私は、移行ゾーンとしての50万～100万口の平均日次売買高のETFの区分に注目している。この区分にファンドが少ない理由の説明をしてみよう。ETFの投資戦略がより一般的になるにつれ、その流通市場における売買高

図表4－4　米国上場ETFのファンド数と残高（2010年1月14日、2016年1月4日）

[売買高区分ごとのファンド数　2010年および2015年、3カ月ADV]

		＜5万	5万＜＝x＜10万	10万＜＝x＜50万	50万＜＝x＜100万	100万＜＝x＜1,000万	＞＝1,000万	合計
2015年	売買高区分ごとのファンド数	688	131	259	74	111	25	1,288
	売買高区分ごとの割合(％)	53	10	20	6	9	2	
2010年	売買高区分ごとのファンド数	425	78	143	34	74	30	784
	売買高区分ごとの割合(％)	54	10	18	4	9	4	
	5年間の変化(％)	62	68	81	118	50	－17	64

[売買高区分ごとのAUM　2010年および2015年、3カ月ADV]

		＜5万	5万＜＝x＜10万	10万＜＝x＜50万	50万＜＝x＜100万	100万＜＝x＜1,000万	＞＝1,000万	合計
2015年	売買高区分ごとのAUM（百万ドル）	71,101	49,517	331,072	323,269	809,976	509,845	2,094,779
	売買高区分ごとの割合(％)	3	2	16	15	39	24	
2010年	売買高区分ごとのAUM（百万ドル）	24,724	21,574	118,744	95,424	208,044	327,730	796,240
	売買高区分ごとの割合(％)	3	3	15	12	26	41	
	5年間の変化(％)	188	130	179	239	289	56	163

出所：Bloomberg、3カ月平均日次売買高

であるADVは成長し、成熟する。1日当り約50万口という変曲点において、追加的な取引業者と投資家がやってきて、この商品を、短期間のうちに日次100万口以上のものとするのである。ここでは、高頻度取引戦略やデイトレーディング戦略を追求している場合を除いて、日次売買高を、ポジションをとるための有効な考慮事項としては考えていないことを覚えておくことが重要である。投資期間をさらに延ばせば、投資の意思決定において、売買高

は少なくてもすむはずである。より長期的な視点においては、いくつかのNAVベースの執行形態で執行するほうがよいだろう。詳細は後ほど説明する。これは、APに設定と交換の手続を利用させ、原資産の流動性へのアクセスを提供させるため、売買高についてはほとんど無関係になる。

> **取引のヒント** 売買高はETFの流動性の一部である
>
> 　投資期間が1日を超えるのであれば、ポートフォリオの適格性の基準として売買高を考慮するべきではない。執行したい規模にかかわらず、ファンドの原資産の流動性がETFで利用可能な最小の流動性を決定するのであり、平均日次売買高ではない。

　図表4-5は、同様のデータを拡張した図であり、発行体ごとの各売買高区分に分けたファンド数が示されている。各売買高区分における各発行体の商品群のパーセンテージは、図表4-6に示されている。この売買高に関するデータは、バスケットから入手可能な潜在的な流動性を考慮しておらず、また、成長トレンドを示すためのものではない。過去3カ月間における売買高と特定時点の残高を示す静的な瞬間を示したものである。データからみることのできるいくつかの重要な結論は以下のとおりである。

・各発行体の商品群について、売買高区分ごとのパーセンテージをみると、さまざまな度合いで、売買高の少ないETFがどの商品群にも存在することがわかる。
・市場には売買高の多くない商品も数多くある。存在している大多数のETFは5万口より少ないADVで取引されている。
・取引業者側は、利用可能な商品の大部分の利用を支援するために、売買高の少ないファンドにおけるファシリテーションビジネスを成長させる余地がある。これらの商品はすでに市場に提供されており、ほとんどの場合において、まだ投資家によるアクセスは困難なときがあるが、原資産の流動

図表4-5 発行体ごとのファンド数（2016年1月4日）

	発行体	<5万	5万<=x<10万	10万<=x<50万	50万<=x<100万	100万<=x<1,000万	>=1,000万	合計
1	AdvisorShares	17	1	1				19
2	ALPS	9	1	1			1	12
3	Arrow Investment Advisors			1				1
4	BlackRock [iShares]	105	28	64	28	41	7	273
5	Calamos	1						1
6	Cambria	3						3
7	Columbia	5						5
8	Deutsche Bank [X-trackers]	8	1	3	2	3		17
9	Direxion	19	2	11	6	11	1	50
10	Emerging Global Shares	6	1	1				8
11	ETF Securities	5	1					6
12	Exchange Traded Concepts	6	1	1				8
13	Fidelity	2	2	7				11
14	First Trust	50	12	20	2	2		86
15	Franklin Templeton	1						1
16	Global X	21	7	6				34
17	Guggenheim	39	7	16	2			64
18	Highland Capital Management			1				1
19	Huntington Strategy Shares	2						2
20	IndexIQ	10	1	1				12
21	Invesco PowerShares	76	17	27	5	5	1	131
22	JPMorgan	1						1
23	KraneShares	2		1				3

（続く）

図表 4 – 5 (続き)

	発行体	<5万	5万<=x<10万	10万<=x<50万	50万<=x<100万	100万<=x<1,000万	>=1,000万	合計
24	LocalShares	1						1
25	Merk	1						1
26	Northern Trust	6	5	3	1			15
27	OppenheimerFunds	7						7
28	PIMCO	10		4				14
29	Precidian	1						1
30	ProShares	78	9	13	7	17	2	126
31	PureFunds	1						1
32	QuantShares	3		1				4
33	Recon Capital	1						1
34	Renaissance Capital	1						1
35	Schwab	4	12	4	1			21
36	SSGA (SPDR)	78	8	21	6	15	9	137
37	Teucrium	5						5
38	U.S. Commodity Funds	5	2	2		1	1	11
39	Van Eck	29	5	9	1	3	2	49
40	Vanguard	17	7	23	10	9	1	67
41	Velocity Shares	3						3
42	Victory CEMP	3						3
43	WisdomTree	49	9	8		3		69
44	Yorkville	1		1				2

出所：Bloomberg，3 カ月平均日次売買高

図表4−6 売買高区分ごとの各発行体の残高の割合（2016年1月4日）

(単位：％)

	発行体	<5万	5万<=x<10万	10万<=x<50万	50万<=x<100万	100万<=x<1,000万	>=1,000万
1	AdvisorShares	69	19	12			
2	ALPS	7	5	10			78
3	Arrow Investment Advisors			100			
4	BlackRock [iShares]	3	1	14	19	45	18
5	Calamos	100					
6	Cambria	100					
7	Columbia	100					
8	Deutsche Bank [X-trackers]	1	0	2	9	87	
9	Direxion	6	1	13	11	66	2
10	Emerging Global Shares	20	16	64			
11	ETF Securities	86	14				
12	Exchange Traded Concepts	29	32	39			
13	Fidelity	22	6	72			
14	First Trust	8	13	53	14	12	
15	Franklin Templeton	100					
16	Global X	20	25	55			
17	Guggenheim	18	7	40	35		
18	Highland Capital Management			100			
19	Huntington Strategy Shares	100					
20	IndexIQ	14	8	78			
21	Invesco PowerShares	6	6	22	5	17	44
22	JPMorgan	100					
23	KraneShares	5		95			

(続く)

第4章 売買高とETFの流動性

図表 4 − 6 （続き）

(単位：％)

	発行体	<5万	5万<= x<10万	10万<= x<50万	50万<= x<100万	100万<= x<1,000万	>=1,000万
24	LocalShares	100					
25	Merk	100					
26	Northern Trust	17	27	36	21		
27	OppenheimerFunds	100					
28	PIMCO	11		89			
29	Precidian	100					
30	ProShares	10	5	14	8	55	8
31	PureFunds	100					
32	QuantShares	61		39			
33	Recon Capital	100					
34	Renaissance Capital	100					
35	Schwab		5	45	39	12	
36	SSGA (SPDR)	2	1	4	7	22	64
37	Teucrium	100					
38	US Commodity Funds	1	3	14		12	70
39	Van Eck	8	4	35	6	14	33
40	Vanguard	1	1	19	20	51	7
41	Velocity Shares	100					
42	Victory CEMP	100					
43	WisdomTree	12	13	10	65		
44	Yorkville	26		74			

出所：Bloomberg、3カ月平均日次売買高

性は十分にある。現在、売買高の少ないETFの流動性を、投資家に電子的に提供するための新しく革新的な方法を模索する動きがみられている。
・ETFの新規ユーザーは大幅に増加しているが、非常に少ないファンド群に資産が集中していることからもわかるように、大量の資産をより難解な構造のものに押し込んでいるわけではない。しかし5年超の散布図をみてわかるように、この状況は変化している。これは、取引能力の増強と、ETFの利用に関する啓蒙の発展に伴い変化し続けるだろう。

ETFの資金フロー ──ETFをそのサイズで判断してはならない

　ETFの純資産総額（AUM）は、ファンドが運用している金額を表しており、この数値は変動する。AUMの変動に影響を及ぼす2つの要素は、ファンドの日次の評価の変化と、設定または交換されたネットの口数の変化である。各ETFのAUMと発行済口数は毎日公表され、発行体のウェブサイトを含む多くの情報源を通じて、すべての投資家が利用することができる。原資産バスケットの市場の変動と、設定と交換の活動は、日々、ファンドのAUMを変化させる。

　ETFの実際の売買高は、AUMには直接影響を与えない。ETFは、特定の日に莫大な口数を取引することができるが、その取引が正味の設定または交換につながっていない場合、AUMは一定のままである。ETFの裁定業者が日中に特定のETFを売り、ヘッジするためにバスケットを買うという例を考えてみよう。この例では、ETFの買い手は、ETFを購入してバスケットを売っていた別のETF裁定業者である。その日の終わりに、ETFを売った業者は、そのポジションをフラットにするために10ユニットの設定の注文を出す。ETFを買った業者も、自らのポジションをフラットにするために、同じ規模の交換の注文を出す。このシナリオでは、当日のETFの売買高は非常に多かったが、純資産総額（AUM）は変化しない。

　次に、ソブリンウェルスファンドが、ETFを顧客に売却してそのポジ

ションをヘッジするために原資産バスケットを購入している流動性供給者から、特定のETFの大きなブロックを購入するというシナリオを考えてみよう。その日の終わりに、流動性供給者はETFの設定の注文を出す。これは、ETFのAUMの増加と発行済口数の増加として現れる。

また別の顧客は、現在5,000万ドルの残高しかない新しいETFへの大規模な投資に関心をもっていたとする。その顧客は、5,000万ドルを投資することで、ファンド全体の資産すべてを所有することに懸念をもっている。その顧客は、取引を進めることに同意し、その投資規模についてNAVベースの取引を指定参加者（AP）に依頼した。APは終値で原資産の株式のバスケットを購入し、そのファンドの5,000万ドルの設定の注文を出す。取引が終了すると、設定によってファンドの残高は倍増するため、この顧客はファンドの100%を保有することはない。この顧客はAUMの50%と発行済口数の50%しか所有していないのである。

これらの事例は、いくつかの重要なポイントを示している。

・流通市場でETFを購入する場合は、ファンドの発行済口数またはAUMに影響を及ぼすわけではない。もし、ロングポジションをもっているだれかから購入しているか、または市場で買い戻そうとしているのであれば、その行動は設定を引き起こすわけではない。設定または交換がなければ、ファンドのAUMおよび発行済口数は変更されない。このことは、流通市場（取引所）と発行市場（設定と交換を通じたプロセス）における事象の違いを示している。

・設定または交換が行われると、ETFの発行済口数およびAUMに直接影響するが、売買高には影響しない。APのプロセスにおいて、彼らの自己トレーディングブックを介さない委託での設定を行って、ETFをトランスファーエージェントが示した価格で受け取った場合、このETFの取引は統合テープには記録されず、売買高に影響を与えない。しかし、もし、顧客の注文にかわってAPの口座を経由して設定が行われ、顧客に対する価格がNAVと異なる場合は、その注文は統合テープに記録される。

・売買高がETFの残高の増加の指標になるとは限らない。トレーディングビークルとみなされる多くのETFは、発行市場における変更がないままに、流通市場で往復して取引される。
・AUMおよび発行済口数は日々劇的に変化する可能性がある。これは、通常1クリエーションユニットでシードされた新しいETFで最も顕著である。立上げが成功した場合、数日のうちに別の設定が行われ、ファンドのAUMと発行済口数を倍増させる可能性がある。これはまた、ファンドの存続期間のどの時点でも起こりうるものであり、ETFの原資産の流動性の一機能にすぎない。原資産バスケットに流動性があれば、AUMが10億ドルのファンドが、10億ドルの設定の注文を受けることも可能である。また逆方向も、交換のプロセスを通して、同様に起こりうる。
・ETFに資産のロックアップはない。ETFはポジション全体に日次の流動性を与える。この構造は、本質的には、一定の口数や資産を解約するための窓開けを必要とすることなく、透明性と柔軟性によって資産を積み上げようとする試みである。ETFのポジションを原資産株式との交換の注文を通じて解消することは、設定を介してポジションをとることと同じくらい簡単である。2008～09年にヘッジファンドの投資家が経験したような、投資家が長期間にわたって売却することができなかったという状況は、ETFについては一度もない。エジプト革命の時のように、ある市場が閉鎖されたとき、その資産に連動するETFは、その国の市場が閉鎖されている間は、設定と交換の両方を停止しなければならなかった。しかし、ETFは取引所で引き続き取引されていて、投資家は必要に応じてETFのポジションを調整することができた。投資家は、長期間にわたり資産をロックアップできるヘッジファンドやその他のビークルに投資する際に、資産のリスクを適切に評価していない可能性がある。その商品が、四半期ごとに資産の一部の償還しかできないとすれば、コントロールと流動性の欠如に対する隠れたコストがあり、それについて投資家は適切に評価していない。

図表4－7では、顧客の注文フローのファシリテーションと、設定プロセスを通じて資金がどのようにファンドに入るのかについての例をみることができる。この例における顧客ビジネスは、すべて流通市場で行われ、APは設定プロセスを利用してブックのポジションを管理する。

　AUMと発行済口数は、ETFの残高の伸びが、市場の動きによるものか、または受益権が購入されたことによるものかどうかを判断するために、一緒に検討する必要がある。AUMだけをみていたのでは、ある時点での残高のたしかなスナップショットは目に入ってくるが、完全なストーリーはわからない。時には、ETFが意図した投資規模に対して、AUMが小さすぎると人々に信じさせてしまう可能性がある。しかし、ETFはオープンエンドの発行が可能であるため、原資産のバスケットの流動性のほうが、どのファンドにどれだけ投資することが可能かを判断するためのよりよい方法となる。原資産バスケットに流動性が豊富にある場合であれば、バスケットを購入して設定の注文が出された時点で、ETFはすぐに資産を増やすことができる。ETFの資金フローの完全なイメージを示すために、AUMは、発行済口数と、時には売買高の数値とをあわせてみるべきである。

資金フローが勘違いを引き起こす可能性

　発行済口数のみでも、ETFの資金フロー、投資家の需要、または価格上昇の明確な指標は示されない。図表4－8では、2008～09年の金融危機時のXLF（金融セクターETF）の終値（薄い線）と比較した発行済口数（濃い線）が示されている。国内および海外のセクターETFは、通常、アクセスおよびヘッジのためのビークルとして使用されている。このケースにおいては、多くの人々がヘッジツールまたはショートのエクスポージャーを達成するためのビークルとしてXLFを利用し、そのショートのための行動が発行済口数の増加を促したのである。左の楕円部分では、市場が2008年10月の安値に向けて下落を開始した際に、発行済口数の急増をみることができる。そし

図表4-7 顧客の注文フローのチャート

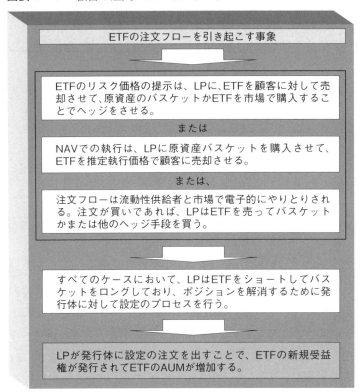

て、右の楕円部分では、市場がさらに下落するかもしれないと人々がおびえ始めた時であった2009年3月の安値近くにおいて、発行済口数のスパイクをみることができる。

　発行済口数は投資家の需要の有効な指標ではないことを指摘しておこう。図表4-8でXLFの発行済口数のスパイクと株価との関係をみてみよう。ポジションに対するヘッジとしてETFをショートするためには、まずその受益権を借りる必要がある。株式の場合であれば、株式を借りるときには、通常、決済ブローカーを通じて、そのブックにあるロングポジションを利用して、貸し出される。これは多くのETFにおいても同じである。しかし、

図表4-8　XLFの発行済口数と価格

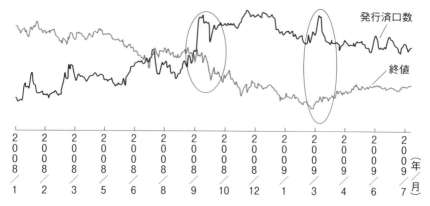

出所：Bloomberg

　貸し出すための受益権をもつ、ETFの完全なロングポジションの保有者があまりいなければ、大手のトレーディングデスクは、貸し出すための受益権を設定するだろう。これは、原資産のバスケットのショートとETFのロングという市場中立のポジションと、利益または損失のいずれかにつながるさまざまなブックの資金調達コストを伴う。XLFの場合は、ETFをロング、バスケットをショートして、ETFの受益権を貸し出すことで、資金調達コストにおいて正の利益を生み出すことができたのである。

　あなたがファンドのAUMや発行済口数をみていて、金融危機を認識していなかった場合、XLFを買っていたかもしれない。あなたは、発行済口数が増えていることから、資金フローが流れていると考えていたかもしれない。これは致命的な間違いになっていた可能性がある。それはまた、驚くべきことに、ETFの分析においてかなり頻繁に行われていることでもある。ETFの資産の増加は買い手や売り手からのものかもしれないが、取引傾向を決める唯一の基準ではないことに注意することが重要である。ETFへ出入りする資金フローとそれがなぜ重要なのかについてさらに説明していこう。

買い手の資金フロー

　第1部で論じたように、ETFは、株式のバスケットが発行体のカストディアンに拠出され、発行体がETFの受益権を最初の設定者に提供する時に生まれる。これを最初のクリエーションユニットと呼ぶ。ETFが成長する一つの方法は、発行体とサービスを提供する契約を結んだ指定参加者が、バスケットとETFを統合して、それらを発行体とやりとりするプロセスを開始することである。

　図表4－9は、顧客とAPとの間におけるやりとりの最初のステップの外観を示している。この例では、顧客は買い手である。顧客は、電子的にまたはマニュアルでAPとやりとりして、APからETFを購入した。次に実行されるのは3つのシナリオのみである。シナリオAでは、APはエージェントとして振る舞い、顧客のために取引所に出向き、ETFを購入する。シナリオBとシナリオCでは、APは流動性を提供しており、プリンシパルとして振る舞っている。APはETFの受益権を顧客に売却したが、この時、APはポジションのヘッジに関して2つの選択肢をもっている。ETFと同時に取引されている場合には、彼らは、ETFの正確なバスケットを購入するか、

図表4－9　流動性を提供する際のヘッジの手法

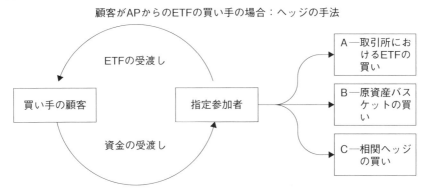

または、ETFのショートポジションをヘッジするために使用する他の相関のある資産を購入することができる。

　ケースAの場合、APは顧客のために取引所でETFを購入することになる。この場合、APは市場と顧客の間の単なる仲介者にすぎないので、これ以上何もする必要はない。しかしながら、APは、ETFの受益権を注文フローのチェーン上のどこかにいる別の流動性供給者（LP）から購入している可能性がある。どこかの時点で、この注文フローはケースBのようなシナリオに入ることになる。

　ケースBの場合、APはETFを顧客に売却し、ETFを複製する原資産バスケットを購入する。APのブック上のポジションは、ETFがショートで、バスケットがロングとなる。その後、APは発行体と設定のプロセスを行う。このプロセスは、APがロングしている原資産バスケットの株式を発行体に提供することを求める。そして、そのかわりにETFの受益権を受け取ることになる。APのポジションはフラットになり、発行体はファンドの発行済口数を増加させ、同時にAUMを増加させる。これは発行体にとっては常に理想的なシナリオである。

　ケースCの場合、APはETFとうまく連動する相関ヘッジを購入する。そうすることは、ヘッジのロングとETFのショートというポジションを維持するための資金調達コストがかかることを意味するので、考え方としては短期的な解決策である。将来のある時点で、APはETFのショートポジションとヘッジを解消しようとするか、または、原資産の株式バスケットにヘッジを入れ替えて、設定を行いたいと考えるだろう。

　まとめると、もし、ETFの買い手が多くいるのであれば、ETFを売却しているLPは、彼らのエクスポージャーをヘッジするために原資産バスケットを購入するだろう。彼らは設定のプロセスを行い、バスケットを発行体に拠出して、そのかわりにETFの受益権を受け取る。これは、LPのブックのポジションをフラットにして、LPをエクスポージャーもバランスシートのポジションもない状態にする。顧客のETFのロングポジションは残ったま

まである。そして、ETFの発行体は、株式のバスケットと、発行済の受益権としてのETFの理論上の「ショート」ポジションを保有していることになる。発行体が株式のバスケットと引き換えに渡した受益権は、ファンドが新たに発行した受益権である。

発行済口数はETFの需要と供給によって大きく変動する可能性があるため、特定の商品に対する関心について、非常に重要な指標とはなるが、市場の方向性を示すものではない。潜在的な顧客が、発行済口数が10万口しかないファンドをみていて、10万口を購入しようとする意思がある場合、ファンドの100％を保有してしまうことを心配すべきではない。構造上、彼らは発行体から受益権を受け取るLPから、その受益権を購入することになるだろう。そのため、顧客は発行済口数の100％を買ってしまうことを懸念していたかもしれないが、取引が完了した直後には、顧客が保有している10万口は、発行済口数のわずか50％となっているだろう。その時点で、市場価格の急激な上昇がないと仮定すると、ファンドのAUMも倍増するだろう。

> **取引のヒント** ETFの注文フローはファンドの規模と売買高に依存することがある
>
> ETFへの投資を実際に行う際は、同時にだれかが投資を解消することによって相殺されない限り、注文フローのチェーンのある時点で、設定が起こることを認識することが重要である。LPは、顧客と発行体との間の仲介人として振る舞っている。あなたが小規模なファンドに大量の資金を入れようとした場合は、ファンドのAUMはあなたの投資によって増加するだろう。ファンドにすでにある資産の一部を購入するのではなく、ファンドの発行済口数とAUMを増やすために設定をしようとする人から、あなたは流動性を受け取っているのである。

この活動はまた、ETFがほとんど常にその原資産バスケットの価値に近い価格で取引される理由を示してくれる。もし、バスケットがETF価格か

ら離れて取引し始めた場合、LPは常にETFを売却して、より多くの利用可能なETFのユニットを設定するために、株式のバスケットを購入することができる。それは、ETFの価格形成に関する圧力解放バルブのように機能するのである。裁定トレーダーは、価格差を探すために市場に存在していて、基本的には、ETFの価格をその原資産の価値に沿って維持しつづけているのである。

売り手の資金フロー

ETFをショートする動きについては、誤解されることが多い。ETFプロバイダーの代表者として、私は何度も顧客に対して、なぜわれわれの商品の大規模なショートポジションをとらせることが好きかを説明してきた。顧客の反応は混乱であった。彼らは、私が資産運用会社として、私の商品をショートさせたい理由を理解していなかった。私は、ETFの発行体は、実はポートフォリオのエクスポージャーを調整するために利用できるツールを提供しているのだと説明している。このツールをショートのエクスポージャーを達成するために利用するような場面は数多く存在する。顧客は、ショートのエクスポージャーのために皆がそのツールを利用したいと思った場合、資産はどうなってしまうのか、と尋ねるだろう。その時は、市場が下落したときの発行済口数のスパイクに関して、先ほど示したことを説明する。ETFをショートするということは、だれかがETFの受益権の貸出を提供することによって、そのショートをファシリテーションする必要があるため、ファンドに資産を誘導する可能性がある。これらの受益権の借入れが利用できない場合、彼らは設定を行ってからショートセラーに貸し出すことになる。

ETF業界の仲介者側において非常に利益の出る取引の一つは、貸株をファシリテーションするためにETFの設定を行うことである。貸株の市場は非常に分断されていて、依然として主に店頭市場であるため、ショートを

したい投資家に対して、投資銀行がETFの貸出を提供することによって、利益を得ることができる。だれかがETFをショートする場合、通常はAPが登場して、貸株をファシリテーションするためにETFのショートクリエーションを行う。これは、APが原資産バスケットを借りてきて、それを発行体に拠出し、発行体はそれと引き換えにETFの受益権を引き渡し（発行済口数の増加）、そしてこの受益権が最終顧客に貸し出されるというものである。

CEFとETFの資金フローの比較

設定と交換のプロセスは、クローズドエンドファンド（CEF）で起こるプロセスとはまったく異なる。CEFは一定の発行済口数となっている。流通市場で受益権を購入している場合、あなたのカウンターパーティーは発行市場にアクセスして口数を増やすことはできない。そのため、実際にはファンド価格にプレッシャーをかけることになるだろう。10万口の発行済口数のCEFを、10万口購入したい場合は、市場で入手可能な受益権のすべてを吸い上げることになるので、ファンドの価格に大きな影響を及ぼす可能性がある。そして、最終的にはファンドの発行済受益権の唯一の所有者となってしまうだろう。このことはまた、発行済口数が需要の変化に応じて調整できないことによって、なぜCEFが通常永続的なディスカウントで取引されているのかという理由を説明している。

ETFとミューチュアルファンドの類似点は、オープンエンドの発行機能を有する点である。ミューチュアルファンドの場合は、投資家が現金を拠出し、ポートフォリオ・マネジメント・チームがポートフォリオのための株式のバスケットを購入し、そして、ファンドの受益権が発行される。それとは対照的に、ETFにおいては、LPがポートフォリオのための株式のバスケットを購入し、適切な形式でETFの発行体に拠出している。これは、ETFという構造の税務上の利点につながるものである。株式を売買するファンドマネジャーは、ファンド内で課税イベントを発生させるが、ETFは現物移管

の一部として保有株式を受け取っているので、ポートフォリオをより効率的に管理することができるのである。

MFとETFの資金フローの比較

　ETFに関して人々が頻繁に尋ねる質問の一つに、投資家が、ファンドの他の投資家の行動によって影響を受けることがあるか、というものがある。この質問に答えるためには、両タイプの商品で、資金が出入りする際に何が起こっているのかを理解することが重要である。

　大規模な投資家がミューチュアルファンドに投資する場合は、そのミューチュアルファンドのポートフォリオマネジャーに現金を拠出する。その後、ポートフォリオマネジャーは、ファンド内の資産の増加に対応するために、ファンドを構成する資産のポートフォリオを購入する目的で市場に向かう。そしていま、同じ投資家がミューチュアルファンドのポジションの解約を決定したらどうなるであろう。彼らが解約請求を出すと、解約に対する払戻しに必要な現金を調達するために、ポートフォリオマネジャーは市場でファンドの保有銘柄の一部を売却する。もし、ファンドを購入してからファンドを売却するまでの間に資産価格が上昇した場合、ファンド内に、ファンドのすべての投資家に分配されなければならない実現益が生じてしまう。このシナリオにおいては、たとえあなたがファンドの投資家としてのポジションを動かさなかったとしても、他の投資家の行動に対応するためにポートフォリオ内で行われた活動によって影響を受けてしまうだろう。

　このプロセスはETFでは非常に異なっている。ETFにおけるある投資家の行動は、ファンドの他の投資家に影響を与えない。ETFに多額の投資をする場合でも、通常は流通市場で新しい受益権を購入する。ETFへの投資が大きい場合は、注文フローを相殺するために流動性供給者が必要になる。彼らは、投資家に対する売りに対応するために、注文のプロセスにおいて、ETFの設定を行う。この設定を行うために、流動性供給者（通常はAP）は、

ETFの原資産を購入してファンド会社に引き渡し、ファンド会社はETFの新規受益権を発行する。これにより、ファンドの発行済口数が増加し、AUMの増加が起こる。ETFのポートフォリオマネジャーは、資産を購入するために市場に出る必要はない。それらは彼のポートフォリオに直接拠出されるのである。しばらくすると、投資家はETFのポジションを彼らのポートフォリオから外す準備が整うかもしれない。彼らは流通市場に行き、受益権を取引所で売却する。そのポジションが十分に大きいと仮定すると、この注文はETFの流動性供給者によって相殺され、彼らはファンドの受益権を交換することになる。この場合、彼らは、AP経由で交換の注文を出し、ETFの発行体にETFの受益権を受け渡し、ETFの発行済口数を減少させる。次に、発行体は、ファンドの原資産のうち代表的な一部を受け渡す。この活動は取引とはみなされない。ETFのポートフォリオマネジャーは市場で資産を取引するのではなく、単純にポートフォリオからそれらを引き渡しているだけである。ETFの受益権が発行体に返還されたため、発行済口数は減少し、ファンドのAUMは減少する。この場合、ETFのポートフォリオ内において取引は行われなかったので、他のETF保有者はすべて、この大口投資家の活動によってまったく影響を受けなかったのである。

　ETFは、多くの点で、個々の保有者にかわって管理されるセパレート・マネージド・アカウントのように機能する。これが、ETFの残高が、そのETFを利用するための基準として意味をなさない理由である。もしあなたがETFのすべての資産の唯一の保有者である場合でも、ファンドはその資産の便利なラッパー（包み物）のように機能し、ポートフォリオ内のそれらの資産についてモニターするためのポジションを1つだけ提供する。あなたは唯一の保有者であるため、追加的なリスクはない。受益権を交換したい場合は、単純にAPを利用して、あなたのかわりに受益権を交換してもらえばよい。ETFが市場でまだ新しいときは、非常に少数の受益権を発行するのが一般的である。時々、機関投資家レベルの規模の投資家が、ファンドの利用が快適と感じるようになるまで、その規模が大きくなるのを待っていると

いうことがある。これは、ファンドの構造上の理解の欠如を示している。ファンドの規模はポジションに影響を与えないのである。ETFの資産のうちの80％を保有しようが、20％を保有しようが、その影響力に違いはないのである。

まとめ

　ETFの売買高は、非常に興味深いストーリーを語ってくれるが、それがすべてではない。現在のETF市場は、さまざまな商品の提供という面では急速に拡大しているが、新商品に流入する資産はゆっくりとしか動いていないだろう。この問題の一部は、ETFの取引フローをファシリテーションする技術が、需要と同じように速くは発展していないことである。本章を読んだ後で、残高がどのように成長し、さまざまな取引や資金フローがETFに及ぼす影響についての理解を得ることができていたら幸いである。本書の前半に記載されているようなETFのインキュベーションの問題が解決されれば、さまざまな種類の商品を利用したいという要望をもった幅広い投資家が、オンスクリーンとオフスクリーンの双方において、利用可能な取引サイズの進化を促すだろう。私は、ETFの取引が、今後数年で急速に拡大すると予想している。

　非常に少ない平均日次売買高で取引されているETFも、その原資産バスケットを介してアクセスすることができる。この原資産の流動性を、費用対効果の高い方法で、幅広い顧客に利用可能とすることが、ETFの成長曲線のボトルネックであることが判明している。どのようにして効率的に原資産の流動性にアクセスするのかということについては後で議論する。ETFの流動性のキャパシティを理解し、平均日次売買高に基づかずに商品を判断するということは、もはや投資家の義務である。投資対象の候補としてETFに対して平均的な要件を課してしまうと、あなたのビジネスや顧客に信じられないほどの害を及ぼすことになる。ADVによる区分でみたように、利用

可能なETFの大部分が失われてしまう。本章において、ETFの売買高は、そのETFに流動性を追加しているのであって、決して全体像ではないと学ぶことは非常に重要である。ETFの根幹の流動性は原資産のバスケットからきているのである。

第5章

売買高 ≠ 流動性
―― ETFのインプライド流動性を理解する

ETFの中核となる流動性は、原資産バスケットに基づいている。流動性を評価すること、およびETFの取引の流動性をそれに基づいて提供できることは、この商品形態の成長にとって非常に重要である。

　本章では、ETFの流動性システムの中核となる取引モデルについて議論する。主な内容は、ETFの世界をとらえて、各商品のフェアバリューを計算し、バスケットや他のデリバティブを通して入手可能な流動性を評価することである。ETFの流動性を提供するための参入障壁は高い。複数の資産クラスをグローバルに取引し、何千もの証券のポジションのリスクを同時に管理する能力が最低限必要である。基本的な取引モデルをみた後で、ETFのインプライド流動性について詳しく説明する。そして、バスケットの流動性の評価と、どのような制約がETFの流動性に影響するのかについて議論する。これにより、どのETFが利用可能なのか、そして、どのくらいまでならそのETFのポジションを効率的にとることができるのかを評価するための適切な方法を説明できるだろう。また、ETFの流動性のレーティングの尺度でもある、ETFバスケットインプライド流動性スケール（EBILS：ETF Basket Implied Liquidity Scale）についても説明する。これは、大手のETFプラットフォームが、そのプラットフォームへのETFの適合性を判断するために現在使用されているものである。

　本章の終わりでETFの顧客のファシリテーション事業を構築するための最低要件を提示する。それは、本質的には、ETFの注文フローを相殺するための流動性供給事業である。これは、ETFのユーザーが単純なETFの注文を行う際に活用している裏側にある考え方を教えてくれるはずである。また、2010年および2015年のフラッシュクラッシュの間の市場の構造問題の根本的な原因を理解するのにも役立つはずである。詳細については後述する。

　バリュエーションと取引についての知識は、幅広い投資家のためのプロセスの非常に重要な部分につながっている。第6章では、注文フローを執行するために利用可能なさまざまな方法とテクニックについて議論している。注文フローを執行するために利用可能なさまざまな方法を活用し、それが今後

どのように進化していくのかを理解することは、ETFの商品群を継続的に拡大させるためには非常に重要である。

まず初めに、投資家の注文がシステムに入ってきたとき、流動性供給者が何をみているのかをみてみよう。そうすれば、それらの注文をどのように出すべきかを決めることができる。

取引モデル

ETFの形態は、原資産バスケットまたはETF自体のどちらかを取引することで、同じエクスポージャーを達成することを可能にしている。市場で取引される2つの別々のビークルがあるため、2つの間で裁定取引または流動性の変換の機会がある。これを行うには、バスケットとETFの間のスプレッドを、直接的またはシステムを経由して間接的に観測する必要がある。原資産バスケットの潜在的な流動性を理解することもまた重要であり、それはマーケットメイカーおよび投資家の取引のキャパシティを定義するものである。

ETFのエコシステム内での位置づけに応じて、流動性供給者（LP）のニーズは異なっている。機関投資家の需要を満たし、大口の注文フローをファシリテーションしている場合は、潜在的な供給可能性を見積もるために、より大きな市場の深さについてもっと知っておく必要がある。個人投資家の注文フローに対して流動性を提供しているのであれば、ETFのポジションは非常に小さいかもしれないが、買い手と売り手が自身のトレーディングブックとやりとりするため、日中にそのポジションが劇的に変化する可能性がある。さらに、顧客のためにフローをファシリテーションしていても、直接すべてのETFのマーケットメイクをしているわけではない場合は、必要に応じて流動性を確保する場所を知っておく必要がある。

ETFの取引モデルと、流動性の提供と決定のための情報として、何が寄与するのかについてみていこう。図表5－1の取引モデルは、市場にどの

図表5－1　ETFの基本的な取引モデル

	[ETFの基本的な取引モデルの概観]						
	ビッドの サイズ （金額）	ビッドの サイズ （口数）	ビッド	直近	アスク	アスクの サイズ （口数）	アスクの サイズ （金額）
ETFのクオート	13,820 ドル	500	27.64 ドル	27.77 ドル	27.77 ドル	1,000	27,770 ドル
算出されたIIV	4,658,060 ドル	168,161	27.70 ドル	27.71 ドル	27.72 ドル	171,137	4,743,918 ドル
ディスカウント ／プレミアム			－0.22%	0.22%	0.18%		

ような取引機会が存在するかを判断する際に、トレーダーが何をみているかを示したものである。自動化されたシステムは、このような画面を直接みせるものではないが、これには、電子裁定取引システムが即時に取引を決定するために組み込まれた必要な計算がすべて含まれている。これはETFの取引メカニズムの中核である。

ETFのクオートの行は、レベル1のクオートをみたときに表示されるリアルタイムの市場を示している。レベル1のクオートとは、オーダーブックの最上部に表示された、インサイドマーケット（訳者注：オーダーブックの最も内側のこと）のビッドとアスクのクオートのことである。これは、ブックの深さを示す値ではない。また、口数もオーダーブックの両側に表示されている。クオートの行を読む方法は、「27.64のビッドが500口あり、また、1,000口が27.77でオファーされている」である。

> **取引のヒント**
>
> 用語ノート：株式には常に「ビッド」と「オファー」の価格がある。顧客が買い手であり、株式やETFを購入できる価格に興味があるときは、「オファーはいくらなのか」と尋ねることになるだろう。返事は「その株式は x という価格でオファーされている」となるだろう。顧客が売り手である場合は、「y株が10ドルでビッドされている」という言

> 葉を聞くことになるだろう。株式やETFの標準的なクオートは、「5ド
> ルのビッドが1万株、5.25ドルのオファーが1万株」と表現される。こ
> れは、5.00×5.25、10,000×10,000の市場を表している。これらの用語
> の使用は、フロア取引とそのクオートの閉鎖に伴い減少しているが、
> ETF市場ではまだ重要なものである。LPに価格提示を依頼する際には、
> 適切な用語の使用が、適切な取引の実行を保証するからである。

　図表5-1では、ETFが直近では27.77ドルで取引されている。画面には、その価格で最後に取引された口数は表示されていない。その隣には、市場の両サイドで利用可能な金額を示すための換算値がある。約2万8,000ドル相当、すなわち1,000口のETFが27.77ドルでオファーされていることがわかる。

　最も重要な行は、算出された日中インディカティブ・バリュー（IIV）である。これは、ETFの原資産バスケットの価値を計算するとどれくらいになるのかを示したものである。また、そのバスケットの各株式を注文することによって利用可能なETFの推定サイズも表示されている。この行は、クオートの行と同様の方法で読むことができる。「27.70のビッドが16万8,161口、27.72のオファーが17万1,137口」となっている。この行は、ETFの原資産バスケットから計算されているが、ETFとしてクオートされている。あなたは、市場で実際のETFを購入するか、またはETFの正確な原資産バスケットを購入して、それを、設定／交換メカニズムを通じてETFの受益権に変換することができる。これはおそらく、ETFの仕組みを理解するうえで最も重要な概念の一つであり、CEFや株式との取引の違いを示すものである。

　したがって、流動性は、ETFの売買高またはバスケットの売買高のみをみるのではなく、何が潜在的に取引可能であるのかを判断するために、これらの数値を統合することによって評価される。この例の実際のETFの市場

は非常に小さく、1,000口しかオファーがされていないため、ETF全体の流動性の概観にはあまり影響しない。バスケットとしてオファーされている17万1,137口が、実際のETFの本質的な流動性を表したオーダーブックの真の先頭である。利用可能な流動性をより明確に把握するためには、これを市場で表示されているサイズに追加する必要がある。

取引のための市場の深さの計算

先ほど議論したクオートが、両方ともインサイドマーケットでみられるものに厳密に基づいていると留意しておくこともまた重要である。ETFのクオートの行は、ETFのインサイドマーケットを描写したものである。算出されたIIVの行には、バスケット内の各株式のインサイドマーケットにより推計されたものが表示されている。ETFのIIVのインプライド価格を計算することは簡単であるが、ETFのバスケットを満たすために各株式が異なる金額で必要とされるため、インプライドサイズの計算はより複雑である。ETFのバスケットの要件は、日々公表されている。インプライドのIIVの行を計算するためには、適切なバスケットを策定するためにそれぞれの株式が何株ずつ必要であるのかということが考慮されなければならない。それによって、インプライド価格と利用可能なETFの受益権の口数を計算することができる。バスケットから推計される利用可能なETFの受益権の口数は、市場で入手可能な株数を1クリエーションユニット当りに必要な株数で割った数値が最も低い銘柄によって制約を受ける。

図表5-2では、IIVとETFのインプライド流動性の計算において、いくつかの数値が利用されている。図表は、数百銘柄からなるETFのバスケットの一部を示している。クリエーションユニット（CU）株数の列には、ETFの1ユニットを構成するために必要な各銘柄の株数が表示されている。この場合、ETFの1ユニットは、ETFの5万口に相当する。示されているように、ETFの1ユニットを作成するためには、NKEが248株必要となる。ビッドとアスクのCUファクター（網掛け部分）は、市場で表示されている株

図表5－2　IIVとインプライド流動性の計算に使用するバスケットのサンプル

ティッカー	クリエーションユニット株数	ビッドCUファクター	ビッド株数	ビッド（ドル）	直近（ドル）	アスク（ドル）	アスク株数	アスクCUファクター
NKE	248	22.58	5,600	49.99	50.00	50.03	4,340	17.5
NFLX	16	37.5	600	32.74	32.75	32.75	200	12.5
NHP	37	8.11	300	25.39	25.42	25.42	200	5.41
NOV	214	14.49	3,100	27.02	27.02	27.04	3,450	16.12

数を1ユニットに必要な株数で割ったものである。この場合は、1クリエーションユニット当りNHPが37株必要であるが、NHPは200株が25.42でオファーされているだけである。これは、最大で、NHPのこのオファーをとって、それをETFの5.41ユニットに変換可能であることを意味している。設定／交換のメカニズムは、完全なユニットサイズでしか機能しないため、指定参加者は、ETFを5ユニット、つまり25万口のみ設定することができる。

5ユニットが、このETFの原資産バスケットがオファーされている金額となる。前述したように、バスケットの提示されたクオートを利用して、何口のETFが設定または交換可能であるかを決めるためには、バスケットで最も制約となる証券を使う必要がある。

表示されているモデルは、レベル1の価格と金額の計算のみを示している。より洗練されたシステムであれば、ブックをさらに深くみて、異なる価格帯においてどのくらいの流動性が利用可能であるかを計算できるだろう。電子取引をするLPが少額のビッドとオファーを提示している場合、予測ツールとしてブックの深さ（デプス）は重要である。重要な価格ポイントを見積もるためにそれを利用することが可能であろう。ETFの大規模なフローをファシリテーションしている機関投資家向けの取引デスクの場合は、真の深さを探る計算が非常に重要である。もし、あるETFに100万口をビッドまたはオファーしたいのだが、スクリーン上には20万口しかオファーがなく、また別の20万口がバスケット側のインプライドでオファーされている場

合、さらに何が市場で利用可能であるのかを理解することが重要である。バスケットのインプライドでオファーされているのはわずか20万口であるが、(オファー側の高いほうに) 1セント離れたところに、同様にバスケットのインプライドでオファーされている別の80万口がある可能性がある。高速で信頼できるバスケット取引システムをもっているのであれば、そのインプライド価格と深さに基づいて100万口をオファーすることはまったく問題ないであろう。

　残念なことに、市場の分断化によって表示される株数のサイズが減少したため、流動性が市場のどこにあるのかを真に判断することが非常に困難になっている。したがって、構成銘柄のバスケットを通してETFの原資産の流動性を判断するためのシステムを開発することに、非常に多くのテクノロジーが集約されるようになってきている。ETFと国内の構成銘柄のファンドのバスケットは、相互に交換可能なものとして取引することができる。ETFのトレーディングデスクの多くは、取引システムと分析に多額の投資を行っており、リスクシステムが許す限り最大の流動性を適切に提供している。また、ブローカー・ディーラーから直接、または取引プラットフォームを通じて、投資家に利用可能となっている分析もある。そのような原資産バスケットの流動性の分析は、取引コスト分析システムによって行われる。投資家は、ブローカーから入手可能な取引コスト分析（TCA：Transaction Cost Analysis）ツールを使用して、ETFにおける大規模な取引に伴うコストと潜在的な市場へのインパクトを評価することができる。

　また、現在の取引のインフラストラクチャーは、エージェンシー取引のみのブローカーが、顧客のために原資産バスケットを使ってETFを設定または交換する事業に参入することを促している。これは、バスケットが取引されるのと同じ時間に取引されるETFに限定されるものではない。なぜなら、ETFの構成銘柄が市場ではまったく取引されていない場合も多くあるからである（すなわち、海外構成銘柄の米国上場ETF）。ブローカーは市場に入って、顧客にバスケット取引のインプライド価格でのETFの執行を提供する

ために、原資産バスケットを厳密に使用する。これは、世界中のバスケット取引業者にとって大きなビジネスである。これにより、投資家が24時間ETFを取引できるようになっている。たとえば、米国上場の日本株のETFは、原資産バスケットが日本で取引されている時間である（米国時間の）オーバーナイトでも取引されている。

ETFのインプライド流動性

　ETF業界で最も誤解されている要素は売買高である。売買高や潜在的な流動性に関する議論に対して、多くの顧客が理解に苦しんでいる。売買高と流動性がどのように関係しているかについての理解が不足しているため、このことは、ETFの資産の成長が商品群全体にまたがって広く行き渡るための最大の障害となっている。これは、ETFの資産を少数のファンドに集中させるように働いていて、ETFに関する争点を探しているときに、メディアが持ち出してくる最初の議論である。流動性の低い商品にアクセスする方法について投資家がより多くの知識を身につけるようになってきたことで、現在、商品の利用は急速に拡大している。

キーポイント

　ETFの売買高はETFの流動性と同じではない。これは、ETFをみるときに理解すべき重要な概念であり、おそらく、どのくらいのサイズのポートフォリオが構築可能で、どのETFをポートフォリオに含めることが可能か評価するうえで、最も重要な考慮事項の一つである。ETFの売買高は、過去の取引を示す数値である。一方、ETFのインプライド流動性は、将来どのくらいのETFが取引できるのかという見通しを示す数値である。

　ETFの売買高はETFの流動性と同じではない。ETFの売買高は、過去の

図表5－3　ETFの売買高──国内構成銘柄ETF

```
GRAB                                                           EquityHP
CLOSE/PRICE                                                   Page  1/ 6
WISDOMTREE DVD EX-FIN FU (DTN    US)      PRICE 50.86    T    $
                                                      HI 52.83    ON 5/19/11
Range 12/ 6/10  to 12/ 2/11    Period D Daily         AVE 49.4922 VL  119754
                         USD            Market T Trade LOW 44.37    ON  8/ 8/11
   DATE    PRICE    VOLUME       DATE   PRICE   VOLUME       DATE   PRICE   VOLUME
F  12/ 2   50.86    156349   F  11/11   51.12   180222   F  10/21   50.31    98727
T  12/ 1   51.02    112060   T  11/10   50.29    71847   T  10/20   49.44   131740
W  11/30   51.14   1547557   W  11/ 9   49.83   243752   W  10/19   49.30   185319
T  11/29   49.36    110708   T  11/ 8   51.29   115932   T  10/18   49.59    95345
M  11/28   48.96    135258   M  11/ 7   50.87   109397   M  10/17   48.94   145914

F  11/25   47.87     70248   F  11/ 4   50.55   278795   F  10/14   49.49   518960
T  11/24                     T  11/ 3   50.77   161971   T  10/13   48.96   103722
W  11/23   47.84    156226   W  11/ 2   49.92   253739   W  10/12   48.92   224081
T  11/22   48.72    180080   T  11/ 1   49.36   280965   T  10/11   48.66   180111
M  11/21   48.988   605300   M  10/31   50.45   215652   M  10/10   48.86   394305

F  11/18   49.69     95979   F  10/28   51.25   533443   F  10/ 7   47.65   105138
T  11/17   49.709   136251   T  10/27   51.41   201960   T  10/ 6   47.58   156150
W  11/16   50.17     74759   W  10/26   50.78   151285   W  10/ 5   46.98   242792
T  11/15   50.83     84849   T  10/25   49.75   166721   T  10/ 4   46.34   318823
M  11/14   50.60     93104   M  10/24   50.54   342767   M  10/ 3   45.77   398959
Australia 61 2 9777 8600 Brazil 5511 3048 4500 Europe 44 20 7330 7500 Germany 49 69 9204 1210 Hong Kong 852 2977 6000
Japan 81 3 3201 8900    Singapore 65 6212 1000   U.S. 1 212 318 2000    Copyright 2011 Bloomberg Finance L.P.
                                              SN 187250 H621-517-0 03-Dec-11 12:46:57 EST GMT-5:00
```

Chart reprinted with permission from Bloomberg. Copyright 2011 Bloomberg L.P. All rights reserved.

　一定期間に、その特定のETFの受益権が何口取引されたかを示す数値である。ETFの流動性とは、何口の受益権が取引可能かを測る指標である。流動性を達成することの市場へのインパクトについては、本章の後半で議論する。図表5－3には、ETFのHP（訳者注：過去の価格と売買高の時系列データ）の画面が示されている。右上の円で囲んだ部分は、1日の平均日次売買高（ADV）が11万9,754口であることを示している。左側の円では、このETFが2011年11月30日に、154万7,557口取引されたことがわかる。これは、平均日次売買高の10倍を超えている。ETFが何口取引できるかを評価するのにADVの数字を使っていたのであれば、1日にこれほど多くの受益権を売買することができるとは想像もできなかっただろう。

■ **用語解説**

［平均日次売買高（ADV）の計算］
1　特定の日数のETFの売買高を合計する。
2　それをその日数で割る。

　ETFの流動性は、過去の売買高だけでなく、より多くの変数による関数になっている。ETF自体の平均日次売買高を、何口のETFがインパクトなしで取引できるかのベンチマークとして用いることは、投資家の犯す大きな間違いである。この間違いは、利用可能なファンドのユニバースをわずかな部分に制限してしまう。最終投資家が、間に入ってくれる流動性供給者なしで、原資産バスケットの流動性にアクセスできるというレベルにまで、テクノロジーはまだ進歩していない。しかし、流動性供給者の業界は、ETFのクオートを示し、彼らに流動性を提供している。

　ETFの商品群におけるほとんどの解説は、ETFの流動性が原資産バスケットの関数であることを説明している。実際は、原資産バスケットもETFの流動性全体の一部でしかない。たとえば、香港のETFにおいて、原資産バスケットの市場が閉じているのであれば、そのバスケットは米国の日中取引のためには流動性を提供していない。しかし、図表5－4に示されているように、ファンドは1日当り約370万口（右上の円）が売買されている。

　また、香港上場の株式バスケットが閉じている間の米国の取引日である2016年2月4日には、2,000万口以上の受益権が取引されていたこともわかる（左の円）。明らかに流動性はバスケット以外の手段によってつくりだされていたのである。

　図表5－5では、ETFの流動性機能を図示している。そこでは、ETFの流動性は、平均日次売買高、バスケットからのIDTS（インプライド日次取引可能口数）、デリバティブ市場にアクセスすることで達成可能な追加的な流動性、およびETF自体のポジションを相殺するために利用可能なその他の相関の高い商品またはバスケットによって構成されていることがわかる。

　以前、S&Pの500のETFスプレッドは0.01であり、実際のバスケットのス

図表5－4　ETFの売買高──海外構成銘柄ETF

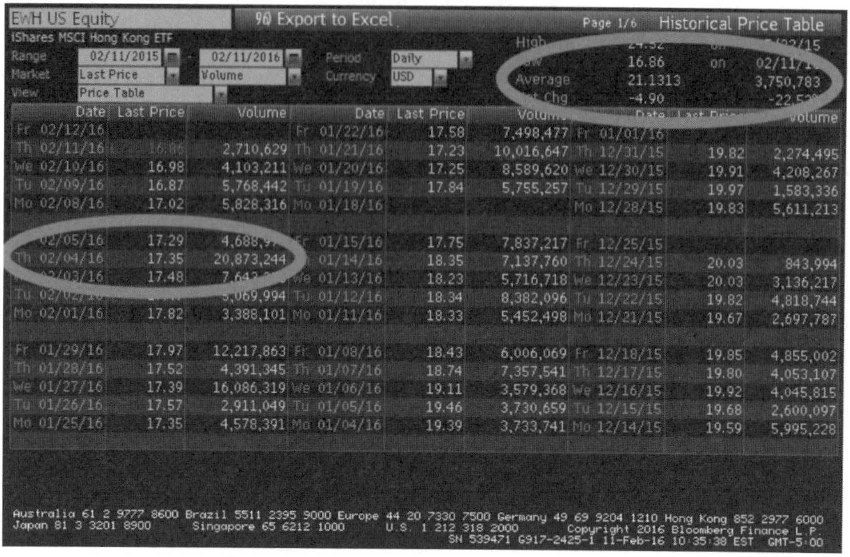

Chart reprinted with permission from Bloomberg. Copyright 2011 Bloomberg L.P. All rights reserved.

プレッドの幅である0.04よりも狭いと説明した。これは、S&Pの先物などの質のよいヘッジツールが追加されることで可能になっており、流動性供給者がETFを取引し、ポートフォリオを効率的にヘッジできるようにしている。ETFにバスケットに加えて流動性の高い代替ヘッジが複数ある場合、ビッド／アスクのスプレッドはスクリーン上ではより狭い傾向にあり、ETFのよりいっそうの繁栄を促すかもしれない。このことは、今日においても、多くの投資家が依然として実行可能性の決定のためにビッド／アスク・スプレッドをみるという間違いを犯していることを認識させる。ビッド／アスク・スプレッドは、提示されたスクリーンの市場で電子的に取引しようとする小規模な投資家にのみ関係していると考えられるべきである。流動性供給者へのアクセスをもつブロック取引をする投資家であれば、流動性供給者がインプライド流動性、その他のヘッジソース、およびその流動性に

図表5－5　ETFの流動性の構成要素

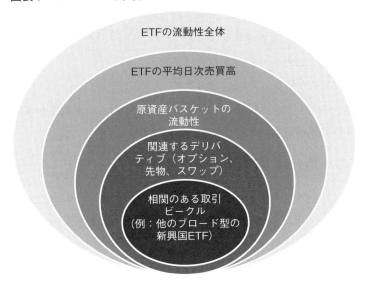

アクセスするためのコストを反映させてマーケットメイクをするだろう。彼らのマーケットメイクは、必ずしもスクリーン上に表示されているビッド／アスクと関係するとは限らず、それよりも狭いものになることが多くある。

　バスケットは流動性の主な供給源の一つである。ある時点において、すべては実際のバスケットの取引に行き着く。なぜなら、それがファンドの設定と交換を促すものであるからである。このことは、出発点として、ファンドの流動性が原資産の株式によって暗示されているということについての理解を不可欠なものにしている。そのためには、ETFの流動性の要素、特にIDTSを理解する必要がある。

ETFの流動性の要素

　この商品の登場以来、ETFの流動性はその原資産バスケットに基づいているといわれてきている。これはETFの流動性の唯一の要素ではないが、最も重要なものの一つである。ETFの流動性の4つの要素をあわせたもの

が、すべてのETFの流動性である。4つの要素とは次のとおりである。
1　原資産バスケットの流動性（ETFのインプライド流動性によって決められる）
2　ETFの平均日次売買高
3　ETFに基づいたデリバティブ
4　相関があるが異なった取引ビークル

　原資産バスケットの流動性と流動性の全体像の両方の重要性を理解するために、最初にそのさまざまな要素をみてみよう。

ETFの平均日次売買高

　ETFの平均日次売買高（ADV）は、ETFが過去のある期間にわたって取引された口数を用いて、日々の平均を計算したものである。急速に残高が成長したETFでは、過去の状況を反映するため、この平均は最近の売買高よりも少なくなる。平均売買高は非常に少ないが売買高のとても多い日が何日かある場合、新規の投資家はファンドでいったい何が起こったのかと考えさせられるかもしれない。しかし、これは実際のETFの売買高にのみ基づいたものであり、原資産バスケットのものではないため、原資産バスケット自体の流動性を表すものではない。ETFの売買高が多い、すなわちADVが多いということは、ETFの流動性の全体像に組み込むことはできるが、その唯一の要素ではないのである。

ETFの流動性提供のための関連デリバティブ

　マーケットメイカーのETFの流動性提供を助ける最も一般的なデリバティブはオプションと先物である。非常に流動性の高い先物市場がある商品では、多くの参加者がETFをそれに対応する先物に対して取引することができる。これは流動性の源泉としての原資産バスケットを本質的に補完している。上場先物市場は商品の多様性がそれほどないため、主要なインデックスのみがかかわってくる。SPYに対してS&P 500指数、QQQに対してNasdaq 100指数、IWMに対してRussell 2000指数などが頻繁に取引される例で

ある。

　加えて、流動性のあるETFのオプション市場は、さまざまな戦略のためにオプションがETFの受益権に対して取引されるため、ETFの流動性を高める可能性がある。

ETFの流動性提供のための相関のある取引ビークル

　非常に高い相関のある商品がある場合、参加者は相互に取引することができ、それぞれの売買高を高めることができる。広範囲なエマージング市場は、この種の取引の一例である。トレーダーは、米国の取引日に原資産バスケットの市場が閉じていても、EEMとVWOとDEMとの間の取引関係を構築して、これらの3つの商品を互いに取引している。さらに、彼らは戦略に対して相関の高い他のETFのバスケットを利用する方法を見つけ出している。原資産バスケットがその取引の瞬間に流動性を提示していなくても、トレーダーがお互いにさまざまな戦略を追求することで、ETFの流動性を高めているのである。

　相関のある取引ビークルのもう一つの例として、シカゴに上場している日経平均の先物がある。この先物は、日本株の米国上場ETFのヘッジと価格形成のための鍵である。これらのETFの多くは直接日経平均に基づいているわけではないが、短い期間においては相関が高い。この先物は、米国の取引時間中の日本に対しての市場センチメントの指標とリスクをヘッジするための場所をトレーダーに与えている。ETFの成長が拡大したことで、日経平均先物の売買高もまた増加した。2000年12月限から2015年12月限までの先物に関する単純な売買高の統計を比較すると、先物の売買枚数は日次1,500枚から1万2,500枚に増加した。同じような数値をみてみると、主要な為替ヘッジのない日本株のETFは、2000年9月から12月までは日次で平均43万8,000口が取引されていたが、2015年9月から12月にかけては日次で平均4,200万口が取引された。そのうえでさらに、為替ヘッジ付きの日本株のETFには驚異的な成長があった。成長率はETFのほうがより高いものの、

需要が増加した米国上場の日本株ETFに対する相関が、日経平均先物の利用に直接的にプラスの影響を与えていることは間違いない。

ETFのインプライド流動性：インプライド日次取引可能口数

ETFの流動性を定量化することは、市場参加者にとって挑戦的な試みであるとされていた。現在は、ETFの流動性の要素の最も重要な部分を説明するためにデザインされた、ETFのインプライド流動性と呼ばれるフィールドが、ブルームバーグを通して入手可能である。このフィールドは、ETFのインプライド日次取引可能口数（IDTS）の計算に基づいている。これは、ETFの原資産バスケットに基づいてETFの流動性を評価するユニークな方法であり、平均日次売買高を超えた、ETFの潜在的に利用可能な流動性を定量化するための基礎を提供してくれる主要なデータである。この計算はこれまで決して広範囲には利用できなかったが、現在はブルームバーグと特定の発行体のウェブサイトを通じて利用可能である。

図表5－6には、ETFのインプライド流動性を示すフィールドと、その上に実際の30日間の平均売買高が表示されている。みてわかるとおり、2つのフィールドはまったく異なっている。ブルームバーグは、ETFのインプライド流動性の計算とコンセプトを認可した最初のグループであり、彼らのシステムのユーザーがそれを利用できるようにした。

最近まで、原資産バスケットに基づいてETFを取引できる可能性のある金額を表す数値を、投資家は利用できなかった。IDTSは、ETFの原資産の各構成銘柄の平均日次売買高を調べ、これらの売買高に基づいて、マーケットインパクトなしに何口のETFが取引可能かを計算したものである。ETFのすべての取引は最終的には実際の原資産バスケットに落とし込まれるため、これが、ETFにとって最大の流動性の源泉になるはずである。

図表５－６　ブルームバーグにおけるETFのインプライド流動性

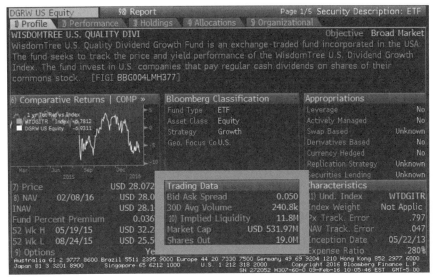

Chart reprinted with permission from Bloomberg. Copyright 2011 Bloomberg L.P. All rights reserved.

ETFのインプライド流動性は何を示しているのか

　図表５－６の例をもう一度みてみると、ファンドのADVは24万800口であるが、ETFのインプライド流動性は1,180万口であることがわかる。これは、ETFの保有銘柄が非常に流動性の高い株式のバスケットで構成されていることを示している。そのバスケットを組成するための適切な規模として、そのうちの小さな割合[1]しか取引していないとしても、膨大な数のETFを取引することが可能である。ETFにおよそ2,800万ドル（100万口×28ドル）を投資したいと思っているポートフォリオマネジャーであったとしたら、ファンドは１日平均約670万ドル（24万800口×28ドル）しか取引されていな

---

[1] 初期設定は各構成銘柄の平均日次売買高の25％。これは、売買高の４分の１であれば、その取引は市場価格にインパクトを与えないという想定に基づいている。

いため、最初は躊躇するかもしれない。しかし、原資産バスケットをみてみると、約3億3,000万ドル（1,180万口×28ドル）を取引できる可能性があることがわかる。

現在、投資家は幅広い商品においてバスケットの潜在的な流動性をみることができる。これらの商品は、平均日次売買高が少ないため使えないように感じてしまうかもしれないが、投資家は原資産バスケットの流動性をみることができるのである。このことは、原資産バスケットをかわりに取引してETFの受益権に転換することで流動性にアクセスする方法の理解とあわさることで、投資可能な商品の世界を広げてくれる。

図表5－7には、インプライド流動性の上位50ファンドとその30日ADVが示されている。ファンドの日々の売買高は多かったり少なかったりしているが、それらのETFのバスケットは非常に高い潜在的な流動性を示している。また、とても幅広い種類の商品が含まれている。

計　算

ETFのインプライド流動性を計算するのは簡単であるが、各ETFのすべての構成銘柄とそれぞれの平均日次売買高を知る必要があるため、資本集約的なものかもしれない。

式は以下のとおりである。

　　IDTS=（（各構成銘柄の30日ADV×VP）／CU当りの構成銘柄株数）
　　　　×クリエーションユニットのサイズ

このとき、

　　　　各構成銘柄の30日ADV＝30日間の平均日次売買高
　　　　　　　　　　　　VP＝可変パーセンテージ（初期設定は25％）[2]

2　可変パーセンテージの初期設定は各原資産の平均日次売買高の25％であり、各原資産の株式の価格にインパクトを与えずに取引できるETFの口数という視点に立っている。積極的に取引するためにこの数値を大きくすれば、流動性は高くなり、慎重に取引するために小さくすれば、流動性は低くなる。

図表5-7 インプライド流動性（口数）の高いETF上位50

	ティッカー	ファンド名	設定日 (年/月/日)	AUM（ドル）	ETFのインプ ライド流動性 （ドル）	ETFのインプ ライド流動性 （口数）	30日ADV （口数）	価格 （ドル）
1	PHDG	POWERSHARES S&P DOWNSIDE HDG	12/12/6	359,405,273	10,469,697,934	425,597,477	132,790	24.60
2	PBP	POWERSHARES S&P 500 BUYWRITE	07/12/20	371,006,256	8,525,752,702	417,929,054	204,026	20.40
3	FAS	DIREXION DAILY FIN BULL 3X	08/11/6	1,370,720,703	7,289,058,165	265,926,967	4,776,267	27.41
4	HSPX	HORIZONS S&P 500 COVERED CAL	13/6/24	69,788,872	8,727,153,262	201,737,246	660	43.26
5	UPRO	PROSHARES ULTRAPRO S&P500	09/6/25	1,031,380,493	10,796,784,967	180,186,665	3,050,459	59.92
6	SSO	PROSHARES ULTRA S&P500	06/6/21	1,957,235,229	10,195,714,666	166,623,871	3,632,086	61.19
7	QYLD	RECON CAPITAL NASDAQ100 COV	13/12/12	32,518,482	3,663,102,212	158,438,677	26,171	23.12
8	IWL	ISHARES RUSSELL TOP 200 ETF	09/9/28	98,173,866	7,120,200,824	154,719,705	6,281	46.02
9	SPUU	DIREXION DAILY S&P 500 2X	14/5/28	9,374,831	4,265,702,664	133,349,047	4,365	31.99
10	VSPY	DIREXION S&P 500 VOL RESPONS	12/1/11	13,658,649	7,036,050,764	130,248,996	2,254	54.02
11	FNDX	SCHWAB FUNDAMENTAL LARGE CAP	13/8/15	904,530,640	3,442,349,460	121,723,814	270,857	28.28
12	DGRO	ISHARES CORE DIVIDEND GROWTH	14/6/12	347,868,683	2,980,818,508	117,772,363	203,632	25.31

(続く)

図表 5-7（続き）

	ティッカー	ファンド名	設定日 (年/月/日)	AUM（ドル）	ETFのインプライド流動性 （ドル）	ETFのインプライド流動性 （口数）	30日ADV （口数）	価格 （ドル）
13	MGC	VANGUARD MEGA CAP ETF	07/12/24	957,593,262	7,485,580,261	108,897,007	39,242	68.74
14	TOK	ISHARES MSCI KOKUSAI ETF	07/12/12	289,830,383	5,115,703,185	101,080,877	20,204	50.61
15	FNDB	SCHWAB FUNDAMENTAL BROAD MKT	13/8/15	186,441,864	2,807,588,851	99,914,194	44,585	28.10
16	IWY	ISHARES RUSSELL TOP 200 GROW	09/9/28	570,086,853	5,180,529,788	98,613,082	39,593	52.53
17	VV	VANGUARD LARGE-CAP ETF	04/1/30	6,469,147,949	8,943,200,811	97,050,470	270,347	92.15
18	RWL	OPPENHEIMER LARGE CAP REVENUE	08/2/22	333,386,139	3,737,394,966	95,968,441	26,028	38.94
19	EWJ	ISHARES MSCI JAPAN ETF	96/3/18	19,899,554,690	1,102,063,575	92,377,500	32,368,624	11.93
20	IWX	ISHARES RUSSELL TOP 200 VALU	09/9/28	157,992,020	3,629,058,127	88,686,660	10,173	40.92
21	VIXH	FIRST TRUST CBOE S&P 500 VIX	12/8/30	3,610,059	1,941,897,524	80,111,284	226	24.24
22	IEV	ISHARES EUROPE ETF	00/7/28	2,757,052,979	2,901,210,094	73,429,767	964,342	39.51
23	SPXL	DIREXION DAILY S&P 500 BULL	08/11/5	630,676,331	5,811,937,438	73,336,750	1,742,914	79.25
24	SCHD	SCHWAB US DVD EQUITY ETF	11/10/20	3,169,369,873	2,768,627,734	72,629,269	817,230	38.12
25	FMK	FT MEGA CAP ALPHADEX FUND	11/5/12	17,103,373	1,851,349,597	71,674,394	6,370	25.83

（続く）

図表 5-7（続き）

	ティッカー	ファンド名	設定日 (年/月/日)	AUM (ドル)	ETFのインプライド流動性 (ドル)	ETFのインプライド流動性 (口数)	30日ADV (口数)	価格 (ドル)
26	XLK	TECHNOLOGY SELECT SECT SPDR	98/12/22	13,685,145,510	2,994,208,427	70,835,307	11,124,209	42.27
27	MGV	VANGUARD MEGA CAP VALUE ETF	07/12/21	1,044,798,584	4,035,248,454	69,238,992	67,345	58.28
28	EWU	ISHARES MSCI UNITED KINGDOM	96/3/18	2,371,936,035	1,074,486,868	67,662,901	3,487,335	15.88
29	CHNA	POWERSHARES CHINA A-SHARE	13/10/10	5,574,378	1,679,023,945	65,080,970	1,867	25.80
30	UVXY	PROSHARES ULTRA VIX ST FUTUR	11/10/4	560,363,220	2,053,094,412	64,235,480	27,675,134	31.96
31	EUSA	ISHARES MSCI USA EQUAL WEIGH	10/5/7	42,164,200	2,585,630,314	62,499,222	3,483	41.37
32	MMTM	SPDR S&P1500 MOMENTUM TILT	12/10/25	13,226,119	5,315,253,757	61,661,805	988	86.20
33	OEF	ISHARES S&P 100 ETF	00/10/27	4,650,965,332	5,528,618,552	61,607,071	1,308,634	89.74
34	VONV	VANGUARD RUSSELL 1000 VALUE	10/9/22	441,045,990	5,200,123,765	61,525,364	55,456	84.52
35	XLF	FINANCIAL SELECT SECTOR SPDR	98/12/22	19,464,052,730	1,432,149,543	61,281,538	41,479,728	23.37
36	QLD	PROSHARES ULTRA QQQ	06/6/21	1,037,828,979	4,579,876,965	60,991,836	1,324,114	75.09
37	FHLC	FIDELITY HEALTH CARE ETF	13/10/24	748,626,831	2,050,359,348	60,625,646	111,654	33.82
38	SPYG	SPDR S&P 500 GROWTH ETF	00/9/29	600,885,437	5,945,250,348	60,558,298	31,773	98.17

(続く)

図表 5 − 7 （続き）

	ティッカー	ファンド名	設定日 (年/月/日)	AUM（ドル）	ETFのインプライド流動性 (ドル)	ETFのインプライド流動性 (口数)	30日ADV (口数)	価格 (ドル)
39	FEZ	SPDR EURO STOXX 50 ETF	02/10/21	3,982,291,260	2,025,895,450	60,115,592	2,376,825	33.70
40	FTEC	FIDELITY INFO TECH ETF	13/10/24	454,411,560	1,928,965,500	59,850,000	159,526	32.23
41	FENY	FIDELITY MSCI ENERGY ETF	13/10/24	283,866,089	1,014,887,332	59,419,633	219,438	17.08
42	VTV	VANGUARD VALUE ETF	04/1/30	18,655,968,750	4,740,858,840	58,870,717	1,595,107	80.53
43	VOOG	VANGUARD S&P 500 GROWTH ETF	10/9/9	700,515,015	5,953,491,185	58,430,574	45,700	101.89
44	SCHX	SCHWAB US LARGE-CAP ETF	09/11/3	5,124,535,645	2,793,443,093	58,379,166	625,264	47.85
45	MGK	VANGUARD MEGA CAP GROWTH ETF	07/12/21	2,131,909,424	4,677,401,597	57,321,098	162,311	81.60
46	SCHB	SCHWAB US BROAD MARKET ETF	09/11/3	5,549,409,180	2,766,108,038	57,257,463	721,051	48.31
47	VYM	VANGUARD HIGH DVD YIELD ETF	06/11/16	11,484,500,000	3,763,684,063	57,068,750	824,164	65.95
48	VUG	VANGUARD GROWTH ETF	04/1/30	20,690,320,310	5,737,361,985	54,866,233	809,301	104.57
49	CSM	PROSHARES LARGE CAP CORE PLU	09/7/13	392,037,903	2,643,880,887	54,389,650	32,782	48.61
50	FEU	SPDR STOXX EUROPE 50 ETF	02/10/21	233,116,119	1,697,094,222	54,237,591	40,468	31.29

出所：Bloomberg, 2016年1月4日

CU当りの構成銘柄株数＝バスケットに必要な各銘柄の株数
クリエーションユニットのサイズ＝バスケットに対応するETFの口数

最小のIDTSは潜在的に取引可能な口数の制約となり、これがETFのインプライド流動性である。

例

図表5－8には、ETFのバスケットにおいて計算されたIDTSの数字が少ないほうから並んでいる。このETFのバスケットのインプライド流動性は、最も少ないIDTSであるRTRY SPにおける値の1,089,204に表示されており、1日当り108.9万口、金額では2,500万ドルである。このIDTSを求めるための式は、以下のとおりである。

$$RTRYにおけるETFのIDTS = ((95,850 \times 0.25) / 1,100) \times 50,000$$
$$= 1,089,204$$

このとき、
クリエーションユニットのサイズ＝50,000口
ユニット内の株数＝1,100株

このプロセスでは、ETFのバスケットの各銘柄のIDTSを計算し、最も少なくて制約となるものをみつけるためにソートを行う。この制約が単にバスケット内の平均日次売買高が最も少ない銘柄とはならないということに注意することが重要である。これは、バスケット内の各銘柄のウェイトとそれに対応する平均売買高の関数となる。バスケット内のRTRYのウェイトは非常に小さく、ポートフォリオのわずか0.02％であるということに気がついたであろう。多くの場合、バスケットの潜在的な流動性は、バスケット内の非常に小さなウェイトの銘柄によって制約される。ETFのインプライド流動性は、ETFの潜在的な流動性を控えめに評価することから始まる。しかし、多くの場合、ETFの流動性を提供する際のヘッジを行うとき、トレーダーはバスケットの全体をヘッジとして使用しない。彼らはバスケットまたは他

図表5−8　ETFのインプライド流動性の詳細ページ

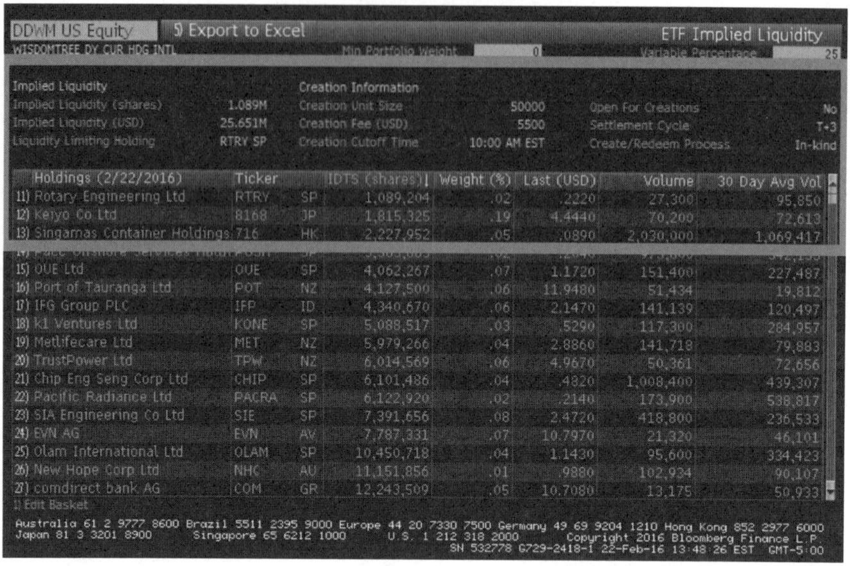

出所：Bloomberg

　の代替物を最適化したものを使用する。流動性の制約として作用するような非常に小さな株式のポジションによるロングテールのリスクが多少あるのかもしれないが、これによって取引コミュニティはETFの流動性をより多く提供することができる。彼らは設定と交換のプロセスの間に、これらの小さなポジションを管理することになるだろう。

　図表5−9は、同じETFの同じインプライド流動性の詳細ページであるが、このビューにおいては、バスケットのなかで0.25％以上のウェイトの銘柄のみが含まれるように、ポートフォリオの最小ウェイト（図表の最上段中央）を調整した。非常に小さいウェイトの銘柄を一部除くことで、ファンドのインプライド流動性の評価に多大な影響がある。この場合、それは7,400万口、約17億ドルに急増している。これは、ETFの流動性供給者が正確なバスケットの複製を用いてヘッジするかわりに、洗練されたヘッジ手法を使用している場合、ETFの流動性が予想よりもはるかに高い可能性があるこ

図表５－９　最小ウェイトを0.25%とした場合のETFのインプライド流動性の詳細ページ

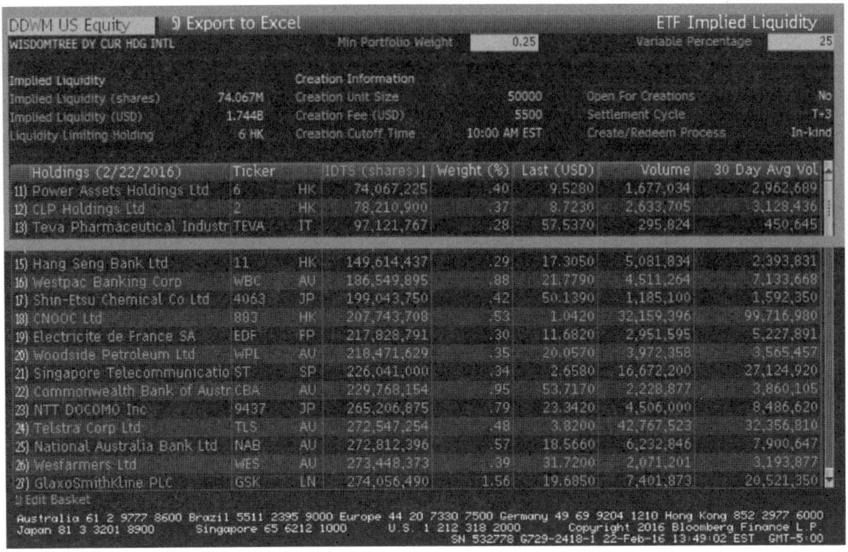
DDWM US Equity　9) Export to Excel　ETF Implied Liquidity

WISDOMTREE DY CUR HDG INTL　Min Portfolio Weight 0.25　Variable Percentage 25

Implied Liquidity		Creation Information			
Implied Liquidity (shares)	74.067M	Creation Unit Size	50000	Open For Creations	No
Implied Liquidity (USD)	1.744B	Creation Fee (USD)	5500	Settlement Cycle	T+3
Liquidity Limiting Holding	6 HK	Creation Cutoff Time	10:00 AM EST	Create/Redeem Process	In-kind

Holdings (2/22/2016)	Ticker		IDTS (shares)	Weight (%)	Last (USD)	Volume	30 Day Avg Vol
11) Power Assets Holdings Ltd	6	HK	74,067,225	.40	9.5280	1,677,034	2,962,689
12) CLP Holdings Ltd	2	HK	78,210,900	.37	8.7230	2,633,705	3,128,436
13) Teva Pharmaceutical Industr	TEVA	IT	97,121,767	.28	57.5370	295,824	450,645
15) Hang Seng Bank Ltd	11	HK	149,614,437	.29	17.3050	5,081,834	2,393,831
16) Westpac Banking Corp	WBC	AU	186,549,895	.88	21.7790	4,511,264	7,133,668
17) Shin-Etsu Chemical Co Ltd	4063	JP	199,043,750	.42	50.1390	1,185,100	1,592,350
18) CNOOC Ltd	883	HK	207,743,708	.53	1.0420	32,159,396	99,716,980
19) Electricite de France SA	EDF	FP	217,828,791	.30	11.6820	2,951,595	5,227,891
20) Woodside Petroleum Ltd	WPL	AU	218,471,629	.35	20.0570	3,972,358	3,565,457
21) Singapore Telecommunicatio	ST	SP	226,041,000	.34	2.6580	16,672,200	27,124,920
22) Commonwealth Bank of Austr	CBA	AU	229,768,154	.95	53.7170	2,228,877	3,860,105
23) NTT DOCOMO Inc	9437	JP	265,206,875	.79	23.3420	4,506,000	8,486,620
24) Telstra Corp Ltd	TLS	AU	272,547,254	.48	3.8200	42,767,523	32,356,810
25) National Australia Bank Ltd	NAB	AU	272,812,396	.57	18.5660	6,232,846	7,900,647
26) Wesfarmers Ltd	WES	AU	273,448,373	.39	31.7200	2,071,201	3,193,877
27) GlaxoSmithKline PLC	GSK	LN	274,056,490	1.56	19.6850	7,401,873	20,521,350

1) Edit Basket

Australia 61 2 9777 8600 Brazil 5511 2395 9000 Europe 44 20 7330 7500 Germany 49 69 9204 1210 Hong Kong 852 2977 6000
Japan 81 3 3201 8900 Singapore 65 6212 1000 U.S. 1 212 318 2000 Copyright 2016 Bloomberg Finance L.P.
SN 532778 G729-2418-1 22-Feb-16 13:49:02 EST GMT-5:00

出所：Bloomberg

とを示している。どこかの時点で、設定または交換のプロセスにおいて完全なバスケットの提供が求められるため、バスケットの実際の株式はすべて取引される必要がある。しかし、このことは、ETFがそのインプライド流動性を予測したものよりも多くの取引がしばしば可能であるということの主な理由を説明している。

IDTSを利用する際のいくつかの考慮事項

ETFのインプライド流動性の数値を利用する際に考慮すべきいくつかの要素がある。これにより、投資家が利用できる潜在的な流動性が非常に高いETFの大きなグループを特定することができる。投資家がその流動性に電子的にアクセスするための円滑で効率的な方法があれば、ETFの利用はより多くの商品に広がるだろう。あるETFが数百万口のインプライド流動性

を示しているにもかかわらず、1日に数千口しか取引されていない場合、平均日次売買高で判断されてしまい、残念ながら多くの潜在的ユーザーのユニバースから除外されてしまうかもしれない。ETFユニバースを狭めるこの誤った方法は、訓練されたユーザーには利用する機会を与えている。インプライド流動性を理解し、より大きな原資産の流動性にアクセスしたい場合、だれが流動性を提供できるのかを知っておく必要がある。市場の構造は、流動性がスクリーン上で電子的に表示されない環境をつくりだしている。ほとんどの大口のETFの取引は、依然として、顧客がトレーダーに電話をかけて価格提示を求めるアップステアーズで行われている。マーケットメイカーは、原資産の流動性を活用し、それをETFの流動性に転換している。実際、ETFの取引にはまだ進化の余地があり、商品は比較的新しいということを覚えておくべきである。市場は変化し続け、日々より効率的になっている。

　IDTSを使用する際においてその他に理解しておくべきことは、現時点における最良の手段として、実際の株式のバスケットを原資産として保有するETFについて、それを用いるべきであるということである。業界のなかにおいてはこれらが残高の大部分を占めるが、一方で、流動性の点で上場株式と同じようには容易に定量化できない証券を保有する、新しい商品も存在している。このことは商品の潜在的な流動性の判断をより難しくしている。債券ETFの領域の最近の成長は、債券を原資産としたETFにおける潜在的に利用可能な流動性を理解する方法を見出すことに対して、大きな刺激となっている。債券の一貫した取引記録がなければ、これらの債券を保有するETFの潜在的な流動性を見極めることは非常に困難である。

　図表5-10は、ETFのインプライド流動性の欄が、ETFの全般的な流動性についての機能のどこにあるのかを示した例である。ここでは、平均日次売買高が最も多いETFであるSPDR S&P 500 ETF Trust（SPY）のDESページ（訳者注：証券の概要を示すブルームバーグのページ）をみることができる。ADVが171万1,000口で、日次のインプライド流動性は56万4,000口のみであることがわかる。バスケットをベースにしたETFのインプライド流動性は、

図表5-10 ETFのインプライド流動性と全般的な流動性の機能

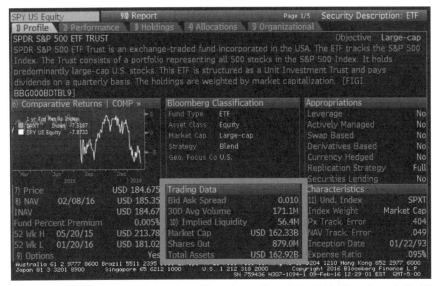

Chart reprinted with permission from Bloomberg. Copyright 2011 Bloomberg L.P. All rights reserved.

全体の売買高の約33％にすぎない。このETFについては、他のETFと比べて、インプライド流動性は全体の流動性機能のうちの低い割合しか占めていない。この商品を取り巻く流動性の高い先物およびオプション市場が存在するため、市場参加者がETFを取引するための無数の方法が存在している。このことが、平均日次売買高を原資産バスケットのインプライド流動性よりも多くしている。

　ETFがインプライド流動性で示されるよりも多くを取引することができる理由はさまざまである。この場合、そのフィールドはバスケットの取引に正確に基づいた場合の潜在的な流動性を表示しており、最適化された取引バスケットやその他のさまざまな取引戦略を考慮したものではない。

第5章　売買高≠流動性　159

キーポイント

○ADVの代替としてのETFのインプライド流動性

　ETFのインプライド流動性は、プラットフォーム上のETFの適格性を決定するための指標として、平均日次売買高のかわりとなるものである。これはETFを保有する顧客のリスク特性と原資産の流動性の基盤をより厳密に反映している。平均日次売買高は、過去のある期間においてETFに何が起きたのかを表すだけのものであり、ETFの潜在的な流動性の有効な尺度ではない。

　この指標は、投資の適性を評価するために、平均日次売買高では多く取引されていないETFをみるときに、非常に役立つものである。図表5－7にみられるように、インプライド流動性が非常に高いが売買高は少ないETFは、ADVを測定指標として使用した場合には無視されていたかもしれない投資機会を提示してくれる。これは、平均日次売買高が、ある日のETFの取引可能口数のための価値ある指標とはならないという考え方を示している。（ADVの何倍もの）大きな取引が、市場を動かすことなく、売買高の少ないETFで毎日のように発生していることが、実際の証拠である。証拠を自分でみたい場合は、任意のETF発行体のキャピタル・マーケット・グループに問い合わせればいい。彼らはETFの最近の大きな取引の例を共有してくれるだろう。あるいは、ブローカーに連絡して、彼らが大規模な執行のために供給した流動性のことについて議論することもできるだろう。

ETFバスケットインプライド流動性スケール（EBILS）

　ブルームバーグで利用可能なインプライド日次取引可能口数（IDTS）は、潜在的にETFで取引可能な明確かつ定量的な口数を提供する。投資家は、これらの数値が商品のユニバースのなかにおいてどの程度であるのかを評価

するために、さらに深掘りする必要がある。多くのポートフォリオマネジャーは、ドル建てでポジションをみて、このETFに対し、1日に2,500万ドルを投資できるのだろうか、と自分自身に問いかけるかもしれない。そのため、バスケットのドル建てでの潜在的な流動性を表すインプライド日次取引可能金額（IDTドル）をみることを好む人もいるだろう。これは、異なる価格の複数のETFを比較して、それぞれのETFにおいて利用可能な流動性を判断しようとするときに重要になる。

図表5-11には、3つの主要なS&P 500 Index ETFのそれぞれについて、バスケットの流動性を制約する3つの銘柄が示されている。インプライド日次取引可能口数に基づいてそれらを比較すると、最初のものが他のものと比べて2倍の流動性をもつようにみえるだろう。この違いは実際のバスケットではなく、ETFの価格によるものである。3つのファンドをドル換算してみると、流動性を表す日次取引可能金額（IDTドル）がすべて同様であることがわかる。

次のステップは、これらのインプライド流動性の数値がお互いにどのようになっているかを理解することである。私はETFがあなたの流動性の基準に適合しているかどうかを簡単に識別できるように、ETFのレーティング尺度を開発した。ETFバスケットインプライド流動性スケール（EBILS）は、各ETFの原資産バスケットに以下のようなレーティングを与える。

EBILS——ETFバスケットインプライド流動性スケール

A——超高流動性バスケット

B——非常に流動性の高いバスケット

C——流動性の高いバスケット

D——流動性の低いバスケット

E——非常に流動性の低いバスケット

これらの各レベルは、ドルベースのインプライド日次取引可能金額のレベルに対応し、後出の表上の日次取引可能口数のレベルにも適用される。

各流動性レーティングにおけるドル建ての取引金額は、以下のとおりであ

る。

　EBILS──インプライド日次取引可能金額（IDTドル）
　A──≧1,000,000,000ドル
　B──1,000,000,000ドル＞x≧100,000,000ドル
　C──100,000,000ドル＞x≧10,000,000ドル
　D──10,000,000ドル＞x≧1,000,000ドル
　E──＜1,000,000ドル

　これらの数値は、バスケット内の適切なウェイトの各株式の取引を平均日次売買高の25％までに制限したうえで取引可能なETFの金額を表している。IDTドルは、ETFのドル建て金額で示される。たとえば、AレーティングのETFは、バスケットのどの株式も売買高の25％を超えないように取引したとしても、1日に10億ドル相当以上のETFを簡単に取引できるようなバスケットで構成されている。これは非常に流動性の高いバスケットである。反対に、Eレーティングのファンドは、バスケットを通しても1日に100万ドル相当未満のETFしか取引できないことを意味している。これもまた、原資産の売買高の25％を超えないようにした場合である。これは、バスケットによるインプライド流動性の金額が非常に低いファンドである。

　図表5－12では、5つのEBILSレーティングにおけるファンド数とその割合の詳細をみることができる。C以上のレーティングを有するETFは500以上存在する。これらのETFは、1日当り1千万ドル以上の取引が可能なバスケットをもつファンドであることを示している。極端な部分では、このうちの9％のファンドは、1日に10億ドルのインプライド流動性で取引することができるバスケットをもっている。これらのレーティングはIDTドルによるものである。

　そしてまた、これらの数値を口数で理解することも重要である。非常に高いドル金額の流動性を有するほとんどのETFは、口数としても非常に流動性の高いバスケットを有するが、それぞれのドル金額での流動性レーティングのなかにおいては異なるレベルとなることがある。したがって、各

図表5-11 異なる価格のETFの流動性

ETF	ティッカー	名称	クリエーションユニット当り株数	30日平均売買高	インプライド日次売買可能口数 (IDTS)	インプライド日次売買可能金額 (IDTドル)
VOO	BF/B	Brown-Forman Corp. COM B USD 0.15	25	211,516	105,758,234	6,538,619,110
VOO	BRK/B	Berkshire Hathaway Inc COM B USD 0.0033	447	4,610,223	128,921,211	7,970,695,596
VOO	PM	Philip Morris International Inc COM USD NPV	434	5,444,806	156,820,449	9,695,596,686
ETF	ティッカー	名称	クリエーションユニット当り株数	30日平均売買高	インプライド日次売買可能口数 (IDTS)	インプライド日次売買可能金額 (IDTドル)
IVV	BF/B	Brown-Forman Corp. COM B USD 0.15	55	211,516	48,071,925	6,523,389,378
IVV	BRK/B	Berkshire Hathaway Inc COM B USD 0.0033	979	4,610,223	58,863,924	7,987,870,187
IVV	PM	Philip Morris International Inc COM USD NPV	949	5,444,806	71,717,677	9,732,132,255
ETF	ティッカー	名称	クリエーションユニット当り株数	30日平均売買高	インプライド日次売買可能口数 (IDTS)	インプライド日次売買可能金額 (IDTドル)
SPY	BF/B	Brown-Forman Corp. COM B USD 0.15	55	211,516	48,071,925	6,497,314,965
SPY	BRK/B	Berkshire Hathaway Inc COM B USD 0.0033	973	4,610,223	59,226,908	8,005,002,429
SPY	PM	Philip Morris International Inc COM USD NPV	943	5,444,806	72,173,993	9,754,907,149

出所：Bloomberg、2012年6月18日

図表5−12　EBILS-ETFバスケットインプライド流動性スケール（金額）

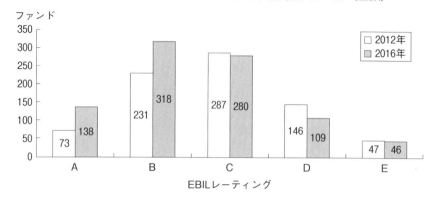

EBILSのアルファベットのレーティングのなかにおいても、各ETFに対応する数値のレーティングのレベルが存在する。この数値は、以下のように5つのレベルに分類されるインプライド日次取引可能口数を意味する。

EBILS──インプライド日次取引可能口数（IDTS）

1 ── $\geq 100,000,000$

2 ── $100,000,000 > x \geq 10,000,000$

3 ── $10,000,000 > x \geq 1,000,000$

4 ── $1,000,000 > x \geq 250,000$

5 ── $< 250,000$

これらの数値を用いた場合、レベル1のETFは、バスケットに基づけば1日当り1億口以上の受益権を潜在的に取引することが可能である。レベル5とみなされるファンドは、1日にバスケットから25万口未満しかETFに転換できないということを意味している。これは、取引するのが困難なバスケットとみなされるだろう。図表5−13では、インプライド日次取引可能口数に基づくEBILSパラメーターに関して、ファンドがどのように分布しているのかについて内訳をみることができる。

　インプライド流動性の金額と口数の両方に対応したボックスに各ETFが収まるような表で考えたほうがよりわかりやすい。図表5−14には、ブルー

ムバーグのように、現在利用可能な株式ETFのユニバースについてのEBILSの表とインプライド流動性の数値が示されている。空白部分はETFが存在する可能性の低い領域を表している。たとえば、レーティングAのレベル4（A4）に対応する領域では、ETFは10億ドル以上の流動性を示すバスケットをもつが、口数は1日当り100万株未満となっている。これはかなりありそうもないシナリオである。相当な数のファンドが、非常に高いまたは高い流動性を示すBまたはCのいずれかにレーティングされ、かつレベル3のIDTSである100万口以上の日次インプライド流動性となっていることがわかる。

　図表5－15では、同じEBILスケールをリスト形式で示している。みてわかるように、各EBILレーティングのA～Eには、インプライド日次取引可能口数を表す5つのサブレベルがある。

EBILSレーティングをどのように考えるか

　もし、ETFのすべてのポジションの金額が平均して3,000万ドルであるような数十億ドルのポートフォリオを運用するポートフォリオマネジャーであれば、C以上のレーティングをもつファンドだけを使うことを検討するかもしれない。しかし、より小さいポートフォリオを管理していて、典型的なポジションの規模がそれぞれ約100万ドル程度であれば、ETFの利用可能な範囲を拡大して、D以上のファンドを含めることが可能かもしれない。これであれば891のETFのうち845をユニバースとして利用できる。すなわち、レーティング対象のETFの95％近くが、原資産バスケットを通じて十分な流動性を利用することが可能であるということである。これらのレーティングにはETNは含まれていない。もし、平均日次売買高を使用して、1日に10万口以上が取引されているファンドのみという制約をかけた場合は、891ファンドのうちの327ファンド、すなわち利用可能な商品ユニバースの36％に制限されてしまう。EBILSのようなETFの流動性の尺度を理解することは、ポートフォリオのなかにおける商品のユニバースの拡大を可能とする。

図表5-13　EBIL―ETFバスケットインプライド流動性スケールー口数

レベル	インプライド日次取引可能口数（IDTS）	ETF数＆パーセント 2012年	ETF数＆パーセント 2012年	ETF数＆パーセント 2016年	ETF数＆パーセント 2016年	流動性レベル	解説
1	≧100,000,000	15	2%	14	2%	超高流動性バスケット	原資産バスケットは非常に簡単に取引できる
2	100,000,000＞x≧10,000,000	136	17%	204	23%	非常に流動性の高いバスケット	10億ドルまでなら1日に取引できる
3	10,000,000＞x≧1,000,000	302	39%	399	45%	流動性の高いバスケット	平均的な流動性で取引できる
4	1,000,000＞x≧250,000	185	24%	149	17%	流動性の低いバスケット	バスケットのインプライド流動性は1日に1,000万ドル未満と推察される
5	＜250,000	146	19%	125	14%	非常に流動性の低いバスケット	ファンドのバスケットは取引が困難

2012年7月2日および2016年1月4日

図表5-14 ETFのEBILの表

		A 超高流動性	B 非常に高い流動性	C 高い流動性	D 低い流動性	E 非常に低い流動性
		≧1,000,000,000ドル	1,000,000,000ドル>x ≧100,000,000ドル	100,000,000ドル>x ≧10,000,000ドル	10,000,000ドル>x ≧1,000,000ドル	<1,000,000ドル
			インプライド日次取引可能金額（IDTドル）レーティング			
インプライド日次取引可能レベル（IDTSドル）	1 ≧100,000,000	A1=14/2%				
	2 100,000,000>x≧10,000,000	A2=121/14%	B2=83/9%			
	3 10,000,000>x≧1,000,000	A3=3/0%	B3=232/26%	C3=162/18%	D3=2/0%	
	4 1,000,000>x≧250,000		B4=3/0%	C4=109/12%	D4=37/4%	
	5 <250,000			C5=9/1%	D5=70/8%	E5=46/5%
	合計	138	318	280	109	46
		15%	36%	31%	12%	5%

2016年1月4日

図表5-15 ETFのEBILSの詳細

EBILレーティング	レベル	ETF数	ETFの割合(%)	インフライド日次取引可能口数 (IDTS)	インフライド日次取引可能金額 (IDTド ル)	バスケットの流動性レベル
A	1	14	2	≧100,000,000	≧1,000,000,000	超高流動性バスケット
	2	121	14	100,000,000>x≧10,000,000	≧1,000,000,000	超高流動性バスケット
	3	3	0	10,000,000>x≧1,000,000	≧1,000,000,000	超高流動性バスケット
	4			1,000,000>x≧250,000	≧1,000,000,000	超高流動性バスケット
	5			<250,000	≧1,000,000,000	超高流動性バスケット
B	1			≧100,000,000	1,000,000,000>x≧100,000,000	非常に流動性の高いバスケット
	2	83	9	100,000,000>x≧10,000,000	1,000,000,000>x≧100,000,000	非常に流動性の高いバスケット
	3	232	26	10,000,000>x≧1,000,000	1,000,000,000>x≧100,000,000	非常に流動性の高いバスケット
	4	3	0	1,000,000>x≧250,000	1,000,000,000>x≧100,000,000	非常に流動性の高いバスケット
	5			<250,000	1,000,000,000>x≧100,000,000	非常に流動性の高いバスケット
C	1			≧100,000,000	100,000,000>x≧10,000,000	流動性の高いバスケット
	2			100,000,000>x≧10,000,000	100,000,000>x≧10,000,000	流動性の高いバスケット
	3	162	18	10,000,000>x≧1,000,000	100,000,000>x≧10,000,000	流動性の高いバスケット
	4	109	12	1,000,000>x≧250,000	100,000,000>x≧10,000,000	流動性の高いバスケット
	5	9	1	<250,000	100,000,000>x≧10,000,000	流動性の高いバスケット
D	1			≧100,000,000	10,000,000>x≧1,000,000	流動性の低いバスケット
	2			100,000,000>x≧10,000,000	10,000,000>x≧1,000,000	流動性の低いバスケット
	3	2	0	10,000,000>x≧1,000,000	10,000,000>x≧1,000,000	流動性の低いバスケット
	4	37	4	1,000,000>x≧250,000	10,000,000>x≧1,000,000	流動性の低いバスケット
	5	70	8	<250,000	10,000,000>x≧1,000,000	流動性の低いバスケット
E	1			≧100,000,000	<1,000,000	非常に流動性の低いバスケット
	2			100,000,000>x≧10,000,000	<1,000,000	非常に流動性の低いバスケット
	3			10,000,000>x≧1,000,000	<1,000,000	非常に流動性の低いバスケット
	4			1,000,000>x≧250,000	<1,000,000	非常に流動性の低いバスケット
	5	46	5	<250,000	<1,000,000	非常に流動性の低いバスケット

2016年1月4日

これは、ETFポートフォリオの構築における重要な要素である。

ETFのマーケットメイクのための一般的なツール

　原資産バスケットの流動性への投資家の容易なアクセスを提供するために、ブローカーコミュニティはETFの流動性を提供する事業の発展を継続しなければならない。ここ数年の間に、多くの取引業者は、ETFの裁定メカニズムを利用して流動性を提供するデスクを立ち上げてきた。

　顧客からのETFの注文フローの拡大のために幅広いビジネスの立上げを検討している者にとって、この業界にはまだ参入する余地がある。ビジネスを構築するために必要ないくつかの開発基盤として、以下にETFビジネスの戦略的な要件を提示しておく。

　市場に存在するETFビジネスの多くは、すでにこの事業要件の多くを満たしているが、必ずしもすべてを満たしているわけではない。

　データベースの要件
・ETFを含んだ幅広いデータウェアハウスと、適切なリアルタイムの価格設定をするための原資産株式バスケットおよび先物とのリンク
・ETFのデータファイルの保管と、国内と海外両方のETFの解析能力
・ユニバースのコーポレートアクションと配当のモニタリングと処理
・資金調達レートと貸株の在庫状況のモニタリング
・ETFのキャッシュ比率と設定／交換のバスケットに含まれていないがNAVに影響を与えるような変数の追跡
・設定／交換のためのバスケットのエクスポート

　理論NAVモデル
・原資産の株式バスケットを用いて各ETFのIIVスプレッドを計算できなくてはならない。その次の段階としては、バスケットの理論的な深さを計算できることが必要であろう。
・ETFのリストを複数のフィルタを介して表示することができる。

第5章　売買高≠流動性　169

- 数千のETFと原資産証券のユニバースが取引されている市場において、素早いクオートができる能力をもっていなければならない。
- リミット・アップ／リミット・ダウン（LULD）による取引停止に関する規則を理解することに加えて、取引が停止されている株式、およびETFの各バスケット内で取引が再開されていない株式を表示してフラグを立てることができなければならない。
- ブックを通して実行される顧客のフローに対しての即時執行の能力も同時に開発されるだろう。
- 前述のデータウェアハウスからすべての情報をより素早く取得する。
- 取引が完了していない、または取引されていない原資産をもつETFの場合、推定フェアバリューを算出するために、相関のある商品を使用した価格モデルを開発する必要がある。

ETFの取引システム

- このシステムは、先物、すべての場所のETF、または原資産株式のバスケットを取引する能力を提供する必要がある。
- このシステムの鍵は、複数のETFや対応するヘッジを一括して取引する機能、執行を追跡および監視するための優れた注文管理システム、そして市場動向に基づき調整を行う機能である。
- バスケットのモニタリング機能は、注文の完了率と不完全な注文による個別銘柄のデルタを表示する必要がある。
- 基礎となるETFのターゲット数量に基づいて最適化されたバスケットと先物の組合せを送信して電子通信ネットワーク（ECN）にばらまく能力（すなわち、市場執行機能）も必要である。

リスク管理と損益監視システム

- このシステムはすべてのポジションを処理し、ETFと先物を個別銘柄レベルまで分解することによって、個別銘柄のデルタを表示する。また、債券、通貨、コモディティを含むすべての資産クラスのエクスポージャーを認識し処理することができなければならない。

- 日々の資金調達、株式ローン、配当、フェアバリューの計算も表示する。
- インデックスファンドやセクターファンドなどの複数のリスクブックにポジションを分割できなければならない。
- 分析のために、ETFとバスケットおよび先物間の損益の内訳を示さなくてはならない。
- 顧客またはブローカーとの間における、システム外で行われる取引を手入力で処理できなければならない。
- すべてのポジションに関して、リアルタイムのデルタと損益が表示されなければならない。

顧客注文OMS（訳者注：Order Management System）
- このシステムはETFの営業担当者からの注文を受け取り、成立させる。
- 顧客の注文フローに必要な電子タイムスタンプを管理する。
- Reg NMSおよびその他の関連規則に準拠しなければならない取引施設を通じて、委託注文または自己によるファシリテーションを可能とする。
- デルタを管理するために、リスク管理システムに自己のポジションを電子的に提供する必要がある。
- 手数料の追跡機能と処理のためにミドルオフィスへの取引の電子転送機能を実装している。

まとめ

　ETFの流動性を提供するためのモデルは、その構築および維持が煩雑になる可能性がある。この商品についてのフルサービスの流動性ビジネスを構築するための要件は資本集約的でもある。われわれは、これらのすべての投資を価値のあるものにするような商品の利用と発展の非常に長いサイクルのまだ初期の段階にいるのかもしれない。

　米国の市場は、激しい分断化を示している。市場でミスプライスとなっている証券を調査する高度なシステムは、市場に表示されるブックの深さの悪

化を招いている。ダークプールとアグリゲーター、そして取引所外での取引方法により、どの公表されたブックのサイズもアグレッシブな取引戦略に対しては脆弱になっている。証券取引の効率化を支援するように設計された機械である金融インフラストラクチャーが、その効率を低下させるような時代遅れの規制と組み合わされていることは残念である。過去数年間において、機械に比べて非効率的であるため、ハイタッチな注文仲介は崩壊するという私の予測は正しくなかった。市場の分断化が実際には人間の介入の必要性を生み出したため、このビジネスが繁栄し続けるのをみてきただけであった。

本書においては、執行を資本の保全と効率化のための実践の場としてみている。そして、ETFの真に隠された流動性にアクセスするための最適な方法を解説している。私はスプレッドがあることに異議を唱えるつもりはないが、それが、これらの商品を利用していないという機会費用よりも問題であるとは思っていない。この流動性を達成するためには克服すべきハードルがあるが、市場はたえず進化し続けている。平均的な投資家、マネーマネジャー、またはトレーダーがその便益を活用することはこれまでより容易になっている。

本書に記載されているように、ETFの投資目標を達成するためには、3つの要素がある。商品と投資の適切さの理解（第1部）、市場であなたの相手となるであろう人々、彼らの意図、注文フローをどのように執行するかの理解（第2部）、そしてETFの価格は何によって決まっているのかについての学習（第3部）である。次章においては、ETFの注文フローの効率的な執行のために利用可能な戦略について解説する。

第6章

売買執行

本書は上場投資信託（ETF）メカニズムとETFの注文フローを執行するための最良の方法について人々を啓蒙する、という私の仕事に関連して構想された。私は依然として、ETFの注文フローの適切な執行のプロセスについて混乱している投資家に直面している。これは、多くの人が、平均日次売買高が非常に高いわずか一部のETFのみを利用しているために生じている。ポートフォリオをカスタマイズするために利用できるETFには多くの商品が存在するが、効率的な利用のためには流動性に関する一定の知識が必要である。なぜなら、それらが投資ビークルとして設計されているために、一般的には取引ビークルとして設計されたものと比べると少ない売買高となっているからである。

　ETFの構造の興味深い点は、アセットマネジメントの事業から取引と執行の大部分を取り除いていることである。これは、資産の売買を管理し、その注文フローを利用してブローカーへ手数料を払うミューチュアルファンドと異なっている。ETFの仕組みの中心においては、投資家が資産の売買を管理している。これはパワーバランスの変化を引き起こしている。自発的な投資家（セルフディレクテッド）、またはアドバイザーの指導によるETFの資産は劇的に増加し、証券会社の業務の変化を促している。さらに、ETFのマーケットメイキングをするために自己資本を必要とするという事実は、ETFのデスクが置かれている自己勘定事業から一任運用の注文フローを遠ざけている大企業における注文フローを、再考する必要性を生み出している。大手証券会社のウェルスマネジメント事業が、顧客のETFビジネスを社内のETFの流動性デスクから遠ざける方向にあることは理にかなっていない。ETFがウェルスマネジメント事業の大きな部分を占めていること、および、社内のほうがより効率的にファシリテーションが可能であるはずの執行のために、膨大な手数料がブローカーに支払われていることが明らかになると、この注文フローのプロセスは変化するだろう。

　もう一つの重要なポイントは、ETFの発行体は自社の商品の市場のスプレッドと深さを管理する能力がないことである。ETFの流動性供給機能は

完全に分離していて、それらの資産を運用する業務とは区別されている。最終的な流動性供給者は、取引所による基本的な要件を満たすリードマーケットメイカー（LMM）である。それを超えて、他のETFの流動性供給者（LP）たちはビジネスを行ってお金を稼いでいる。彼らは、ETFの発行体が提供するサービスとして存在するのではなく、顧客のベストインタレストとは必ずしも完全に一致しているわけではない。

　投資家とのミーティングを通してあげられた問題を考えてみたとき、私はETFの執行が多くの顧客や商品にとって障害となっていることを認識し始めた。どんな商品の早期採用者も、手を動かしてその不備を把握し、その改善に取り組んでいる。彼らは一般的に、その謎を理解しようとする探求者としてその商品に興味をもつ。2番目のグループはより一般的なユーザーで構成されている。彼らはその商品がニーズを満たすと判断している。彼らはその商品を使いたいと思っているが、その商品が実際に動作しているのとは異なり、このように動作すべきであるという期待をもっている可能性がある。ETFの商品群の新しい採用者の多くは、他の株式商品のように上場されているため、この商品は株式のように機能しなければならないと考えている。単純に株式のようにETFをみるだけでは、通常の株式投資では利用できない多くの特徴を見逃していることになる。これは、他の特徴を認識することなく、ただ電話をかけるためだけにスマートフォンを購入するようなものである。

　この一歩を踏み出したETFの新しいユーザーの多くは、ミューチュアルファンドのポートフォリオから移行してきている。彼らは、1日1回の純資産価額（NAV）での執行をしていた。彼らは、執行のプロセスの間に市場をみることに慣れていない。ミューチュアルファンドにおいては、執行は、現金を引き渡して翌日にポートフォリオに記帳されるというバックオフィスの手順であるとされ、無視されている。ETFの世界では、執行は非常に重要である。本章では、ETFの注文フローを処理する多くの重要な方法について議論する。本章の情報だけでも、上場ファンドの注文を処理するすべての

トレーダーおよび執行のフローにかかわるスタッフにとって、この本を所有する意味があるだろう。

タイムフレームと注文タイプ

　ニューヨーク証券取引所（NYSE）Arcaは、取引所に注文を送信する際に、人々が利用できるように約30種類の注文タイプを用意している[1]。プログラムトレーディングデスクと電子取引業者は、さまざまな注文タイプのほとんどを使用している。対照的に、ほとんどの顧客のフローは、数種類の注文のみを利用し、その方法は圧倒的に成行か指値である。

　ETFを取引する場合、注文を出して執行するためのいくつかの異なる方法と特定の時間がある。

執行のタイムフレーム

　米国上場ETFで注文を執行できるタイムフレームは２つある。
1　米国の取引日、米国上場ETFが取引されている間
2　原資産バスケットが取引されている時間

　もし、米国の取引時間中で、ETFが国内の構成銘柄のバスケットを保有している場合は、ETFの実際の受益権で注文を執行するか、または原資産

---

[1] 以下が、NYSE Euronextのウェブサイトに掲載されているNYSE Arca上場の株式に利用可能なすべての注文タイプのリストである。
Market order／Limit order／Inside limit order／Reserve order／Adding liquidity only（ALO）order／Good-till-cancel order／Primary-only（PO）order／PO+ order／Primary sweep order（PSO）／Immediate-or-cancel（IOC）／Fill or kill（FOK）／Post no preference（PNP）order／Post no preference blind（PNP B）order／Tracking limit order／Passive liquidity（PL）order／Midpoint passive liquidity（MPL）order／Discretionary order／Discretion limit order／Passive discretionary order／Cross order／Midpoint cross order／IOC cross order／Post no preference（PNP）cross and post order／Pegged order／NOW order／Market-on-close（MOC）／Limit-on-close（LOC）／Auto-Q order／Intermarket sweep order（ISO）for IOC／Intermarket sweep order（ISO）for PNP／Intermarket sweep order（ISO）for IOC cross orders／Intermarket sweep order（ISO）for post cross orders

の株式バスケットを取引し、その執行をETFの価格に変換することが可能である。バスケットの構成銘柄が米国上場の株式でない場合は、ETFの受益権の注文フローを取引所で執行するか、または現地の取引時間に構成銘柄のバスケットを利用して、その取引価格をETFの価格と執行に引き戻すことができる。これが、NAVベースの執行と呼ばれるものである。

> **取引のヒント**
>
> 　米国で取引されているETFで、日本の株式を保有するものの例をみてみよう。このETFは米国の取引日に市場が開いている間に取引することができるが、引け後取引や寄付前取引があるため、市場が開いていても閉じていても取引可能である。さらに、理論的には、ETFのクリエーションユニット（CU）を構成するバスケット全体の取引を執行し、ETFの推定価格を提示することができるため、日本市場が開いている時間帯にETFを取引することもできる。もし原資産の株式バスケットの市場が閉じている時にETFが取引されているならば、そのETFは次の取引開始時にそのバスケットがどのあたりの価格になるのかについての価格発見ビークルのように振る舞う。これについては、後の章で、日中インディカティブ・バリュー（IIV）の計算と推定NAV（eNAV）の計算の必要性について取り上げる際に議論する。

執行のタイプ

　2つのタイムフレームの間において、目的のエクスポージャーを達成するために、次の執行のタイプを利用することが可能である。

1　成行注文（マーケットオーダー）
2　指値注文（リミットオーダー）
3　ストップ・ロス注文

4 アルゴリズム
5 リスクプライス
6 NAV／IIVベースの執行

　本章を通して、これらのタイプの執行について詳しく説明する。そして、最後にさまざまなタイプの執行のいくつかの異なる例を提示する。

成行注文（マーケットオーダー）

　機関投資家ではない投資家が主に使用する注文のタイプは成行注文である。成行注文は、市場に注文を送り、システムおよび他の市場参加者に、どの価格でその注文が実行されるかについての特別な制限なしに、その注文に対して取引する機会を与える。それはオーダーブックを一掃し、完了するまでは止まらない。現在の複数の取引所、ダークプール、電子的に隠された流動性の世界においては、成行注文はETFを取引するためのコスト効率の高い方法ではない。市場価格に対して注文がなされていると判断するシステムの速度と能力、そして、これらのタイプの注文に対応する能力は、最も多くの平均日次売買高のあるどんなETFにおいてさえも、成行注文を実用的ではないものとしている。日中の売買高が比較的少ないETFを取引する場合、成行注文をすることは壊滅的な結果となる可能性がある。

　売買高の少ないETFについて、成行注文をすることに伴って起こりうる最悪のシナリオをみてみよう。この例においては、ETFは日次で２万5,000未満の受益権しか取引されていないとする。このETFのスプレッドは約10セントで、LMMによって提供されるデプスは２つの水準において約300口ずつである。図表６－１では、300口の25.01のビッドと300口の24.98のビッドが確認できる。また、25.11の300口のオファーと、LMMによって提供される第２の水準の流動性として、25.13の300口のオファーをみることができる。

　いま成行で、このETFの2,000口の買い注文がきたとしよう。オーダー

図表6-1　仮想のオーダーブック――成行注文

	ビッドサイド	ビッド（ドル）	アスク（ドル）	アスクサイド
1	300	25.01	25.11	300
2	200	24.99	25.12	100
3	300	24.98	25.13	300
4	100	24.95	25.15	100
5	100	24.89	25.21	100
6	500	24.01	25.75	400
7	500	23.89	26.01	500
8	100	23.57	26.50	500
9	100	23.50	26.80	500
10	100	23.48	26.85	300

図表6-2　成行注文による買付け

	アスク価格（ドル）	アスクサイド
1	25.11	300
2	25.12	100
3	25.13	300
4	25.15	100
5	25.21	100
6	25.75	400
7	26.01	500
8	26.50	200

ブックは図表6-1に表示されているものであって、隠れた部分がない場合は、その注文は図表6-2に示されているような買付けとなる。

　これは、2,000口を平均価格25.6125での成行の買い注文として執行されるだろう（再度いうが、これはシステム内に隠れた流動性がなく、そして同じETFを同時に売却する者はいないという仮定に基づいている）。

　この注文は実際には2つの面で欠点がある。第一に、成行注文が、LMMが提供していた2つの水準の流動性をとり、さらに続けてそこにある他のす

第6章　売買執行

べての流動性をとってしまう前に、システムにリフレッシュする機会を与えなかったことである。第二に、LPには、この注文を満たすために原資産バスケットに対して執行する機会が与えられなかった。これが国内の株式をもつETFであった場合、LPは、この取引に対応するために、ETFの2,000口すべてを、バスケットに対してわずかな利益で売却しようとしたかもしれない。バスケットの価格は25.03〜25.08で、両側に数十万口のインプライド流動性があったとしよう。LPが2,000口のETFを25.10で売却することで、その取引費用をカバーし、利益をあげることができれば、この注文はもっと効率的に成立していたかもしれない。非常に流動性の高いETFにおいては、その流動性の一部は、市場をモニターしながら裁定取引の機会を市場で競争している電子システムからきている。これは、多くの人々が取引している商品については、結果がひどく高値になるのを防いでいる。しかし、より売買高の少ないETFにおいては、参加者や機会が少ないため、これらの仕組みが必ずしも設定されているわけではない。売買高が最高レベル（投資の注文フローによって取引される平均日次売買高が1,000万口を超える）ではないETFについては、成行注文が効率的となる可能性はほとんどない。電子取引の業者であれば、成行注文は戦略の一部としては機能するかもしれない。

指値注文（リミットオーダー）

指値注文は、成行注文とは反対側にある。成行注文は注文の執行価格の決定に関して市場環境に依存するが、指値注文は、取引する者の念頭にある決まった価格制限において成立する。この注文タイプの問題点は、市場価格と近い値でない限り、注文が満たされる確率はかなり低いということである。本書の情報は、ETFの価値が許容される妥当なレベル内で指値注文を行うのに役立つだろう。これにより、適切な執行によってコストを抑えながら、執行確率を上げることができる。

主に2つの状況において指値注文が使用される。

1 モデルやその他の予測に基づいて取引しようとしている決められた価格がある。
2 現在の市場の水準に近いところで取引しようとしていて、それに応じて指値を設定する。

指値注文は、取引からスプレッドの議論を取り除く。ビッドとアスクの間または他の２つの仮定的な価格の間に注文を置いたかどうかにかかわらず、ある特定の価格で注文して成立した場合、それはスプレッドを縮めたわけではない。あなたはあらかじめ決められた価格で取引している。指値注文をして、市場があなたの注文のほうに動いて取引が執行された場合、買い手としての後悔はない。ビッドサイドまたはそれよりも低い価格で設定された指値注文は、通常、市場がその指値に向かって動いたときに成立する。執行のためには、あなたの指値を通過するような価格変動を期待しなければならない。ETFにおいて指値注文が成立したということは、ETFの原資産の価値が指値のレンジを超えて動いた場合、または売り手が市場に入ってきて価格を指値のレンジに動かした場合の結果である。売買高の少ないETFでは、裁定取引機会のために原資産の価値をみているLPまたはマーケットメイカーと取引することがよくある。あなたの出した指値注文とやりとりするためには、彼らは有利な価格でヘッジのポジションをとらなければならない。

裁定取引業者を呼び込むか、または彼らを待つために、自分の望みに応じて指値注文を適切に置くことができるように、売買高の少ないETFを取引するときは、取引相手の性質を理解することが重要である。

同じ市場の例を使って、改良した指値の置き方によって執行確率が上昇するような２つのケースをみてみよう。図表６−３では、このETFの市場が、25.01と25.11で300口（ビッドおよびオファー）があることがわかる。引き続き、この国内の原資産構成銘柄のETFのIIVが25.03〜25.08を示しているとしよう。

1,000口を25.01という指値で置いた場合、どうなるであろうか。おそらく、ETFの別の売り手が市場に参入するまで、何も起こらないだろう。LP

図表6-3　仮想のオーダーブック——指値注文

	ビッドサイド	ビッド（ドル）	アスク（ドル）	アスクサイド
1	300	25.01	25.11	300
2	200	24.99	25.12	100
3	300	24.98	25.13	300
4	100	24.95	25.15	100
5	100	24.89	25.21	100

は、同様のバスケットを購入するには25.08を、またはETFを購入するためには25.11を支払わなければならないため、ETFを25.01で売却することはないだろう。そのため、売買高の低いETFでは、長期間、もしかしたら取引日中全体でも何も起こらない可能性がある。また、実際には、非常に流動性の高いETFをIIVに対して同様のディスカウントで注文したとしても、国内の構成銘柄の流動性の高いETFがIIVに対してディスカウントで取引されることは非常にまれであるため、どの道、この注文は成立しない可能性が高い。

　1,000口を25.08という指値注文を行った場合は、どうなるであろうか。取引が成立する確率は劇的に上昇することになる。LPがあなたに受益権を売却した場合、彼らは、25.03～25.08であるインプライド・スプレッドのなかのどこかの地点でバスケットを買い、ETFの売却に対して利益を確保できる可能性がある。ただし、これらの注文のどちらも、市場が動いていないという前提に基づいている。25.01に設定された指値注文は、市場が下落して、市場のオファーサイド、または原資産バスケットの相当する範囲のどちらかになった場合には成立するかもしれない。

　通常、指値注文が成立するためには、市場の動きややりとりが必要となるが、価格面でも取引可能な範囲内である必要がある。顧客が、ETFの市場価格またはビッドサイドから5セント下のビッドを出し続けていて、取引が成立していないケースが数多くある。ETFの取引市場においては、このビッド価格は、執行するのには「間違っている」ようにみなされるだろう。

しかし、これは時間軸の違いであり、それ以上のものではない。裁定業者は、ETFとその原資産バスケットまたは代替ヘッジの間の価格スプレッドを利用しようとしている。これは、典型的には、利鞘が薄くて非常に期間の短いビジネスである。あなたの注文は長期的な投資期間の視点で市場に置くべきである。すなわち、あなたが10％の利益を求めているときに、他の人は次に進む前にこの取引で0.1％の利益を確定させようとしているのかもしれないので、この「間違っている」価格は実際にはあなたにとって最適な価格かもしれない。

　米国の国内ETFの日中の取引においては、適切な取引水準は、バスケットの価格に応じて決まる。バスケットのスプレッドが2セントで、バスケットのビッド価格を2セント下回ったビッドに注文を出している場合は、約定確率は非常に低くなる。LPがバスケットのビッドよりも低い価格でETFを売る必要があるだろうか。一般的には、バスケットのオファー側よりも高いビッド価格をとって、原資産バスケットを同時に購入することで利益を確定することができる。しかし、これにはETF価格のボラティリティの理解が必要である。市場で動いている株式のバスケットがあり、それがETFの価格変動に直接影響している場合、ETF価格のボラティリティは高くなるだろう。原資産株式の1銘柄の、すべてのティックの変動は、ETF価格のティックの変化を引き起こす。これにより、ETFの価格がバスケットのバンド内を動き、さらにはバスケットのバンドがシフトした場合、さらに多くのボラティリティが生じる。ETFのティックのボラティリティとクオートの頻度は、単一の株式よりもはるかに高いということを一般的に観察することができる。これは市場のノイズであり、一般的なETFの投資家は無視すべきである。ETFの原資産バスケットの評価と希望する結果に基づいて価格を決定し、指値注文を行えばよいのである。待っていれば、あとは市場が処理してくれるだろう。

ストップ・ロスとストップ・リミット・オーダー

　ポートフォリオを保護するために、理解して区別しておくべき重要なストップ・オーダーが2種類ある。ストップ・ロス・オーダーは、特定の価格でトリガーし、取引所に執行命令を送るように設計されている。通常、ストップ・オーダーを入力すると、その注文は注文フローを処理するブローカーのブックに残る。トリガー価格がヒットしたとき、その注文は執行のために取引所に送られる。ストップ・ロス・オーダーでは、トリガーがヒットしたときに、成行注文が取引所に送られ、どんな価格であれ即時の執行を目指す。ストップ・リミット・オーダーでは、トリガー価格にヒットすると、指値注文が取引所に送られる。これらのタイプの注文については、さまざまな副作用がある。ストップ・ロスの場合、結果としての注文は成行注文である。これらの注文は時間優先であり、オーダーブックまたはその他の潜在的な流動性を考慮していない。もし、2010年のフラッシュクラッシュ（FC）の際にストップ・ロス・オーダーを出していたとしたら、ETFのフェアバリューから非常に離れたところで執行されてしまっただろう。ポートフォリオを価格リスクから守るためにストップ・ロス・オーダーを使用している場合、それは成行注文に変わってしまうため、実際には執行のリスクが追加されることになるだろう。平均売買高が最も高いETFのグループ以外には、成行注文を使用しないことを投資家にはアドバイスしたい。これにはストップ・ロス・オーダーの形態も含まれる。

　ストップ・オーダーを使用してポートフォリオを守ろうとする場合は、ストップ・リミットの利用のみを考えるべきである。この注文タイプでは、トリガー価格を入力し、それから指値を入力する。トリガー価格がヒットした場合、指値注文が執行のために取引所に送信される。この注文タイプについて投資家から聞く最大の懸念は、トリガーにヒットした場合は本当に執行したいと思っているときであり、ストップ・リミットを使用するということ

は、取引を逃すリスクにさらされるのではないかということである。それに対処する方法は、指値を適切な価格に置くことによって、市場で極端なボラティリティが発生しているときにフラッシュクラッシュのようなイベントにさらされることからポートフォリオを保護しつつ、価格変動の大きな市場であってもその注文が成立する確率をより高くすることである。ストップ・リミット・オーダーを使用するための適切なガイドラインは、取引しているETFに適した期待ボラティリティのレベルで指値を行うことである。50ドルのETFをそのトリガー価格より25bp（1／4％）低い価格で売却する場合は、50のストップ価格と49.87の指値価格を指定したストップ・リミット・オーダーを行う。これは、ETFの価格が50ドルに達すると、ブローカーはETFを49.87で売るという注文を取引所に送ることを意味する。そのときシステムは、その価格までの各段階の流動性でETFを売却する。成立しなかった部分がある場合、その注文は49.87でオファーに残る。これは、市場にリフレッシュする時間を与えることにもなるので、実際にはよいことである。バスケットの価値に対するETFの価値が流動性供給者にとって理にかなっていれば、彼らはおそらくその注文に対して行動を起こすであろう。

アルゴリズム取引

　金融市場は、多数の層の人々に応えるための、多数の別の層の人々から構成されている。投資家に答えるポートフォリオマネジャー（PM）、そのPMに答えるトレーダー、そしてそのトレーダーに答えるフロアブローカーがいる。これらの人々のだれも、証券に対し、不適切な価格を支払う人になりたいと思ってはいない。したがって、PMは、トレーダーに指値注文を出すかわりに、「Xの買い」といって、市場における専門知識をもつトレーダーに正しい価格を決定させる。トレーダーは市場に影響を与えたくないので、フロアブローカーに、他の人々の取引に紛れるという指示を与えるだろう。もしだれかがある証券のためにある価格が支払われた理由を尋ねたとしたら、

常に、このチェーンのだれかが、その時に他の人がその価格を支払っていたからという説明をすることになるだろう。市場参加者が間違った価格を支払うことを好まず、売買高加重平均価格（VWAP：Volume Weighted Average Price）およびその他アルゴリズム取引につながっているのは、まさにこの心理である。

市場の他の参加者と比べて自分の取引と執行の辻褄があっているかどうかを判断するための便利な方法は、他の参加者がどのように取引しているかに基づいて取引することである。VWAP注文とは、基本的にその証券が市場で取引されている売買高と価格に比例して売買しようとしているということである。各価格水準でどれくらい買うべきかについては判断をせず、それを群衆の知恵に任せるのである。他の人が取引すれば、その注文は市場でそれと同じように取引されるはずである。ただし、もし、あなたの注文がその水準の売買高のわずかな割合でしかない場合は、その責任を果たすことは難しい。VWAPは、注文フローの価格設定において大きな基準となっている。業界の一部はこの価格を達成するための取引モデルを構築することで成り立っている。

他のアルゴリズムは、異なる方法を使って注文をシステム的に市場に送り出す。これらのシステムはすべて、証券の市場価格への影響を最小限にすることを意図して、特定のパラメータに基づいて執行を試みる。これらの注文タイプはすべて、ETFを取引する際にも使用することができる。ETFにおけるアルゴリズム取引の美点は、実際のETFまたは原資産証券のバスケットのどちらにも使用できるということである。平均日次売買高（ADV）が多いETFについては、市場で取引されている水準に参加するためにETFの受益権自体のアルゴリズムを利用したり、他の方法を使用したりすることが理にかなっている。ADVが少ないETFについては、原資産バスケットのアルゴリズム取引によって、実際の構成銘柄の流動性に参加することができる。これは構成銘柄を取引して、隠れた流動性に到達するための素晴らしい方法である。そして、執行デスクは、ETFに転化された口数と価格を提供して

くれるだろう。これは、少ない取引量と、リスク価格やETFの流動性をつくりだすための次善の策として、ブローカーのバランスシートに関するその他の費用による大きなスプレッドを排除するための、原資産バスケットの重要な使い方である。

　成行または指値注文と同様に、アルゴリズム取引は常にETFまたはバスケットのどちらについても使用できる。多くの場合、人々はETFのポジションをとるときよりも、ポジションを外すときのほうを心配しているように思える。もし、市場イベントによって株式の取引が禁止された場合は、全体的に影響を受ける。しかし、株式市場が取引されている場合は、成行または指値注文、またはアルゴリズムの利用によってETFポジションを閉じることができる。そして、これらの方法はすべて、ETFまたは原資産バスケットについて使用することが可能である。

　ETFが株式のように取引所で取引されるという事実は、その流動性の構造においてさらなる利点となる。日々、APはETFを設定または交換することによって、NAVに基づく価格提示および流動性を実現することが可能である。終値を待ちたくない場合は、市場で取引することができる。それが緊急で、価格に関係なくETFを売却したいという場合には、LPによっては、その原資産バスケットに関連づけて、ある水準でそのETFを購入しようとするだろう。極端な状況では、すべての市場が非合理的になり、多くの市場の相関が1に近づく。スプレッドがそれらの場面においても同じままであると考えることは非合理的であろう。ETFに基本的に期待されることは、依然として商品にLPが存在し、裁定取引を推進してディスカウントを妥当なものに保っているだろうということである。その期待は、2008年後半〜09年の市場の混乱の間にも達成されていた。

　ETF市場が適切に機能するために最も重要なことは、原資産バスケットの価格設定と透明性の明確さである。市場価格の中断—たとえば株式の売買停止など—は、流動性供給者がETFの価格を設定するのを困難にしてしまう。

リスク価格取引（ブローカー・ディーラーの自己資本の利用）

　過去10年間におけるETFの注文フローの最大のファシリテーターのいくつかは、ブローカー・ディーラーのデスクであった。彼らは、1990年代半ばのETFの発行開始以来、機関投資家の注文フローをさばいてきた。私は、株式デリバティブ部門の指数裁定取引デスクの枝分かれとして、2000年にベア・スターンズにETFの取引事業を構築した。当時のわれわれの事業の主な特徴は、ETFの顧客にリスク価格を提供するために会社の資本を活用することであった。われわれの営業方法は非常に単純であった。ETF市場についてわれわれに聞けば、スクリーンが何を示していたかにかかわらず、リアルタイムで取引できる価格を提示するというものであった。顧客が取引すれば、リスクとエクスポージャーをヘッジすることがわれわれの問題であった。これは、大規模な機関投資家にもなじみがあり、ブローカー・ディーラーが習慣的に提供していた典型的な株式のブロック取引のファシリテーション事業における明らかな発展であった。今回の場合の違いは、トレーディングデスクが実際に完全に代替可能な商品を使用してヘッジができることであった。典型的なブロック取引のファシリテーションでは、ブローカー・ディーラーは顧客に大量の株式を売却し、その後、おおまかなヘッジを用いて、数週間にわたってショートポジションの解消を自分自身で行う必要がある。デスクは売り手を見つけるために他のすべての顧客に電話をかけ、リスクを相殺し、その過程でいくらかのお金を稼ぐのである。

　ETFについては、マーケットメイクのプロセスが異なる。トレーダーが顧客にリスク価格を提供する場合、その最低限の目標は、損益をフラットにしてリスクをなくし、顧客が支払う手数料を維持することである。ETFには代替可能な原資産バスケットがあるので、顧客にETFを売却した場合の多くは、フラットまたは少し安く原資産バスケットを購入することでリスクを回避することができる。いままで通常の反対側の注文フローに対して取引

をしていた顧客が、ETF市場の新しい現実を認識するまでには長い時間がかかった。彼らにとって、もはや反対側の流動性が提供されていることは重要ではなかった。顧客はいつでもほとんどすべての銘柄を指定することができ、他の顧客とそのETFを取引していたかどうかにかかわらず、そのデスクはマーケットメイクをしようとしていたのである。

　ブローカー・ディーラーのデスクは、注文フローに対する取引においては情報の優位性がないため、ETFは実際に多くの点で顧客に対して公平であった。皆がリスクポジションをフラットにするために取引を始め、売買高は着実に増加した。また、この事業は非常に迅速に一般化したため、スプレッドがより縮まった。ベア・スターンズと取引していた典型的な顧客の場合、関心をもっていた株式で多くのフローをベア・スターンズが処理していたことを知っていたので、今回はETFを、ということであっても問題はなかった。リーマン・ブラザーズがベア・スターンズと同じバスケット取引システムをもっていて、リーマンがよりタイトな市場をつくっているなら、顧客はそこで取引することが可能であった。今日の市場においては、大手の機関投資家は、大手のブローカーや流動性供給者の間に彼らの注文フローを頻繁に流している。

　リスク価格の仕組みは合理的で単純である。端的にいうと、それは最もよい機能を備えたデスクに向かって話せばいいのである。例として、あなたが金融株のETFの10万口の買い手であるとする。あなたはETFのトレーディングデスクに電話して、市場での取引または10万口のオファーを求める。市場での取引を求めた場合は、デスクはあなたが買い手なのか売り手なのかはわからない。あなたがオファーを求めた場合は、あなたが買い手であることをデスクに知らせることになる。市場での取引を求めれば、デスクはその価格で買いも売りもする準備ができているのに対し、オファーを求めることは、デスクは売りサイドになるということである。デスクが20ドルで10万口をオファーして、あなたはそれで買うことに同意するとしよう。その後、統合テープにそのETFの取引がプリントされる。そして、デスクはそのポジ

ションをヘッジする必要がある。あなたが買ったということは、トレーディングデスクはあなたにETFを売却したということである。デスクはあなたにETFのロングポジションの一部を売ったのかもしれない。その場合は何もする必要はないが、ほとんどの場合はETFをショートしてあなたに対して売っていて、そのポジションをヘッジしようとする。エクスポージャーをヘッジするためには、利益の大部分を、バスケットを経由するのか、実際に市場でETFを買うのか、またはその他のヘッジによって獲得するのかを判断する必要がある。取引に同意した時点と新しいポジションのためのヘッジを確保できる時点の間に、市場が一時的に動いてしまうリスクがある。あなたは、手数料および通常はETFの価値に対してのわずかなプレミアムを支払うことにより、マーケットインパクトのリスクをトレーディングデスクに移転したのである。ここで注意すべき点の一つは、ブロック取引の注文フローは投資家同士ではほとんどやりとりされないということである。これは通常、投資家対流動性供給者の間でやりとりされる。流動性供給者は、いつでも投資家からの売買をファシリテーションし、その後、設定と交換のプロセスを利用して、ネットポジションをバランスさせる。

リスク取引のコスト

通常、デスクはリスク価格を提供するための対価を2つの方法で顧客に請求する。それは、価格に組み込まれたスプレッドまたは手数料のどちらかを通してである。その対価がスプレッドに組み込まれている場合、それは、彼らがETFを売却した価格に対していくらかの利益を確保しながらポジションをヘッジできる価格で、あなたに価格を提示していることを意味する。彼らが手数料を請求している場合、基本的な前提として、彼らのリスクの一部が補償されるため、ヘッジに対して提示するスプレッドは小さくなるはずである。業者にリスク資本をコミットさせる際の手数料は、エージェンシー取引よりも高くなる。

リスク価格には、取引を行う際の潜在的なコストが常に含まれる。そのた

め、ヘッジが確保されるまでの間の市場におけるスリッページのリスクの一部が含まれ、また、ETFの取引をファシリテーションするためのその他の基本的なコスト、すなわち、クリエーションユニット（CU）の一部の資金調達コストと設定／交換（C／R）のフィーが含まれる。

次に、ETF市場におけるスプレッドがどこからくるのかを簡単にみてみよう。すべての価格はバスケットの価格に基づいている。

ETF市場のビッドサイド
＝バスケットのビッドサイド－（C／Rフィー／CU口数）
－スリッページマージン－予想資金調達コスト

ETF市場のオファーサイド
＝バスケットのオファーサイド＋（C／Rフィー／CU口数）
＋スリッページマージン＋予想資金調達コスト

バスケットが取引されておらず、ETFの取引時の価格設定に関係していない場合、相関ヘッジの価値がバスケット価格のかわりに等式に代入される。予想資金調達コストは、そのポジションがマーケットメイキングをする業者のブック上に潜在的に乗っている可能性がある期間の関数である。これは、ETFのADVとCUのサイズに依存している。その期間の見積りができれば、資金調達コストは、管理報酬、借入費用、およびヘッジの取引費用を含めた、そのポジションを維持するコストによって決定される。

通常、主要なブローカー・ディーラーのETFデスクは、同社の機関投資家の顧客基盤を相手にしている。主な株式または株式デリバティブの営業担当者は、顧客からの注文フローを処理していた。自己資本を割り当てて企業のバランスシートの使用が予想されるこれらのリスク価格の市場にアクセスするためには、対象となる口座を保有していなければならなかった。しかし、世界はわずか数年前とは違い、大きく変わってきている。ETFの数が急速に増加した結果、多くのトレーディングデスクがすべての商品を対象と

してマーケットメイクをすることができなくなった。彼らは顧客に対するビジネスをやめたいとは考えていなかったが、取引日の真っ最中に、顧客にどのETFがデスクを使うことができ、どのETFができないのかを知ってもらおうとするのは実用的ではない。

　ETFのトレーディングデスクはまた、あらゆるさまざまな商品へのアクセスの提供を可能とするため、LPおよびETFのフローのアグリゲーターとやりとりをし始めた。市場への参入障壁は、参加者になって流動性を得るのと同様に、時には価格を提供しなければならなかったということであった。現在では、アグリゲーターやその他のインターミディアリーのトレーディングデスクを通じて、主要なブローカー・ディーラーのリスク価格の市場にアクセスすることが可能である。古参のスペシャリスト企業は、現在、電子的に取引とマーケットメイクをするだけではなく、直接またはアグリゲーターを介してアクセスできる大口のブロック取引の顧客への提供を目指して、アップステアーズの自己のマーケットメイキング・デスクを運営している。わずか数年前、ブローカー・ディーラーのウェルスマネジメント部門の顧客は、大規模な流動性にアクセスすることは不可能であった。いまでは、彼らのプラットフォームの執行デスクを利用することで、ETFのすべての注文フローにおいて、大規模なブロック取引のリスク価格を得ることができる。

設定／交換

　設定と交換のプロセスは、ETFという商品の中心である。日々の設定プロセスと呼ばれるオープンエンドによる発行は、ETFが需要に対応して増加することを可能にしている。その後、需要が逆転し、原資産の需要がもはやなくなると、指定参加者（AP）はポジションを交換することができる。これは、ETFがNAVの周りの狭い幅のなかで取引される傾向がある理由の一つである。需要と供給の力を、このジャスト・イン・タイムの在庫プロセスで管理することが可能になっている。

ETFの顧客において、設定／交換（C／R）のプロセスについて大きな混乱が発生している。何年もの間、C／Rプロセスは、ETFの原資産の流動性にアクセスする方法として宣伝されてきた。流動性が原資産のバスケットからきていることは事実であるが、顧客が実際に設定と交換をしていると考えるのは間違いである。C／Rプロセスは基本的に、APが取引のブック上のポジションを管理するためのバックオフィス機能である。これは、取引デスクがマーケットメイクと流動性の供給により積極的になることを可能としている。APは、日々、発行市場でやりとりするために発行体に登録をしている。彼らは、顧客のためのバスケットを執行するか、ETFとして取引するか、または、設定／交換でポジションを清算することによって、流動性を提供している。顧客は、NAVにわずかな手数料をプラスまたはマイナスすることで、執行することができる。しかし、顧客は設定／交換をしていない。APがAP自身のためにそれをしているのである。なぜこの違いが非常に重要なのだろうか。この意味は重要である。なぜなら多くの顧客は、設定プロセスによって、特定のETFへのアクセスを得るためには一定のサイズが必要であるという制限があると考えているからである。これは数年前には真実であったかもしれないが、現在の市場では、注文フローを集約したいという流動性供給者がたくさん存在するため、顧客は希望するほとんどの規模で、どのETFも、NAVでの執行が可能である。

　図表6－4から、顧客と発行体は常にやりとりの間にAPが入ることがわかる。このため、実際には、CUの口数によって制限されるのは顧客ではない。CUの規模に対する制約は、APから長年にわたって顧客に課されていた。APは、ETFとバスケットの残余部分がブックに載っていて、資金調達コストがかかることを望まなかった。顧客がNAVで8万口のETFを買おうとしていて、ETFのクリエーションユニットのサイズが10万口の場合、2万の余分な口数が計上され、ポジションされ、ファイナンスされる必要がある。APは、ETFの8万口に相当する原資産バスケットを購入し、ETFをクライアントに売却することが可能である。トレーディングブック上のポジ

図表6－4　エージェンシーベースの設定注文のステップ

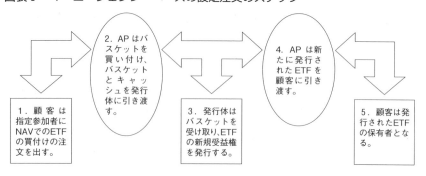

ションをフラット化するために、彼らは設定の注文を処理し、バスケットを発行体に引き渡し、ETFを受け取る。しかし、これは10万口のETFに相当するものでなければならないため、ヘッジを維持するためには、最初に買うバスケットを増やし、市場で余分なETFを売却する必要がある。

　LPまたはAPのゴールは、バランスシートを使用せずに、または市場の方向性のリスクをとることなしに、発行体と顧客との間における資産の移転をファシリテーションすることであるということを覚えておく必要がある。これに関して彼らがしていることについては、すべて完全にヘッジされていなければならない。資金調達コストは多くの人がポジションをとる時に見逃しているものであり、取引のコストを判断しようとする時に理解しておくことが重要である。APが顧客に対してETFをショートし、8万口の注文をファシリテーションするためにバスケットをロングしている場合、潜在的に大きな額のファイナンスを両サイドに提供している。APが設定を行うというもう一つのシナリオでは、より少ない残りの部分であるETFの2万口とそれに対応するバスケットに対してのファイナンスとなっている。

　資金調達のコストはすべてのETFの取引に組み込まれている。LPが市場で残余ポジションを解消できる非常に流動性の高いETFにおいては、資金調達コストは非常に小さい。流動性の低いETFでは、ポジションが多くのバランスシートを消費するため、部分的な設定／交換の処理や市場への流動

性の提供のどちらかによる残余ポジションの資金調達コストが非常に高くなる可能性がある。

　残余ポジションのＣ／Ｒ取引の資金調達コストに加えて、設定または交換を行うための手数料も存在する。発行体は管理報酬をすでに請求している。この追加の手数料は、相手への株式とETFの移管と資金移動のために業務管理会社によって課される手数料である。本質的にそれはチケット代である。この手数料の大きさは、通常、原資産バスケットの株数とそれらの株式の取引およびポジション構築における煩雑さの関数である。インドの現地証券で構成された株式バスケットは、通常、米国の国内ファンドよりも高いＣ／Ｒ手数料および現地のブローカー手数料となっている。この手数料もまた、すべてのETFの取引におけるスプレッドに置き換わる。ETFおよびバスケットの残余ポジションを維持するための潜在的な資金調達コストもスプレッドの要素となる。

　これらの手数料を理解することは重要である。なぜなら、これらの手数料はNAVベースの取引（顧客主導の設定／交換）の価格設定の主因となっているからである。NAVとわずかな追加費用でETFを受け取ることができるが、その場合、少しだけコストを上乗せすることになるだろう。最後に、APによる取引にかかる手数料がある。NAVベースの取引については標準化された料金設定は存在しない。いくつかのものは金額に対するベーシスポイントで計算し、その他のものは１口当りの料金として考慮するが、さらにほかには、機械的な業務手順であるとみなして定額料金を課すものもいる。

　３つの主なコストが、NAV取引の価格設定に埋め込まれており、スプレッドに組み込まれている。
1　ポジション構築における資金調達コストと印紙税
2　現地のブローカー手数料
3　設定／交換手数料

　ETFのための体系的なNAVでのクロス取引のネットワークはないので、最終投資家は常にすべての料金を支払っている。ETFのための取引所ベー

スのNAVでのクロス取引を実施することについては、初期段階の議論がいくつかなされている。残余分の資金調達コストが排除される可能性があるため、最終ユーザーがそれを支払うことはない。これは業務管理会社の外で行われるため、C／R手数料の支払もなくなる。これは、実際のクリエーションユニットよりも小さい口数を整理するために便利かもしれない。

NAVクロス取引のメカニズム

　新しいETFやトレーディング・ビークルとして意図されていない商品において、売買高が少ないかもしれないというジレンマを解決するための大きな一歩は、ETFのNAVクロス取引の設備の設立であろう。ブローカーのコミュニティは、日中の売買高と関係なくETFの利用をファリシテーションして、顧客のためのエージェンシーベースで、原資産の構成銘柄のバスケットを執行する方法を考案しようとしている。NAVクロス取引は、一般的に売買高の少ないETFのファシリテーションをするうえで、さらに重要である。原資産の構成銘柄バスケットの取引が非常に難しいETFを保有している場合、NAVクロス取引はLPが仲介者として行動する必要性を減らすことができる。基本的なクロス取引の構造において、当初の執行の保証はないかもしれないが、執行の確率を高めるために、LPが需給の不一致の反対側に立ってファシリテーションできるようにするメカニズムが発展する可能性は常にある。

　このNAVクロス取引はミューチュアルファンドの世界ではすでに起こっている。なぜなら、そのプロセスがファンドの受益権をNAVで現金によって売買することに基づいているためである。反対の立場にいる2人の顧客からの100ドルの拠出と100ドルの支払に直面したミューチュアルファンドのマネジャーが、ポートフォリオ内で何もしていないことは明らかである。ETFの形態の場合、これらの2つの注文は、おそらく取引のメカニズムにおいて異なるポイントでファシリテーションされてしまうだろう。

　IndexUniverseのウェブサイト（訳者注：現在のETF.com）は、「db x-trackers

は、ロンドン証券取引所に上場されている59の上場投資信託について、公式純資産価額（NAV）での取引を顧客に提供する[2]」と最近発表した。この記事の説明は以下のように続く：

> しかし、その最も重要なインパクトは、規模が小さくてあまり確立されていないETFと、より規模が大きくてより流動性の高い代替物との間の、競争における差を縮める方法であることかもしれない。投資家は、流動性がないことを懸念して、残高や売買高が比較的少ないETFを購入することをしばしば躊躇する。彼らは、スプレッドが広すぎたり、大量の注文がETFの価格に影響を与えたり、市場が下落しているときにETFから出ることができなくなったりすることを懸念している。NAVベースの取引においては、彼らは少なくとも一定レベルの価格の正確性を保証されるだろう。

これは米国市場でも行うことが可能であるはずである。このようなプロセスがETF全体に展開されると、関係するすべての人にとって、ビジネスが大きく変わることは確かであろう。

推定NAVでの取引

市場はシンセティックNAV取引のモデルへと進化している。このモデルにおいて、ポートフォリオデスクは、ETFのバスケットを利用して、ポジションをフラットにするために、裏側で設定／交換プロセスとあわせてアルゴリズムを適用する。このモデルは、海外構成銘柄のETFにおいて、リスク価格ベースの流動性によるスプレッドと、実際の市場動向ではなくセンチメントに関連したプレミアムとディスカウントによる追加コストなしで、顧客に流動性を提供するために活用される。ETFのIIVは、時差のない米国内

---

[2] IndexUniverse.com, "db x-trackers Offers Facility to Trade at NAV," May 29, 2009.

の構成銘柄のETFの注文を行うための価格を決めようとする場合に、利用価値がある。より長期間（最低でも1日を基本とする）をかけてポートフォリオに入れようとしているポジションの価格が15秒遅れて、15秒前のIIVの水準で取引したとしてもほぼ無関係である。ニュースに応じて取引しているのでなければ、日中の市場変動によって取引が影響を受けるべきではない。さらに、米国内のETFの領域を超えて、海外の原資産バスケットのものになれば、IIVは取引についてほぼ使えない数字である。それは、日中に更新される頻度にかかわらず陳腐化しているので、投資家からは無視されるべきものである。私は、主要なデータ提供者が、原資産バスケットの予想される動きを推定して、ETFが取引されるべきところを示すための数値を生成するための相関指標を組み込んだ「推定NAV」（eNAV）を計算して販売することを期待している。

　大手の取引業者の多くは、すでにさまざまなETFに流動性を提供するためにeNAVを計算している。それは顧客の執行を補助するためにも利用可能になる必要がある。IIVを推定することは、原資産バスケットがETFと同じ時間に取引されていないファンドに必要である。通常、これは、直近の市場変動を考慮するために、IIVを調整するために使用される相関のある代替物によって行われる。

　推定純資産価額の基本的な計算は次のとおりである。

$$\text{eNAV} = \left(\sum(\text{各構成銘柄の株数} \times \text{現地終値})/\text{外国為替レート}\right) \times (1+x)$$
$$/\text{クリエーションユニット口数}$$
$$+ (\text{推定キャッシュ}/\text{クリエーションユニット口数})$$

　このとき

　　x = 原資産の構成銘柄の予想変動

　流動性の懸念を緩和する最もよい方法は、多くのETFの執行を、適切な期間に原資産バスケットに移行させ、その取引を顧客ポートフォリオのETFに戻すことである。ETF事業の成長に対応するために、今後数年間に

おいてプログラムトレーディングのデスクは拡大し続けると予想している。かつては多くのETFはアクセスのためのもので、もともとは大量の日中売買高のあるものしか価値がなかったが、いまは多くの商品が投資のためのものとなっている。これらの商品は、特定のベンチマークに対するパフォーマンスを提供し、日中の取引ツールとしての利用を意図していない。原資産バスケットまたはそれに近い代替ヘッジを取引して、ETFに転換する能力は、ETFの継続的な発展にとって非常に重要である。

スプレッド

ETFを取引するためのコストは、その立上げ当初から業界で熱く議論されてきた。スプレッドを完全に無視することは、本書を放棄することであるが、ここでは、それについて長々と述べるつもりはない。マット・ホーガンは、いくつかのETFの取引費用とその潜在的な要因について、「A Guide to Exchange Traded Funds[3]」のなかで説明をしている。彼は、ファンドの規模であるAUMと、スプレッドおよび市場のデプスとの間に高い逆相関があることを示すいくつかの研究について強調している。彼は次のようにいって締めくくっている。「スプレッドは、すべてのETF取引の意思決定に組み込まれるべきである。それはブローカーの手数料がそうであるように。その影響は短期のトレーダーが最も感じるだろうが、長期の投資家でさえも、計画された保有期間を考慮して、スプレッドを取引の意思決定に組み込むべきである」。

私はホーガンに同意する。スプレッドはETFの取引費用の一部である。しかし、われわれは、スプレッドの問題を劇的に減らす取引手法について議論している。高頻度または他のタイプの統計的裁定戦略で取引している場合、スプレッドは非常に重要である。しかし、その領域の外に出て、投資家としてETFを使用しているのであれば、適切な注文タイプの使用とNAVで

---

[3] Matt Hougan, *A Guide to Exchange Traded Funds* (Autumn 2008).

の執行を達成するためのオープンエンドでの設定機能の利用によって、広いスプレッドに関するネガティブな要素の多くを排除することが可能である。ETFの適切な執行は、スプレッドのコストを、現在すべての株式の取引に影響を与えている根本的な水準まで引き下げる可能性がある。現在の市場制度では、株式のスプレッドは一般的に拡大し、デプスは減少している。スプレッドの問題は、実際にはETFではなく、その価格のもととなっている原資産バスケットにある。

この議論をさらに進めていくために、ETFにおける株式の現物移管という構造的な要素が、スプレッドのネガティブな影響をさらに減らすことを指摘しておきたい。ETFにおいては、インプライドNAVでの執行を達成する目的でバスケットを購入する注文をした場合、その投資家が原資産の株式のスプレッドの費用を負担することになる。そして、APは原資産株式を終値で発行体に引き渡す。ETF自体はスプレッドを支払わない。これは、ETFの構造が投資のための執行コストを個々の投資家にどのように転嫁しているのかについての例である。ミューチュアルファンドにおいては、大規模な設定や解約があり、バスケットが取引されると、その価格はファンドに組み込まれ、ファンド保有者全員に影響する。

彼の結論として、ホーガンは次のように述べている。「特に運用資産残高の少ない新しいETFの場合、投資家はフェアバリューを大幅に上回る金額を支払うことを避けるために、スプレッドに注意を払うことでうまく取引をすることができるだろう」。これは、プレーンバニラの国内株式のETFについては、確実に当てはまる。これらの商品でない場合は、フェアバリューは、原資産にアクセスできた場合の予想価格に基づいているだろう。多くの場合、スプレッドとみなされるのは、実は執行コストを含んだ実際の価値の予測値である。ETFを原資産へのパススルー・ビークルとしてみることも可能である。すなわち、ETFのかわりにその原資産の取引費用をみるべきである。多くの場合に見過ごされている重要なことは、原資産バスケットの流動性にどのようにアクセスするかということである。LPが、同時には取

引されていないバスケットをもつETFにおいてリスク価格を提供している場合、顧客はヘッジのトラッキングエラーに関連する潜在的なリスクの対価を支払っている。顧客は、LPによるETFの推定価値に基づいた価格でETFを購入している。もし顧客が自身のETFの推定価値と比較してETFが低い価格で取引されていると考えた場合、そのスプレッドは、どれくらいの広さであるかにかかわらず、顧客に有利に働くかもしれない。

市場における執行の例

このセクションでは、ETFの注文フローの執行におけるいくつかの例を検討する。するべきではないことの例は何百万もあり、また多くの完璧な執行の素晴らしい例もある。ここでは、特定の状況においてどんなことが起こる可能性があり、それがどのように良くなったり悪くなったりするのかを示す例を利用していく。

例1：売買高の少ないETFにおいて電子的に出された成行注文

売買高の多い証券に対する小規模な成行注文は、全国最良気配(National Best Bid and Offer)で執行される可能性が最も高い。非常に流動性の高い証券では、成行注文は執行のニーズを満たすためにはうまくいく可能性がある。

しかし、売買高の少ないETFにおいては、流動性がきちんと調達されて取引が行われた場合に比べて、その結果はきわめてコストが高くなる可能性がある。図表6-5は、売買高の少ないETFに対して出された成行注文の結果を示している。このETFは通常1日当り約4,000口が取引されているが、この成行注文は4万3,000口を購入するというものであった。成行注文が1日の平均売買高の10倍も出されたという特殊な状況である。任意のどの日においても、平均日次売買高の10倍の注文を売買高の少ないETFに対して行うことができるということは、典型的なものであり、ETFという形態

図表6-5　成行注文時の価格変動

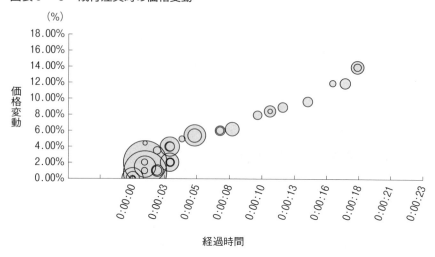

注釈：円の大きさはその価格で取引された口数を示す。

の証しでもある。

　今回の場合、成行注文は約18秒で完了し、価格は最初のスクリーンの市場価格からほぼ15％上昇した。図表6-5のバブルグラフには、バブルの大きさによって、各水準で購入された口数が示されている。この注文は、ほぼ50％が最初の市場価格から約5％のところまでで満たされていた。その後、最終的に完了するまで、市場のすべてのオファーを取り続けた。テープに表示された執行の事例は図表6-6に示されている。

　前述したように、執行全体の時間は約18秒であった。成行注文は先に進み続け、どんな水準であってもETFを買い続けた。追加の口数がやってきてブックを満たすかどうかを立ち止まって待つことはいっさいない。成行で出す注文は、価格とは関係なく、執行のスピードに基づいている。それらは注文方法の体系における貴重な位置を占めているが、投資家が適切に利用しなければ非常に危険である。

図表6－6　規模の大きな成行注文におけるテープ表示

時刻	取引価格 （ドル）	執行口数	当初価格から の変化（％）	ビッド価格 （ドル）	アスク価格 （ドル）
13:05:01	35.92	2,500	0.00	35.91	35.92
13:05:01	35.92	1,000	0.00	35.91	35.92
13:05:01	35.92	100	0.00	35.91	35.92
13:05:01	35.92	200	0.00	35.91	35.92
13:05:02	36.28	200	1.00	35.54	36.28
13:05:02	36.28	200	1.00	35.54	36.28
13:05:02	36.64	200	2.00	35.54	36.64
13:05:02	36.64	200	2.00	35.54	36.64
13:05:02	36.44	2,500	1.45	35.54	36.44
13:05:02	37.50	100	4.40	35.51	37.50
13:05:02	36.66	10,000	2.06	35.50	36.55
13:05:02	36.19	10,000	0.75	35.50	36.19
13:05:03	36.28	500	1.00	35.55	36.28
13:05:03	37.18	300	3.51	35.55	37.18
13:05:03	36.28	700	1.00	35.54	36.28
13:05:04	36.64	1,800	2.00	35.57	36.64
13:05:04	36.64	300	2.00	35.56	36.64
13:05:04	36.64	400	2.00	35.74	36.64
13:05:04	37.36	2,000	4.01	35.55	37.36
13:05:04	37.36	400	4.01	35.55	37.36
13:05:04	37.36	500	4.01	35.55	37.36
13:05:05	37.72	200	5.01	35.65	37.72
13:05:06	37.86	2,500	5.40	35.69	37.86
13:05:06	37.86	1,000	5.40	35.69	37.86
13:05:08	38.08	500	6.01	35.55	38.08
13:05:08	38.08	300	6.01	35.55	38.08
13:05:09	38.16	1,000	6.24	35.55	38.16
13:05:11	38.79	400	7.99	35.55	38.79
13:05:12	38.97	700	8.49	35.56	38.97
13:05:12	38.97	100	8.49	35.56	38.97
13:05:13	39.15	500	8.99	35.57	39.15
13:05:15	39.40	500	9.69	35.58	39.40
13:05:17	40.23	200	12.00	35.72	40.23
13:05:18	40.23	600	12.00	35.72	40.23
13:05:19	40.95	310	14.00	36.11	40.95
13:05:19	40.95	900	14.00	36.11	40.95
13:05:27	36.26	200	0.95	36.26	40.92

例2:規模の大きなリスク価格取引とエージェンシー・クリエーション

図表6-7では、2008年8月1日の2分間のテープのようすをみることができる。強調したい部分は、このエマージング通貨のETFにおいて、取引日の終わり近くに発生した25.59ドルという価格で64万2,342口の取引が表示されているところである。この取引の価格は、直近の25.57ドルというオファー価格を8bp上回るだけである。図表からはわからないが、当時のオファーのサイズは100口で、このETFの1日の平均日次売買高は、当時5万口未満であった。このシナリオにおいては、顧客はLPを呼び出し、ETFのリスク価格のオファーを求めた。価格に同意すると、その取引は統合テープ

図表6-7 規模の大きなリスク価格取引

時刻	取引価格 (ドル)	執行口数	ビッド価格 (ドル)	アスク価格 (ドル)
15:58:12			25.51	25.56
15:58:12	25.52	500		
15:58:14			25.51	25.56
15:58:16			25.51	25.57
15:58:16			25.51	25.58
15:58:16	25.56	100		
15:58:16			25.51	25.56
15:58:17			25.51	25.57
15:58:28			25.51	25.57
15:58:59			25.51	25.57
15:58:59	25.59	642,342		
15:59:00			25.51	25.57
15:59:00			25.51	25.58
16:00:24	25.59	900		
16:00:24	25.57	100		
16:00:24			25.51	25.59

に印刷された。この取引は、ETFの平均日次売買高の12倍を超えている。この取引をファシリテーションするため、マーケットメイカーは、ポートフォリオをヘッジするために、為替市場を通じてエクスポージャーを確保し、そしてETFのショートポジションとそのヘッジポジションをフラットにするために設定のプロセスを実施した。

　この取引の時、この顧客は同じETFを、さらに3,000万ドル分、NAVをベンチマークとして購入する注文をAPに与えた。この注文を満たすため、APは設定を行った。これは、背後にある顧客の注文にかわって行うエージェンシー・クリエーションである。顧客による興味深いテクニックが使われているため、エージェンシー・クリエーションとリスク価格取引の間の違いを理解することが重要である。顧客は、リスク価格取引を利用して、すぐに希望したサイズの3分の1のポジションをとった。顧客は、業者の自己資本の使用について、市場価格に対してわずかなプレミアムを支払った。その後、ファンドのNAVに近い価格で、設定プロセスを通して残りのエクスポージャーを確保したのである。

　このシナリオにおいては、顧客が注文を出した時点では、このETFのAUMは5,000万ドルであった。設定がなされた翌日、顧客がETFの規模を実質的に倍増させたため、ファンドのAUMは1億ドルになった。それと同時に、ファンドの発行済口数の100%を潜在的に所有することを懸念していた顧客は、その設定が完了した時点で、その50%のみの所有となっていたことで安心できた。これはエクスポージャーを達成するための優れた方法である。ETFの日中の価格変動に敏感でない場合は、原資産の構成銘柄を通したオーバーナイトの執行を待つことによって、市場に影響を与えることなく望んだエクスポージャーを得ることができる。顧客がそのすべての注文についてリスク価格をLPに要求した場合、提示された価格は市場のクオートからかなり離れているため、より大きなインパクトを受けただろう。今回の場合、この顧客はポジションの3分の1をすぐに確保し、そして、その取引時点と原資産の構成銘柄の市場の終了時点との間の価格変動をある程度許容し

たのである。

例3：オーバーナイトで執行されたバスケット取引

この例では、顧客は米国で取引されているETFを介して、日本の市場のエクスポージャーを得ることを望んでいた。米国の取引日に取引されている海外構成銘柄のETFは、市場が次に開かれた時に取引される価格を決定しようとする価格発見ビークルであるので、この顧客はエクスポージャーを達成するために原資産バスケットを使用して、翌日にETFでの取引報告を受け取ることにした。顧客が価格発見機能によるプレミアムまたはディスカウントを支払っていなかったとしても、翌日の執行を待つことによって市場変動のリスクを想定しているということに注意することが重要である。

顧客は、ETFのトレーディングデスク（これはAPでもある）に、ETFの原資産バスケットをオーバーナイトで日本における売買高加重平均価格で購入するように注文を出す。取引終了時に、APはバスケットの執行からETFの推定価格を計算し、クリエーションフィー、現地ブローカーのコスト、そして手数料としての適切な料金を加え、顧客にETFの価格と口数を告げて、その取引をテープにプリントする。

図表6－8において、いくつか強調しておくべきことがある。この取引は、市場が取引のために開く前、午前9時27分55秒にテープにプリントされている。取引価格は小数点以下が4桁で、平均値を示している。ここでは、その条件も取引とともにプリントされていて、みることができる。これは、この取引日のテープ上の最初の取引であり、平均価格を構成するためにさま

図表6－8　テープ上のブロックトレードの平均価格の表示

時刻	取引価格 （ドル）	執行サイズ	条件
9:27:55	38.6163	250,000	平均価格、フォームT、Nasdaq取引レポート

ざまな価格で取引された可能性のある他の25万口はみられないことから、おそらく現地市場で取引された原資産バスケットに基づいた取引であろうということを確認できる。

　この取引は、顧客がリスク価格を求めなかったため、トレーディングデスクがリスクにさらされることはなかった。したがって、取引をより高値にしてしまう、取引に付随するリスクプレミアムはない。ETFの原資産バスケットを取引することによって、米国の取引日中に発生するプレミアムとディスカウントである価格発見メカニズムの変動を排除しながら、この顧客は、NAV取引のようなやり方で、それにコストを追加するだけで、ETFを取引していたのである。

ETF取引のための10のキーポイント

　投資家が、ETFポートフォリオについてのトップのトレーダーになる方法を学ぶことに関して、潜在的な落とし穴をすべて回避する簡単な方法がある。次のETF取引のための10のキーポイントは、どんな投資家でもその執行プロセスをマスターできるようにするためのものである。これらの10の簡単なガイドラインを参考にすれば、最小規模の退職勘定から最大規模の機関投資家のポートフォリオに至るまで、あらゆる規模のETFポートフォリオの導入に対処するために知っておくべきことを理解することができる。

1　取引しようとしているETFのフェアバリューを理解する。
2　取引の最初の15分間と最後の15分間は取引しないようにする。
3　さまざまな原資産が取引されていて、米国の取引時間と重複しているときに、ETFと原資産との取引を集中させる。たとえば、欧州市場がまだ開いている米国の午前中に、欧州を投資対象とするETFを取引する。
4　利用可能な注文タイプのすべてを利用する。
　ⅰ　**指値注文を利用する**……指値注文は、国内原資産のETFのIIVに対して、または原資産バスケットが同時には取引されていないETFを取引

する際のeNAVに対して出された場合に最も効果的である。その際には、ETFがどの価格で取引されるべきかを認識しておく必要がある。

ii **成行注文を使わない**……この注文方法は、少数の非常に売買高の多いETFにおける特定の取引にのみ適している。

iii **ストップ・オーダーを使用する必要がある場合は、ストップ・リミットのみを使用する**……執行される確率を高めるためには、指値を適切に設定することが重要である。ポートフォリオ管理に対する誤った安心感を提供してしまうため、ETFのストップ・オーダーを避けることを勧める。それらはポートフォリオ管理としてのリスクの削減のために利用されているものの、多くの点において、トレーディングとしてのリスクの指標を導入していることになっている。これは、全体的なポートフォリオ管理の観点からは意味をなさない。

iv **適切な場合にのみアルゴリズムを利用する**……実際のETFまたは構成銘柄のバスケットのいずれかにおいて任意のアルゴリズムを使用することができる。売買高の少ないETFを大量に売買しようとしている場合は、本質的にVWAPの取引となる。そのため、そのタイプのアルゴリズムを使用することは賢明ではない。

v **指定参加者にNAVベースの取引を処理させる**……終値に基づいたもので満足できるのであれば、NAV価格での取引がなされるだろう。もし、APに1日を通してバスケットを取引するためのなんらかのアルゴリズムを利用させるのであれば、推定NAV価格での執行がなされるだろう。これは、クリエーションユニットのサイズである必要はないが、原資産バスケットを取引し、その執行をETFの受益権に変換することを伴う。

5 指値を現実的に執行が期待できるフェアバリューの合理的な範囲内に置く。

6 5,000口またはADVの25%を超えるブロック取引については、流動性供給者を活用する。

i　機関投資家またはアドバイザーであれば、ETFの流動性供給者によるリスク価格へのアクセスができる。
　　ii　大規模なブローカー・ディーラーの顧客であれば、すべてのブローカー・ディーラーは、ブロック取引またはNAVベースの執行をファシリテーションするために、自己資本を使用するビジネスを行っているETFのトレーディングデスクを有している。
　　iii　ウェルスマネジメント事業に携わっているのであれば、LPとの関係からまたは流動性アグリゲーターからリスク価格を得るように、インターミディアリーのトレーディングデスクに指図する必要がある。
7　過去にあった同様の、またはより大きなサイズの他の取引と比較して、取引が生み出す可能性のある市場へのインパクトの大きさの感覚を得る。
　　i　ETFの発行体のキャピタルマーケットデスクまたはブローカーと協力して、予想される取引についての取引コスト分析（TCA：Transaction Cost Analysis）を行い、市場における最良の執行方法と市場への予想インパクトを判断することができる。
8　トレーダーのリスク資本を利用する必要があるときと、あなたにかわってバスケットを取引させるときを理解する。
　　i　トレーディングデスクと流動性供給者に、ETFの設定および交換の機能（およびその他の機能）を利用させることは、ETFの注文フローの効率的な執行において非常に重要である。顧客は、発行済口数を増減させることができるこのユニークな能力を活用することができる。それがどのように機能するのかを理解すれば、そのメリットを得ることができる。ETFプロバイダーはこの情報を顧客基盤に伝えるために多大な努力を払っているが、新しいユーザーによる急速な利用は、教育プロセスをさらに発展させなければならないことを意味している。多くの発行体は、ETFの注文フローの執行に関するベストプラクティスを教えるために、教育面に関する営業チームをつくりあげている。これは顧客のコストを削減し、彼らが利用可能な商品のさらなる拡大を可能にする。売

買高は少ないが、異なるエクスポージャーを提供するETFを活用することは、投資家がポートフォリオを管理する方法を変化させている。
9 執行プラットフォームまたは流動性供給者との関係を構築する。オープンな信頼関係は、彼らが、あなたの目的を理解して、複雑なETFの取引の世界をナビゲートすることによって、それを達成することを助けてくれる。
10 ETFのポジションの執行に注意を払わないという真のコストを過小評価しない。ETF市場における効率的な執行は、ポートフォリオのパフォーマンスにとって重要であり、少しの作業で容易に達成することが可能である。

第7章

市場参加者と取引戦略

当初は、スペシャリストが上場投資信託（ETF）の主要な流動性供給者（LP）であった。彼らは、ブローカー・ディーラーから取引所のフロアに向かって流れる、顧客主導の注文フローをさばいていた。1990年代後半のある時点において、投資銀行がこれに参入し、このフローをファシリテーションすることによって利益があげられることを認識した。ETF取引の活発な参加者の多くは、インデックスの裁定取引、ポートフォリオ取引、または長年かけてこの領域に移行した株式トレーダーの分野からきている。取引所から離れたところ（たとえば、ブローカー・ディーラー）で流動性を提供するこの事業は、「アップステアーズ（上階）市場」と呼ばれている。それは多くの企業にとって学習体験であった。1990年代半ばから後半においては、このアップステアーズ・ビジネスが、非常に有力な収益源となることはほとんどなかった。ブロック取引と電子取引の流動性および株式ローンのポートフォリオを提供する事業が最も急速に成長していた。本章では、市場参加者について説明し、彼らの主な行動のいくつかを解説する。市場における相手方の動機を知ることは、ETFの注文を効率的に執行するのに役立つはずである。

　ETFのブロック取引と注文の円滑化の急成長は、大手投資銀行における株式のブロック取引の収益が衰退の兆しをみせ始め、ETFの利用が劇的に増加し始めたときに起こった。銀行はETFの商品群を担当するデスクを立ち上げ、この商品を取引する方法を見つけ始めた。多くの点で、ETFに流動性を提供することは、銀行がすでにうまくやっていた2つの取引方法の組合せであるといえる。それは大規模なブロック取引の支援とバスケット取引である。ブロック取引のトレーダーを連れてきて、原資産株式のバスケットを取引することによって彼らのポジションを真にヘッジする方法を与えると、強力な収益源となった。これらの企業は、このプロセスの早期導入者となった。自然な進化として、銀行はこの商品の周辺のすべての事業から同様に収益を生み出すことができた。また、これは取引所のフロアのスペシャリストにとっても非常に高収益な商品群であった。ETFの初期のトレーダーの多くは、アップステアーズのビジネスに移行し、流動性を提供し続けてい

た。

　機関投資家の顧客基盤が関与してきたのは、顧客が、実際に上場している株式として、先物のような商品を取引する機会をみたことによるものであった。これは、彼らが比較的効率的にポートフォリオの大部分をヘッジすることを可能にした。ETFはまた、機関投資家にインデックスの領域においてリスクマーケットを得る方法を提供した。その時点までは、ほんの一握りの先物が存在しているだけであった。許可されたブロック取引はさらに少なく、インデックス・スワップに対するキャピタルコミットメントはほとんどなかった。いまとなっては、ヘッジファンドはインデックスの領域で彼らの取引戦略を採用することができ、ETFはすぐに大量の資本をもつユーザー層を集めた。顧客は投資銀行の機関投資家デスクを経由して大量の株式のブロック取引の執行をしていたので、当然ETFの発注をそれらのデスクに送り始めた。それらのデスクは、原資産のバスケットを取引すれば、効率的にヘッジができ、彼らの顧客に価格を提供することができることを認識した。そして流動性供給者（LP）のビジネスは成長した。

　流動性供給者とマーケットメイカーは言い換え可能な用語である。一方（マーケットメイカー）は、取引所によって設定された公式の能力と義務を表しているが、両者はバランスシートとさまざまな流動性の源泉を使用して、あらゆる形態の顧客の注文フローをさばいている。ここはまた、多くの顧客が利用可能な流動性について混乱している部分でもある。この本の前半で説明したように、ETFの売買高のみを利用して、原資産バスケットによって補完された売買高を利用しないということは、この商品の真の流動性における重要な価値を得ていないということである。LPは注文フローをさばくために、この追加的な流動性にアクセスしている。これによって、これらの商品のうちのいくつかに大量の流動性の機会が生まれたのである。

　LPには5つのユニークな形態があり、それぞれが市場において異なる方法でETFの注文フローと相互に作用している。いくつかの重複があるが、それらは異なる役割を果たしているため、ここでは区別をしている。5つの

形態は以下のとおりである。
1　ブローカー・ディーラーのファシリテーションデスク
2　独立系マーケットメイカー業者
3　リードマーケットメイカー（LMM）
4　高頻度取引業者（HFT）
5　流動性アグリゲーター

　参加者のそれぞれの典型的な目標と役割をレビューすることは、ETFの注文フローの食物連鎖を理解するのに役立つだろう。多くのプレーヤーが市場の状況によって異なる役割を果たしているため、特別な順序をつけるつもりはない。プレーヤーを知ることで、投資家は注文をより効率的に価格づけし、疑問が生じたときに何が起きているのかを理解することができる。

ブローカー・ディーラーのファシリテーションデスク

　決済部門とウェルスマネジメント部門を保有しているような大手の投資銀行には、通常、ETFの注文フローのファシリテーションに対応する2つの部署、すなわち機関投資家向けのETFトレーディングデスクとインターミディアリー（中間業者）向けのトレーディングデスクがある。注文フローの一部は、両方のデスクで処理することができるが、すべてが可能なわけではない。一般的には、ウェルスマネジメント事業からの投資一任の注文フローは、自己資本で対応することはできず、自己のトレーディングデスクから分離する必要がある。これについては、後ほどインターミディアリーの取引デスクのセクションで詳しく説明する。

機関投資家向けETFトレーディングデスク

　機関投資家向けのETFトレーディングデスクは、一般的に株式または株式デリバティブ部門の業務である。これは、株式デリバティブグループ、ポートフォリオトレーディング、および機関投資家向け営業が連携すること

で機能する。このデスクは、通常、ETFを中心としたすべての機関投資家向けの顧客業務全般を扱う。主な機能は次のとおりである。
1　流通市場におけるブロック取引をさばくための自己資本の投入
2　指定参加者（AP）として、設定と交換を発行市場において扱う
3　自社の取引のインフラを利用して、顧客のためにETFの原資産の流動性にアクセスする
4　貸株の在庫管理

　これらのデスクの主な顧客は、伝統的にはヘッジファンドとロングオンリーの機関投資家コミュニティであった。しかし最近これは変わってきている。より大規模なアドバイザーがこの商品を利用し、デスクの注文フローの性質を変化させている。

　フルサービスのETFデスクであるための要件もまた進化してきたことから、デスクは過去数年間にわたって成長してきている。1990年代後半、われわれがベア・スターンズでデスクを立ち上げた時は、海外と国内のトレーダーを使ってほとんどの取引をカバーすることができた。現在、市場には多様な種類のETFが存在するため、コモディティや債券といった異なる資産クラスの知識をもつトレーダーも必要である。ETFの継続的な成長と資産クラスの拡大は、実際に企業内の壁を壊してしまった。現在、株式として分類され、株式のトレーディングデスクに置かれているこの商品は、海外株式、債券、通貨およびコモディティのトレーディンググループからの取引情報と機能を必要としているのである。最高のETFの顧客サービスを創出するために、これらの企業は会社全体の人材を活用している。ETFに特化したセールスのポジションが初めてつくられている。そのような役割が必要なほどETFのユーザー層が十分に幅広いというだけでなく、専用のスタッフを必要とするほど十分にしっかりとしたサービスとなっているのである。

　先ほど、フルサービスのETFのトレーディングビジネスを構築するための要件を提示した。必要なシステムは広範囲である。一般的な顧客注文管理システム以外にも、高度なリアルタイムの価格設定システムと、ETFの価

格設定モデルの構築と維持を担当するグループが必要となる。現在、1,800を超える米国上場のETFが存在している。各ETFのすべての原資産の証券とそのウェイトを用いてリアルタイムで価格づけするためには、洗練されたシステムが必要であり、これによって市場は効率的な価格設定がなされている。スタッフは、コーポレート・アクション、インデックスの変更、配当をモニターする必要がある。ヘッジを処理するには、すべての資産クラスに対するスマート・オーダー・ルーターとバスケット取引システムが必要となる。機関投資家向けETFトレーディングデスクのトレーダーであることの最も魅力的な特徴の一つは、経験できるであろうことの多様性である。ETFは資産クラスの壁の崩壊であり、トレーダーは、以前はやりとりや調整を必要としなかった多くの社内の部署と、一緒にやっていくことを求められる。このデスクは、グローバル証券、コモディティ、債券のバスケットを取引し、会社全体のさまざまなプレーヤーと対話することができる。ダウンサイドも同様である。主要なトレーディングデスクの多くは、企業内の他の資産クラスの部門間の壁を壊せずに特定の原資産を効率的にヘッジすることができていない。このことは、この商品のスペシャリストがETFのマーケットメイキング・ビジネスに参入するための扉を開いたままにしている。

　ETF市場は過去15年間で何もないところから爆発的に拡大しているが、デスクの顧客基盤も同様である。同じ時期に、ヘッジファンドが普及するにつれて、機関投資家のコミュニティは急速に拡大した。大企業のいくつかは、これらの会社のニーズに対応し、ETFの大規模なブロック取引をさばくことに重点を置いている。他の大口顧客—トランジション、キャッシュのエクイタイゼーション、キャッシュマネジメントのためにETFを使用するパッシブ口座—もETFデスクの重要な顧客となっている。将来的には、引き続き顧客基盤は成長し、より多くのソブリンウェルスファンド、401(k)と個人退職勘定プラットフォーム、ファイナンシャル・アドバイザー、および個人投資家を巻き込むために進化するであろう。

　大規模なブローカー・ディーラーのETFトレーディングデスクのもう一

つの特徴は、貸株の在庫を管理することである。貸株事業の現在の非効率性は驚くほどである。貸株デスクは、通常、清算業務の一部となっている。貸株デスクは伝統的に会社のリスクをとるデスクではなく、通常リスクポジションを維持することはしない。貸株部門は、会社のポジションの在庫を用いて、それらを市場に貸し付け、バランスシートを最適化しようとする。ETF事業では、市場に貸し付けるための在庫を作成することができる。これらの在庫の作成は通常ETFのトレーディングデスクで行われ、ポジションはそのデスクで管理される。そのため、ETFのトレーダーは、リバランス、コーポレート・アクション、トラッキングエラーなどの、原資産バスケットに対してETFのポジションを維持することに内包されているリスクを、より厳しく監視することができる。貸株デスクは、これらのポジションを使って、ポジションを維持するためのコストよりも高いレートで市場に貸し出し、利益は貸株デスクとトレーディングデスクの間で分割される。

　ブローカー・ディーラーのデスクは、通常、自己勘定取引として顧客のフローをさばく。彼らは顧客のために自己資本を使ってマーケットメイク（流動性の供給）をして、委託取引のフローと設定および交換の処理を行う。顧客基盤が成長して、バスケットのアルゴリズム取引や引け近くをベンチマークとしての取引のどちらかの方法によって、純資産価額（NAV）型取引のかたちでETFを使うメリットが理解されるにつれて、デスクは大企業との委託取引のビジネスをより頻繁に行うようになっている。これはまた、より低い平均日次売買高を示しているが、原資産バスケットを通じれば多くの流動性が利用可能であるETFの領域に顧客を導いている。

　ブローカー・ディーラーが行う機関投資家向けのETFトレーディングデスクのもう一つの大きな特徴は、APとしての能力である。ETFプロバイダーは、すべての主要なETFデスクと契約を結び、設定および交換の仕組みを利用して、発行市場で取引することを可能にしている。ETFの設定と交換は最も重要な特徴の一つであるため、このデスクの機能が、市場とブローカー・ディーラーのバランスシートの両方において、バランスのとれた

ポジションを維持するうえで重要であると考えられる。各取引日の終わりに発行体とポジションの調整ができなかった場合、ETFにおける大規模なブロック取引の市場を形成する主なビジネスは、よりリスクが高く、よりコストも高いものになってしまうだろう。彼らはバランスシートを清算して、大規模な資産をETF発行者のブックに移動すること、またはその逆が可能である。これにより、NAVを中心としたETFの取引が維持され、LPはきれいなブックで毎日を始めることができる。さらに、ETF事業を取り巻く多種多様な金融取引にもこの機能を利用することが可能である。

機関投資家向けのETFトレーディングデスクは、顧客に大規模なリスクマーケットをオンデマンドで提供するなど、かなりのフローを処理しているが、ほかにもインターミディアリー、すなわち委託取引のみの内部トレーディングデスクがある。

インターミディアリー・デスク（アドバイザー・プラットフォーム・トレーディングデスク）

インターミディアリー・デスクの顧客は、ETFの商品群の採用により進化してきた。数年前に大規模なブローカー・ディーラーのウェルスマネジメントやプライベート・クライアント・サービス部門に在籍していたとしら、注文フローは自身の機関投資家のETFのトレーディングデスクには届かなかっただろう。現在においても、一部の大型のETFトレーディングデスクは、ブローカレッジおよびアドバイザリー事業からの注文フローを処理するインターミディアリー・トレーディングデスクとやりとりすることができない。しかし、ETFの採用と大口のETFの注文フローの発生は、ウェルスマネジメント事業からの注文フローの性質を変えてきている。デスクへのアクセスは、通常、顧客のビジネスが一任運用であるかないかによって決まる。アドバイザリー事業からのすべての注文フローは、プライムブローカレッジ事業内では分離されたまま維持されて、インターミディアリー・トレーディングデスクを通じて実行される。大小すべてのアドバイザーの顧客

は、専用の株式トレーディングデスクにアクセスできる。ほとんどの場合において、このデスクは委託取引専用であり、彼らは注文のファシリテーターである。彼らは、社内のアルゴリズム取引を使用するか、入手可能な多数のマーケットメイカーからの流動性を利用する。彼らは手数料を請求しないし、収益源ではない。規制により彼らは自身の機関投資家向けのETFトレーディングデスクへのアクセスが制限されているが、一般的に彼らは市場におけるほかのすべてのマーケットメイカーの大口顧客である。この規制は、ミドルプレイヤーがETFトレーディングデスクと自らのウェルス事業との間に介入する必要がある状況を意図せずにつくりだしてしまっており、これは必然的に最終投資家の追加的な費用となっている。私は、現在のテクノロジーを通して利用可能なリスク管理の進歩により、企業の自己資本で受けられない一任運用の注文フローに関する規制は、時代遅れであると考えている。

インターミディアリー・デスクは、ETFの商品群における流動性へのアクセス方法を学ばなければならなかった。歴史的に、インターミディアリー・デスクは、委託ベースの注文フローを処理し、これは、直接フロア、または最近では、ダークプールや内部クロス取引のエンジンに直接流される。現在、アドバイザリー事業はETFを採用しており、商品群をさらに拡大している。彼らは、基本的なベータのエクスポージャーのためだけにETFを利用するわけではないため、利用可能なETFの上位20%だけに利用を制限されることを望んでいない。彼らはオルタナティブアルファのカテゴリにも適合できる商品にアクセスできるようにしたいと考えている。これらの商品の売買高は少ないが、アクセス可能であれば、原資産のバスケットが流動性を提供してくれる。そして、顧客はこれらの商品をより多く利用するように推進している。インターミディアリー・トレーディングデスクは、ETFの流動性にアクセスする際の新しい専門家となっている。

流動性へのアクセスは、主に外部LPおよびマーケットメイカーまたは流動性アグリゲーターの利用を通じて行われる。これらのプラットフォームデ

スクは、市場における最大のトレーディングデスクと深い関係を築き、最大の機関投資家の顧客が受けるものと同じ一流のテクノロジー、インフラストラクチャー、およびバランスシートにアクセスしているのである。

アドバイザーの注文フローの仕組み　　数年前、売買高の低いETFの発注をしたアドバイザーは、プラットフォームのトレーディングデスクから、その商品に対しての注文が大きすぎると伝えられていたかもしれない。それ以来、ETFの発行体やトレーディングデスクは、これらの商品をどのように最良の方法で執行するかについて、ETFの注文に関連するすべての人をたえず啓蒙してきた。ETFは株式のように取引されるわけではないため、ADVによって判断されるべきではない。ETFの発行体は、ETFの注文を受けるあらゆる種類のデスクおよびETFの利用者にこのメッセージを発信し続けている。ETFのマーケットメイカーもまた、すべてのETFの執行に提供できるサービスの種類について、プラットフォームのトレーディングデスクを教育している。これらのサービスの範囲は、取引戦略のコンサルテーションから、電子アルゴリズムへのアクセス、ETFの原資産の流動性へのアクセス、NAVでの執行、およびそれらの間にあるすべてのものに及ぶ。あらゆる種類のアドバイザーからのフローを集約するこれらのプラットフォームデスクは、市場の大きな顧客になっている。彼らのフローは非常に大きくなり、あらゆるタイプのETFのマーケットメイカーがこのフローを得る機会を求めて争っている。最終的なアドバイザーと顧客にとってこれが意味することは、近年、市場の質と流動性が高まっているということである。これらのプラットフォームデスクもまた進化しており、特定の種類の取引や原資産のエクスポージャーにおいて、だれが最良の流動性供給者であるかについての専門家になってきている。

ETFは世界中の資産クラスのすべての種類を提示している。すべてに専門知識をもった一つの流動性供給者を見つけるというのは一般的ではない。プラットフォームデスクは、アドバイザーが可能な限り最良の執行をするのに、どの流動性供給者が最も熟練しているかを知っておく必要がある。アド

バイザーのフローがどうなっているのかを示すために、2つの注文フロー図をまとめておいた。図表7－1は、一任運用ではない取引の注文フローに焦点を当てたものである。この注文フローは一任運用のものではないため、一部は大手の機関投資家向けETFトレーディングデスクに直接行くことも可能である。これは注文ボックスからETFデスクまたは他の源泉からの流動性の調達についての詳細を示す4番目のボックスまでの点線で示されている。一般的に、注文を処理するためにアドバイザーが理解しなければならない注文フローに関しては、会社固有の異なった内部ルールがある。

図表7－2では、一任勘定業務に基づく注文のフローチャートが示されている。コンプライアンス上の理由から、この種の注文フローは通常社内のETFデスクとやりとりできない。したがって、社外の流動性供給者やアグリゲーターのコミュニティに大きなフローがもたらされる。

電子的なマーケットメイキング

さまざまな異なるプレイヤーがETFに流動性を提供している。彼らは、自己勘定の裁定取引デスク、マーケットメイカーおよびLMM、統計的裁定取引業者、または高頻度取引業者であるかもしれない。いくつかの統計によると、電子取引業者は米国株式の1日平均売買高の60％以上を提供している。特にETFは独特な構造をしているため、これらの業者は、ETFに関するいくつかの取引を行うだけで、この商品に膨大な流動性を提供している。ETF市場は、米国の平均売買代金の25％以上を占めるまでに成長してきている[1]。

自己勘定の裁定取引デスク

ETFとそれぞれの原資産バスケットの間の価格差をとらえることに焦点

---

1 "Credit Suisse Trading Strategy—Market Structure", October 6, 2015.

図表7-1 取引フローの例 ── 非一任/顧客注文の場合

[顧客の発注からETFの設定までの典型的なETFの買い注文における取引フローの事例]

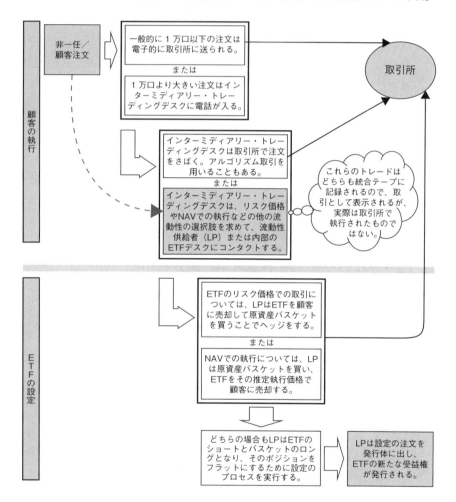

図表7-2 取引フローの例 ―― 一任の場合

[顧客の発注からETFの設定までの典型的なETFの買い注文における取引フローの事例]

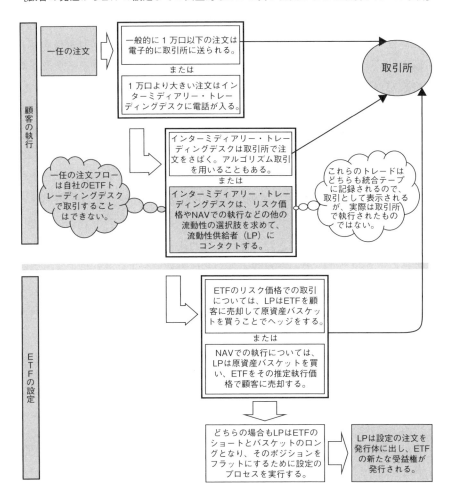

を当てている業者は、「自己勘定の裁定取引」と呼ばれる取引戦略を実行している。これらの業者は、自らまたは投資家の資金を管理する独立型の取引業者か大手投資銀行のなかのデスクのいずれかであろう。ドッド・フランク法は銀行の自己勘定取引に重大な影響を与え、多くのETF取引業務が銀行組織の外に出るようになった。これらの業者はETFの原資産バスケットの価格設定および実際のETFの受益権に対しての取引に焦点を当てている。彼らは顧客の注文フローを扱うことはしていない。彼らはETFとそのヘッジとの間に利益が生じる取引にのみ関与している。これは、かつては先物と株式バスケットの差のみに注目していた指数裁定取引が拡大したものとみなすことができる。過去数年間で、利用可能なインデックスの数が大幅に増加し、それらのインデックスに連動するETFが発行されたことは、その2つの代替可能なものの間のスプレッドにおいて、裁定取引を行うための非常に多くの機会をつくりだしてきた。何が統計的裁定取引ビジネスの非常に大きな成長を引き起こしたのかを判断することは困難である。それは、これらの新しい裁定取引の価格スプレッドの利用や、株式のバスケットを信じられないほどの速さで取引するのに十分な速度の技術の利用可能性の拡大であるのかもしれない。おそらく、それはその2つの組合せによるものであろう。近年、ETFの裁定取引や統計的裁定取引の成長の結果、多くのETFにおいて売買高が爆発的に増加してきている。

　自己勘定取引のグループは、一般的な販売や手数料体系のないLPである。このグループは流動性を提供することによって投資家にサービスを提供しているが、顧客と直接取引することはない。LMMは、ポジションの最小要件を満たすために、それほど有利でない価格で注文フローと取引することがある。しかしながら、これはLMMの有利な価格設定スキームのためにのみ生じる。標準的な売買高ベースのリベートを超えて、自己勘定取引のグループに取引所から支払われる手数料はない。このグループは、取引から利益を得ている。ある自己勘定取引のグループの形態のLPは、システムに入ってくる注文フローと取引することを望んで、電子的にマーケットメイキングを行

っている。このLPは一般的に、取引したいと思っている金額と取引当りの利益をどれくらい望んでいるかによって、異なる水準で価格を設定している。自己勘定取引のグループはLPであると考えられる。なぜなら、彼らは通常、ビッドをたたいたりオファーをとったりせず、市場に流入する注文フローによってとられる立場だからである。規模が隠された注文が存在することや高速で注文の変更と執行を行うことが可能であるために、流動性を求める注文フローが、各価格帯を実行可能な注文で試さない限り、異なる価格帯でどれだけの流動性が利用可能かを判断する方法はほとんどない。

　現在の市場構造は、利用可能なデプス（市場の深さ）を補助するために、1つの取引所へ注文フローを統合する動きは最小限に抑えられている。このような状況は、市場をさらに細分化するダークプールの拡大を招いている。LPは、ほかのすべての通常の顧客の注文フローが好ましい指値または成行注文で市場に流入してくるのに対して、一般的に注文をすでに表示して待っている。利益のある取引を目標としているため、ダークプールやデスクからあふれてきたフローを待つことはあまり魅力的ではない。そこで、現在こういった企業の多くは、食物連鎖のさらに上のフローを獲得するために、顧客対応の部門を開設している。これは、特定の仲介人を取り除いて、過去に支払っていたかもしれない追加料金なしで、よりタイトなスプレッドに導くことによって、投資家に利益をもたらすことができる。

　ヘッジは、マーケットメイカーの収益性にとって最も重要である。適切な価格での取引はポジションを開始するうえで重要であるが、効果的にヘッジを行って期待利益を確保することができれば、他の参加者と差別化することができる。この多くは、先進的なシステムと相関取引に関する優れた分析に至っている。国内構成銘柄のETFについては、利益はリアルタイムでバスケットや先物における大きな執行を得られるかどうかである。海外の領域に移ると、利益は、ポジションと相関するよいヘッジ手段をもち、資金調達コストがあなたのスプレッドを食い尽くす前に、そのロングとショートのポジションを解消することができるかどうかである。リスクを管理するには、通

常2つの方法がある。それはポジションごとのヘッジ、またはグローバルリスクバケットのいずれかである。ポジションごとのヘッジでは、ETFを取引する際には、通常、バスケットや他の相関のあるビークルを使ってその取引をヘッジしようとする。グローバルリスクバケットを使用している場合は、すべての取引が1つのプールに入り、システムがポートフォリオ全体のリスクを評価し、リスクを動的にヘッジしようとする。大手のETF流動性供給者のグローバルリスクブックへの移行により、より幅広い種類のETFのスプレッドがタイトになり、流動性が向上した。これは、ポジションに対してより多様なヘッジを適用できるためである。

今日における自己勘定によるETFのマーケットメイカーは、トレーダーの数と能力の面で、最大の参加者のうちのいくつかとなっている。ブローカー・ディーラーのトレーディングデスクでは、非常に幅広い数のETFを扱うトレーダーは少なくなっている。自己勘定の裁定取引業者では、拡大しつつあるETF市場の小さな範囲をカバーする、より専門的なトレーダーを目にすることになる。これらの自己勘定業者は注文フローに対応しているので、注文フローがどこにあるかに焦点を当てている。これらの業者は、参加者が少なく、スプレッドが広く、裁定取引の機会が増えるような銘柄でうまくやっている。十分な売買高と十分に広いスプレッドをもつ銘柄と、膨大な売買高でスプレッドが10分の1セント未満で取引されている銘柄と、広いスプレッドだが価値が見出せるほど十分な売買高で取引されていない銘柄との間には微妙なバランスが存在している。裁定取引業者は、市場の注文フローやビッドとオファーの要求に対応するために、ETF市場のすべてではないにしても、そのほとんどをモニターしている。

リードマーケットメイカー（LMM）

LMM（以前はスペシャリストとして知られていた）は自己勘定取引業者の一部であるとみなすことができる。多くの点で、彼らはETFとそのバスケット間の裁定取引という同じ事業を追求している。しかし、LMMは、取引所

から受ける特別な手数料体系を享受するための最低流動性要件を満たすことに同意するというパートナーシップに関して、証券取引所に登録されている。LMMは、流動性の基礎的な水準を提供するために存在している。ETFの取引が電子化される前のスペシャリストの仕事とはまったく異なった仕事である。取引所が進化するにつれて、すべての注文が満たされるべき確定した引けというものはもはや存在しない。寄付きと引けの決定は、過去のスペシャリストの役割の大きな部分を占めていた。

前述したように、ETFでは、アメリカン証券取引所のフロアにいたスペシャリストは、ETFとその原資産、またはヘッジポジションの間のスプレッドの初期の利益享受者であった。ETFの最初の数年間で行われた取引の多くは取引所のフロアで行われ、スペシャリストによってさばかれていた。これは、非上場取引特権（訳者注：上場市場以外の市場でも取引を行うことができる制度）によって、実際の上場場所が取引される場所とはあまり関係なくなる以前の話である。スペシャリストには時間と場所の優位性があり、すべての注文フローをみて適切なときに参加することができた。その事業が変化して電子的市場に移った時、リードマーケットメイカーの役割はアップステアーズに移り、自己勘定の裁定取引および顧客対応のデスクと絡み合った。トレーディングデスクにいるトレーダーは、フロアにいるものよりも安価でかつ柔軟性がある。多くの場合、一度に複数の市場に流動性を設定できる利点があるため、1つの取引所にいる必要はなくなったのである。

LMMであることの最も基本的な要件は、本書の前半で議論している。LMMは、通常、さまざまな異なる発注システムを介して、取引所にくるリテールの注文フローに流動性を提供している。LMMの主なタスクの一つは、注文フローにとって最後の受け手のLPであるということである。LMMは、システムに入ってくるすべての注文を完全に満たす義務はないが、満たさなければならないファシリテーションおよび市場の幅と厚みに関して最低限の要件がある。

この役割の鍵は、LMMであるための最低限の要件を満たすこと、すなわ

ち、取引におけるやや特殊な手数料体系と引き換えに、やってくる注文フローとのやりとりのための最低限の流動性を提供することである。最近では、最低限の要件しか満たしていなくても、報酬があることでLMMとなる価値があるのではないかという議論が市場でなされている。しかしながら、この要件は、ETFが求めている水準に十分なほど厳しいものではなく、これは新たな問題である。リードマーケットメイカーが経済的に意味のあるものになるのを助けつつ、新しいETFとそれほど取引されていないETFをどのようにサポートするかについては、現在議論されており、取引所のイノベーションが起こっている。米国では、最低要件を満たしているLMMを有する1,700以上のETFが上場されていることを覚えておく必要がある。それは彼らの責任であり、特に2015年8月24日のようなときに、彼らは要件を満たし続けることが期待されている。

　ETFの取引の進化は、ETFとして原資産の流動性に電子的にアクセスする能力をつくりだすことになるだろう。その進化は、取引所の発展から、またはETFの取引への参加を拡大しようとしている起業家的な取引業者から出てくるのかもしれない。現在のLMMのETFのクオート要件は、原資産市場の規模と深さに基づいているものではない。それは、現在の市場構造、多数の取引所、注文フローの断片化と関連している。原資産の構成銘柄が利用可能なETFに関して、LMMがより深くよりタイトな市場の提供に価値を置くようにする仕組みは、ETF市場の拡大を促進するのに役立つだろう。これは、投資家が新しいETFを取引することをより安価にして、ETFの成長と発展を助けるだろう。また、これはLMMにとってのETFの価値を高めることにもなる。古いスペシャリストシステムから変わったLMMの役割は、新たな商品の潜在的なインキュベーターとして再考することができる。急速に成長し、大きな支持を受ける商品には、LMMが参加する必要はないかもしれないが、最も収益性の高い商品になる可能性もある。商品の発行体および取引所は、これらの懸念のいくつかに対処するためにいくつかの提案を行っている。LMMになることが真に取引業者にとって有益な試みであり、

LMMの存在がETFの発行体と投資家にとって価値のあるものとなるように、この仕組みは均衡点に達するまで進化し続けるであろう。

高頻度取引業者

　理想的な世界においては、ETFとその原資産の構成銘柄の価格と流動性は、常に経済的に同等である。実際には参加者の種類が異なるため、この別々の2つの資産は、短期間においては互いにかい離する可能性がある。高頻度取引のシステムは、収益機会としてそれを利用しようとする。

　彼らは、マイクロ秒にまで至る非常に短い期間にわずかな利益を得るために、ボラティリティと将来の動きに対する予測モデルを使用している。しかし、多くのETFにおける原資産バスケットやオプションまたはその他のデリバティブの代替性によって、この商品は取引戦略に多種多様な機会を提示している。高頻度取引のプレイヤーは、多くのETFでさらに多くの売買高をつくりだすことによって、もう一つの流動性の源泉となっている。彼らの存在と成長は、ETFビジネスのより大きな発展をもたらす商品利用の多様性を示している。

　同じ商品に多くの異なる取引のスタイルが集まることで、より多くの取引が可能になり、さまざまなニーズを同時に満たすことができる。高頻度取引のプレーヤーの存在は、他のプレーヤーが独自の戦略を実行するために、彼らがつくりだす売買高を利用することを可能にし、さらにより多くの売買高をつくりだしている。この戦略は、一部のプレーヤーがETFと原資産バスケットまたはその他の利用可能なデリバティブを取引することで、ETFに対してもうまく機能する。他のプレーヤーはティック予測戦略を用いて利用可能な売買高の範囲で取引している。投資家のコミュニティなどの他のプレーヤーは、短期的な価格にそこまで関心がない。また、ヘッジやパフォーマンスの追求のためにポジションを取引している者もいる。他の商品と同様に、取引は売買高をさらに大きくする。売買高を大きく成長させるための完璧なエコシステムをつくりだすために、これらのすべてのプレーヤーを

ETFに集めることによって、彼らはそれぞれの異なる戦略を提供することが可能となる。

流動性アグリゲーター

　市場におけるETFの多様化のため、トレーディングデスクがすべての代表的な資産クラスに熟達していることが非常に困難になっている。しかし、ポートフォリオのアルファの源泉として、より深遠なエクスポージャーをもつ新しいETFを、顧客はこれまで以上に渇望している。小規模な注文の多くは取引所のフロアに流れており、電子的なマーケットメイカーが満たすことができるが、1万口以上のサイズでの取引を可能にする必要がある大規模な投資家が依然として存在している。この、より難解な手段における市場のニーズを満たすために、異なったタイプの流動性供給者が登場している。この新しいタイプの流動性供給者は、「流動性アグリゲーター」と呼ばれている。彼らは、さまざまな理由でポジションを交換したいブローカーの間に立っていたインターディーラーブローカー（IDB）から進化した。現在では、多数のマーケットメイカー、自己勘定と顧客対応のデスク、およびETFの最終ユーザーの間に立っている。彼らは、注文を入札して最良の価格を得るため、マーケットメイカーとの長期的関係を利用している。顧客がマーケットメイキングの関係性や取引全体の知見をもっていない場合、流動性アグリゲーターは執行において大きな価値を提供することができる。流動性アグリゲーターが築いている取引コミュニティとの広範な関係は、ETFの投資家にとって非常に有益である。彼らはレンディングツリー（訳者注：オンラインのローン市場）の組織に似ている。市場に複数のLPを同時に呼び出すことによって、アグリゲーターは顧客フローへのアクセスを彼らに競わせ、結果としてETFの市場スプレッドは深さを伴ってよりタイトになる。LPは、まったく参加しないよりはむしろ、より大きなサイズであればやや薄いスプレッドでも取引することのほうが好ましい。顧客の視点からすると、一度に

複数のLPにアクセスしたり、取引対象の商品のタイプに特化したLPだけに具体的にアクセスしたりすることができる。顧客の需要と利用可能で潜在的な流動性をあわせるということは、ウィン-ウィンの状態である。この流動性の集約は、電話か、またはだれかに直接話すことなくリアルタイムに集約できる新しい電子システムを通じて行うことができる。大規模なプラットフォームの執行チームの多くは、競争力のある価格設定のために複数のデスクを同時に呼び出す独自の流動性集約の形態を進化させてきた。さまざまな電子的な流動性集約ツールの導入は、このサービスの環境を非常に急速に変えている。

初期段階からのETFの価格設定や流動性の進化のようすをみてきた。それは必然的に、よりサイズが大きくよりタイトに利用可能な顧客のための価格の設定につながっている。ETFの発行とその顧客の拡大は、最近ではLPの成長を上回っており、ETFの流動性を提供する業者の数が望ましい水準よりも少なくなっている。商品の拡大に伴って、投資家があまり頻繁に取引されていない商品やより新しい商品を使用したいという要望が拡大しているため、成長の余地が広がっている。商品のパイプラインが引き続き衰えていないのであれば、より大きなLPまたはニッチに焦点を当てたLPへのさらなる需要が生じるだろう。

取引戦略

ETFの資産の増加は、設定と交換（C／R）のメカニズムがなければ不可能であり、ほとんど成功していなかったであろう。本書の初めにおいて、ETFをその前身の商品であるミューチュアルファンドおよびクローズドエンドファンド（CEF）と区別するための特徴について説明した。C／Rメカニズムは、ETFの成功の最も大きな原因となった特徴である。投資ファンドの巨額なスキームのなかにおいて、ETFが先行者の優位性をもっていたわけではないことを覚えておくことが重要である。また、上場ファンドの世

界でも先行者の優位性があったわけではない。CEFは、ETFよりずっと前に米国の取引所に上場されている類似のエクスポージャーを提供していた。異なったより効率的な形態で同様のエクスポージャーを提供する商品として市場に登場したとき、ETFのユニークな形態は本当に違いをつくりだし、既存の商品のリーダーと競争することができた。

　私は、CEFの専門家から大手のETFトレーディングデスクの責任者へ、そして大手のETF発行体の内部へ、という変化のなかでこれを直接みてきた。ETFの形態が市場に遅れてかつ最後に参入したにもかかわらず、それが支配的となったニッチな商品の代表的な例は、米国上場のインドのエクスポージャーである。インドの投資商品の例については、1940年投資会社法の商品がいくつか市場に参入し、長年にわたり確立されていたCEFおよびETNと競争して成功した。CEFやミューチュアルファンドの形態の後からやってきたインドのETFは、より大きく、より速く成長している。より新しく効率的な形態が、古く効率の悪いビークルを追い抜いたのである。債券の商品においても同様の現象がみられている。十分な流動性とポートフォリオの完全な透明性をもって取引所で債券ETFを取引したいという投資家の要望により、不透明で遅かった債券市場が近代化されてきている。

　C／Rメカニズムは、以前から市場に存在していたインデックスとファンドの間の裁定取引の機会を拡大した。長年にわたり、インデックス裁定デスクは、主要なインデックスのデリバティブ商品、先物、およびそれらの原資産のインデックスの間のスプレッドをモニターしていた。そのビジネスを制限していたのは、先物が連動対象とするインデックスの数が比較的少なく、潜在的な裁定取引機会の数を減らしていたことであった。エクイティ商品と同じような形態で上場先物のように機能する商品であるETFは、まったく新しい取引可能なインデックスを市場にもたらした。いまでは、裁定取引の機会のために、すべてのETFとその原資産のインデックスを追いかけて、別々ではあるが代替可能な2つの取引商品をモニターすることができる。これにオプションと個別銘柄先物のデリバティブ市場の成長を加えれば、裁定

取引の機会が急激に増加していることがわかるだろう。

　長い変数のリストが、ETFにおける裁定取引の成功を決定する。資金調達レート、取引速度、ヘッジ手法、価格の見積りの違いによって、多くの異なる業者が共存することが可能となっている。米国の単純な国内ETFの例では、バスケットとETFの間の裁定取引の競争はスピードに支配されている。バスケットはETFとともにリアルタイムで取引されるため、双方の商品を同時に値決めして取引することができる。それらは設定と交換の特徴を通して完全に代替可能であるため、純粋な裁定取引である。日中に取引することができ、同じ決済サイクルで引け後に解消することができるため、通常、取引に組み込まれている資金調達コストは最低限ですむ。完璧なクリエーションユニットを取引することができるので、注文フローを完全に執行できれば、市場エクスポージャーをもつことはない。2つの異なる連動対象の間におけるこの戦略の主な差別化要素は、処理と執行の速度である。多くの取引業者がこれらの裁定取引機会をみているが、資本集約型のインフラストラクチャーであるという参入障壁が、必要なテクノロジーとオペレーションに投資できる能力と意思のある企業にその参加者の数を限っているということを理解する必要がある。

　通常、裁定取引機会は、バスケットとETFの間のかい離を利用することができる場合に生じる。なぜなら、ETFまたは原資産株式のうちの一つまたはすべての株式においてなんらかの戦略を実行している別の市場参加者は、これらの2つの商品の関係には関心がないからである。多くの場合、市場参加者は価格設定を維持するために、裁定取引の効率性に依存しているといえるかもしれない。例として、一般的に日中の売買高が多く、裁定取引者の存在が知られている米国の国内ETFにおいて、大規模な売り手がいたとする。この時買い手は、それが原資産バスケットと相対的な価格で市場に出てくると仮定したうえで、このETFの利用可能な流動性で買うことによって、裁定取引者の存在を活用することができる。買い手は、ETFの市場では、取引の損失や利益をあげるためのマージンを含む、おそらく少額のプレ

ミアムを支払っているため、相対的（訳者注：原資産バスケットとまったく同じではないということ）という言葉を強調しておく。

　私はETFのトレーディング戦略を開発するうえで、過去に執行業者を指導したことがある。彼らは、ETFの価格を原資産の価値から遠ざけるほどの規模の注文フローを取引所に送っていた。このプロセスは、参加している裁定取引コミュニティに利益を提供していた。ETFは取引所で取引されているが、株式よりもダイナミックで扱いが異なるため、ETFの注文フローの執行においてはよりスマートな方法がいくつかある。私は過去6年間、ETFがどのように機能しているのか、どのマーケットメイカーがETFの流動性をサポートしているか、そしてどうやって最適な流動性にアクセスするのかについて、執行デスクを教えていた。これらのコンサルテーションは、社内のETFトレーディングデスクを設置し、彼ら自身の裁定取引を活用して顧客に利益を還元するというものから、マーケットメイカーを紹介して電子システムにこれらのマーケットメイカーへのアクセスを提供するというシンプルなものまで、多岐にわたった。結局のところ、より効率的なETFの執行の恩恵を受けるのはETFの利用者なのである。

海外構成銘柄のETFの裁定取引

　ETFとその原資産の海外株式のバスケット間の裁定をしようとすると、考慮すべき要素はさらに多くなる。まず何より、米国時間に取引されており、この間に閉じている市場の原資産バスケットを保有しているETFは、原資産バスケットの将来の取引水準の価格発見ビークルとして機能している。ETFと市場が閉じているバスケットの価値を取引しているのであれば、もはやそれは純粋な裁定取引ではない。テクニックとしては、ETFとなんらかの関連をもっている相関のある資産またはバスケットを見つけることである。理想的には、24時間トレーディングブックを走らせることができることである。つまり、米国時間にはETFと相関ヘッジを取引し、現地時間では、相関ヘッジと原資産バスケットとの取引を行うことである。この方法で

は、ETFに対してバスケットのエクスポージャーが残るが、これはＣ／Ｒメカニズムを使ってフラット化することができる。見つけることが難しいのは、両方の時間枠で取引される相関ヘッジである。海外構成銘柄のETFの取引戦略には、いくつかの他の要素が含まれている。第一に、時差によりポジションが少なくとも１日は保持されなければならないため、いくらかの資金調達コストがかかる。次に、取引に関連する税金および手数料を含む、それぞれの海外市場における独自の取引の違いがある。ポジションを完全にヘッジするために必要な通貨のエクスポージャーおよび通貨の取引がある。最後に、エクスポージャーとそのヘッジのいずれかにズレが生じる可能性がある。この手の戦略における取引の要点は、トレーダー自身のフェアバリューまたはeNAVの見積りである。eNAVの取引に関する興味深い点は、それが個人的な見解または見積りであるということである。これは、すべてのトレーダーが、さまざまなビッドとオファーにつながる微妙に異なった見解をもつことができ、異なる前提を用いた異なる戦略に応じて取引を導入することさえできるということを意味している。閉じている市場のバスケットについて取引できる能力は、これらのETFを非常に強力なものにしている。それらが登場する前は、そのようなエクスポージャーを米国の取引時間中に達成することはほとんど不可能であった。利用可能であったものは、効率の悪い構造のためにより大きなリスクがあった。

　海外原資産の構成銘柄のETFにおいて、取引価格とバスケットの価値の差異を理解することは重要である。そして、プレミアムおよびディスカウントの本当の意味を理解することも同様に重要である。日本の株式を原資産とするETFが、米国の取引日にIIVに対してディスカウントで取引されている場合、それは必ずしも裁定取引の機会を示すものではない。それは、そのETFのトレーダーが、昨晩の引けよりも低い価格で日本の市場が開くことを期待しているということを示しているのである。この状況においては、予想される市場の変動の大きさが裁定取引の機会が生まれる場所なのである。

　簡単な例で、この概念を説明しよう。この例では、バックテストおよび相

関を調査することによって、ETF INTLが複製している日本株のバスケットのほぼ正確な動きを予測する、米国上場株式の特定のグループを示すモデルを作成したとする。その株式のグループの動きをみれば、日本の朝に市場がどの価格で開かれるかを予測することができる。現在、米国の取引日に、その株式のグループが4％下落していて、ETFの構成銘柄は日本の朝に約4％下落することが示されているとする。実際には、同時にETF INTLは米国市場で6％下落して取引されていたとする。これは、IIVが日本の取引の終了時点の価格に基づいているため、IIVに対しては6％のディスカウントとなっているだろう。

これは潜在的な取引機会であり、ETFを6％下がっているところで買って、日本の原資産バスケットを寄付きの予想である4％下がっているところで売却できる可能性がある。しかし、米国の取引日に6％下落したETFを購入するだけでは、買った時間と日本市場が開く時間との間に価格が変化する可能性があるという問題がある。この間に、認識されていたディスカウントは完全になくなり、ポートフォリオはリスクにさらされるかもしれない。そこで、株式のグループをショートして価格差をロックすることで、裁定取引のスプレッドをロックすることができる。しかし、これでは上下に変動するポジションを残すことになる。現在、ETF INTLをロングしており、株式のグループをショートしている。理論的には、この例においては、ヘッジがなされ、スプレッドはロックされている。そのスプレッドを実際にとらえる唯一の方法は、価格差が狭まった後に両サイドを同時にアンワインドすることである。これは純粋な裁定取引ではない。バスケットと同じ時間に取引される国内ETFで利用可能な裁定取引とはまったく異なっている。このシナリオでは、理想的な状況は、ファンドが取引されるべき予想価格と市場における実際の価格との間のディスカウントが狭まることである。そうなれば、市場でETF INTLを売却して株式のグループを買い戻し、ポジションを閉じてスプレッドの差をとらえることができる。しかし、これはオーバーナイトの動きを推測しているので、おそらく少なくとも1日のポジションを

とっていることになる。また、この単純化された例では、相関ヘッジには外国為替のエクスポージャーの金額を相殺するのと同じものが含まれており、株式へのベットのみを行っていると仮定している。このヘッジが、たとえば、日本の企業の米国の預託証券ではなく、米国の企業のグループである場合、円ベースの原資産の構成銘柄をもつ米国上場ETF（ETF INTL）に内在するエクスポージャーをヘッジするために、円の為替取引を行う必要がある。これは、ETFにおいて常に発生する取引とヘッジの典型である。このような海外構成銘柄のETFは、株式のバスケットの推定価値を意味する価格で取引される。それらは互いに独立して取引されている。取引コミュニティには、取引日中、常に推定フェアバリュー（eNAV）を見積もるために使用するモデルがある。メンバーたちは、eNAVの見積りに基づいて、それらのETFとその相関ヘッジを取引している。

　コモディティ、通貨、債券などの他の資産クラスのETFの取引についても同じように考えることができる。ETFと原資産は同時に取引される場合もあり、より純粋な裁定取引ができるかもしれない。他の場合は、それらは別々に取引され、代替ヘッジを利用してETFとその原資産の推定価値の間のスプレッドを取引することになるだろう。すべての場合において、C／Rのメカニズムは、どちらかのポジションを構築するために、またはそのポジションを解消するために使用することができる。しかし、代替ヘッジポジションを解消してバランスシートを解放するためにそれを利用することはできない。なぜなら、取引されているビークルがETFと原資産バスケットの完全な複製ではないからである。現物によるC／Rプロセスを通じて代替ポジションの解消を行うことは、ETFの発行者に受け入れられない。さらに最近では、機関投資家はETFを株式や債券のバスケットのポジションをとるための仕組みとして利用し始めている。そのプロセスは、単純にETFを購入してからAPにファンドを解約させて原資産を投資口座に引き渡してもらうだけである。これまでのところ、ETFは完全にルック・スルーのビークルであり、ほとんどの場合、ファンドの正確なスライスに直接交換するこ

とが可能である。投資家やトレーダーはいつでも、どちらで保有するのが最も価値があるのかを判断することができる。

貸株のファシリテーション

　C／Rプロセスを利用するが、原資産バスケットに対するディスカウントやプレミアムをみない、別のタイプのトレーディング戦略は、ファイナンス取引である。そのポジションの目的は貸株のファシリテーションである。貸株市場は、ETFの貸株を提供しているクリアリング業者にとってよい収益源である。投資家が必要に応じてアクセスして利用できる株式のレートと数量を提供する中央清算機関が存在しないのは驚くべきことである。これはOTCの市場であり、集中化システムの欠如は不透明な市場をつくりだし、2人の投資家が同じ株式を借りるために大幅に異なる価格を支払う可能性がある。それぞれの投資家は、個別のブローカーの条件による貸株へのアクセスという制約を維持させられている。このことは、貸出のためのETFの在庫を提供する目的のための、ETFのファイナンシングのポジションを拡大させている。ファイナンシングが最も重要な機能となる取引においては、高速取引の機能は無関係であり、企業の資金調達金利が最大の鍵を握っている。

　最も基本的な取引は、市場に貸し出すための受益権を設定することによって、ETFの借入需要を満たすことである。この種のファシリテーションの手続は、「ショートクリエーション」として知られている。典型的な設定では、APは原資産株式のバスケットを購入し、それを発行体に引き渡す。ショートクリエーションでは、原資産の構成銘柄を購入するかわりに、APは原資産バスケットの株式を借りて、その借りてきた株式を発行体に引き渡す。APはそれを受け取り、ETFの新しく発行された受益権を交付する。原資産バスケットの借りた株式を発行体に引き渡すというプロセスは、APのブック上にショートポジションを作成する。そしてそれは、ETFの設定により作成されたロングポジションによってヘッジされている。このとき、

APは市場に対してニュートラルなポジションとなっている。もし、ETFが上昇して収益をあげれば、原資産バスケットも同様に上昇し、そのショートポジションは損失を生み出し相殺される。

ポジションを評価するためには、資金調達コストのさまざまな要素を考慮に入れて、金利リスクを認識しておく必要がある。資金調達レートは、通常、1カ月のLiborレートによって決定され、日々変化する。図表7－3は、ETFをロングして原資産バスケットをショートしたポジションを維持するためのさまざまなコストを示している。

ロング側のレートは、ロングする資産を購入するために使用された金利に、管理報酬の償却を加え、ロングポジションを貸し出すことによる利益を差し引くことによって決まる。ショート側のレートは、資産の売却から調達した現金から受け取る金利から、貸し手から借りた株式の費用を引いたもので計算される。配当は通常、ETFがパススルーのビークルであるため相殺される。ショート側で支払われる配当は、ロング側のETFの保有者にも支払われる（ただし、源泉徴収される証券があるさまざまな海外市場を除く）。目的は、資金調達費用、管理報酬および借株手数料の支払よりも多くの貸出手数料を受け取ることである。

これは市場で行われた取引ではなく、完全にヘッジされているため、ETFが市場で取引される価格とは無関係である。ETFが市場でプレミアム

figure 7－3 ETFをロングしてバスケットをショートした場合のキャッシュフロー

[バスケットのショートポジションでヘッジされたETFのロングポジションを維持する場合のキャッシュフローのまとめ]

ロング	ショート
ETF	**原資産バスケット**
購入資金の金利の支払	受け取った資金の金利の受取り
管理報酬の支払	
配当の受取り	配当の支払
貸株料の受取り	借株費用の支払

になった場合、当初のパリティに対して有利な価格でポジションを解消することができるかもしれない。しかし、それは貸株のファシリテーションの成功とは別のものである。この種の取引への典型的な参加方法は、C／Rのプロセスを通したものである。ただし、ETFとバスケットの電子取引を介して参加することも可能である。その場合の費用は、ファンドによって異なる可能性がある。バスケットを売却してETFを大量に購入しようとしたが、ETFを貸し出す対象の需要がない場合は、ロングしたETFの貸出の価値が低くなるため、その取引ポジションにはより多くの費用がかかることになる。前述のさまざまな経費があるため、そのポジションを維持するためには、日々費用がかかる。そして、市場参加者が、レバレッジのために利用できる資本の減少に起因して利益の最適化を求めた場合、非常に高価になっているバランスシートを拘束することによって、機会費用としての追加コストが発生する。

　貸株市場には収益機会を見つける方法が2つある。第一に、貸株市場からの需要を探し出し、この需要を満たすためのショートクリエーションをすることである。この方法の難点は、同じ低リスクの戦略を追求する多くの市場参加者がいることである。第二のアプローチはより積極的であり、需要を呼び起こすために新しいETFを設定するというものである。これには、受益権が借入可能となるのを待っているショートのニーズがあると計算できるというリスクをとることが含まれている。このリスクに対する報酬は、混み合っていない取引においてはより高いスプレッドを得ることができ、受益権のより高い割合を貸し出すことが可能となることである。貸株市場の多くは日々の利用率によって成り立っているため、この種の取引では頻繁なモニタリングとポジショニングが必要である。しかし、市場参加者は、長期的なロングポジションとしての投資に対してETFを利用していて、彼らが安定したレートで長期間の借入れの提供を可能としているため、貸株市場に安定性を追加している。

　ETFのポジションの調達レートを一定期間固定しようとしている他のブ

ローカー・ディーラーとのスワップ市場が存在する。これは、特定のインターディーラー・ブローカーを通して反対のポジションをあわせることで、特定の期間、互いに貸し借りを行うものである。これはまた、この手の取引戦略を安定させるのに役立っている。しかし、トレーディングデスクは、貸株デスクと連携して、ロングしているETFの在庫を貸し出したいという需要があることを確認する必要がある。ETFの借入れのファシリテーションは、クリアリング事業として大きな利益をもたらした。バスケットの変更を正常に追跡できれば、市場リスクはごくわずかとなる。そのポジションが混み合ってきて、収益性がなくなった場合、交換のプロセスを使用して簡単に解消することができる。ETF市場は日々のバスケットを公表しているため、バスケットの追跡は非常に管理しやすいリスクであり、日々のＣ／Ｒは潜在的な長期のエクスポージャーを排除している。ポジションを解消するときには、ETFの受益権を発行体に引き渡すことができる。それは借りているポジションを閉じるために利用可能な株式のバスケットを受け取るということである。ETFは、リスクをヘッジまたはその他の長期エクスポージャーを相殺するために、ショートをするための素晴らしいツールである。結果として、ETFを借りたいという需要は、Ｃ／Ｒメカニズムとそのポジションをバランスシートに収めたいと考えている業者によって満たされているのである。

統計的裁定取引と高頻度取引

ウィキペディアによると、統計的裁定取引とは、多数の有価証券について、非常に短い保有期間で、ITのインフラを用いて、高度に技術的で、短期的な平均回帰をとらえる戦略のことを指す。高頻度取引とは、一瞬の間に非常に高速に執行するための最も洗練されたテクノロジーを用いた、高度な取引戦略とみなされている。統計的裁定取引は、必ずしもそうである必要はないが、高頻度で執行する取引戦略の一種であるといえるだろう。ETFは、これらのタイプのトレーダーが取引する機会を提供する。これらの機会、ま

たはその利益率は、ごくわずかであり、ほとんど認識できず、ほんの一瞬の間に執行されてしまう。しかし、ETFに対する正味の効果は、流動性と取引の効率性が原資産バスケットとETFの間にもたらされることである。

　ETFのクオートは株式のクオートよりもはるかに速いペースで変化するようにみえる。これは、IIVの計算と原資産バスケット内の株式の動きをみれば理解できる。原資産の構成銘柄のいずれかの評価に変更が生じた場合、ETFのインプライドバリューは変更される。この変化はほとんど目にみえないかもしれないが、潜在的に取引機会をつくりだし、市場の変化を必要とする可能性がある。図表7－4は、バスケットの変化がETFの評価をどのように変える可能性があるかについての非常に基本的な事例を示している。

　図表7－4は、4つの構成銘柄をもつ非常に単純なETFを示している。10万口に相当するETFの1ユニットを設定するには、各株式が1万株ずつ必要である。バスケットの各株式の現在のビッド、アスクおよび直近の取引価格が示されている。そして、それらの下に、バスケットによるETFのインプライドIIVがある。シナリオ1は、バスケットをみた最初の瞬間のETFとその構成銘柄を示している。シナリオ2では、株式1のビッド価格が変更され、これによりETFのIIVのビッド側の評価が上昇した（両者は灰色の網目で表示されている）。ETFの買い手は、このビッドサイドでの構成銘柄の変動のために、理論的にはETFについても高い価格を支払うことになる。その評価をみている裁定業者は、一瞬前（シナリオ1）よりも少し高い価格でバスケットを売ることができると考えるだろうし、同様にやや高い価格を支払って買おうとしたのかもしれない。図表7－4には表示されていないが、この場合、基礎としている評価が変更されたため、ETFの市場価格はおそらく変動するだろう。シナリオ3では、株式2の直近取引価格が変化している。「直近取引価格」は取引された価格を意味しているので、直近取引価格の変化は、株式2が一瞬前よりも高い価格で取引されたばかりであることを示している。ETFのIIVの直近取引価格は、ETFの原資産証券のバスケットの直近取引価格を示している。ビッドとアスクはその時点で潜在的に取引可

能な価格が示されるが、直近取引価格のIIVは、直近の既知の動きを示すという点で、やや過去の数字である。これらのすべての数値は電子取引のためのアルゴリズムの形成に利用されている。

図表7－4　バスケットの価格変化が起こすIIVの変動

[シナリオ1──当初のETFのIIV]				
株式	株数	ビッド（ドル）	直近取引（ドル）	アスク（ドル）
1	10,000	25.00	26.00	27.00
2	10,000	30.00	31.00	32.00
3	10,000	35.00	36.00	37.00
4	10,000	40.00	41.00	42.00
		1,300,000.00	1,340,000.00	1,380,000.00
ETF	100,000	13.00	13.40	13.80

[シナリオ2──株式1のビッドの変化とETFのIIVのビッドの変化]				
株式	株数	ビッド（ドル）	直近取引（ドル）	アスク（ドル）
1	10,000	26.00	26.00	27.00
2	10,000	30.00	31.00	32.00
3	10,000	35.00	36.00	37.00
4	10,000	40.00	41.00	42.00
		1,310,000.00	1,340,000.00	1,380,000.00
ETF	100,000	13.10	13.40	13.80

[シナリオ3──株式2の直近取引価格の変化とETFのIIVの直近価格の変化]				
株式	株数	ビッド（ドル）	直近取引（ドル）	アスク（ドル）
1	10,000	26.00	26.00	27.00
2	10,000	30.00	32.00	32.00
3	10,000	35.00	36.00	37.00
4	10,000	40.00	41.00	42.00
		1,310,000.00	1,350,000.00	1,380,000.00
ETF	100,000	13.10	13.50	13.80

> **取引のヒント**
>
> ETFの直近価格の評価の変更により、ETFが次に取引されるであろう期待値が再評価される。明確にしておきたいのは、ETFは実際にはその価格で取引されていないということである。実際には、ETFの原資産バスケットが取引されたのである。しかし、2つのビークルは完全に代替可能であり、ETFはバスケットの派生商品なので、ETFの取引であると解釈することができる。

もし、バスケット取引のアルゴリズムがあり、シナリオ3の直近取引価格 (13.50ドル) でバスケットの4種類の株式を1万株ずつ購入し、同時に13.60ドルでETFの10万口を売却した場合、この取引の利益として0.10ドルが確定したことになる。この取引の規模は、クリエーションユニット (CU) の大きさに限定されることはない。もしアルゴリズムが各株式の1,000株のみを購入することができたのであれば、ETFの1万口だけを売ることになるだろう。この場合は、ブックをフラットにするために、ポジションを解消するか、または完全なCUまで十分なサイズを構築し、交換の注文を出せるようになるまで、取引を継続しなければならないだろう。収益機会がなくなるまで、アルゴリズムは取引を継続すると仮定することは理にかなっている。

各瞬間に潜在的に発生する裁定取引機会の数について基本的な計算を行うために、利用可能なETFの数をみてみよう。それぞれに平均100の構成銘柄をもつ750の米国上場ETFがあるとしよう。すべてのETFのすべての構成銘柄のビッド、アスク、最終取引価格をモニターしているとすれば、その瞬間ごとにほぼ22万5,000のクオートを監視していることになる。これには実際のETFの市場における価格の変動のモニターは含まれていない。本当の数字は間違いなくこれよりずっと大きいのである。この議論では瞬間という用

語を使用しているが、瞬間という時間の長さの概念はほぼ一貫して短くなっている。統計的裁定取引における取引と計算の時間は、ミリ秒または1,000分の1秒にまでなってきている。前述したものと同様の計算に基づいたタイミングと金利の差異は、特定のETFの売買高の増加を促している。そしてさらに、他の競合するマシンより前に執行できる確率を決めるための意思決定の計算も必要である。

　高頻度取引の成長に対して、通常の投資家が損失を被っていると主張する者もいる。しかし、そうであることを示した説得力のある、あるいは統計的に実証された議論をいままでみたことはない。一般的に規模が非常に小さい普通の投資家にとって、高頻度取引のシステムは多くの取引ビークルにおいてスプレッドを狭めている。彼らはまた、コストにおける非効率性を排除し、複数の商品間の効率性を追求している。

　ETF取引の多様な世界においては、電子取引の事業が有益であると考えられる。彼らは、ETFと原資産バスケットの間のスプレッドを縮め、投資家のコミュニティに流動性を提供している。最も流動的なETFを除けば、本書の前半で説明したように、典型的な取引は顧客と流動性供給者との間で行われている。本書のいくつかの章から学んだように、LPは通常、ETFとバスケット、一部の原資産のデリバティブ、または他の相関ヘッジのビークルの間における、なんらかの裁定戦略に基づいて流動性を提供している。LPがこれらの戦略を追求していなかった場合は、ETFの価格設定は顧客の買い手と売り手の自然なマッチングに依存し、原資産バスケットの価格とはあまり関係しなくなるだろう。こうなると、商品の売買高が少なくなり、スプレッドが広がり、ETFはクローズドエンドファンドのように振る舞うだろう。

まとめ

　取引コミュニティは、アセットオーナー（ETFの投資家）とアセットマネ

ジャー（ETFの発行体）の間に立っている。ETFの発行体に資産を提供し、ETFをサポートするためには、このコミュニティが非常に重要である。ETF業界の参加者は、最低限、流動性供給者がどのようにETFの全体像のなかに位置しているのか、また、どのようにそのリソースにアクセスするのが最もよいのかを理解しなければならない。取引コミュニティは、ETF業界の恩恵を受けるとともに、その成長を促している。あらゆるタイプの上場金融商品を分析して取引しているトレーダーとセールス担当者には高い需要がある。最近の大手取引業者の統合と再編の間においてでさえも、ETFの市場参加者の人材の採用ポジションは確固たる存在を維持している。これらの多くは、ETFの形態を利用している顧客基盤の継続的な成長によって増加している。投資家と業界のプロフェッショナルの両者にとって、ETFの売買高の増大にはメリットがある。執行のメカニズムをポートフォリオと投資ビークルの資産管理から分離させたことは、投資家の効率性の向上を今後も促すだろう。

　以前は利用できなかったエクスポージャーやベンチマークを上回るための新たな戦略といった投資の新しい道が、最良の投資方法に関する議論を拡大している。業界の多くの人が、ETFとアクティブ運用されている何兆ドルものミューチュアルファンドの間の激しい戦いに注目している。彼らは、取引や投資のコミュニティに及ぼすETFの潜在的な成長の影響を認識している。ミューチュアルファンドのポートフォリオマネジャーやトレーダーからETFの流動性供給者のトレーディングデスクへと取引がシフトしていることによる流動性の需要の爆発的な増加を満たすために、システムと人間の双方が進歩し続ける必要があるだろう。

　ETF市場の成長の真の影響は、長年の間、完全には理解されていなかった。しかし、われわれはいま、オープンエンドでの発行と設定／交換に組み込まれたメカニズムが、真に投資の本質に影響を与えていることを認識している。

第8章

市場構造とETF
──フラッシュクラッシュから
　ポートフォリオを守る

多くの投資家が非常に重要であるとみなして、名前を与えられた顕著な出来事が過去10年で2回ある。チャート上で市場の歴史をみると、一般的に注目すべき出来事にはそれらのイベントの想起を助けるための短い名前が与えられる。それらのイベントは一般的には個別で独立しているが、今回のケースの場合は、外部からみると似たような2つの市場イベントであった。それは、それぞれ2010年5月6日と2015年8月24日に起こった、フラッシュクラッシュとフラッシュクラッシュⅡである。2つの出来事は、市場価格が劇的に下落し、その後、同じように急速にそれらの損失を回復するという事態が続いて起こった。しかし、実際のイベントを調べると、いくつかの類似点もあるが、大きな違いもある。本章では、何が起こったのか、そしてその結果として市場構造の何が変わったのか、または変わるのかを理解するために、これらのイベントについて深掘りする。ここで注目すべき重要なことは、過去10年間において、米国市場の構造は、複数の取引所の追加、電子取引の拡大、そして注文フローの速度の大きな進歩により、信じられないほど複雑になってきたということである。ポートフォリオを効率的に執行したい人と、それほど洗練されていない注文フローに付け込むために市場構造を利用したい人との間で、市場では絶え間ない戦いが行われている。

本章では、イベントの説明を時系列と逆の順番で説明する。以前に起こったことを確認する前に、2015年8月24日の最新のイベントについて議論する。読み進めると、フラッシュクラッシュⅡ（FCⅡ）で起こったことのいくつかは、フラッシュクラッシュ（FC）からの政策の実施の直接的な結果であることがわかるため、この説明の順は奇妙に思えるかもしれない。しかし、より近い時点で起こったことを調べ、そこから歴史的な視点をもつことは重要だと考えている。FCⅡの直後においては、ETFは直接因果関係があるという誤った非難があったが、そのしばらく後は、その焦点がより市場の保護の方に置かれたため、ETF取引の流動性を妨げるものは何もなかった。

なぜこれらの出来事を商品の仕組みと取引に焦点を絞った本で議論するのか、という疑問があるかもしれない。その答えは、これはETFのポー

図表8-1 フラッシュクラッシュの振り返り

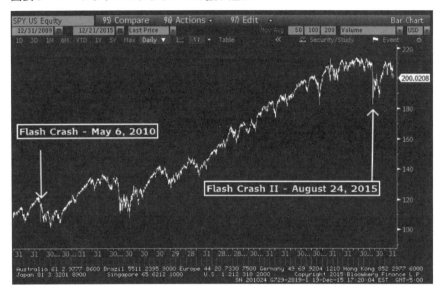

フォリオを効率的に管理するための重要な要素を教えることに焦点を置いた本であり、それは市場の構造と仕組みの理解がなくてはできないからである。しかし、歴史の壮大な地図のなかにおいては、これらのイベントはマイナーなものとみなされているかもしれない。それらは、近年のより劇的なボラティリティのなかにおいては、目立つことさえ困難である。図表8-1の矢印がそれらを示している。

フラッシュクラッシュⅡ（FCⅡ）：2015年8月24日

　人々が2回目のフラッシュクラッシュであるとみなしているものが、2015年8月24日に発生した。8月は通常であれば市場は静かな月である。しかし、この日とその周辺の日々はそうではなかった。この日は、最近の市場の歴史とETF業界において、規制当局者および取引所の間で最も議論された日の1日に入れられる。いったい、その日に何が起こったのであろうか。

第8章　市場構造とETF　249

その時のオーバーナイトのアジアと欧州の市場は非常に弱かった。米国のトレーダーが月曜日の朝に仕事にきたとき、これらの市場は3～5％下落していた。上海総合指数は一晩で8.5％下落していた。S&Pのミニ先物契約は5％のリミットダウンとなり、2015年に入ってから普通ではない事態だった。市場が開く前、トレーダーと投資家はポジションを解消したり、さらなるリスクから身を守ったりするために、膨大な売り注文を入力していた。これらの注文は、主に価格に関係なくあらゆる価格水準での売却を目指した成行注文であった。NYSEによると、8月24日の成行注文の数は平均の約4倍であったという。市場におけるこの恐怖と潜在的なボラティリティのすべてが、必ずしもフラッシュクラッシュにつながるとは限らない。取引および取引所のシステムは、取引量とボラティリティの増加には十分対処できるように設計されている。

ルール48

8月24日に市場が開かれた時の最も劇的な変化は、NYSEのルール48[1]の適用であった。ルール48は、株式のオープン価格についての提示要求と、株式の取引開始前における取引所の公式な承認の必要性を停止するものである。これによって、取引所の何百もの個別銘柄における潜在的なオープン価格についての可視性が事実上なくなった。これは大きな間違いであった[2]。多くの取引システムがフィードされたデータから自動的に価格設定を行う世界において、NYSEは人為的要素をその騒乱に追加しようとしたのだった。市場を落ち着かせるどころか、それは混乱につながった。特にETFは原資産株式の提示価格をもとに値づけされるため、オープニングの遅れやオーク

---

1 http://nyserules.nyse.com/NYSETools/PlatformViewer.asp?selectednode=chp_1_3_7_14&manual=/nyse/rules/nyse-rules/:
 Rule 48. Exemptive Relief—Extreme Market Volatility Condition
2 NYSEは、8月24日にルール48を誤って使用したことを明確に認めてはいないが、最近、*Wall Street Journal*"NYSE Files to Scrap Controversial Trading Rule" by Leslie Josephs and Bradley Hope, April 7, 2016.という記事に描かれているようにルールを廃止することを提案している。

ション価格の可視性の低下によって、ETFの流動性供給者は原資産株式の価値を理解できるようになるまでスプレッドを拡大せざるをえなくなった。

　2010年と2015年の大きな違いの一つは、メディアと投資家によるイベントへの反応であった。2010年においては、フラッシュクラッシュの直後に、市場の混乱の原因となる可能性があるとして、ETFに注意が向けられた。いかにその商品がまだ新しく、市場を不安定にする可能性があるのかについて書かれた何百もの記事があった。2015年には、ETFの残高が前回の出来事から2倍以上になり、あらゆる規模の投資家がポートフォリオにETFのポジションをもつことに対して安心していた。フラッシュクラッシュⅡの直後においては、ETFに対する非難はほとんどなかったが、ETFとその流動性のエコシステムが機能して透明性を保ち続けるために、市場構造を修正する必要性に焦点を当てた何百ものリサーチレポートが書かれた。市場から透明性を取り除くことで必然的にETFとその投資家に悪影響を及ぼしたことは、多くの市場参加者にとって明らかに手痛いことであった。

リミット・アップ／リミット・ダウンによる取引停止とバンド

　NYSEがルール48を発動した後、市場の透明性は低下した。株式とETFがどの価格帯で取引が開始される可能性があるのか、そしてその需給の不均衡がどのようにみえるのかということが、取引所のフロアの中心から離れた人々にとっては不明瞭になった。そして、新たに予期していなかったことが起こった。午前9時30分にオープンした直後に、経験したことも予想したこともない大きさで、リミット・アップ／リミット・ダウン（LULD）による取引停止の大量のトリガーが発動されたのである。実はこれは、ルール80C[3]として知られる初回のフラッシュクラッシュの直後に導入された市場保護措

---

[3] http://nyserules.nyse.com/NYSETools/PlatformViewer.asp?selectednode=chp_1_3_7_14&manual=/nyse/rules/nyse-rules/:
Rule 80C. Limit Up-Limit Down Plan and Trading Pauses in Individual Securities Due to Extraordinary Market Volatility

図表8－2　リミット・アップ／リミット・ダウンによる取引の停止

	取引停止回数	取引停止（％）	銘柄数	銘柄（％）
ETF	1,048	82	330	70
株式／ETF以外	230	18	141	30
合計	1,278		471	

出所：J.P. Morgan

置が意図しない結果として現れたものであった。初回のフラッシュクラッシュの後、個別証券およびETFの劇的な価格変動から投資家を守るために、LULDによる取引の停止が導入された。リミット・アップ／リミット・ダウンによる停止とは、直近価格からかい離した一定水準で、株式やETFの取引を即座に一時停止することを可能にするものである。その目的は、より思慮深い取引を伴った冷静な市場を再開させることによって流動性を補充するために、市場を一時停止させることであった。多くの場合、個々の状況においては、それらは価値があることが実証されていた。しかしながら、この停止が同時に大量に引き起こされた状況は一度もなかった。J.P. モルガンによると、このボラティリティの停止の内訳は、図表8－2に示すとおりであった。

　以前ETFの流動性供給者であった私は、その朝に流動性供給ビジネス周辺で何が起こっていたのかについて、いくつかの個人的な洞察をもっている。株式のオークション価格の透明性が低下するであろうことが明らかになるとすぐに、ETFのスプレッドがタイトな市場を提供するプロセスは遅れた。このフラッシュクラッシュの興味深い点は、価格形成という意味で最も深く影響を受けたETFが米国の原資産をもつものであったということである。これは、株式の潜在的な寄付きの価格に可視性がなく、オークションの不均衡の大きさの表示もなかったためである。したがって、マーケットメイカーは、原資産の価値がある程度明確になるまで、影響を受けたETFのスプレッドを広げなければならなかった。S&P500の500銘柄の株式の取引開

始時間を示している図表8-3で、NYSEの株式の取引開始の遅れをみることができる。チャートでハイライトされている午前9時35分（一般的には市場が開いてから5分後）においても、主要指標の株式の50％以上がまだ取引を開始していなかった。

取引が開始されていない株式がETFの価格づけを非常に難しくしただけでなく、これらの株式のインディケーション・オブ・インタレストや注文の不均衡が隠されていたため、原資産株式の価格を読み取ることが不可能であったと理解しておくことが重要である。新たな投資家は、海外の原資産を保有するETFが、その市場が閉鎖されている間に価格発見ビークルのように取引されたり振る舞ったりすることができるという事実に驚かされることがある。彼らはフラッシュクラッシュの間においてETFが同様の方法で価格をつけることができなかった理由を尋ねるかもしれない。市場が閉じているということは、原資産の株式のバリュエーションを評価するための情報が不足していることを意味するものではない。市場で利用可能なすべての情報に基づけば、株式や市場が次にどのような価格で開くかについて、非常に洗練された推測をすることができる。これがキーポイントである。他の市場で起こっていることやその他の重要なニュースに関する情報は、まさに市場にある。もし市場に存在しない価格設定に影響を与える情報がある場合は、バリュエーションは不可能に近い。市場から注文の不均衡の情報（透明性）がなくなった場合、原資産の価値を評価する能力は失われる。原資産に関するこの情報が明確になるまで待たずにタイトなマーケットメイキングをするリスクは大きすぎるため、スプレッドが広がるのである。

また、価格が激しく変動するときは、注文のキャンセルのリスクも増加している。これは、ETFの流動性供給者にとって重要である。彼らは通常、ヘッジに対してディスカウントであると認識した時点でETFのポジションをとり、利益を確保して市場リスクを排除するために同時にヘッジのポジションをとる。ETFの取引が誤った記録ルールのためにその記録から取り消される可能性が増すと、期待していたペアトレードの1本の足だけを残す

図表8-3　S&P500銘柄の毎分ごとの取引開始状況　2015年8月24日

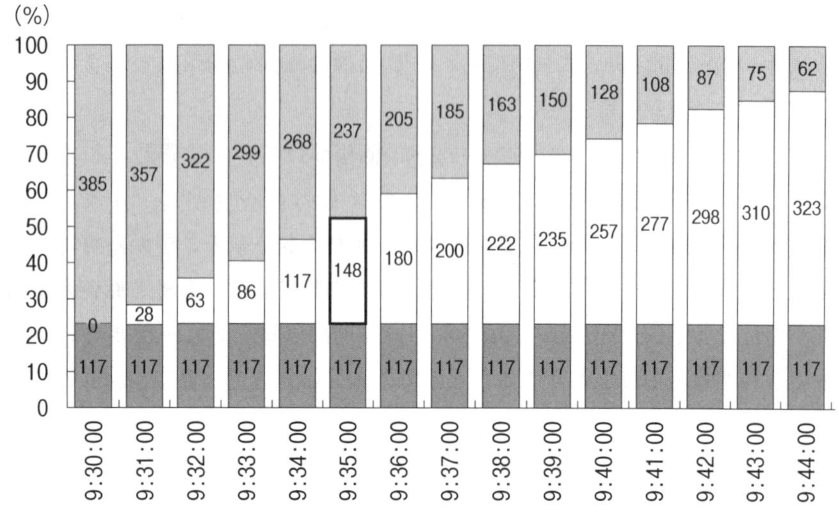

時刻	上段	中段	下段
9:30:00	385	0	117
9:31:00	357	28	117
9:32:00	322	63	117
9:33:00	299	86	117
9:34:00	268	117	117
9:35:00	237	148	117
9:36:00	205	180	117
9:37:00	185	200	117
9:38:00	163	222	117
9:39:00	150	235	117
9:40:00	128	257	117
9:41:00	108	277	117
9:42:00	87	298	117
9:43:00	75	310	117
9:44:00	62	323	117

出所：BATS

ことになるかもしれないという大きなリスクがある。これはポートフォリオを大きなリスクにさらす可能性があり、価格設定についての確信が市場に戻ってくるまで、トレーダーはスプレッドを広げたり、取引を減らしたりする。2010年のフラッシュクラッシュの後、多くの取引はエラーとみなされ、取り消された。このことは、マーケットメイカーに片方のポジションだけを残し、多額のコストを強いた。その恐怖とリスクが2回目のフラッシュクラッシュの際に広がり、マーケットメイカーは価格変動が非常に激しくなったときに、完全に撤退したのである。

起こらなかったことは何か

フラッシュクラッシュⅡは、初回のフラッシュクラッシュよりも劇的なものだった。DJIA（ダウ平均）は、最初の5分半の取引で6.6%下落した[4]。こ

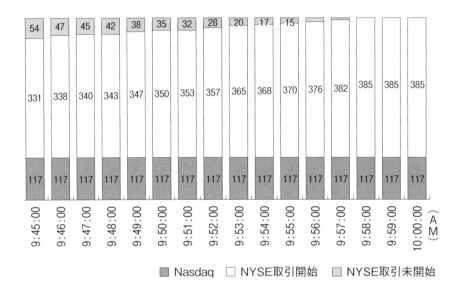

れは、実は初回のフラッシュクラッシュよりも悪く、2008年10月以来の最大の下落ポイントであった。以前にみられたものとは違って、LULDによる取引停止の大量のトリガーが発生したのである。しかしながら、1株当り1セントというスタブクオートの水準での大量の執行は起こらなかった。初回のフラッシュクラッシュを思い返せば、あのボラティリティの高さであれば、多くの電子マーケットメイキング・システムはスプレッドをスタブクオートまで広げる必要があったはずである。これは別のイベントだったのである。まず、初回のFCはシステムベースのイベントであった。異なった取引所に異なったクオートがあり、執行はタイムリーに戻ってきていなかった。これらの詳細については本章の後半で触れる。今回の場合は、株式は取引所にお

---

4 "Market Structure Update, Focus on August 24, 2015," J.P. Morgan, Brett Redfearn.

いては取引が開始されていなかったが、寄付きのオークションの透明性の欠如を乗り越えれば、ほかのものはうまく機能していたようであった。加えて、(初回のFC以降の) LULDによる取引停止の導入は、多くのETFと株式について、システムがスタブクオートに押し下げられるレベルまで、相場が下落させられるのを妨げていた。2015年のFCⅡでは、1株当り1セントで取引された取引はなかった。

8月24日にはなかったもう一つの問題は、明らかに誤った大量の執行の発生である。J.P.モルガンのリサーチによると、FCⅡの大混乱の最中に、明らかに誤っていると考えられた取引は2つしかなかった。これは、初回のフラッシュクラッシュの時よりもはるかによかったことである。これは、最初のフラッシュクラッシュ以降の誤った取引ルールの改善や、マーケットメイカーによる極端なボラティリティイベントの理解の進展、システムのより効率的な運用などによるものである。今回は、直近価格からはるかに離れた価格で行われたETFの執行があったとまではいえず、初回のFCよりもはるかに制限されていた。再度いうが、これはLULDの水準の設定によるものである。ここからわかることは、LULDによる取引停止によって引き起こされた混乱の周辺では多くのメディアの注目があったが、実際には非常にボラティリティの高い取引イベントの結果を改善するために役立っていたということである。

なぜETFの取引はインディカティブ・バリュー (IV) からかい離したのか

ETFのアービトラージ・システムの誤作動については、一部のETFがそのインディカティブ・バリュー (IV) から大きくかい離して取引されていたことで、依然としていくつかの懸念がもたれている。これは、一部の投資家が、イベント中にIVに何が起こったのか、および米国の取引日中にIVが何を表しているかを正確に理解していないことによるものと考えられる。FCⅡの間、S&P500インデックスの多くの銘柄は時間どおりに取引が開始され

なかった。図表8－3のグラフでは、午前9時35分までに、インデックスの株式の50％以上がまだ取引が開始していないことがわかる。ETFのインディカティブ・バリューは、ファンド内の各原資産の直近価格に残りのキャッシュを加えて、1口当りのETFの価格にしたものであると理解しておくことが重要である。市場が正式には9時30分に開いたにもかかわらず、米国の原資産株式を保有するETFのうち、多くはまだ取引が開始されていなかった。このときIVは、取引が開始された株式の直近の価格と、まだ取引が開始されていない株式の前日の終値の組合せを表していた。したがって、IVは、その時点においては、ETFの適切な価値を表すべき値を示していなかった。

多くのETFは、インディカティブ・バリューが最新の価格を示すものではなく、取引可能ではなかったため、IVから離れた価格で取引された。これは非常に重要なことであるので、例を示して説明したい。この例では、バスケットのなかに3つの株式（IBM、AAPL、GE）をもつETFを用いる。午前9時35分、AAPLとGEは取引が開始されているが、IBMはまだ取引されていないと仮定する。ETFのIVは25.50ドルという値を示しているが、これは、バスケット内の3つの株式のそれぞれの直近価格（まだ取引が開始されていないIBMの前日の終値を含む）を、ETFの値に換算するために、バスケットにおけるそれぞれの株数をかけて、ETFの口数で割ったものである。また、IBMはまだ取引が開始されていないが、すでに取引が開始されて約11％下落しているMSFTと、ほぼ1対1で相関していると仮定する。MSFTが11％下落した場合、IBMは11％近く下がるだろうと予想されるということを理解しておかなければならない。その潜在的な価格変化をIBMに適用し、直近価格を約11％下げれば、ETFの現実的なIVとなるものを計算することができる。この数字は、現時点で取引所によって示されたIVより約1％低い数値である。IBMはバスケットで約10％のウェイトしかないので、この株式の11％の動きは、実際にはファンド全体のIVにはおよそ1％しか影響しない。マーケットメイカーが相関性のある商品を利用して、

取引されていない株式の価値を見積もることができなかった理由は、最も一般的なベンチマークであるS&Pおよびその先物を含めたそれらのほとんどが取引されていなかったからである。FCⅡにおいては、価値の明確性がまったくなかったのである。

このフェアバリューの計算は、ETFのマーケットメイカーおよび流動性供給者によって、取引日を通じて継続的に行われている。彼らは、ある時点でその価値がどれくらいであるのかを計算するためにETFの実際のバス

図表8-4　推定インディカティブ・バリューの例

	直近価格（ドル）	価格変化（％）	取引開始／未開始	CU口数	ウェイト（％）	金額（ドル）
IBM	100.00	0.00	未開始	2,500	9.80	250,000
AAPL	250.00	－9.80	取引開始	5,000	49.02	1,250,000
GE	75.00	－3.60	取引開始	14,000	41.18	1,050,000
						2,550,000
						IIV
米国ETFの公式インディカティブ・バリュー				100,000		25.50

MSFT		－10.50	取引開始			
	直近価格（ドル）	価格変化（％）	取引開始／未開始	CU口数	ウェイト（％）	金額（ドル）
IBM	89.50	－10.50	未開始	2,500	8.77	223,750
AAPL	250.00	－4.80	取引開始	5,000	49.02	1,250,000
GE	75.00	－3.60	取引開始	14,000	41.18	1,050,000
						2,523,750
						IIV
米国ETFの推定インディカティブ・バリュー				100,000		25.24
					変化	－1.03

ケットを使うだけではなく、将来ETFに何が起こるのかということを解釈しようとするために、同じような相関をもつバスケットや個々の株を監視している。ETFがIVからかい離して取引されていたので、裁定メカニズムが崩壊していたと考えるのは間違いである。そうではなく、計算されたIVがもはや取引の実態を示すものではなかったために、IVからかい離して取引されていたのである。図表8－4は、株式の取引が開始または停止している間のインディカティブ・バリューの計算の例を示している。これは実際に、日本のように異なる時間帯で取引される株式を保有するETFにおいては、米国市場で毎日発生している。日本株を保有するETFは、その時点で原資産の株式市場は閉じているため、取引日中はIVから離れて取引される。FCⅡの間、非常に多くの株式の取引が開始されなかったため、トレーダーが寄って立つ価値をみつけるまで、ETFのIVは不正確になっていたのである。

FCⅡの結果から何を期待するのか

フラッシュクラッシュⅡの結果、一部の変更がすでに発生している。すぐに表れた結果の一つは、流動性供給者が数百回または数千回の停止が同時に発生する状況に対してシステムを適応させる作業を開始したことである。人間のトレーダーが、停止した各銘柄の状況を一通りみて、将来の停止やオークションプロセスの新たな段階を評価できると考えることはもはや現実的ではない。それらの情報はすべて取引システムに組み込まれるため、極端なイベントの間でもうまく機能するようになる。最終的には、市場の出来事に対処するための規制にいくつかの変更があるだろうが、それは数年かかる可能性があり、その間も市場は開かれていることを覚えておく必要があるだろう。今後は、LULDによる停止が発生した後の流動性の評価と再生成は、取引業者が資本をコミットすることによって自動化されるだろう。今日の環境下において市場参加者が、周りの投資家が合理的に行動していないときに合理的に行動するためのシステムを進化させ続け、それらのイベントによって生み出された機会を利用できるようにすることは、資本主義経済の機能の一

つでもある。

　2015年9月8日、NYSEは、取引所に上場している証券の寄付きのオークションに、新しくより幅広いバンド（値幅）を導入した。これは極度のボラティリティの期間中に、大量の取引停止のトリガーを防ぐのに役立つと期待されている。また、私は、規制当局がLULDによる取引停止の有効性を評価して、適切なバンドを決定するプロセスをさらに洗練しようとするだろうと確信している。

　極端な出来事が起こったときに、取引停止における個別の制限が、市場全体に必要な取引停止を阻害しないことを確認するために、エラー取引のルールや市場の取引停止についての評価が行われることも期待される。これらのタイプのイベントを適切に処理するためには、各取引所にまたがった、なんらかのかたちの同期が必要である。私は、ETFを取引停止するための基準としてインディカティブ・バリューを使用することに関する規制上の枠組みができるとは期待していない。これは、利用可能な範囲が限られており、取引されている原資産をもつETFにのみ価値があるものである。また、補正されたフェアバリューには、市場参加者間で大きな相違があり、取引停止の仕組みとしては役に立たないだろう。

投資家の行動を調整する

　ETFのポートフォリオを管理する場合、投資家は、異なる注文タイプにおけるリスク特性を認識する必要がある。多くのアドバイザーは、高いボラティリティの間にポートフォリオを保護しようとして、ストップ・ロス・オーダーを利用している。これらの注文は、リスクを削減することを目的としているにもかかわらず、執行のプロセスに多くのリスクをもたらしている。ストップ・ロス・オーダーは、ETF（または別の上場証券）のトリガー価格を使用するが、これは即時かつ迅速な執行のために成行注文となって取引所に送られる。成行注文は、売買を成立させることを唯一の目標とした、

価格に無頓着なものである。極端なボラティリティの期間中にのみ発生するようなレベルでストップ・ロス・オーダーを発動するように設定した場合、合理的な制限がなく取引ができてしまう最悪の時間に、システムに実際に成行注文を送ることになる。投資家はこのような方法でストップ・ロスタイプの注文を使用すべきではない。ストップタイプの注文を使用する必要がある場合は、ストップ・リミット・オーダーを使用すべきである。それらの注文は、成行ではなく、それを上回るまたは下回ることができない特定の制限価格で、執行のための注文を送る。執行されないというリスクはより大きくなるが、非常にボラティリティの高い市場環境に対して成行注文を送る機会は少なくなる。ストップ・リミットを正しく設定すると、ただ執行されるだけでなく、ポートフォリオの合理的な許容範囲内で執行される約定を増やすこともできる。これは、フラッシュクラッシュの前、中、後におけるポートフォリオの管理方法を理解したうえで、執行プロセスにおいてしなければならない最も重要な変更の一つである。もしこれらの変更を組み入れて、さらに、この本の前半で提示した「取引のための10のキーポイント」の範囲内で取引を行う場合は、ポートフォリオの執行プロセスには安全性と効率性が追加され、予期しないリスクが追加されることはない。両方のフラッシュクラッシュのチャートをみると、これらのイベントが終わって間もなく、市場は正常に戻り、数日後にはさらに高い水準で取引されていることに気づくだろう。取引を完全に回避したり、少なくとも必要な取引を賢く実行したりすることができれば、市場におけるこうしたイベントの影響をほとんど受けないでいられるだろう。本章の次のセクションでは、最初のフラッシュクラッシュの際に起こったことの詳細を確認する。

最初のフラッシュクラッシュ（FC）：2010年5月6日

2010年5月6日の約15分間、市場は異常な動きを示した。多くの株式およびETFの証券は、直近の取引価格から40％またはそれより下落した価格で

取引が行われた。これらの企業の株式だけなく、これらの企業の株式を保有しているファンド形態であるETFも、その過度の価値の低下を正当化するため、その15分間に大幅に変動した。この異常な動きはなぜ起こったであろうか。また、なぜ以前は起こらなかったのであろうか。将来の再発を防ぐために何が行われたのであろうか。フラッシュクラッシュという新しい用語はいったい何なのであろうか。

これについて学び、市場を深くみていれば、小さな「ミニ」フラッシュクラッシュがしばしば頻繁に起こっていることがわかる。しかし、急速で幅広い市場の下落と、広範囲に及ぶ大規模な復旧は、実際には2010年5月6日と2015年8月24日の2回だけしか起こっていない。本章では、両方のイベントについて、いくつかの詳細を提供し、主要な類似点と相違点に焦点を当てている。最後に、将来の市場構造について何を期待するのか、そして、これらのイベントからポートフォリオを保護する方法について、その詳細を説明する。

なぜETFの価格が迷子になったのか

2010年5月6日の出来事の後、その真の原因を説明しようとする理論や仮定には事欠かなかった。しかし、SEC／CFTCが公式の調査結果を発表したのは、2010年9月30日であった[5]。規制当局による約5カ月の遅れは、いかにさまざまな取引所の内部や一般的な市場構造が複雑であるかを表している。

ETFに関して、流通市場の取引と価格形成はいくつかの要因に基づいている。最も重要な2つの要因は、原資産のバスケットと代替ヘッジのビークルである。ETFは個別株とは異なる取引をしている。ETFの取引の大部分は、通常、顧客とプロのトレーダーまたは流動性供給者との間で行われる。

---

5 "Findings Regarding the Market Events of May 6, 2010." Report of the staffs of the CFTC and the SEC to the joint advisory committee on Emerging Regulatory Issues. Published 9/30/10.

2人の顧客同士が取引するのはごくまれである。これは、NYSE／Arcaのリードマーケットメーカー（LMM）の参加率と取引量の逆相関からわかるように、上位30位のETFを超えた場合にはより目立つようになっている[6]。多くの場合、ETFの売り手は、ETFの流動性供給者またはマーケットメーカーに売却している。彼らは、裁定のスプレッドを確定するために、同時に原資産のバスケットの売却が期待できるレベル、または代替ヘッジをベースとして、ビッドの価格を出している。したがって、ほとんどのETF取引は、マーケットメイカーがETFの原資産の構成銘柄を正確に価格設定し、評価できるかどうかに依存している。

フラッシュクラッシュの日に、ナスダックおよび他の取引所は、米国株に対するなんらかのかたちの価格の差異の検出を示して、NYSE／Arcaに対して「セルフヘルプ」（訳者注：注文回送先の市場からのレスポンスが大きく遅れる状態のときには、その市場の価格を無視できること）を宣言した。そして、市場の混乱直前にはいくつかの株式が「スロー」モード（訳者注：電子取引を中断してマーケットメイカーによるマニュアル処理に移行すること）に入っていたということが、現在皆の知るところとなっている。これらの事象の両方が、ETFのフェアバリューの計算にゆがみをもたらし、その結果として、マーケットメイカーまたは他の流動性供給者がビッド・オファーのスプレッドを拡大し、フェアバリューが確定するまで市場から離れた状態になってしまった。単純に考えると、国内の原資産バスケットをもつETFにおいて、原資産バスケットの価格設定ができない場合には、ETFの価格設定をすることはできない。これはETFの構造上の問題ではなく、リアルタイムのデータの問題である。ETFは、原資産の有価証券のバスケットの価値からその価値が導き出される単純なラッパー（包んだもの）であるため、原資産の正確なデータを収集できない場合、ETFの価値を評価することはできな

---

6 NYSE／Arca 総合平均日次売買高／LMMの参加率（2011年1〜4月）——1万未満／16.58%；1万〜5万／11.44%；5万〜10万／8.47%；100万〜500万／7.56%；500万以上／7.19%——NYSE／Arca.

い。たとえば、ミューチュアルファンドが（ETFでは知られているが）リアルタイムの純資産価額（NAV）の計算を提供していたとしたら、その時点では、それもまた、良好または有効な評価をできていなかったであろう。さらに、午後3時45分と午後4時の引けとの間に15分の価格の混乱が発生した場合、多くのミューチュアルファンドのNAVは、大幅に低くなった原資産の価格に基づいて非常に低い価格で定められてしまった可能性がある。双方のタイプのファンドの評価プロセスは同じであるが、一方の商品は実際のファンドのリアルタイムの価格設定と取引の仕組みを提供（ETF）し、他方の商品はそうではない（ミューチュアルファンド）。本質的に、価格の混乱は、日中に取引されるすべての株式商品と、それらの商品のラッパーに影響を与えたのである。

　売買高は、フェアバリューの計算を再評価するためにETFのマーケットメイカーを市場のなかから遠ざける別のパラメーターでもある。市場はミリ秒（またはそれより速い）単位で動いているが、非常に短期間での売買高のスパイクは、注目に値する原資産の市場イベントの指標として使うことができる。図表8－5は、米国上場ETFのなかで、最も取引されているETFのチャートである。チャートは、2010年5月6日の5分ごとのファンドの価格（上）と売買高（下）を示している。午後2時から午後2時30分にかけて、売買高が目立って増加し始め、その後の午後2時45分に近づくにつれて、売買高は急増した。ETFが、通常は5分間に約500万口が売買されているが、次の10分では2,500万口、そして3,000万口と取引が急増するようになると、当然のことながら、取引のコミュニティによってリスクパラメーターの再評価と価格の確認が行われることになる。取引所間の価格の不一致と同時に売買高の急増が発生した場合、価格の確認の問題を引き起こし、価格提示システムをチェックするために、流動性供給者が市場から引き上げるのは自然な反応である。その日の劇的な価格の反転から、価格の確認がとれるとすぐに、市場参加者が市場に再参入してETFの価格を元どおりにすることができたことがわかる。認識すべき重要なポイントの一つは、市場の混乱時、い

図表8-5　2010年5月6日のSPYの取引価格と出来高

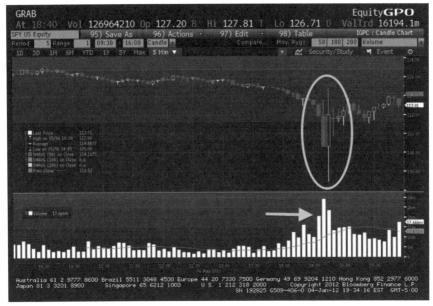

出所：Bloomberg

くつかの株価が「スロー」・クオート・モードであったときに、その代替としてETF市場の売買高が増大したということである。5月6日と5月7日において、ETFの全体の売買高は、歴史上それぞれ3番目と5番目となっている[7]。このことは、ETFが投資の世界において役割をもっていることと、この商品のメリットを信じる十分な参加者がいることを明確に示している。特に市場が拘束されているときに、ヘッジのポジションやその他の無数の目的のために自然に使用されていることが確認できる。

SECとCFTCの報告結果の詳細　　SECによると、タイムテーブルは以下のようになる。

---

[7] "Credit Suisse AES Research Analysis: The Top Five Highest Days by Share Volume of ETFs in Order: 9/18/2008, 10/10/2008, 5/6/2010, 11/20/2008, 5/7/2010." As of 2010.

午後2時05分：2010年5月6日、ギリシャの債務危機に対するアテネにおける激しい抗議活動のために、ユーロが急落した。

午後2時23分：ナスダック取引所は、異常な価格変動に関する警告を発した。

午後2時32分：一部の高頻度取引（HFT）モデルは、S&P500 E-Mini先物契約のショートポジションを増やすことによって、引き続き価格が下落することに賭け始めた。

午後2時36分：膨大な注文数のため、取引所はNMS規制[8]の条件に準拠することができず、取引所間で価格の相違が生じた。

午後2時37分：そのため、ナスダック、CBOE、BATSの取引所では、「セルフヘルプ」機能が有効になり、NYSEの電子取引プラットフォームであるArcaに注文をつなぐことが停止された。

午後2時40分：不確実性が高いために、いくつかの取引業者が市場から退出し、買い手および売り手の不足につながった。

午後2時44分：S&P500 E-Mini先物契約の売買高は、通常の売買高の6倍まで増加した。

午後2時45分：E-Mini先物契約が非常に短期間に急落した。これはCMEのサーキットブレーカーによる5秒間の取引停止を引き起こした。

午後2時47分：S&P500は日中安値をつけた。これは日中高値から9.1%

8 　注文保護ルール（NMS規制のルール611）は、ある取引所が保護されたクオート（他の取引所によって表示される投資家の指値注文を表すことが多いが、即座にかつ自動的にアクセス可能なクオート）の価格よりも劣る価格で注文を執行する際に起こるトレードスルーに対して保護をするものである。(b)(1)項は、トレードスルーが起こったときに、保護クオートを表示している取引所が、そのシステムまたは機器の故障、重大な遅延または誤動作を経験していた場合の取引を除いている。「重大な遅延」の例外とは、他の取引所が、即時に（現在の取引条件で1秒以内に）クオートにアクセスしようとする注文への応答に繰り返し失敗した場合に、取引所にセルフヘルプの措置を与えることである。

の下落であった。多くの株式およびETFが、低いものは1ペニーだったり、高いものは10万ドルだったりで取引された。

午後3時01分：ナスダックは「セルフヘルプ」を取り消し、Arcaに注文を送って価格を一致させた[9]。

2010年9月30日のSECの報告書の非常に重要ないくつかの箇所では、ETFに関して何が起こったのかがさらに明らかにされている。報告書の39ページには以下の記載がある。

> **われわれが話したETFのマーケットメイカーの大多数、特に通常のマーケットメイク活動の一環として原資産株式を評価している者たちは、5月6日の午後2時45分以降、かなりの間、マーケットメイクを停止していた。われわれはこれが、株式のETFが、この日の午後の極端な価格変動によって、不釣り合いに影響を受けた理由の一つであると考えている[10]。**

起こったことの注目すべき点の一つが、報告書の最初に記載されている。その報告書の4ページには、エグゼクティブサマリーの一部として、極端で急激な価格下落に反応したことによる、多くの自動取引システムの取引の停止について書かれている。取引の停止は、マーケットメイカーが市場の状況を評価できるように、自動取引システムに組み込まれた合理的な機能である。

> **市場参加者は、これらの評価には以下の要因が含まれていると報告して**

---

[9] "Findings Regarding the Market Events of May 6, 2010." Report of the staffs of the CFTC and the SEC to the joint advisory committee on Emerging Regulatory Issues. Published 9/30/10.
[10] 注9に同じ。

いる。観察された激しい価格変動が誤ったデータの結果である可能性があるかどうか。その変動がリスクとポジションの制限に及ぼす影響。日中の損益への影響。取引が崩壊し、不意にロングまたはショートの一方向のポジションになってしまう可能性。そして、その日に処理していた非常に大量の取引と注文に対処するシステムの能力[11]。

価格の変動などに基づいたデータの信頼性による停止、またはクオートの遅れなどに基づいたデータフィードの信頼性による停止のいずれかが引き金となって、取引を継続する前にフェアバリューの計算が合理的かどうかを判断するために、取引システムが取引を停止した可能性がある。

この文脈においては、「スタブクオート」と呼ばれるものの使用と、それらがマーケットメイキング活動の停止にどのように関係しているかを理解することも重要である。同じ報告書の38ページでは、「継続的な両サイドの価格提示を維持する義務を遵守するために、マーケットメイカーは、積極的なクオートをしないことを選択した場合、スタブクオートを利用する」とされている[12]。そのため、5月6日には、市場に再参入するかどうかを再評価する過程で、一部のマーケットメイカーのクオートはスタブクオートのスプレッドまで拡大されたのである。ナスダックやNYSE Arcaのマーケットメイカーについては、このスタブクオートが、マーケットメイカーの市場からの撤退時に自動的に生成される可能性がある。マーケットメイカーは、なんらかのシステムやクオートの問題のためにETFのフェアバリューを判断できない場合、市場を再評価するために、彼らの内部での見積りをやめる可能性がある。彼らのシステムは、ETFの有効なフェアバリューを算出している間、自動的にスタブクオート（取引を意図したものではない）をつくりだす

---

11 注9に同じ。
12 「スタブクオートとは、継続的なビッドおよびオファーを提供するというマーケットメイカーの義務を果たすものの、マーケットメイカーが通常の市場条件のもとでは到達されないと予想するレベルの非現実的に低いまたは高い価格のクオートのことである」。SEC/CFTC報告書38ページ。

ことができる。スタブクオートは、本質的には単にかわりに提示されるきわめて低いかきわめて高い価格のビッドとオファーである。彼らはまだテクニカルには証券の「マーケットメイキング」を行っており、義務を果たしているが、ビッドとオファーは非合理なまでに広いので、通常はだれもそこで取引することはない。

さらに決定的にいえば、報告書の40ページでは、「そのため、データの信頼性の懸念によってプロフェッショナルが撤退した場合、ETFは大型株と同じように、ミッドのクオートから離れたところで流動性を維持していたわけではなかった可能性があり、異常な数のETFの注文がスタブクオートの水準をヒットしてしまうことを許していた」との記載がある[13]。マーケットメイカーは価格が不透明であったため、取引は発生しないと予想してスタブレベルに移行したが、発注されていた成行注文は、低い水準のビッド／オファーで執行されてしまった。

マーケットメイカーがクオートに信頼をもてなかったもう一つの理由は、NYSEのLRP（流動性補充ポイント）が発生していたかもしれないということである[14]。報告書の68ページには、「LRPの価格ポイントを超えてNYSEのオーダーブックに追加の引合いがある場合でも、LRPは発生する可能性がある。このような場合、NYSEは証券の自動クオートを中止し、統合テープ上の「ノンファーム」という表示でそのオーダーを示す。これは、その証券が「スローマーケット」または「スローになった」と呼ばれている」と書かれている[15]。2つの競合するクオートシステムがそれぞれメインとバックアッ

---

[13] "Findings Regarding the Market Events of May 6, 2010." Report of the staffs of the CFTC and the SEC to the joint advisory committee on Emerging Regulatory Issues. Published 9/30/10.
[14] 「LRPは、「スピードバンプ」として機能し、一定の大きさの価格変化に達すると、自動化された市場から手動の市場に一時的に転換することによって、特定の株式のボラティリティを低下させることを意図している。そのような場合、その株式のNYSEでの取引は「スロー」になり、自動化された市場に戻る前に指定マーケットメイカーが追加の流動性を要求または追加することを可能にするために、自動的な処理は1秒から1、2分の間停止する」。SEC／CFTC報告書、68ページ。

プとして使用されていて、一方が「スロー」であるために異なる価格を表示し始める場合は、どちらの価格が真に市場で取引されているものを示しているのかを決めることができるまで、あなたは市場から離れようとするだろう。「スローモード」の株式によって評価額が影響を受けて、システムがETFを原資産バスケットの価格から離れて価格をつけてしまったとしたら、このプロセスはマーケットメイカーにとって問題となる可能性がある。

2010年5月6日の出来事は広く知られているが、価格の差異や「セルフヘルプ」ルールの宣言は、その前から頻繁に発生し、さらに頻繁に発生し続けている。BATS取引所は、http://batstrading.com/alerts/において、セルフヘルプの宣言および最終的にこの宣言を無効にしたときの情報を提供している。これらの宣言の多くは1分以内で終了する（それらの多くはそれよりも短い）。

要約すると、ETFのマーケットメイカーは彼らのクオートを広げ、流動性の真空状態を引き起こした。市場が下落を続けたことで、ストップ・オーダーの雪崩を引き起こし、それがオーダーブックを一掃する成行の売り注文になった。このことは、なぜランダムな水準で執行がなされ、すべてが0.01ドルではないのかを説明する。一部の執行は0.15ドルで発生し、一部はさまざまな異なる価格の分布で発生した。システム内に多くの買い手があったETFは売りを吸収することができたが、買い手の少ないものは、0.01ドルにまで下落して取引された。これは多くのマーケットメイカーが彼らのクオートを移動させた水準である（スタブクオート）。2010年と2015年を比較すると、2010年は、ETFと個別株は取引が開始され、実際に取引されていた。しかし、2015年は、それらは取引の開始が遅れていたか、または継続的に取引が中断されたのである。2010年は、劇的な価格変動、売買高の増加、価格の遅れ（直近価格のデータの受取りに遅延があった）によって不確実性が生じ、ETFの価値評価が非常に困難になった。2015年は、すべての証券と関連す

---

15 注14に同じ。

る代替ヘッジの取引開始の遅れおよび取引停止によって不確実性が生じ、ETFの価値評価が非常に困難になった。2つの出来事を比較すると、価値に関する不確実性と透明性の欠如が、マーケットメイカーがクオートを大幅に拡大する状況をつくりだした。これらの2つの出来事の間では、急激な下落により引き起こされたストップ・ロス・オーダーが、成行注文となり、スタブクオートの一部にヒットした。要するに、適正なETF取引には価値の透明性が必要であり、特に変動が激しいときには、成行注文は非常に注意深く使用するべきである。

再発するのか

SECは2010年5月6日の出来事から導かれた結論に基づいていくつかの勧告を行った。

最初の動きは、これはおそらく市場に最も影響を与えるものであるが、株式とETFに関するボラティリティベースの取引停止プログラムの設置であった[16]。SECは、これらの出来事の再発を防止するためのプログラムを試験運用した。この試験運用は、2011年の夏までしか継続されないことになっていたが、何度か延長されている。これは次のように動作する。

・サーキットブレーカープログラムの対象となる株式については、株価に応じて、午前9時45分〜午後3時35分の間において、特定のレベルで取引が中断される。
・25ドル以下の株価の株式は、取引がサーキットブレーカーのトリガー価格から少なくとも10%離れると取引が中断される。
・25〜50ドルの株価の株式は、取引がサーキットブレーカーのトリガー価格から5%離れると取引が中断される。
・50ドル以上の株価の株式は、取引がサーキットブレーカーのトリガー価格から3%離れると取引が中断される。

---

16 Rule 80C. Limit Up−Limit Down Plan and Trading Pauses in Individual Securities Due to Extraordinary Market Volatility. このルールは2010年6月10日より適用。

異常な市場のボラティリティのため、個々の有価証券の取引は停止となる。
　サーキットブレーカーが適用されない場合、取引所と米国金融業規制機構（FINRA）は、どれくらいの銘柄が含まれるかに応じて、複数の銘柄を含む出来事について、特定のレベルで取引を中断する。
・5～20銘柄のイベントの場合は、一般的には価格形成が混乱する直前の取引価格である「参照価格」から、少なくとも10％離れると取引が中断される。
・20銘柄より多いイベントの場合は、参照価格から、少なくとも30％離れると取引が中断される。

　SEC／CFTCは、株式市場とデリバティブ市場との相互関係がより大きくなっていることを認識している。先物市場は、残高や売買高の多いETFの裁定取引機能を円滑にするために頻繁に使用されるため、これがより顕著となることを強調しておきたい。このことは、一貫性がなくなる可能性を排除するために、2つの市場間でより統一された規制の仕組みの構築を推進するはずである。
　報告書は、不確実性を招いた取引の中断に関する規制に不一致があったことを認識し、このプロセスを整えるために努力するとしている。報告書は、多くの市場参加者の重要性、スピード、高度な技術について多くのページを割いて指摘しているが、人間の介入を可能にするために市場を減速させるというNYSEのプロセスに継続的に従うとするとしていることについては、現代の市場の高度に自動化された取引環境において、意図しない問題を引き起こす可能性があることを認識していない。人間が介入するモデルは現在の取引速度に追いつくことができないため、すべての取引所においてすべての参加者が完全に自動化したシステムを採用するように努めなければならない。
　もう一つの重要な認識は、多くの市場参加者が、しばしばより厳格な、ボラティリティに基づいたシステムの完全性チェックおよび休止を採用するだろうということである。これは、投資家の間におけるETFの利用の拡大と、

それらの商品に対する流動性の提供のされ方を考慮に入れるはずである。多くのETFにおいて、流動性は通常、専門的な市場参加者とのやりとりによるものであり、オーダーブックに残された注文だけでは流動性が低いということは、この報告書からも常識的に理解されている。ETFの発行体とマーケットメイキング・コミュニティとの関係は、報告書のなかで明確ではないが、研究の対象となるべきものである。現在のところ、そこには正式な関係はなく、投資家の利便性のために相場を保護するインセンティブはない。何年も前に作成された現行の規制[17]は、ETFの発行体とそのマーケットメイカーとの間の正式な経済関係の構築を禁止している。これらの規制は、この新しいファンド型の投資商品が取引される前につくられたものであり、正式な経済関係に基づいて流動性を提供することによって実はこの新商品がメリットを受けるということは期待されていなかった。今後の研究を通じて、極端な市場変動の状況下における参加を確実にするために、発行体コミュニティが流動性供給者に防護策を提供することによって、投資家に利益をもたらす方法を探し出そうとすることが決まるかもしれない。

キーポイント──ストップ・オーダーの使用の制限

モニターされていないストップ・ロスおよびストップ・リミットの注文は避けるべきである。2010年5月6日のすぐ後に、NYSE／Arcaは注文フローに関する情報メモを発表した。「NYSE／Arca自身はストップ・マーケットまたはストップ・リミットの注文タイプを提供していないことを認識しておくことは重要である。ブローカーがそのような注文タイプを顧客に提供する場合、その注文タイプはブローカーのメンバーである会社レベルで維持され、トリガーされたときは、ブローカーは、結果として生じる執行されるべき注文を、指値または成行注文などのさまざまな方法で取引所に送信する[18]。」アドバイザーのコミュニティでは、

17　Finra Rule 5250, Payments for market making.
18　NYSE/Arca informational document.

ストップ・ロス・オーダーを用いてETFのポジションのリスク管理をすることは珍しくない。これらの注文は、トリガーされて成行または指値注文として送信されるまでは、取引所のオーダーブックには表示されない。これらの注文がどれくらい、さまざまな注文処理デスクのオーダーブックに常に隠されているのかについてのまとまったレポートは存在していない。

まとめ

　私の調査や規制当局によれば、ETFがフラッシュクラッシュの原因ではなく、また、明らかにフラッシュクラッシュⅡの原因でもない。2010年から2015年までの市場の進化において、ETFは市場インフラのより重要な部分となっている。規制当局は、これらの商品がこの種のイベントから保護される市場構造の開発を試みる必要がある。ETFの投資家のポジションを守り、市場を機能させ続けるために、非常に重要な流動性供給ネットワークを保護することを目指した市場構造の確かな開発が進められている。さらに、投資家は、実際のイベント中に取引を少なくして、特に成行注文の影響に注意を払うのではなく、指値注文を使用することにより、これらの期間中に自分のポートフォリオを保護する方法を学んでいる。2015年8月24日のフラッシュクラッシュⅡ当日は、本書の執筆時点で、ETFのいちばん大きな売買高の日となっている。図表8－6では、ETFの日次売買代金ランキングの上位10日をみることができる。最初のフラッシュクラッシュはリストの6番に載っていることがわかる。あらゆるタイプの極端なボラティリティイベントから市場を守ることは不可能であり、今後起こる可能性も高いと予想するが、これらのイベントから学び続け、その経験を将来の市場構造に組み入れていくことが重要である。

図表 8 − 6　ETFの日次売買代金の上位10日

#	日付（年／月／日）	売買代金（ドル）
1	15／8／24	253,328,630,005
2	08／9／18	250,366,668,430
3	11／8／9	221,760,340,567
4	11／8／8	214,803,120,123
5	11／8／5	209,135,497,498
6	10／5／6	199,741,594,659
7	08／9／17	199,556,075,584
8	08／10／10	197,800,390,120
9	14／10／15	196,454,754,998
10	08／9／16	192,155,764,749

出所：KCG

第3部

ETFのバリュエーション

上場投資信託（ETF）の最も重要な構成要素の一つは、どのように市場価格と原資産の価格が決まるのかということである。取引しているETFの真の価値を理解することは、コストの最小化と市場の混乱を避けるための効率的な執行戦略の策定の一助となるだろう。原資産の価値との関連においてETFが取引されるべき価格を理解しておくことは、ETFが興味深くてユニークな商品であるということだけではなくて、バリュエーションと執行が取引の中心的な部分であるということにまでたどり着くために、非常に重要である。このことはまた、市場における価格が魅力的かそうでないかを決めるのに役立つ。私は何年にもわたって、なぜETFはこの価格またはこのスプレッドで取引されているのか、という多くの顧客の質問に直面してきた。ETFの買いの注文が流動性供給者によって満たされないということについての質問の電話が、顧客との間で展開されるのはよくある状況である。典型的な場合だと、それは日中インディカティブ・バリュー（IIV）よりも大体10セント下のビッドであったりする。この手の問題の解決は、そのほとんどが、日中の価値と価格の関係についての誤解をなくすことにある。

　ETFのバリュエーションの主たる要素は、インディカティブ最適ポートフォリオバリュー（IOPV）または日中インディカティブ・バリューと呼ばれるものと、純資産価額（NAV）の違いを理解することである。多くの米国内のETFに関しては、効率的に取引を行うためにはこれを理解しておくだけで十分である。さらに進んでいくのであれば、実際の取引価格と公表されているIOPVまたはNAVの情報との関係、そしてどんな推定方法がリアルタイム価値の決定に使われているのかを理解することが重要である。

　たくさんの異なるタイプの上場投資商品（ETP）が市場には存在し、その種類と形態は日々変化している。第9章では基本的な国内のETFのバリュエーションに焦点を当て、続いて第10章において外国株のバスケットに投資するETFについて述べる。これらの情報はほぼすべてのほかのタイプの商品にも応用できるだろう。そして、いくつかのほかのタイプのETP、レバレッジ商品、債券や通貨について、その重要な特徴やそれらの形態の微妙な

図表Ⅲ-1　カテゴリー別のETF銘柄数と残高

エクスポージャー	ETFの銘柄数	純資産総額（百万ドル）	カテゴリーごとのパーセント
株式	983	1,671,658	81.2
債券	208	319,094	15.5
コモディティ	34	11,572	0.6
アクティブ	137	22,928	1.1
オルタナティブ	13	1,517	0.1
複合	22	4,941	0.2
レバレッジ	83	14,910	0.7
インバース	24	4,450	0.2
レバレッジドインバース	64	8,686	0.4
	1,568	2,059,756	

出所：ETF GI、2015年12月31日

差異に触れながら解説する。

　ここで、本書の執筆時点においてETF全体の資産構成がどうなっているのかをみておこう。図表Ⅲ-1では、米国に上場しているETFの内訳とカテゴリー別のそれらのファンドの残高を確認することができる。

　標準的なファンドタイプにおけるバリュエーションの手法を理解しておくことは、ETFの発注において適正な価格水準を決定するための基礎的な情報を提供してくれるだろう。ETFの発注を成功させるために役に立つ2つの留意事項がある。それは適正な価格とバリュエーションを理解することと、利用可能なさまざまな執行方法を理解することである。第3部では、適切なバリュエーション手法と市場価格が投資家にとって何を示しているのかについて説明している。これによって市場におけるETFの価格が何を伝えてくれるのかを理解することができ、語られてきたETFのすべてのストーリーを理解できるだろう。

第9章

国内構成銘柄のETF

最も純粋なETFの形態は、国内証券の原資産と同時に取引できる商品であるといえる。まずはここからバリュエーションの議論を始める。ファンドの純資産価額（NAV）の計算から入り、プレミアム・ディスカウントとキャッシュの額の話へ展開し、日中インディカティブ・バリュー（IIV）の話を最後にする。

米国の国内資産を構成銘柄とするETFは最も大きなファンドのカテゴリーである。20年以上にわたる資産の成長と商品開発を経ても、これらの商品はすべての米国上場ETFの資産のうちの約75％を占めている。利用可能な国内原資産を構成銘柄とするETFの銘柄数および資産の内訳を図表9－1で俯瞰することができる。

ETFの構造は保有銘柄の透明性の上に成り立っている。透明であることの1つのポイントはETFのフェアバリューの計算のために必要なすべての数値が日次で開示されていることである。ETFのバリュエーションに関する6つの要素がそれに当たる。

1　純資産価額（NAV）
2　日中インディカティブ・バリュー（IIV）
3　総キャッシュ
4　推定キャッシュ
5　発行済口数
6　未収配当（一部のファンドのみ）

図表9－1　米国の原資産を保有するETFと残高（AUM）

エクスポージャー	ETFの銘柄数	純資産総額（AUM）（百万ドル）	割合（％）
北米	493	1,214,317	97.3
グローバル（含む米国）	99	34,237	2.7
	592	1,248,554	

出所：ETF GI、2015年12月31日

NAVは直近の市場の終値をもとにした直近のETFの公式な価値を示している。IIVは原資産の市場価格をもとにして直近の価値を計算したものである。総キャッシュおよび推定キャッシュはファンド内の余分なキャッシュの残高のことである。これらの数値は設定／交換を行う際にどの程度の調整キャッシュが必要となるかの計算のために用いられる。ファンドの発行済口数はどれくらいの受益権が発行されているのかを示すもので、設定／交換によって日々変動する可能性がある。

> **取引のヒント**
>
> 　ETFに関連したデータは、インターネット上でそれらのティッカーを用いることで取得可能である。ETFのティッカーと"quote"という言葉を検索エンジンに入力すれば、終値、スプレッド、そして直近のNAVなどの商品に関するあらゆるデータを取得できる場所のリストがすぐ手に入るだろう。ブルームバーグのターミナルの利用者であれば、図表9－2の情報を利用して必要なデータの検索をすることができる。たとえば、特定のNAVの情報については、ETFのティッカーに"NV"をつけて、インデックスのボタンを押せば関連した画面表示がなされる。
>
> 図表9－2　ETFのティッカーと対応した慣例
>
> | ETFのティッカーの慣例 | 表記 | ブルームバーグでの例 |
> | --- | --- | --- |
> | 純資産価額 | NV | ETFNV |
> | 日中インディカティブ・バリュー | IV | ETFIV |
> | 総キャッシュ | TC | ETFTC |
> | 推定キャッシュ | EU | ETFEU |
> | 発行済口数 | SO | ETFSO |
> | 未収配当 | DV | ETFDV |

純資産価額の算出

　ETFのNAVはファンドの資産の直近の終値と算出時点のファンドの実際の会計上の総キャッシュに基づいて日次で算出される。ETFの公式なNAVは日々市場が閉まった後に計算される固定値である。これはファンドにとっての標準化された価値であり、他のファンドとのパフォーマンスや会計の比較に利用することができる。ファンドの世界は比較をするための数字で成り立っている。そのため、統一化されたレポーティングはETFの発展にとって重要であった。

　ETFのNAVは、すべての証券とキャッシュを含めたファンドの資産の合計からすべての負債を引き、発行済口数で割ることで算出される。

$$NAV = (資産 - 負債) / 発行済口数$$

　ファンドがいままさに何を保有しているかを含めて、すべてのデータは日次で提供されている。この透明性の頻度はETFの主要な利点の一つであると謳われている。ミューチュアルファンドやクローズドエンドファンドはポートフォリオの保有銘柄を日次で提供することを求められていない。ミューチュアルファンドは日次のNAVを提供するが、保有銘柄は四半期の開示である。クローズドエンドファンドのNAVの提供は日次または週次であり、保有銘柄の開示は通常四半期である。ETFはファンドの正確な資産と負債をいつでも確認することができる。このことは商品のスタイルドリフト（訳者注：当初の運用戦略を変更すること）を防ぐように働く一つの要素になっている。

　ETFのNAVを計算する最も簡単な方法は、日次で開示されているクリエーションユニット（CU）と総キャッシュを用いることである。

$$NAV = \sum (各構成銘柄の株数 \times 終値) / CU口数 + 総キャッシュ / CU口数$$

ETFのNAVは1口当りの価格で表現される。そのため、総資産を発行済口数で割る、またはクリエーションユニットをクリエーションユニットの口数で割る必要がある。

日次のクリエーションバスケット

ほとんどのETFについてすべての構成銘柄が含まれたファイルが日次で利用可能になっている。ETFの日次クリエーションファイルにアクセスする方法はいくつかある。データプロバイダーはすべてのETFとその原資産バスケットのダウンロードファイルを販売している（補論B参照）。これはすべてのETFのすべての保有銘柄の統合されたファイルである。このサービスを契約しているのであれば、日次でこのファイルを受け取ることができる。また、多くのETFの発行体はこの情報を彼らのウェブサイトから直接またはファイル・トランスファー・プロトコル（FTP）サイトを通じてダウンロードできるようにしている。

> **取引のヒント**
>
> ブルームバーグの利用者であれば、ファンドのティッカー{Equity}とMHD{Go}と入力することで、日次のクリエーションファイルをみることができる。そして97{Go}と入力すればよい。たとえば、EEZ{Equity}、MHD{Go}、そして97{Go}とブルームバーグのターミナルで入力すれば、このファンドの直近のクリエーションユニットのファイルをみることができる。

図表9－3はブルームバーグのスクリーンにおいてクリエーションユニットの最初のページがどのようにみえるかを示したものである。

この図表のなかで、ファンド名、クリエーションユニットの口数（クリエーションユニット・サイズと呼ばれる）、直近の終値を用いて算出されたこ

図表9-3　ETFのクリエーションユニット

DGRW US Equity			98) Holdings Analysis	Page 1/16	ETF Creation Unit	
WISDOMTREE U.S. QUALITY DIVI				Filing Date	3/7/2016	
Asset Class	Equity			Cash Position	2.51k	USD
Creation Unit Size	50000			Create/Redeem Fee	500	USD
Name		Ticker		Position	Value(USD)	%Net
1) Coca-Cola Co/The		KO	US	1,438	63,430.181	4.208
2) Altria Group Inc		MO	US	831	52,336.380	3.472
3) Microsoft Corp		MSFT	US	992	51,613.759	3.424
4) Apple Inc		AAPL	US	474	48,826.741	3.239
5) AbbVie Inc		ABBV	US	730	40,989.501	2.719
6) International Business Machine		IBM	US	245	33,761.001	2.240
7) McDonald's Corp		MCD	US	260	30,466.800	2.021
8) Cisco Systems Inc		CSCO	US	1,067	28,595.599	1.897
9) 3M Co		MMM	US	173	27,692.111	1.837
10) Home Depot Inc/The		HD	US	212	26,618.719	1.766
11) Intel Corp		INTC	US	865	26,494.949	1.758
12) Reynolds American Inc		RAI	US	489	25,286.190	1.677
13) Bristol-Myers Squibb Co		BMY	US	387	25,042.770	1.661
14) United Technologies Corp		UTX	US	258	25,026.000	1.660
15) Las Vegas Sands Corp		LVS	US	463	23,983.400	1.591
16) Amgen Inc		AMGN	US	164	23,940.719	1.588
17) Comcast Corp		CMCSA	US	389	23,238.861	1.542
18) Gilead Sciences Inc		GILD	US	262	22,849.020	1.516

出所：Bloomberg

れらの株式の市場価値、そしてポートフォリオ内でのウェイトをみることができる。上方の左側にはファンドのクリエーションユニット・サイズが5万口であると示されている。そして、これが全16ページの1ページ目であることから、バスケットはおおよそ288銘柄であることがわかる。ETFの5万口に相当する一つの完全なバスケットをつくりあげるために、それぞれの銘柄に必要なさまざまな株数が表示されている。たとえば、DGRWというETFの5万口のためにはKO（コカコーラ）株が1,438株必要であり、APは彼らが発注する各クリエーションユニットに対して1,438株のKO株を拠出しなければならない。

　日中のある時点のETFの実際の価値を算出するためにクリエーションユニットを利用することができる。クリエーションユニットはETFの価格評価のあらゆるモデルの構築に使われている。それは設定によってETFの受益権を受け取るために発行体に拠出されなければならないバスケットそのも

のを示している。また、それは交換のオーダーのプロセスの時に指定参加者（AP）が受け取るバスケットそのものでもある。これらのクリエーションユニットは通常5万口でまとめられており、ETFのやりとりに求められる最小の単位にもなっている。それはまた、ファンドの保有銘柄の比例配分されたスライスでもあり、リアルタイムのバリュエーションに利用することもできる。

総キャッシュと推定キャッシュ

標準的な株式ETFについては、総キャッシュと推定キャッシュという2つの数値が日次で提供されている。ブルームバーグにおけるティッカーの慣例はそれぞれTCとEUである。これらの数値は投資されていないキャッシュ、未収配当、またはクリエーションユニットに含まれていない証券の価値を示している。これらはクリエーションユニット当りの実際のドルの金額として提供されている。ファンドの保有しているキャッシュの残高が5,000ドル、発行済口数が25万口で、クリエーションユニットのサイズが5万口の場合は、総キャッシュの数値は1,000ドルとなる。これは以下の式で計算することができる。

ファンド内のキャッシュ残高＝発行済口数／CU口数×総キャッシュ

ETFのNAVは1口当りとなっているため、総キャッシュの数値を1口当りの金額に変換して利用することになるだろう。これは、総キャッシュの額をクリエーションユニットの口数で割ることで求められる。

ETF1口当りのキャッシュ＝総キャッシュ／CU口数

総キャッシュの数値は、正式なNAVのように、NAVで設定／交換が発生した場合を前提とした過去のものである。ファンドが日中取引されている場合は、その日の設定／交換にファンドが求めるキャッシュがどのくらいかということをAPに提供するために、推定キャッシュの金額が使われる。また、

ETFのIIVまたは推定NAV（eNAV）の算出時にも推定キャッシュが用いられる。この数値は想定される配当、管理報酬、その他の潜在的なキャッシュとバスケットのポートフォリオの変更が加味される。推定キャッシュの額は取引日の終了まで、日中のバリュエーションのために用いられる。総キャッシュの額は取引終了後に算出され正式なNAVの算出のために用いられる。最も簡単にいえば、ETFの日中の価値を計算する際は、クリエーションユニットの額に、1クリエーションユニット当りの推定キャッシュの額を加える必要がある。

プレミアム・ディスカウント

　NAVに関連した共通の誤解の一つはファンドのプレミアム・ディスカウントの算出である。投資家がこの数値を重視するのは、クローズドエンドファンド（CEF）のプレミアム・ディスカウントをみるという習慣を継承しているからである。2つのタイプのファンドが上場していて、ファンドはNAVとは独立した価格で取引されている。しかしながら、そのプレミアム・ディスカウントの意味はまったく異なる。恒常的なプレミアム・ディスカウントがETFに発生するような場合もあるが、ほとんどの場合は原資産の取引の中断か日次で可能な設定／交換の中断によるものである。たとえば、市場がある一定期間閉じた場合、ETFは投資家がフェアバリューだと考える価格で取引されるだろう。原資産は取引されておらず、リアルタイムの価値を反映していないため、このときの価格はNAVとは関連づけられない。ETFの一般的なプレミアム・ディスカウントの発生パターンは非常に短い期間であり、それは裁定取引の機能が短期間にその解消を促すからである。もし、大きな投資家がETFの価格をフェアバリューからかい離させて押し上げたとしたら、流動性供給者が入ってきて、ETFの価格とフェアバリューの間の差を縮小するような反対側の行動をとるだろう。

　ETFのプレミアム・ディスカウントが一時的なものであるのに対して、

CEFでみられるプレミアム・ディスカウントは一般的に長期間であり、投資家のパフォーマンスの期待についてのセンチメントや構造的なアノマリーを反映している。ETFのNAVと市場の引け値とのプレミアム・ディスカウントについては市場におけるノイズであるとみなせる。もし、原資産のバスケットに基づいたNAVベースの取引で執行したいのであれば、ETFの引け値がNAVと一致しているかどうかとは関係なく、NAVに手数料を加えた価格で取引することができる。

　通常の環境下では、その日の終わり時点のETFのNAVと取引価格の間のプレミアムまたはディスカウントは直近の市場の動きの結果であり、翌日の寄付きには縮小しているだろう。これは同じ時間帯に構成銘柄が取引されているETFについていえることである。海外の構成銘柄のETFの詳細については次章で詳しく扱うが、原資産が海外株式のETFは本質的に期待価値で取引されており、IIVとNAVのどちらからもかい離して取引されるであろうということ、また一般的にそうなっているということをここでは関連して理解しておいてほしい。これらのファンドのプレミアムまたはディスカウントは、通常は価格発見プロセスの一部である。

　引けの直前でETFの価格がNAVからかい離して、バスケットと比較するとプレミアムまたはディスカウントのどちらかでの取引を引き起こしてしまうという状況が多くみられる。これは、そのETFについての大きな注文が引け直前にきたものの、裁定取引の機能にとっては遅すぎるまたは大きすぎるからであろう。さらに、取引日が終了に近づくにつれて、オーバーナイトでもたなければならないエクスポージャーが発生することを防ぐために、スプレッドは一般的に拡大する。このことは、ETFの直近の取引記録を何か突飛なものとしてしまう原因となり、NAVに対するプレミアムまたはディスカウントとなった印象をつくりだしてしまう。これが最後の15分間で取引するのではなく、より長い時間をかけて取引する投資家がいる理由である。

プレミアム・ディスカウントのアノマリーを避ける

　最初に、NAVまたはiNAVからの合理的な価格のかい離は想定されるということを指摘しておきたい。eNAVはすべての構成銘柄の直近の取引価格であり、設定／交換や売買のコストは含まれていない。ETFを市場で購入または売却する際は、価格はNAVを基準としてこれらのコストが含まれる。これらのコストはエクスポージャーを提供するどんな投資商品にも共通である。自分自身で原資産の構成銘柄を買い付けるとしたら、ブローカーに取引コストを支払う。ミューチュアルファンドが同様の証券を買い付けるときも同様のコストを支払うが、それらのコストはファンド全体すなわちその保有者たちによって支払われるため、ETFと同様の透明性はない。

　ほとんどの国内の構成銘柄の米国上場ETFのプレミアム・ディスカウントは注文フローによるもので、実際のETFの価値についての懸念はない。取引をする際、原資産の構成銘柄のすべての取引が開始されるまでは、市場の取引開始のあまりに間際にETFを取引するのは避けたほうがよい。ETFを取引する際に国内の原資産が寄るまで待ったほうがよいというのは直感的に理解できるが、同様に海外資産のETFを取引する際にも、その相関ヘッジが完全に流動性を伴って取引が開始されるまで待つことは価値がある。これは、なぜ多くの銘柄のスプレッドが取引開始の数分後に縮まるのかという説明にもなる。また、取引が終了に近づくと、ETFの流動性供給者がバスケットを完全に構築することができず、完全にヘッジできないポジションをオーバーナイトでもってしまうかもしれないリスクがある。これが引けの近くではスプレッドが拡大する理由である。市場の取引開始と終了の近辺で流動性を供給するのにはよりリスクが伴う。

　もし、ETFの構成銘柄の一つが特殊な状況になったとしたら、そのときファンドは確かにプレミアムまたはディスカウントで取引されるかもしれない。たとえば午後1時にバスケットのなかのある銘柄が取引停止になったとする。このことはETFやバスケットの残りの銘柄の取引の継続を妨げるわ

けではない。取引日の終了時点でNAVが算出されるが、おそらく取引停止銘柄の最終取引価格が含まれている。この状況においては、ETFがNAVからかい離した価格で取引されていることは合理的である。なぜなら、取引停止時点の価格ではなくて、その銘柄の取引が再開された時に期待される価格に基づいてETFは取引されるべきであるからである。また別の状況としては、上場金融商品の原資産へのアクセスがなんらかの理由によって制限されてしまった場合がある。ある直近の出来事としては、原資産の証券の保有制限によりETPが設定の機能を停止せざるをえなくなったことがある。このことは当然にファンドがプレミアムとなることを引き起こした。このことは、原資産の構成銘柄に対する裁定取引をしながらETFを買い手に売ることを全般的に行っている流動性供給者について考えてみれば簡単に理解できる。この取引の最後に、流動性供給者は一般的にショートポジションをカバーしてポジションをフラットにするためにETFの設定プロセスを行う。もしこのプロセスが利用できなければ、ETFのショートに対して原資産のロングというポジションを解消する能力を失い、バランスシートに載せ続けなければならない。これはよりコストがかかり、よりリスクを負う取引となるため、マーケットメイカーはETFを売るにあたって、より高い価格を要求するであろう。ここでいうより高い価格というのはETFの絶対的な意味ではなく、ETFとその原資産との間における相対的な意味である。

　時系列でみることで、プレミアム・ディスカウントの特徴が明らかになる。図表9-4から9-6までは、プレミアム・ディスカウントのチャートの3つの事例を表している。図表9-4は米国の国内セクターETFのプレミアム・ディスカウントのグラフを示している。先ほど議論したとおり、ETFとバスケットを取引終了時ちょうどというまったく同じ時点で取引することはできないため、ETFの価格は通常はその推定価値の非常に近くにはなるが、いつもNAVとまったく同じとなるわけではない。一般的なプレミアム・ディスカウントは日々、ファンドとバスケットが再び同時に取引が開始された時に、ゼロに向かって戻っていくことになる。図表9-4ではプ

図表9－4　米国国内セクターETF──プレミアム・ディスカウント・チャート

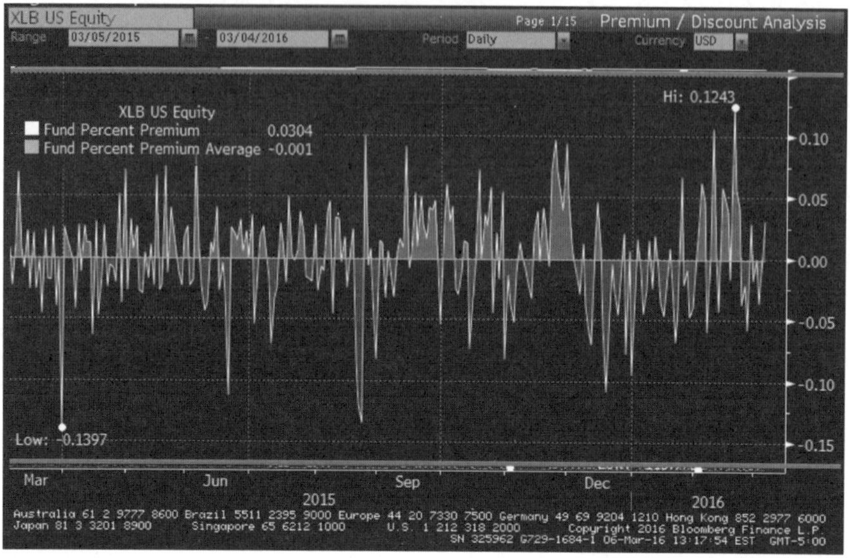

出所：Bloomberg

レミアム・ディスカウントがほとんどいつも±0.10％の間にあり、プレミアムとディスカウントでほぼ均等にばらついているのをみることができる。このばらつきは先ほど指摘したように通常は終了間際の取引におけるノイズである。

図表9－5は、ETFが取引されている間には取引されていない日本の株式を原資産とするETFのプレミアム・ディスカウントのチャートである。

この場合、米国の取引日の間はこのETFは価格発見のビークルとして取引される。ファンドのNAVは、米国の取引時間を通して調整されるが、バスケットの終値とスポットの為替（FX）レートに固定されている。営業日終了時点のETFの終値が14時間程度前の株式のバスケットの終値と比較されることになる。再度明確にしておくが、このETFの終値には米国の日中のイベントや翌日に海外の現地市場が開いた時にどうなるかという期待が含まれている。この価格決定のズレはプレミアム・ディスカウント・チャート

図表 9 − 5　海外株式原資産の米国上場ETF——プレミアム・ディスカウント・チャート

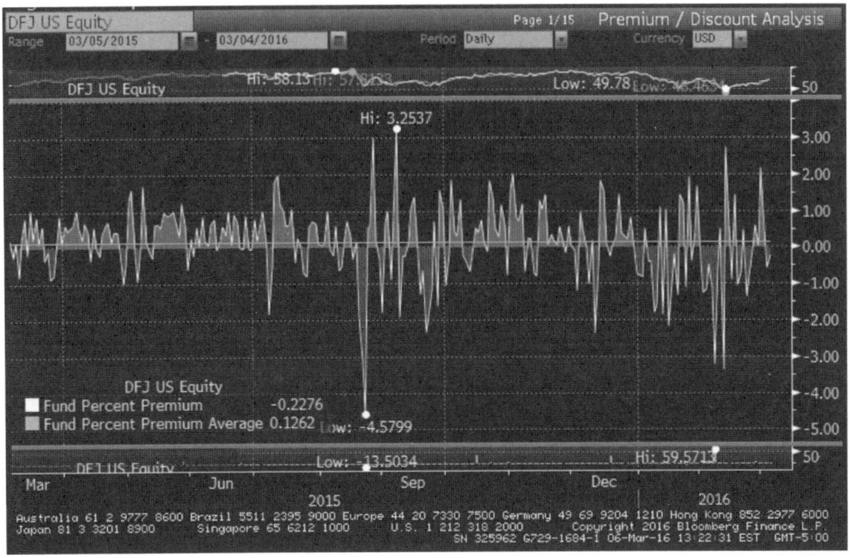

出所：Bloomberg

をやや利用価値のないものにしている。なぜなら、同一条件での比較ができていないためである。バスケットとファンドが同時刻に取引されることが決してないため、実際のNAVに対するファンドのプレミアム・ディスカウントは、米国内の保有銘柄をもつETFでみられたのと同様の回帰効果は示さない。設定／交換のプロセスはファンドの取引価格を資産価値の近辺に保つが、その価格は毎朝その資産の終値に回帰するわけではない。

図表 9 − 6 はクローズドエンドファンド（CEF）のディスカウントのチャートを表している。ファンドのディスカウントは大きく、また2015年の終わりから2016年の第 1 四半期にかけてより割安になり始めるまでかなり一貫している。このファンドはS&P500インデックスの株式のバスケットで構成されている。みてわかるとおり、2016年の初めにはこのファンドを約15％のディスカウントで買うことができた。

図表9－6　米国上場クローズドエンドファンド――プレミアム・ディスカウント・チャート

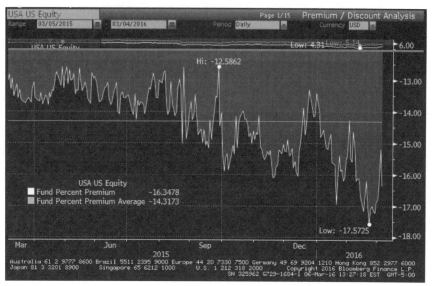

出所：Bloomberg

　これは割安にみえるかもしれない。しかしながらこのディスカウントを劇的に縮小させるような事象はほとんどないだろう。ETFの価格は設定／交換のプロセスを通して日々NAVと結びつけられていて、このことが価格をNAVの周囲で変動するように保っている。CEFの場合はこのようなNAVとの結びつきがないため、より持続的なプレミアム・ディスカウントが引き起こされている。

　CEFのディスカウントは動きがなくいつも大きなディスカウントになっているわけではない。図表9－7ではインドの原資産株式のバスケットからなる米国上場のCEFにおけるディスカウントの変化をみることができる。2004～06年にかけての大きなプレミアムから2012～16年にかけてのある程度一定のディスカウントに向かっての激しい変動がみられる。日々取引されているにもかかわらず、これは短期間というよりもむしろ数週間から数カ月の

図表9-7　海外株式原資産の米国上場クローズドエンドファンド――プレミアム・ディスカウント・チャート

出所：Bloomberg

間で継続する傾向がみられる。同様の海外の原資産のバスケットに連動するETFの登場によって、プレミアム・ディスカウントの動きをとらえようと試みてCEFとETFをペアで取引する機会が増加したのである。ETFがCEFのための効率的な代替ヘッジとなったのである。

前述したようなプレミアム・ディスカウントは各ファンドに対していくつかの示唆を与えてくれる。たとえば、大きなディスカウントとなっているCEFをみた場合、そのディスカウントが継続的な特徴をもっているかもしれないときは、必ずしも割安であるとは限らない。IIVに対して2％のプレミアムとなっている海外の構成銘柄のETFは、時には割高かもしれないが、もしそれが米国の取引日の遅い時間で、市場が5％上昇しているのであれば、割安と考えられるかもしれない。国内構成銘柄の米国ETFの10万口の買いの注文が午後3時58分に市場に入ってきて、ファンドのバスケットの価

値よりもやや上の価格で取引されたとしたら、そのファンドについて小さなプレミアムがみられる可能性がある。このことは翌日にはより強い買い圧力があるとかファンドが適切に働いていないということを意味しているわけでは必ずしもない。これは単に、原資産バスケットとの連動性と関係なく価格に影響を与えてしまうファンドの最後の数分の動向を反映しているだけである。すべてのプレミアム・ディスカウントはファンドのフェアバリューと関連している。そのフェアバリューをどのように算出するのかについてみていこう。

日中インディカティブ・バリュー（IIV）の算出

　NAVは前日終了時点のバリュエーション数値の計算としては大切であるが、インディカティブ最適ポートフォリオバリュー（IOPV）は取引日中におけるETFの実際の取引価値をより詳細にみるために重要である。2つの理由から、この数値が本当は何であるのかを識別することは重要である。
1　いくつかの異なった名称がある。
2　前述したように、日中のある時点においては取引のアノマリーによってその関連性を失うことがある。

　IOPVはまた、しばしば日中インディカティブ・バリュー（IIV）またはインディカティブ純資産価額（iNAV）として知られている。表示の慣例として使われているため、実際はIIVが主な呼び方になりつつある。ブルームバーグのティッカーの表示の慣例はティッカーにIVを付け足すことである。たとえば、システムによるがETFIV、ETF.IVまたはETF　IVなどである。

　この数値が何を表しているのかを明確にしようとする言葉として"原資産取引価値（アンダーライイング・トレーディング・バリュー）"として参照されているものもみかける。重要なのは、どのような呼び方を選択するかにかかわらず、この数値はクリエーションユニットの資産の直近の取引価格を示しているということである。この数値は日中を通してETFの原資産の価値の

ほぼリアルタイムの情報を、投資家とトレーダーに提供するようにつくられている。これはETFの形態に特有であり、またETFと同時刻に市場で取引されている株式の原資産のバスケットをもつETFについて最も利用価値のある素晴らしいアイデアである。この数値は一般的に15秒ごとの頻度で発表されているので、ほぼリアルタイムだといえる（会社によってはこの数値を真にリアルタイムなかたちで顧客が利用できるようにし始めている）。15秒の間にはこの数値を絶対的なものというよりも単なるガイドとするような多くの出来事が起こりうる。もしファンドの価格がややかい離して動いたとしても、それはETF価格自体の異常な動きというよりもIVの表示頻度の遅れによるものかもしれない。この数値は、ETFの発行体により日次で公表されるクリエーションユニットから、1口当りのポートフォリオの推定キャッシュおよび原資産の直近価格を用いて算出される。

　IIVを計算するための5つのステップは以下のとおりである。
1　バスケットのなかの各銘柄の適切な株数をCUから取得する。
2　各銘柄の直近価格をCU内のその銘柄の株数に掛け合わせる。
3　その積を合計してファンドの総資産を算出する。
4　これをETFのCU当りの口数で割る。
5　推定キャッシュをETFのCU当りの口数で割ったものを足し合わせる。
　式にすると以下のようになる。

$$IIV = \sum (各構成銘柄の株数 \times 直近価格) / CU口数 + 推定キャッシュ / CU口数$$

　IIVはバスケット内のすべての銘柄の直近の取引価格を用いて算出されたETFのインプライドバリューである。この値は流通市場における実際のETFの取引価格とは完全に独立して算出される。しかしながら、国内の株式を原資産とした米国上場のETFにおいては、バスケットとETFの自由な変換が可能であるので、これら2つの独立してつくられた価格はお互いに等価で取引されるべきである。これがこの商品の設定／交換メカニズムの主な

機能の一つであり、プレミアム・ディスカウントの解消の要因となっている。多くの流動性の高いETFについては、IIVの価格とETFの価格はお互いに非常に近くなっている。その差については時間差によるものか、その他のたまたま生じる構造上の微妙な差異であろう。株式は（そしてまたETFも）いまやマイクロ秒の世界で取引されているため、15秒の間には多くのことが起こりうる。プロのトレーダーは公表されるIIVを取引の基準として利用したりはしない。ほとんどの場合、ETFの取引デスクは、彼らのシステムのなかでつくられる原資産バスケットのリアルタイムの価格をもとにした自身のIIVを算出している。彼らは自身のIIVの計算をリアルタイムでみているので、彼らの競合他社と同じ頻度で価格提示をすることができる。もし私が流動性供給者で、ETFの価格提示を欲しがっている顧客に、表示が更新されるまで15秒間待つようにいっていたとしたら、何が起こるかはすぐに想像がつく。私が聞くのはほぼ間違いなく電話を切る音であろう。

公表されるIIVに潜んでいるもの

ここではETFについて公表されるIIVについて理解するための別のポイントについて取り上げる。それは厳密に直近価格ベースの値であるということである。標準化され公表されるIIVの計算は原資産バスケットのすべての銘柄の直近の取引価格に基づいている。しかしながら、これはバスケットのすべての銘柄が、非常に流動性が高く、また直近にクオートされた市場のスプレッドのなかで取引されたということを想定している。すべての銘柄にはビッドとアスクの価格がある。ビッドはだれかがその銘柄のために支払う意志のある価格であり、アスクはだれかが売却をオファーしている価格である。もし、ある銘柄が午後2時に10ドルで取引され、その後の15分にわたって市場全体が上昇したが、その銘柄は取引されなかった場合、新たなスプレッドすなわち人々がその銘柄のビッドとオファーを出す新たな水準は、10.10ドルのビッドと10.20ドルのオファーかもしれない。しかし、IIVは直近の取引価格である10ドルをもとにして値が公表される。トレーダーたちは

ETFの価格づけと取引のために高度なシステムを使っているため、このETFの取引市場ではおそらくIIVの値よりも高い水準が示されるだろう。これは本当のプレミアムではなく、単にIIVの算出構造に潜んでいる作用によるものである。IIVのビッド／アスクを算出してみれば、ETFの市場は現在のバスケットの市場をもとにしており、過去のどこかの時点で取引されたものではないことがわかるだろう。動きの遅いIIVのクオートと一致していないような急速な動きをみせるETFのクオートの発生について焦点を当ててみよう。ほとんどのETFのスプレッドは自動化されたシステムによって生成されており、リアルタイムで原資産バスケットの価値を算出して、流動性供給のためのクオートをバスケットの付近で常に保っている。もしバスケットが500銘柄の株式を保有していたとしたら、バスケットのなかの1つの銘柄のビッドまたはアスクが変化するかもしれず、それは継続的に原資産の価値を変化させる。原資産の価値の変化は、流動性供給者がどの価格でETFを売買するのかについての調整を促す。そのため、ETFのクオートは、ETFが実際に取引されたかどうかにかかわらず継続的に調整される。これについては、高頻度取引についての部分でさらに議論されている。

> **取引のヒント**
>
> 真の価値を理解するためには、IIVのクオートを利用するのが適切な場合と、ETFの市場価格を利用するのが適切な場合がある。ここでは、ETFの価格とIIVをみるための一般的なガイドラインを示す。
> - 非常に流動性の高いETF……取引が頻繁であり、多くの参加者の高度なシステムがあるため、ETFの市場のスプレッド（ビッド／アスク）と直近の取引価格は、市場価格を決定するためのよい起点となる。
> - 流動性の低い国内原資産の米国上場ETF……15秒のタイムラグがあることを理解したうえで、IIVが価格決定に利用可能な最もよい指標である。一般的に、これらのETFのスプレッドはとても広い。その価格

> が適正価値であるという示唆を得るためには、バスケットの直近の取引価格を示すIIVをみることによる適切なバリュエーションと、現在のスプレッドを一緒につなぎあわせることが必要である。流動性の低いファンドの直近の取引価格は新規の発注にとってよい参照点ではない。
> ・流動性の低い海外原資産の米国上場ETF……これらのファンドについては、市場のスプレッドと推定NAV（eNAV）を用いるのが最もよいだろう。これについては次章で詳細を議論する。

　ETFの需要が増加および拡大し続けるにつれて、IIVのクオートの頻度は原資産の市場と同じところまで増えるであろうと私は確信している。第三者のプロバイダーがよりリアルタイム・バージョンのIIVを開発してさまざまな形式でユーザーにそれらの数値を配信し始めている。これは、回線容量の費用の問題であり、技術的に難しい問題ではない。

　私が頻繁に取引していた頃、大きな機関投資家の顧客たちが実際のETFの価格クオートをファンドの価値の代用として利用していたことに時々驚かされた。このことは顧客に、なぜ流動性供給者の価格はその時統合テープに示されているものと違っているようにみえるのかという疑問を引き起こした。彼らはその時、取引デスクのシステムが取引所のクオートよりも速く動き、画面上で取引されていた価格よりも適正なリアルタイムの価値を決めていたとは理解していなかったのである。その時点では、ETFの真の価値を示すバスケットが取引されている価格に基づいたクオートを受けていたのであり、画面上のクオートはまだその価格に追いついていなかったのである。アルゴリズム取引の増加によって、流動性の高いETFについてはそれが反対になったようである。すべてに該当するわけではないが、頻繁な取引によって現在では市場価格が真の価値の重要な代わりを務めている。

まとめ

　ETFにおける異なるバリュエーション・メカニズムのタイプとそれぞれの微妙な差異、およびそれらをETFの発注の最良執行にどのように利用するのかを理解することは重要である。原資産となる構成銘柄がファンドと同時刻で取引されている米国上場のETFについては、通常の状況下ではプレミアム・ディスカウントは裁定取引によって解消されるだろう。IIVはETFのほとんどリアルタイムのバリュエーションの基本となる。これはETFに特有のものであり、ミューチュアルファンドやクローズドエンドファンドは1日1回かまたは月に何回かしか定期的に価値が算出されない。

　次章では海外の構成銘柄を保有する米国上場のファンドに注目する。しかし、本章の情報は、原資産を取引するのが難しく、原資産がファンド自身と同時刻で取引されていないようなETFにも広く関係しているだろう。

第 10 章

海外構成銘柄のETF

国内の構成銘柄の上場投資信託（ETF）と同じバリュエーションのコンセプトの多くは海外株式を原資産とするETFにもまた応用できる。主な違いはタイミングと通貨の作用である。もし、原資産の構成銘柄がETFと異なる時間帯で取引されるのであれば、日中インディカティブ・バリュー（IIV）は株式の部分については一定のままであるが、関連したスポットの外国為替レート（FX）に基づいて変化する。2010年には、ETFに為替ヘッジの機能をもたせたものが登場し、一つの資産クラスとして急速に成長した。原資産の株式の為替のエクスポージャーがヘッジされるため、原資産の株式市場が閉じているとき、このIIVはごくわずかしか動かないものとなるであろう。原資産の市場が閉じている為替ヘッジのないETFのIIVは、米国の取引日の間のスポットレートの動きと同程度の動きとなるだろう。本章では、為替ヘッジ付きと為替ヘッジなしの海外の株式ファンドの純資産価額（NAV）とIIVの算出の概念を取り扱う。海外の構成銘柄のETFについて、それらの価格が市場に対してどのような意味があるのか、また投資家のポートフォリオのなかのグローバルなエクスポージャーにどのように影響を及ぼすのかという観点からみていく。

　海外の原資産のエクスポージャーをもつ利用可能なETFは図表10-1に示されている。これらの商品は2015年12月31日時点で米国のETFユニバースのAUMの約21％を占めている。ETFは投資家に対して世界を開かれたものとし、多種多様なグローバルな資産のエクスポージャーの獲得を効果的に達成することを促している。

　本章では、為替ヘッジ付きと為替ヘッジなしの海外の構成銘柄のETFについての、NAV、IIV、そして推定NAV（eNAV）の算出について解説する。海外に投資することによってポートフォリオを分散させようとする米国の投資家にとっては、これらのファンドは非常に重要である。米国の投資家はいまでは、幅広い地域、地域内のセクター、そしてほとんどすべての取引可能な国を含めた幅広いエクスポージャーをカバーした投資手法というものにアクセスが可能である。時価総額加重の日本株のセクターから利益加重のイン

図表10-1　海外の原資産の保有銘柄をもつETFとその資産残高（AUM）

エクスポージャー	ETFの銘柄数	AUM（百万ドル）	割合（％）
アジア・パシフィック	55	51,496	12.2
欧州	79	79,148	18.7
新興国	161	109,462	25.9
中東・アフリカ	3	152	0.0
グローバル（除く米国）	93	182,845	43.2
	391	423,103	

出所：ETF GI、2015年12月31日

ド株まで米国時間で何でも取引することができる。しかしながら、原資産の銘柄の多様性によって、それらのファンドはETFのバリュエーションにおけるさらなるチャレンジに直面することになる。それは、市場における価格が何を示しているのかを理解するということである。

それらはまたタイミングの違いと為替のエクスポージャーという追加的なリスクをもたらした。為替ヘッジ付きのETFは、投資家にファンドの株式のエクスポージャーだけを提供することによって為替リスクを取り除いている。本章の終わりまでには、海外構成銘柄のETFの市場価格が割高か割安かどうか、そしてそれがファンドの取引について何を意味しているのかについて解釈することができているだろう。

海外構成銘柄のETF

　海外構成銘柄のETFの登場は、それまで利用できなかった投資の可能性を、証券口座をもつどんな人にももたらした。マレーシア、中国、ブラジル、フィンランド、南アフリカ、そしてそれらのすべての組合せのような取引も、ボタン1つで、そして割安な管理報酬で、米国の取引時間内に可能となっている。海外構成銘柄のETFは非常に一般的になり、そのうちのいくつかは米国時間でも非常に流動性が高いため、そのETFは実は原資産その

ものよりも多く取引されている。ETFはわれわれが取引または投資する方法を現実化するツールであるということを示し続けているのである。

純資産価額の計算

海外構成銘柄の米国上場ETFのNAVの算出方法は、国内構成銘柄のETFの算出に用いられる方法と非常によく似ている。算出にはクリエーションユニット、総キャッシュおよびクリエーションユニットに相当するETFの口数が使用される。加えて、そのETFはドル建てで上場、クオートされているため、ドル建ての価格にするために為替の変換がなされる。

$$NAV = \left(\sum(各構成銘柄の株数 \times 終値)/為替レート\right)/CU口数 + 総キャッシュ/CU口数$$

補　　足

為替レートはドルを基準レートとしたものである。外貨が基準レートとなっていた場合（たとえば、EUR/USD）は、ドル建ての相当額を得るためにはバスケットの金額に掛け合わせる必要がある。また、IIVは更新されたドルのスポットレートの価格によって算出されるが、公式なNAVにおいては、為替レートは特定の日々のベンチマークによって定められる。

為替の考慮

海外構成銘柄のETFのNAVを算出する際には、ETFは米国の取引所に上場しているので、NAVの価格をドルにするための為替の変換が必要である。その資産そのものは現地通貨で保有されているが、資産のバリュエーションの目的でファンドによる実際の為替の取引が行われるわけではない。例外は、コーポレート・アクションによる変更、配当のドルへの変換、そしてファンドが受け取るか、支払う現金のやりとりなどに対応するために、ファンドによってなされるその他の取引である。しかし、一般的にファンドは設定／交換のプロセス（これにはほとんどの場合、現物での株式の拠出と受領が含

まれている）を通じて資産を出し入れするため、為替の取引の必要がない。現金のやりとりなしに株式がファンドによって受領され、ETFの受益権が発行される。ブローカーたちが海外の株式を購入して米国上場のETFを売却するための為替の取引を行うのである。

ヘッジをするのかしないのか（為替ヘッジ付ETF）　為替ヘッジ付ETFは投資家にとっての強力なツールである。なぜなら、簡単に海外市場に投資でき、原資産の株式のエクスポージャーだけを得ることができるようにしているからである。投資するにあたり、何を達成しようとしているのかを理解しておくことは重要である。外国の株式に投資する際に、投資のリターンにおける異なる為替の影響を理解しておくことは非常に重要な知識の一つとなった。為替ヘッジ付ETFが登場する以前は、原資産の株式のポジションにおける為替のエクスポージャーをヘッジするために、投資家は、別のETF、先物、またはスポットの為替そのものをショートしなければならなかった。それらは実行して維持するのがより複雑な戦略であり、一般的にはアセットマネジャーやその他の機関投資家のためのものであった。為替ヘッジ付きのビークルは、前述のとおり、株式を購入する際に為替を現地通貨に変換する必要がある。しかしながら、資産がファンドに追加された時に、その元本とまったく同じ額分の為替をヘッジするためにフォワード契約を利用する。この契約は設定のプロセスの間に実行され、解約のプロセスの間に解除される。そして、ほとんどのファンド形態において、フォワードは月次でロールされる。これにより意図しない為替のリスクを同時にとることなく、投資家が外国株式のエクスポージャーを獲得することを可能にしている。

為替ヘッジ付ETFのメカニズム……為替ヘッジ付ETFは他の海外構成銘柄のETFと同じように働くが、1つ主な注意点がある。原資産株式の為替のエクスポージャーをヘッジするために、ファンドのポートフォリオマネジャーは、設定でファンドに入ってきた資産または月次ロールの際のファンドの資産全体の正確な金額に対してフォワード契約を売る。月中においては、ファンドの設定／交換の申込期限は日々の為替とフォワードの為替

第10章　海外構成銘柄のETF　307

のベンチマークの時刻の前に閉じられる。そうすることで、ポートフォリオマネジャーはいくらの金額のフォワード契約を買いまたは売らなければならないのかを知ることができる。ファンドのNAVは幅広く用いられている為替の基準レートをベンチマークとしているので、ポートフォリオマネジャーはファンドの原資産の指数からのトラッキングエラーを避けるために、できるだけそのレート近くで執行をする。月次ロールの仕組みは、月の最終日またはその近辺でまったく同じ方法で実行される。覚えておくべき1つの重要な特徴は、一般的に、為替ヘッジ付きの株式ETFはダイナミックにヘッジを行わないということである。すなわち、ヘッジが実施された後、ヘッジされた額と原資産の株式の額は一致しない。なぜなら株式の変動は為替の変動と異なるからであり、よって月中においては、ファンドはオーバーもしくはアンダーヘッジとなる。

為替ヘッジ付ETFのNAVとIIVの算出……米国上場の為替ヘッジ付ETFのNAVの算出は、本章の初めにある計算と1つの主な違いを除けば同様である。フォワード契約の損益を別の要素としてNAVに加えなければならない。ヘッジと株式の金額は常に一致するわけではないため、フォワードの損益は個別に計算しなければならない。

$$NAV = \left(\sum (\text{各構成銘柄の株数} \times \text{終値})/\text{為替レート}\right)/\text{CU口数}$$
$$+ \text{総キャッシュ}/\text{CU口数} + \text{フォワードの損益}/\text{CU口数}$$

前述したものと同様に、原資産の為替レートとフォワード契約の売建てのレートは基準となるベンチマークに日々固定されている。IIVの場合はスポットレートと現在のフォワードレートを日中のバリュエーションに用いる。

海外構成銘柄ETFの執行の例　米国の顧客が日本株を構成銘柄とする米国のETFのNAVでの執行をしたいという場合をみてみよう。

1　顧客が指定参加者（AP）に200万ドル相当のETF-INTL（日本株構成銘柄の米国上場ETF）を公式なNAVで買い付けたいという注文を出す。

2　APは日本株の構成銘柄のバスケットを翌日の日本の取引終了時またはそれにできるだけ近いところで買い付ける。
3　APが日本株のバスケットを買うためには、その株式への支払に必要な日本円を借りてこなければならない。
4　APは株式のバスケットを発行体のエージェントに拠出してETFを受け取る。
5　APは顧客にETFを渡し、その支払としてドルを受け取る。
6　APは現在株式とETFのポジションについてはフラットであるが、為替については変動するポジションとなっている。顧客から受け取ったドルのロングと日本株の購入のために借りた日本円のショートとなっている。ローンを返済して為替のポジションをフラットにするため、ドルを用いて日本円を買う。

　APによる為替の取引は重要である。なぜなら、それは顧客に対してのETFの価格を決めるからである。顧客は、日本の原資産構成銘柄の執行、ドル円の取引の執行、そしてクリエーションユニットのキャッシュ部分に基づいてドル建てのETFを受け取る。ETFの公式NAVは為替レートの決定において標準的な会計の慣行を用いるが、原資産を通じた売買を実施した顧客は、実際の為替の執行に基づいた価格で受け取ることになる。

設定／交換のタイミング

　ファンドの原資産の構成銘柄が国内であるか海外であるかの間における重要な違いの一つは、NAVベースの取引のタイミングである。もし国内構成銘柄のファンドのNAVベースの価格提示による取引をしたいのであれば、ETFの市場が開いている時間に発注をして、同じ取引日にその注文を完了することができる。もし、それがファンドの公式NAVを基準とした注文だとしても、ETFの価格はバスケットの株式の終値にファンドのキャッシュを足したものと同額であり、すべての価格は同日のものである。これは異なる時間帯で取引される構成銘柄のETFでは不可能である。この場合、価格

提示はおそらく翌日の執行を基準としたものとなる。再度日本の例を用いてこのプロセスを解説し、それと国内ETFのものを比べてみよう。

国内および海外構成銘柄ETFの執行の比較　まず、米国株のファンドからみてみると、発注と執行のタイムフレームは以下のようになる。

1 　米国の取引日の時間内に、（さまざまなタイミングの制約はあるが）APに1,000万ドルのETF-USのNAVでの買いが発注される。
2 　同じ日の引けより前に、APは各構成銘柄の株式の引け値（MOC）オーダーを出す。
3 　引け直後に、バスケットの株式の引け値とETFの推定キャッシュをもとにしたレポートが発行される。翌日以降にファンドの総キャッシュと以前に公表された推定キャッシュの間の小さな差異の調整がなされる。

次に、日本株の構成銘柄のバスケットを保有するETF-INTLを、同様に1,000万ドル分、NAVで購入した場合のタイミングの例をみてみよう。

1 　理論上は、日本の取引の引け前のいつでも、顧客はAPに1,000万ドルの米国上場のETF-INTLをNAVで発注することができる。もし、日本の構成銘柄のETFのNAVをもとにした価格での取引をしたいのであれば、オーダーを出すのを米国の取引時間に制限する必要はない。なぜなら、実際に米国市場の開いている時間で取引をするわけではないからである。たとえば、今日の午後1時に購入をする意思決定をしたとしたら、翌日の日本の取引日の引けまでそのオーダーは執行されない。個別のグローバル市場の引け値の計算方法の規制についてはこの本の範疇を超えているが、事前にブローカーと相談するべきである。
2 　APは現地のMOCの規制にのっとって日本株の買いのオーダーを出す。
3 　日本の引け後の米国の取引日に、日本の株式の引け値とファンドの総キャッシュに基づいた執行価格を受け取る。

> **取引のヒント**
>
> ETFの発行体はAPが設定／交換の注文プロセスをするにあたって、時間の制約を設けている。この時間制約はAPにとっては重要であるが、顧客の執行フローには実はあまり関係がない。APの海外取引デスクにコンタクトをして、あるETFのオーダーを出し、海外銘柄のバスケットを使った執行をさせたとする。多くの場合、それは設定／交換のための時間がいつかということとは関係なく処理されるだろう。裏側では、このフローを処理するため、ETFと対応するバスケットのロングとショートのポジションが構築される。そしてそのデスクは、そのポジションを彼らのブックから解消するために設定／交換のプロセスを利用するのである。

　複数の国の海外構成銘柄のファンドをNAVベースで取引する際は、取引日以降のそれぞれの国の引けの時間に制約されるだろう。ファンドの目論見書には為替の価格の変換のタイミングが列挙されている。米国上場の海外原資産のETFは、もともと為替のエクスポージャーをもっているということは覚えておく必要があるだろう。つまり、すべての原資産バスケットの株式の価格が動かなかったとしても、購入日と売却日の間で為替は動いており、ETFのドルベースの価格も動くのである。これはそのポジションの損益を発生させる。為替ヘッジ付ETFはこのエクスポージャーをヘッジしようとするものであり、この場合の損益は最小化されるだろう。

　さまざまな海外の原資産を取引することは、現地の規制や追加的なコストの可能性にさらされることになる。いくつかのより規制された海外市場では、ETFは設定／交換のタイミングや現地市場の流動性へのアクセスの能力について特定の規制を受けるかもしれない。また、海外構成銘柄のETFのNAVの価格に関しても、印紙税や、APが現地市場の取引コストを回収し

なければならないため、その追加的なブローカーのコストなどの経費が含まれてくるかもしれない。これらの追加費用もまた、米国時間に取引する際のETFのスプレッドのなかに含まれていることを認識しておく必要がある。これらすべての費用やその意味合いが流動性供給者のつくるETFのスプレッドのなかに組み込まれているのである。たとえば、裁定取引のようなことをするため、または原資産のバスケットの流動性をもととするために、設定／交換を利用している流動性供給者はこれらの費用を払わなければならない。そして彼らはそれをスプレッドの価格に反映させるのである。海外構成銘柄のETFのNAVをもとにした執行を実行しようとする際は、取引のタイミングと同様に、発生するあらゆる費用についての理解が必要となるため、執行ブローカーと詳細について話し合うことが重要である。

取引のヒント

為替のエクスポージャーを考えるにあたっては3つの方法がある。

1　ヘッジなしの海外構成銘柄ETFと通貨ETFの組合せ……もし為替のエクスポージャーをヘッジして、パフォーマンスを株式の変動だけに独立させたいのであれば、ヘッジのために反対の為替の取引をするか、通貨ETFを利用するかのどちらかが可能である。これが、通貨ETFという存在の利用方法でありメリットの一つである。これにより、為替のエクスポージャーをヘッジすることができ、海外構成銘柄ETFの株価の動きだけを独立させることができる。これは、海外構成銘柄のETFのロングポジションと、それに対応したエクスポージャーの分の通貨ETFのショートポジションからなる。または、通貨ETFをもつだけであれば、実際の原資産の株式のエクスポージャーをもつことなく海外のエクスポージャーから為替のエクスポージャーだけを独立させることもできる。たとえば、日本の現地構成銘柄のETFをロングした場合、本質的にドルに対する円のエクスポージャーもも

つことになる。もし、円に対してドルが強くなったら、原資産の株価が動かなかったとしても、米国上場のこのETFはドル建てでは価値を失うことになる。このような為替のエクスポージャーをヘッジして、その結果として株式（または為替の）エクスポージャーを独立させるためには、ETFの保有者はスポットの為替市場で円を売るか、または利用可能な通貨ETFの一つを売るか、そのどちらかを選択するだろう。しかし、もし為替の期待パフォーマンスを得るためにファンドを買っているのであれば、通貨ETFだけを直接購入することで、株式のエクスポージャーからポジションを独立させることができる。それぞれの手法には異なったメリット・デメリットが存在している。

2　為替ヘッジ付きまたはヘッジなしのETFの利用：為替のエクスポージャーのヘッジのためのソリューション……この数年間で投資家は為替の変動によって海外構成銘柄ETFのリターンが異なってくる可能性を理解してきた。ETF取引の初期段階では、多くの投資家がさまざまな国の現地エクスポージャーを実際に獲得できる新たな能力に満足していて、それらのファンドのリターンが株式または為替のパフォーマンスからくるものなのかという詳細を考慮していなかった。現在、投資家は何がファンドのリターンをもたらしているのかということについて、より気にするようになってきた。このことは、為替ヘッジのない海外の株式ファンドから、米国の投資家にとってドルへの為替ヘッジを提供するものへの大きな移動を引き起こした。

　海外構成銘柄のETFを利用するとき、2つの異なったエクスポージャーの部分が存在する。それは株式の部分（またはその他の原資産）と為替の部分である。為替ヘッジのない海外構成銘柄ETFはドルの投資家に両方のエクスポージャーを同時に提供する。たとえば、日本株のエクスポージャーを提供するETFを買った場合、ポートフォリオのポジションは日本株のロングと日本円のロングとなる。しかしながら、投資家としては、正確に何に対する投資をしようとしているのか

を決定することから始めるべきである。為替ヘッジ付ETFは現在、投資家がファンドの原資産のエクスポージャーだけを独立させる能力を提供している。そのため、投資家はいまやその投資のゴールについて明確な意思決定をすることができる。先ほどの例でいうと、為替をヘッジしている日本株のエクスポージャーを提供するETFは、円のロングのポジションをニュートラルにして、日本株をロングしているだけのポートフォリオのポジションを提供する。投資家にとって明確にしておかなければならないことは、このETFは円のショートポジションが得られるわけではなく、為替において中立化されているということである。つまり、為替に対するエクスポージャーが除かれているのである。理論的には、これは海外に投資しようとするすべての投資家が最初に始めるべきものである。

　さまざまな為替リスクは適切な時にとるものとして、為替ヘッジのポジションは海外エクスポージャーのコアとして保有されるべきものである。米国において為替ヘッジ付ETFが登場する以前の過去20年間、コアの海外エクスポージャーは為替がヘッジされておらず、そのため双方の要素によるリターンが提供されていた。為替ヘッジ付きのビークルの発展とともに生じてきた困難は、為替ヘッジされたコアのポジションから為替ヘッジなしのポジションに動くことによって、為替のエクスポージャーをとるのが適切な時がいつであるのかについて、すべての投資家が、わかるわけではないということであった。ダイナミックヘッジETFは投資家にとってのこの難問を解決するために開発されたのである。

3　ダイナミック為替ヘッジ付ETF：付けたり、外したり。息をするのを忘れないように。……為替ヘッジ付ETFの第1波は、固定された完全に中立化した為替のポジションをETFで投資家に提供するというものだった。投資家はヘッジ付きとヘッジなしのファンドを売買することで、為替のエクスポージャーありから為替のエクスポージャーなし

のポジションへとローテーションすることができた。これは取引手数料が発生するだけでなく、投資家の口座内での課税を発生させる可能性もある。より最近では、ETFのなかで為替のエクスポージャーを実際に管理するダイナミック為替ヘッジ付きの商品が市場に登場し、原資産の為替に起こっていることに基づいて、さまざまな割合のヘッジ付きの海外エクスポージャーを1つのビークルで投資家に提供している。これらの商品は投資家に海外へのエクスポージャーを保有するための洗練された方法を提供する。これらは基本的に、洗練された透明性の高い為替の調整メカニズムを、すべての投資家に税効率がよく、透明で、流動性の高い方法でもたらしているのである。

日中インディカティブ・バリュー（IIV）と推定NAV

　海外構成銘柄の米国上場ETFの日中における価値の理解は、米国の構成銘柄のものよりもいくらかより複雑である。バスケットがいつ取引されるのかということと、それがETFと同時には取引されないという事実は、バリュエーションをより複雑にしている。海外構成銘柄の米国上場ETFは市場では価格発見ビークルとして取引されていると理解することは重要である。それは、原資産のバスケットが、現地市場が開いて取引が始まった時にいくらで取引されるかを推測するメカニズムとして振る舞っている。これはほぼ常に原資産バスケットにあわせて取引されている米国構成銘柄のETFとは大きく異なっている。そのため、海外構成銘柄ETFは通常はIIVに対してプレミアムかディスカウントで取引される。なぜなら原資産の市場が閉じていれば、そこでは裁定のメカニズムが利用できないからである。その価格は原資産の構成銘柄とは独立して取引されているのである。

　米国における海外構成銘柄のファンドの公式NAVは、ほとんどのシステムではタイミングによって、1日のラグが生じる。再び日本を例にとると、

昨晩の日本での取引は、今日公表されている日本のETFのNAVには反映されていない。米国上場のETFについては、そのETFのNAVは米国の取引日の終わりに正式に発表される。ただし、同じファンドのIIVは現地市場の直近の取引結果を基準にしている。そのため、米国の朝における日本の構成銘柄のファンドのIIVは、その取引日に起こった日本での取引を基準にしている。この情報は米国の取引日中のETFの価格の基準として重要である。これは、日本の営業終了時にバスケットがいくらで取引されたのかを表しているが、それ以降の重大なイベントが現在のETFの価格に影響しているかもしれない。ETFが取引されている時間帯ではETFとその原資産バスケットとの間のリアルタイムでの裁定取引はできないため、2つの価格は互いにほぼ異なった時間帯で独立して動く。一つは直近の引けの価格を示し、もう一つは翌日の寄付きの期待値を示している。

> **取引のヒント**
>
> 　海外構成銘柄のETFのIIVが米国の取引日中に変化するのはなぜであろうか。為替の変換のために固定レートが用いられるNAVとは異なり、IIVではそうなってはいない。為替レートは継続的に変化し、これを原資産のバスケットに適用することでIIVは為替レートの変化を反映するのである。米国の取引日中におけるIIVの計算は、海外株式の直近の取引または引けの価格を為替のスポットレートでドルに変換したものを示している。為替ヘッジ付ETFのIIVは、ファンドが原資産の株式の価値に比べてオーバーまたはアンダーヘッジとなっている大きさに応じてわずかな日中の変動が起こる。

　米国市場で取引されている海外構成銘柄のETFについて、何が適切なバリュエーションであるかを決める最もよい方法は、代替資産をもとにした取引時点のセンチメントと市場の動きの推定であろう。これを推定NAV (eNAV)と呼ぶ。推定NAVは、ETFの発明以前はクローズドエンドファンド（CEF）の評価のために何年間も使われてきた。推定NAVは原資産バスケットの価値に影響をする要素を推定し、それらの要素をバスケットそのものの新たな価格の推定に組み込もうとするものである。これは、かつてはCEFにとって重要であった。なぜなら、週次かそれよりも低い頻度でしかNAVが公表されなかったからである。もし、金曜日のバスケットの価格がわかっていて、いまが水曜日だとすると、そのCEFの正しい価値のアイデアを得るために、あなたはその直近でわかっているNAVに対して、予想される変化を適用したいと思うだろう。これがeNAVの値をつくりだしているということである。興味深いことは、あなたはCEFのeNAVの値を購入することができるが、現在ETFについてはだれも投資家の利用のために販売していないということである。このことは、eNAVの利用を、その推定要素の計算のためのシステムを構築できる資源のある者に限っていることを意味する。現時点においては、ほとんどの顧客がETFの価格の評価のためには市場価格を利用しており、これは他の市場参加者によってつくられたバリュエーションに依存しているということである。

現在、eNAVの計算処理をめぐる激しい競争が起こっている。なぜなら、それによりトレーダーがETFの大きなブロックのリスクプライスを市場に提示し、注文フローと手数料、スプレッドをそのプロセスのなかで得ることができるようになるからである。このことは売買高の増大を引き起こしている。それは、どんな海外の構成銘柄のバスケット一つをとってみても、それに影響を与えると考えられる異なる多くの変数とイベントの組合せが存在するからである。eNAVの標準的なバリュエーション手法というものはない。そのプロセスは主観的なものであり、その意見の違いが海外構成銘柄ETFを将来価格の予測値として価値のあるものにしているのである。

eNAVの算出のための基本的な式は以下のとおりである。

$$eNAV = \left(\sum(各構成銘柄の株数 \times 終値)/為替レート\right) \times (1+x)/CU口数 + 推定キャッシュ/CU口数$$

この時、$x=$原資産構成銘柄の期待変化のパーセンテージである。

補　足

1　為替ヘッジ付ETFについては、フォワードのポジションの日次の損益を加える。
2　推定キャッシュについての補足：推定キャッシュはファンドの最も正確なレベルのキャッシュの額であるが、ファンドのリアルタイムの価値を得るためには、それ以外の要素を推定キャッシュに反映させる必要があるかもしれない。すべてのETFの発行体は、最大限に効率的な資産管理をするために異なるETFの形態をとっている。推定キャッシュの価値に影響を与えるすべての変数を最も正確に理解するためには、発行体に確認するのがいちばんよい方法である。

この式においては、変数xはいくつかの連動性のある代替資産をもとに生成される。また、この式はリアルタイムでのETFの価値の推計を公式化しようとするものであるので、推定キャッシュが使われている。実際のNAVは構成銘柄の終値と総キャッシュを利用した過去に基づいたものとして公表されるため、それを推計する必要はほとんどない。ファンドの価値の推計のためにeNAVをつくろうとするときは、次に設定／交換が可能になったときに必要になる推計値として、ファンドの推定キャッシュを利用する。

流動性の提供

　ETFと同時には原資産が取引されていないETFのマーケットメイクのプロセス、または流動性の供給は、国内構成銘柄のものとは非常に異なっている。顧客が日本のETFの大きな買い手だった場合を例にすると、流動性供給者はそのETFを顧客に売ることになる。そのとき、流動性供給者（LP）

は2つのゴールのうちの一つを追求するだろう。それは、ETFの受益権をより安い価格で市場から買い付けるか、そのポジションのために事前に定めたいくつかのヘッジを買い付けるかのどちらかである。ETFとバスケットが同時に取引されている場合は、LPはバスケットを買い付けることで完全にヘッジすることができる。この状況は図表10-2で示されている。

その後、LPはETFの受益権を設定して、ポジションをフラットにしてバランスシートを解消するだろう。

今回の場合は、バスケットはETFとは同時に取引されておらず、LPはエクスポージャーを減少させるためにeNAVと相関ヘッジに頼ることになる。ヘッジが優れていたとしても、ポジションを解消するプロセスは、単純に次の機会にETFを設定すればいいというものではない。この例の場合、LPはETFを顧客に売り、ETFと相関がありかつETFと同じ時間に取引されているポジションをとる。これは図表10-3に示されている。

国内のポジションと異なり、このポジションは設定／交換のメカニズムを通してフラットにすることができない。もしLPがETFの設定をしてそのショートポジションを解消しようとしても、図表10-4にみられるように、

図表10-2　国内構成銘柄のETFとヘッジポジション

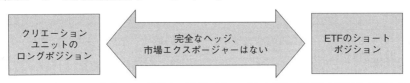

ETFとバスケットのポジションは設定／交換メカニズムを通して解消することができる。

図表10-3　海外構成銘柄のETFと相関ヘッジのポジション

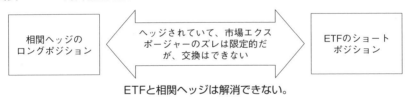

ETFと相関ヘッジは解消できない。

図表10－4　海外構成銘柄のETFと相関ヘッジのポジション、ETFの設定後

相関ヘッジの
ロングポジション　⇔　ヘッジされていて、市場エクスポージャーのズレは限定的だが、交換はできない　⇔　クリエーションユニットのショートポジション

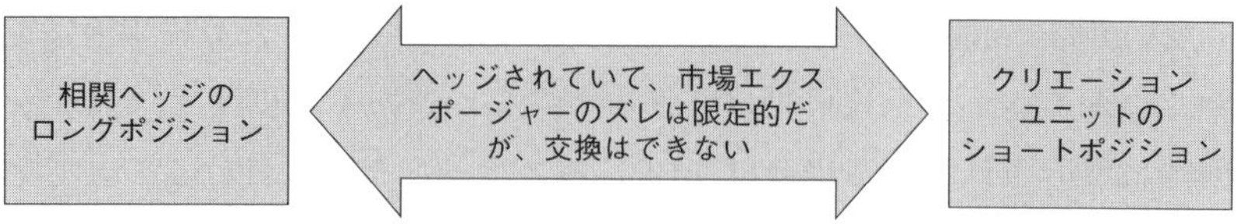

ETFの設定後は、ヘッジに対してバスケットのショートが残る。

それはクリエーションユニットのショートポジションになるだけである。

　設定／交換のメカニズムはある資産とその他の資産のバスケットとの現物移管がもとになっているので、それらは同じエクスポージャーでなければならない。相関ヘッジは設定用のバスケットではないため、このポジションは設定／交換のメカニズムを通してでは解消されない。このプロセスは、もしそれがより有利なポジションであれば、アクセスを向上させるため、またはETFと原資産のポジションを変更するために利用することができるかもしれない。しかし、相関ヘッジのポジションは、マーケットメイカーが取引して外すまでは、彼らのブックに残り続けている。

　特定のETFにおける現金での設定／解約の幅広い普及に伴って、これらの状況には、いくつかの例外がある。特定の状況において、APはETFを受け取る（拠出する）ために、その対価として現金を拠出する（受け取る）ことができる。そのETFの原資産の現地の国が売買の権利を制限していたとしたら、このケースに該当するだろう。この場合、LPは日中にETFの売付けと相関ヘッジの買付けを行い、その取引日の引けにそのヘッジを外してわれわれの市場の引けと各国の市場の引けまでの間のリスクをとるかもしれない。その時点で、LPはショートポジションをカバーするために、ETFを設定し、現金を拠出してETFの受益権を受け取る。これはさまざまな方法で行われるだろうが、あらゆる市場において実際の取引として機能している。これはもはやETFと原資産バスケットの間の純粋な裁定ではない。

　eNAVの計算のさまざまな組合せ、多くの異なった利用者の存在、そしてETFという形態における裁定のメカニズムがあわさることによって、取引

参加者と投資家の間において、いくつかの海外構成銘柄のETFが非常に一般的な商品になった。速度と資金調達力が主な原動力である国内構成銘柄のETFの裁定メカニズムと比較して、海外構成銘柄のETFはグローバルなシステムと取引のセンスが求められる。ある取引参加者の会社は、リスクがとれなくなるまでは、ETFを足元において、自動化された相関ヘッジを信頼してやっていきたいと思っている。2008年の終わりから2009年にかけての市場の混乱期には、ETFにおいてトレーダーが収益を追求できる機会が非常に多く存在していた。その間ずっと、彼らはETFの流動性を提供し、プレミアム・ディスカウントをできるだけ適正に戻していたのである。

プレミアム・ディスカウントについての補足

　海外構成銘柄ETFのIIVに対するプレミアム・ディスカウントは市場で何が起こっているのかを理解するための非常に有益なツールである。一般的に原資産のバスケットは引けてしまっているので、その価格には、バスケットの次の取引が開始されるときの価格についての憶測が含まれている。そのため、CEFのプレミアム・ディスカウントに関しては、短期の市場予測が含まれるというよりは一般的にはより長期間のものであるが、海外構成銘柄ETFのプレミアム・ディスカウントは、潜在的な追加的収益機会または取引の追加的なコストを表している。もし、あなたがETF-INTLという日本株原資産のETFを買おうとしていて、いくつかのポジティブなニュースやイベントでそのETFがIIVに対して4％のプレミアムで取引されていたとしたら、米国の取引時間においてそのプレミアムを支払うか、日本の市場が開くまで待ってLPに原資産の構成銘柄からETFの流動性を調達してもらうかのどちらかであろう。もし、原資産の株式の寄付きが前日の引けから2％しか上昇しておらず、バスケットを買い付けることができたのであれば、それらの株式の寄付きの期待値の予想に対して2％分節約できたことになる。しかし、もし日本の市場が6％高くなって開いたとしたら、米国時間に期待されていたよりも高い価格を支払わなければならない。現地の原資産の株式を

通じての執行を行うときは、センチメントやニュースによる動きを避けるために、ETFのインプライドNAVの価格で取引を行う。

　ある意味においては、市場が閉じている構成銘柄のETFの正しい価格というものは存在しない。それらの価格は主観的なものである。現在の市場におけるスプレッドは、LPがポジションの解消ができないというよりは、彼らの相関ヘッジが機能しなくなるかもしれないという視点において、彼らがとっているリスクを含んでいる。海外構成銘柄ETFのプレミアム・ディスカウントが何を意味しているのかを理解することは重要である。米国時間に市場が閉じている構成銘柄のETFを取引する際には、対価を払おうとしている前提とリスクを理解していなければならない。そうすれば、ETFを米国時間で購入するのか、それとも現地時間で原資産のバスケットを通じて購入するのかを決めることができるだろう。

まとめ

　海外構成銘柄ETFは、新たな資産の獲得と新たな商品の登場という2つの意味において、業界とともに成長を続けている。為替ヘッジ型の商品のように、イノベーションが成功を収めてきたが、発行体は投資家の需要に応えるようなさらなるイノベーションを続けていく必要がある。

　海外構成銘柄ETFは投資家に、異なった国、地域そしてセクターのエクスポージャーを、それらの市場が開く前に、それ以前に上場していたいかなる投資商品よりも効率的かつ流動性のある環境で獲得する能力を提供してきた。これらのETFは投資家に、事前の送金や高度な決済の同意などとともに投資家の証明書や現地への登録が通常は求められるエマージング市場や、フロンティアの国々のような、以前はアクセスできなかった地域への容易なエクスポージャーを提供している。それらはまた投資家に、一般的には機関投資家のポートフォリオマネジャーのために用意されている、より複雑な戦略への容易なワンストップのアクセスを提供している。このことは、国際的

なアセットマネジャーとリテールの投資家の双方にとって、同じように新しい世界を開いたのである。

　これらの上場している海外構成銘柄ETFのその他の追加的なメリットは、それらのユニークで透明性の高い構造にある。それは流動性供給者に対して、リスクを明確にさせ、たとえ代替のビークルであったとしてもヘッジする能力を提供している。ちょうどオプションの価格メカニズムがオプションの取引に定量的な側面を追加したように、ETFは国際的な取引を同じように変化させている。この構造はLPにより多くの資本を使用させ、売買高と投資家の資産の拡大に支えられて、米国の取引日により多くの海外エクスポージャーのリスク市場をつくりだしている。いくつかの商品については、売買高が非常に増加したため、一般的に利用可能な原資産市場の売買高の大きさを超えているものもある。

　株式のETFは、ETFの資産のなかにおいて非常に大きな、最大のカテゴリーとなっている。投資の世界のすべてのプレーヤーが、いまや彼らのポートフォリオの適切な場所にこの商品を利用している。そして、この商品を利用する新しい分野と新しい方法は日々拡大し続けている。第3部のこの後の章を通して、上場投資商品の世界で利用可能なほかのタイプの商品について述べる。最初に株式の商品のバリュエーションに焦点を当てたことは重要であった。なぜなら、それらは、通貨や債券やコモディティのような、われわれが今後対面する多くの商品の基本となるからである。そして、取引と執行の目的のためにETFの価値を算出する基本的な原則は、ETFの形態をまたいで一貫したものである。

第11章

債券および通貨ETF

上場投資信託（ETF）は2000年代初頭に投資の世界にしっかりと定着した。幅広い種類のエクスポージャーへのアクセスとポートフォリオのヘッジおよびキャッシュマネジメントのコスト効率のよい方法として、ヘッジファンドと機関投資家のなかで強い支持を集めた。

規制当局の遅れによって、米国における債券ETFの設定は2002年まで制限されていた。最初の債券の商品は、市場においてまずまずの成功を収めた。SECの規制が緩和されると、多数の商品が劇的な成長をみせた。本書の初版以来、市場における債券ETFの資産は3倍以上になり、ファンドの数は約200％の成長を遂げた。通貨ETFの成長は、商品が利用可能かどうかということに規制上のハードルが非常に大きなインパクトを与えている点において、同じような経路をたどっている。最初の米国上場の通貨ETPは2005年になるまで市場に登場しなかった。事実、規制上のハードルのために、最初の通貨の商品はグランタートラストおよびパートナーシップであった。これらの商品は投資会社ではなく、そのため冗長なSECのレビューを避けていた。2008年まで通貨のETFが米国の取引所に登場することはなかった。これらの商品のいくつかが成功したことは、ファンドの形態が先行者の優位性を上回るという証拠となった。

以前指摘したとおり、先行者の優位性は上場投資商品（ETP）の世界では常に非常に強く証明されてきていた。一般的に、あるファンドが成功するためには、他のファンドがすでに似たようなエクスポージャーを提供しているのであれば、なんらかの本当に差別化できる要素がなければならない。それは手数料水準の違いであるかもしれないし、原資産の分散度合いまたは他の差別化の要素かもしれない。先進国市場の国々に焦点を当てた通貨ETFの場合は、形態（ETF、グランタートラスト、または債券）が差別化の要素である。ETFの市場をいまのところみている限りは、1940年法のETFの形態が優れてはいるが、いくつかのETPにおいては、先行者の優位性が投資家心理と市場のシェアにおいて幅をきかせているようである。

新興国市場の通貨へのエクスポージャーを提供する通貨ETFは、同等な

代替品が数カ月以内に設定され、また注目すべき形態の違いを提供している。しかし、どちらの優位性が上位かという明快な議論は、多くの通貨が長期のアロケーションというよりはタクティカルに取引されているという事実によってあいまいになった。5年間かけて、あるファンドから資産が抜けて別の商品に入ったのは、投資家がその通貨に対してあまり強気ではなくなったという事実によってであり、そのファンド形態とは関係がなかった。そして、その資産クラスに再び戻ることになったとき、新たなファンドが念頭に置かれるかもしれない。投資家が、ある形態が他のものよりも優れていると判断するかどうかは、時間のみが教えてくれる。

　債券と通貨の商品は遅れて登場したが、それらの成長がとても短い時間でいくつかのマイルストーンを達成したことは注目に値する。債券ファンドの急速な成長は、その資産クラスに何十億ドルもの日々の流動性をつくりだすための強固なテクノロジーを開発した主な流動性供給者と機関投資家のほとんどを惹きつけ続けている。図表11－1は債券と通貨ETFの重要な発展段階を列挙している。

　債券と通貨のファンドはグループとして、2015年12月のETFの全体の資産のうちまだ15％程度である。この数字は家計の資産における債券の商品の割合が一般的にはより高いのに比べると低くなっている。この15％は圧倒的に債券の商品で占められ続けている。通貨のファンドは、すべてのETP資産のうちのほんの一部を形成しているにすぎない。これは3つの要素に起因すると考えられる。ETFの世界への参入が遅かったこと、一連の商品におけるよりいっそうの投資家教育の必要性、そして、一般的に通貨への投資において広まっているタクティカルな投資文化である。特に通貨は、昨今ETF業界の成長を牽引してきた大きなリテールの顧客基盤を従来からもっていなかった。相関の低い資産クラスのメリットと、海外株式とともにまたはそのかわりとしての通貨商品の利用についての継続的な投資家教育が、これらの商品を徐々に成長させるだろう。

　最後に、通貨を戦術的または戦略的に利用するさまざまなタイプの投資家

図表11-1　債券と通貨の上場投資商品の開発の年表

日付 （年／月／日）	イベント
2002／7／26	最初の米国債券ETFの設定
03／9／26	最初の総合型債券ETFの設定
03／12／5	最初のTIPs（物価連動国債）ETFの設定
05／12／12	最初の為替ETP（グランタートラスト形態）
06／9／18	最初の通貨戦略とマルチカレンシーETP（パートナーシップ形態）
07／3／16	最初のモーゲージ担保証券ETFの設定
07／9／10	最初の地方債ETFの設定
07／10／5	最初の外国債券ETFの設定
08／2／12	最初のアクティブ債券ETFの設定
08／5／1	最初のレバレッジ債券ETFの設定
08／5／14	最初の通貨ETF（単一通貨）
09／5／6	最初のマルチカレンシーETF

出所：Bloomberg、各発行体のプレスリリース

は、特に単一通貨については、彼らの投資戦略を実行するにあたり、利便性とETFで包むことによる追加的なコストを必要としていない。最初の通貨の商品は、一般的にG10通貨とみなされる最も幅広く取引されているドル以外の通貨に焦点を当てたものであった。より新しい商品は、投資家が、新興国市場も含めたより幅広い通貨のユニバースにアクセスして、通貨エクスポージャーにおけるより多くの投資テーマを達成することを助けている。

　2011年から、通貨ファンドの資産の成長に関して、非G10通貨戦略の純資産総額の急激な減少が続いた。その理由は何であろうか。一つのよくいわれる理論は、大部分は間違いであったが、ヘッジするためのビークルとして、または戦術的投機のために通貨ETFを使用していた洗練された投資家が、ETFを必要とせずに直接通貨市場にアクセスすることができるようになったというものである。これは、中規模から大規模のヘッジファンドおよびいくつかの洗練されたRIAについては真実であるが、これらのアセットマネジャーはそもそも彼らの資産のほとんどに関して、ETFを主要なビークル

として使用していなかったことに留意しておくことが重要である。別の誤った仮説は、通貨ETFは、その大部分が過ぎ去ってしまった一時的な流行だったというものであろう。いくつかの洗練されたアセットマネジャーは、これは通貨ETFについてだけでなく、多くの異なる資産クラスのETFも同様であるという主張をしている。しかし、他の形態のものを差し置いたETFの成長は、基本的に2007年から毎年の否定できない傾向となっており、これは誤りである。

外貨ETPの資産の減少の主な原因は、2011年以来、ドルがG10またはその他のほぼすべての通貨に対して、基本的に強かったという事実である。これは、2014年と2015年の間が最もはっきりしていた。このとき、世界のほぼすべての主要通貨はドルに対して下落した。前述の理論が誤っているというさらなる証拠は、G10通貨のファンド、特にドルのファンドの資産は同期間中に増加していたということである。

図表11－2は、投資対象で細分化した債券のカテゴリーごとの現在利用可能なファンド数と残高を示している。

図表11－2　債券ETFと純資産総額（AUM）

エクスポージャー	ETFの銘柄数	AUM（百万ドル）	割合（％）
ブロード／総合型	14	77,757	24.4
転換社債	2	2,522	0.8
社債	55	64,754	20.3
カバードボンド	1	7	0.0
エマージング	18	10,118	3.2
国債	58	64,016	20.1
国債／社債	7	29,602	9.3
ハイイールド	30	37,929	11.9
物価連動	16	22,466	7.0
モーゲージ	7	9,924	3.1
	208	319,095	

出所：ETF GI、2015年12月31日

本章では、債券および通貨の商品におけるさまざまな細部について探る。債券ファンドの日中インディカティブ・バリュー（IIV）の算出の難しさや債券を株式のような形態に包むことにおける固有の要件をみていく。その後、通貨の商品に目を向け、利用可能なさまざまな形態の特性についてみていく。また、どのようにそれらのエクスポージャーが達成され、それらがどのように取引されているのかをみる。

　グローバルな投資の分野で最大の資産クラスのうちの2つとして、債券および通貨のETFは非常に高い成長の可能性がある。彼らは、ETFの形態としては非常に新しく、その潜在性を発揮し始めたばかりである。来年にかけて、これらのカテゴリーで設定される予定の長い商品リストが準備されており、資産残高が大幅に成長し続けることが期待されている。

債　券

　債券ETFが設定される前から、債券市場は長年にわたってETFの発行体の視野に入っていた。最初の債券ETFを立ち上げるレースは、バークレイズ・グローバル・インベスターズと小さなスタートアップであったETFアドバイザーズの競争であった。何年かの開発の後に、iシェアーズ・ブランドのもとでの4つのETFの最初の立上げは、3つの国債のETFと投資適格社債で構成される1つのETFであった。ETFアドバイザーズは数カ月後に、鍵となるベンチマーク証券に焦点を当てた4つの国債の商品で続いた。前述したように、先行者はETFの世界で常に有利な位置にあり、最終的にETFアドバイザーズは、市場への遅着に屈し、2003年にそのETFを清算した。

　ETFのための一般的な上場基準が認められたとき、新たなファンドを立ち上げるための時間は劇的に減小した。SECへのファンドの届出の多くは何年もかかっていた。スポンサーは、従来の現物設定／交換のプロセスを、さまざまな債券セクターの固有のニーズに対処するために適応させた。

　社債のファンドを除くと、最初の債券ETFはすべて、デュレーションを

主な考慮点として、ベンチマークに連動するために代表サンプリング法か最適化法を採用していた。2003年～10年は、わずかに6つの債券ETFが上場しただけだった。しかし、70以上の債券ETFがその後の2年の間に設定され、2010年以降150の新しいファンドが立ち上がった。

株式市場と比較しながら、債券および通貨市場の機能におけるいくつかの重要な違いをみてみよう。株式のような形態で上場する際に、これらのファンドが克服しなければならない多くの障害が存在している。

債券ETFの成長トレンド

本章では、債券ETFのいくつかのトレンドを説明する。債券ETFは株式のファンドに10年遅れて立ち上がった。しかし、それらが立ち上がる時までに投資家はETFについて十分に認識していたので、AUMの積上がりは株式のファンドほど遅くなかった。たとえば、株式ファンドが500億ドルを超えるのにおおよそ9年かかったが、債券ETFは最初の登場から約7年でそれを成し遂げたのである。図表11－3のチャートは、最初の債券または株式ETFが立ち上がった後に、どのように残高が伸びてきたかを示している。

図表11－3　債券と株式ETFの残高の成長

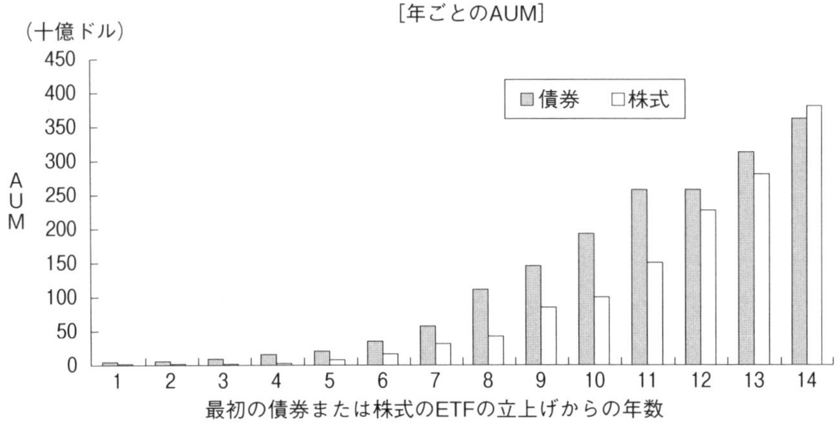

出所：Bloomberg、2015年12月31日

図表11-4 債券ETFとETF全体に占める割合

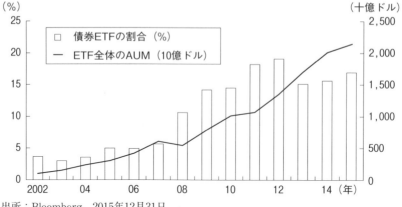

出所:Bloomberg、2015年12月31日

　図表11-4では、米国上場ETF全体に対する割合として債券ETFの残高の伸びをみることができる。資産クラスの内訳の面では、債券ETFは株式のものと似たようなスタートを切った。コアとなるものが最初に立ち上がり、コアではないものや、その周辺、アロケーションものが徐々に続いた。

　債券ETFは興味深い成長パターン(図表11-5)を遂げてきた。昨今、何百ものETFが毎年立ち上がり、債券の分野でも多くのファンドが立ち上がっているが、2002年には4つの債券ファンドが立ち上がっただけだった。最初のファンドは、すべてコア戦略のものだった。主に米国債と投資適格社債で構成されるコア戦略は、通常ほとんどの投資家のポートフォリオに組み入れられる。コア戦略がしっかりとした足場を固めた後になって、非コアの債券ファンドが多くの注目を集め始めた。グラフは、コア債券を左軸の幅広いバーで、非コア債券を右軸でそのトレンドを示している。コア債券は、非コアファンドが目立つようになった時点では、300億ドルを超える残高となっていた。

　このトレンドにはいくつかの理由がある。まず、米国において、コア債券市場の規模は、非コア債券を大きく上回っていた。また、米国の投資家は歴

図表11－5　債券ETFの資産クラスごとの残高の成長

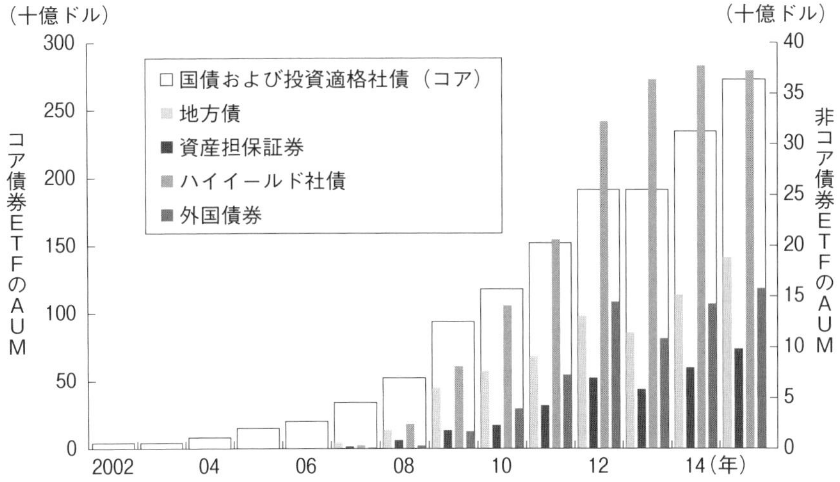
（十億ドル）
（十億ドル）
300
250
200
150
100
50
0
40
35
30
25
20
15
10
5
0
コア債券ETFのAUM
非コア債券ETFのAUM
□国債および投資適格社債（コア）
地方債
資産担保証券
ハイイールド社債
外国債券
2002
04
06
08
10
12
14（年）

出所：Bloomberg、2015年12月31日

史的に外国債券へのアロケーションが最小限であった。そのため、ETFのスポンサーにとって、現在支配的な資産のグループに対して、彼らのファンドを立ち上げる努力を集中させることは合理的であっただろう。発行体が、コアの債券に傾倒するもう一つの理由として、これらの資産はより長期保有される傾向があることがあげられる。すなわち、投資家は彼らのコアのアロケーションを切り替えることはほとんどなく、そのかわりに周辺の戦略によってそれらを強化しようとする。そして最後に、初期のETFは、資産クラスのベータのエクスポージャーを提供するために存在したという概念に戻る。信用リスクの性質を考慮して、国債および高格付社債ならびにモーゲージ担保証券のファンドは、似たような債券と足並みをそろえて取引されている。そのため、数千の米国債を含む指数のパフォーマンスの複製は10～15の債券のポートフォリオで行うことができる。同様に、あまりにも多くのさまざまな発行体の債券に対してアロケーションすることなく、資産の少ないETFは、高格付社債およびモーゲージ担保証券の小さなサブセットに投資

することによって、ベンチマークに類似したパフォーマンスを素早く達成することができる。

　どのくらいの速さでファンドが成長するのかということは、もう一つの分析すべき興味深い傾向である。最初の4つの債券ETFは、約10億ドルで立ち上がったLQDを除いて、それぞれ約6億ドルで立ち上げられた。これは昨今における一般的なケースではない。ファンドは普通100万〜1,000万ドル程度の初期残高で立ち上がる。ファンドが大きな資産額で立ち上がることと、短期と長期の両方で最終的に成功することの間には、間違いなく正の相関が存在する。そのお金がシードとして立上げ前にファンドに入ってくるものなのか、取引の最初の数日間に入ってくるようなコミットした顧客のお金なのかは、基本的には関係ない。

　最初の米国上場の株式ETFであるSPYは、AUMが10億ドルに到達するのを祝うのにわずか3年もかからなかった。そうなった2番目のファンドであるMDYは、約3年半かかった。前述したように、LQDは約10億ドルで立ち上がったので、これは公平な比較ではない。昨今、ファンドが、特に債券ファンドが、その最初の年またはその最初の年から数年以内に10億ドルの残高に達していることは、非常に注目に値する現象である。

　米投資信託協会は2014年末時点において、債券のミューチュアルファンドはすべてのミューチュアルファンドのAUMのうち約22％を占め、マネーマーケットファンドはそれとは別に17％であると報告している。ETFの構成は異なっており、債券ETFは短期のファンドを含めて全ETP市場の約17％であり、ピーク時のみ20％であった。ミューチュアルファンドから残高をとっているというETFの傾向が続くとした場合、株式ファンドがETFの合計残高の80％を占めていることを考えると、債券ETFは株式のファンドよりも今後数年間にわたる高い成長の軌道に乗っている可能性が高い。

債券市場における主な相違点

プライシングの違い　　債券市場は店頭市場である。公式な寄付きや引け値

そして取引所をベースとした公式な価格センターもない。トレーディングデスクは、フェアバリューを決定するために、複数のソースからの投票によって彼ら自身の債券のポートフォリオの終値を価格づけする。ミューチュアルファンドは多くの場合、最終的なバリュエーションのためにいくつかの情報源に依存している。たとえば、ある特定の10年のファニーメイの債券の終値について複数の市場参加者に尋ねた場合、いくつかの、異なってはいるがそれでもまだ互いに近い答えを得ることができるかもしれない。ビッドとアスクの価格の間のスプレッドだけでなく、ある債券の表示価格のばらつきも債券の流動性と逆の関係にある。オン・ザ・ランの米国債は世界で最も流動性の高い証券の一つである。それらは、ベンダー間の終値においても限定的なばらつきしか示さず、微小なビッド／アスク・スプレッドとなっている。しかしながら、取引が頻繁ではないハイイールド社債は、推定値を用いており、価格づけの場所の間でそれぞれ大きく異なる可能性がある。

この店頭取引の構造と公式価格の欠如は、最初は債券関連のETFの組成を困難にしていた。ETFは通常、ミューチュアルファンドと同じように、純資産価額（NAV）を算出するために最終的な終値を必要とするだけでなく、ファンドの価値の日中の推定値（IIV）も必要とする。商品の設計者は、取引所における価格がないという、まったく異なる世界に適応することを求められたのである。

債券は株式とは違う……それとも同じなのか　普通株は上場企業の所有割合を表している。その価値は透明性の高い取引所における需要と供給に伴って変動する。債券は、金利の構成要素をもち、満期があり、そして固有の支払構造をもつ負債性の商品である。一つの発行体は、さまざまな構成要素とさまざまな価値を有するいくつかの異なるタイプの債券を発行することができる。その価格は、トレーダーが選んだ価格ソースによって設定される。トレーダーは、株式市場が提供している統合テープのメリットを受けることはできない。

普通株とは異なり、定形となっている構造や評価手法は、幅広いさまざま

な債券のセクターには適用されない。国債、社債、モーゲージ担保証券、地方債およびその他の債券セクターは、すべてユニークなリスクファクターをもっている。金利リスクは、すべての債券に共通のファクターであるが、その感応度のレベルは、非常に異なっている。債券セクター間の分業は、取引や投資の舞台においては一般的であり、ほぼ必須となっている。

市場規模の違い　　債券と株式の市場間においてまったく異なることの一つは、取引の一般的な規模である。債券市場は一般的に、取引単位に収まることができる規模が大きな機関投資家の取引コミュニティに占められている。市場参加者は、ETFの設定または交換に必要とされるかもしれない小口の取引サイズを手助けするための準備が元来できていない。

　ETFの形態の素晴らしさは、大部分が機関投資家で占められるこのような取引の舞台を、規模の小さい機関投資家や個人投資家に提供する能力である。債券および通貨のファンドのクリエーションユニットは、流動性を提供するために必要な残高を小さくすることによって、原資産の市場の大規模な投資家とETFの市場の小規模な投資家との間のギャップを埋めようとしている。クリエーションユニットのサイズを小さくしようとする発行体と、セクターへの幅広いエクスポージャーを望む投資家と、そして小規模な取引にはあまり適応していない債券や通貨の市場との間において、微妙なバランスがとられているのである。クリエーションユニットの大きさは、顧客が商品の流動性を確保することを支援するために、ETFにとって非常に重要である。クリエーションユニットのサイズが非常に大きい場合、バランスシート上に大きな残存ポジションを保有する可能性があるため、流動性供給者（LP）にとってはやっかいである。クリエーションユニットのサイズを小さく保つことは、LPが設定／交換のメカニズムを通じて残存ポジションを解消することを可能にする。伝統的に小口の取引は市場で普及しているため、一般的な株式のバスケットにおける端株の取引は問題にはならない。設定／交換のメカニズムから生まれた債券と通貨の単元未満のポジションは、債券と通貨の世界におけるイノベーションである。

取引の架け橋をつくる　債券の裁定取引は、ヘッジファンドと債券の自己勘定取引デスクがロードローラーの前で硬貨を拾っているようなものであると表現される。債券ETFの多くで発生している広いビッド／アスク・スプレッドと時折目立つプレミアム・ディスカウントは、現在これらの硬貨の多くがロードローラーにひかれて平らになってしまったことを示唆しているのであろうか。実はこれは株式と債券の間の根本的な差異と、資産クラスを別の資産クラスの投資ビークルに当てはめていることによるものである。

　債券および通貨ETFは、基本的には、原資産である別の資産クラスを株式化したデリバティブである。最終的な商品は、投資家のプラットフォームにはうまく収まるが、取引や個々の構成銘柄のヘッジについては、ETFのLPのコミュニティが急速に学習していったのである。資産クラスごとの取引コミュニティの間における違いのいくつかが、なぜこれらのETFが市場でそれほど違うように取引されるのかということを主に説明している。

・ETFの取引デスクは基本的に株式のトレーダーである。ETFの取引コミュニティは、主に指定参加者（AP）の株式デリバティブデスクとスペシャリストのコミュニティから生じた。強い債券のバックグラウンドをもっている取引のスペシャリストは非常にわずかである。
・ETFのトレーダーは火星人であり、債券および為替トレーダーは金星人である。ETFの市場で提供されている商品の多様性の急速な拡大は、標準的なAPに興味深い状況を提示した。ETFデスクは主に株式のバックボーンをもっており、彼らは現在、通常は会社の中でそれぞれ独立した領域で取引されている非常に別個の商品に関与している。ETFや株式のトレーダーと、彼らの相手役である債券および外国為替（FX）のトレーダーの間における交流が最少またはまったくないという状況は、大規模な投資銀行ではほんの数年前までは珍しくなかった。現在の顧客の需要は、コラボレーションの必要性をつくりだしている。それぞれの部門は、ヘッジおよび資産クラスにまたがった流動性を提供する手段を調整するために、協力しなければならなかった。社内のアレンジができなかった場合に

は、LPはその商品のフローをさばくために、競合他社からその機能を調達している。
・株式のシステムは一般的に債券を取り扱えない。多くのETFの取引デスクは、株式のために設計されたシステムを使用して運営されている。多くの債券ポートフォリオと通貨のポジションは、特別にそれらの細かい差異を処理するように設計されたアプリケーションを使用して、管理やヘッジがなされている。堅牢なシステムがオペレーショナルリスクを軽減し、取引における大きな確信すなわち流動性を成長させている。この商品の成長は、ヘッジとリスク管理の目的で複数の資産クラスや大量の原資産を処理するために、ETFデスクに必要な技術の強化を促している。さらに、利用可能な債券ETFの多くは、現物による設定／交換のバスケットを活用している。債券ETFの適切な取引は、IIVを推定するモデルの構築だけでなく、そのモデルを活かすために信頼性の高い価格の情報源を確保することによって開始される。したがって、投資家の需要はこの資産クラスのETFを発展させ続けているが、LPがその細かい違いを処理する能力についてもそうである。

取引のヒント

ETFのトレーダーが債券と通貨の世界に手を伸ばして、ETFと原資産市場の間において収益をあげるために新しいアクセスを利用するようになっていることは興味深い。しかしながら、まだそこまでの交わりは観察されてない。為替トレーダーと債券市場の参加者はETFを彼らにとっての別個の商品として取り扱い、どんなスプレッドが現れても裁定取引から遠ざかろうとしている。業界が成熟してきた時には、より多様な種類の商品の取引が起こると期待されている。多数の商品の取引のために使われてはいるが、まだ一般的には分かれているシステムの統合もみられるだろう。売買高と規模が増大したときに、債券および通貨のト

> レーダーがETF市場で取引をしてリスク管理を行うことは自然なことである。これは市場にさらなる流動性を生み出して、スプレッドを縮め、そして最終投資家にメリットを与える。しかしながら、いまは、潜在的な市場の非効率性のために、トレーダーがこれらのファンドに参入する機会がまだ存在している。

債券ETFのイノベーション

アクティブ対パッシブ

　本章でこれまで議論していないトピックは、債券ETFのアクティブ対パッシブという概念である。株式ETFの圧倒的多数はパッシブ運用である。それは、インデックスを追跡し、原資産のベンチマークの投資から外れないようにするものである。歴史の大部分の期間で、一般の人々にとって、さらには大多数の投資コミュニティにとって、ETFはパッシブ投資の代名詞となっている。これは最初の債券ETFについては真実であるし、今日においてもまだ95％以上の債券ETFがインデックスに連動する資産である。しかし、ETFではない債券の資産をみれば、それらの大半は、いくつかは「スター」ファンドマネジャーに、またその他は規模の大きな運用会社に雇われたプロフェッショナルによるチームによってアクティブに運用されていることに気がつくだろう。これにはいくつかの理由があるが、ほとんどは債券投資そのものの複雑さによるものである。ファンドの投資戦略にかかわらず、それがインカムまたはトータルリターンであっても、債券のポートフォリオマネジャーは、債券に投資する際に多くのことを考慮している。よい執行の保証や健全なリスク管理および投資戦略の適切な遵守のような制約の多くが、債券ポートフォリオにアクティブ運用を求めるようになっている。株式

の運用者のように、彼らは企業のファンダメンタルズ、およびその成長見通しと業界内での相対的な強さを知らなければならない。また、彼らには企業が事業費を回収した後に債務を履行できるかどうかを判断するという追加的な負担がある。さらに、企業の大半は1つのシェアクラスの株式を発行しているが、ほとんどの場合、その企業の債務はいくつかの支払期限すなわち満期で発行されている。企業は1年、2年、5年または任意の年数の組合せで満期を迎える債務をもつことができる。このことは、ポートフォリオの残りの部分と比較して、金利リスクとともに、さまざまな時点における企業のデフォルトリスクを管理するために運用者に負担をかけることになる。さらにこれらの複雑さに加えて、前述したように、債券の最小取引サイズは非常に大きくなる可能性があり、小さいサイズでの債券の取引は流動性が少なく、下手な執行になるかもしれないという事実がある。ファンドマネジャーが、ある特定の運用資産額において、大きなサイズの債券の執行をしなければならないとすれば、ポートフォリオで保有することができる債券の数が制限されることになる。このことと、前に言及したデュレーションおよび信用リスクの制約を考慮すると、債券の運用者は、株式の運用者と比べると少ない銘柄数で、かつ高い確信をもつ銘柄を彼らのポートフォリオで保有しなければならない。

　ETFの枠外では、これらの制約によりアクティブ運用がやや標準になっているが、最初の債券ETFにおいて資産が集まったのはパッシブファンドであったことを忘れてはならない。最初のアクティブ債券ETFは、2008年初め、アクティブ株式ETFの数カ月前に登場した。これは立上げ後もうまくいったが、その後またパッシブファンドの設定がいくつか続いた。

　トレンドの変化に伴い債券ファンドの範囲は狭くなったり広くなったりするが、アクティブおよびパッシブ双方のファンドの立上げが継続している。2012年の初めに、ミューチュアルファンドとセパレートアカウントのプラットフォームにおける成功が知られていた債券のマネジャーが、彼らの旗艦ファンドのETFバージョンを提供した。他のファンドが資産を集めるのに

苦労していた一方で、これらのファンドのいくつかはAUMを早期に積み上げた。

アクティブマネジャーによるETFへの進出は、単一のマネジャーによるものだけではなかった。多くのアクティブファンドをもつ大規模な老舗のファンドマネジャーたちは、彼らの資産がETFに向かうのをみて、彼ら自身が分岐点にいると気がついた。一部の企業は、ETFがミューチュアルファンドから大半の資産のシェアを奪うことはないという事実を念頭に置いており、短期的または中期的には資産を譲ることになるかもしれないが、最終的には資産のほとんどを維持して成長を続けることができると考えている。他の陣営は、ETFが資産のシェアをとり続けていくと信じている。これらのマネジャーもまた、分岐点に立っている。1つ目のオプションは、自分の旗のもとでETFを立ち上げることで、プラットフォーム全体を構築することである。このような努力のコストは高いかもしれないが、本当の課題は、ETFの商品管理全般における十分な経験をもったチームを構築することである。2つ目のオプションは、確立されたETFプロバイダーと提携をして、そのETFプロバイダーによるファンドのマーケティング、販売およびディストリビューションのもとで、サブアドバイザーの立場としてファンドを運用するというものである。

各オプションは、欠点がないわけではない。最大の欠点は、もちろん、手数料をあきらめることである。新しいETFは間違いなく高い手数料のミューチュアルファンドの資産を共食いし、ひいてはファンドに入ってくる総収入を減少させるであろう。多くの資産運用会社は、これは資産を完全に失うよりもまだましな代替手段であろうと認識している。サブアドバイザーの取決めは、ミューチュアルファンドのスポンサーの手数料をさらに減少させるが、それにもかかわらず2つの選択肢のうちで最も一般的であることが判明した。ETFのスポンサーが残りの部分を処理している間、ミューチュアルファンドの背後にいたアクティブマネジャーは、彼らの専門分野に集中し、非ETFの形態で行っていた方法を継続することができる。そのため、

このプロセスはアクティブ運用の戦略に向いている。

　これらのファンドがどのくらい成功するのか、そしてパッシブのベータファンドと同等のコストで彼らが成功または失敗するのかどうかはまだわからない。

　債券ETFの市場が商品面と残高面で成長するにつれて、この資産クラスに対する投資家の需要がイノベーションを起こした。市場に登場したイノベーションの一つは、2013年末のデュレーションのヘッジがなされた債券ETFであった。この戦略は、債券の原資産ポートフォリオの全体的なデュレーション・エクスポージャーを管理するために、さまざまな手段を使用する機関投資家の債券ポートフォリオマネジャーの間では非常に一般的である。本質的には、デュレーション・ヘッジETFは従来の債券ETFと同様である。原資産の債券は、幅広く保有されている債券ベンチマークに連動するように構築されているが、デリバティブを使用してデュレーションを特定の目標に引き下げている。ほとんどのデュレーション・ヘッジETFは、ポートフォリオ全体のデュレーションを設定された目標まで下げるために、短期国債の先物を利用する。投資家は、デュレーションリスクをヘッジする際にフリーランチがないことを理解することが重要である。このケースにおいて、国債または国債の先物をショートするということは、ファンドはクーポンレートを支払わなければならないということである。このヘッジのコストは、日次でファンドのNAV自体から生じ、投資家の収益全体に影響を与える。これらのツールは、金利が上昇する環境のなかで原資産の債券ポートフォリオの価値が被る負のコンベクシティから投資家を守ることができるといわれている。投資家は、従来の債券ETFと同じように、原資産の債券ポートフォリオのクーポンから毎月または四半期ごとの分配を受け取ることになる。この新しい種類の商品は、一般的に機関投資家のためだけに確保されていたツールを、取引所取引の形態であらゆる投資家に提供したのである。

　債券ETFの世界におけるもう一つの主要なイノベーションは、ルール

ベース・アクティブおよびトランスペアレントなアクティブ債券ETFの登場である。ルールベース・アクティブETFは、投資家にポートフォリオマネジャー、またはコミッティによって選択された債券ポートフォリオへのエクスポージャーを提供するが、選ばれた債券はファンドの提示されたメソドロジーによるガイドラインの範囲内のものである。そのなかの一つの例は、それぞれの階層が、その階層のウェイトによって定められた等ウェイトの債券をもつ階層構造のものである。それぞれの階層のウェイトは意思決定者によって決められるため、このETFは「アクティブ」の要素をもっている。トランスペアレント・アクティブETFは、一方で、ポートフォリオに完全なアクティブ運用の側面をもたせている。ミューチュアルファンドと同様に、ポートフォリオマネジャーは、ポートフォリオ内の投資判断を行っている。主な違いは、保有銘柄の日次開示、日中の流動性と税効率のよさ、そして一般的にトランスペアレントでないアクティブのミューチュアルファンドよりも低コストであるということである。アクティブマネジャーがポートフォリオに変更を加える必要がある場合、このリバランスは、税金への影響を最小限にしながら、求めるエクスポージャーにポートフォリオを再調整するために、取引の相手方と行われる。

　債券ETFは、スポンサーが時価総額加重インデックスから脱却し、証券のウェイトを決定するために、1つ以上のファンダメンタル・ファクターを利用しようとしている株式ETFのイノベーションの後に続いている。債券ファンドの時価総額加重の欠陥の一つは、ファンドが、より負債の多い企業により多く投資しているということである。これは基本的に不健全なプロセスである。そのかわりにスポンサーは、インデックスおよびファンドがウェイトを決定するうえで、企業の負債を返済する能力に関して特有のさまざまな要因だけでなく、その企業の全体的な強さに関連する要因もみている。このような方法は、広くいわれる「スマートベータ」のスペースにおけるもう一つのETFの拡大競争を促している。スマートベータの株式ETFは2006年から存在しているが、スマートベータの債券の登場は、いま目の前で始まっ

ている。

IIVとNAVのプライシング・ソース　ある特定の債券について、その取引頻度の変動性が高い場合があるかもしれない。米国債などの一部の債券は頻繁に取引されるが、社債などの他の債券は時折しか取引されない。これは債券の世界では理解できる特性であるが、ETFの世界ではいくぶん受け入れがたいものであろう。ETFが日次のNAVを公表しなければならないという事実を考慮するため、ETFにおける債券の価格づけにおいてはマトリックス・プライシングが一般的な方法である。マトリックス・プライシングは、似たような債券の現在の価値を推定するために時系列関係と価格を利用して債券を評価する方法である。マトリックス・プライシングは似たようなリスク特性をもった債券をグループにして、同じような方法で価格づけを行う。

　マトリックス・プライシングの応用形も多くの債券カテゴリーのIIVの日中の価格設定に組み込まれている。地方債および社債については、ロンドン銀行間取引レート（LIBOR）とのスプレッドの関係が、最新の市場データが組み込まれるまで、多くの場合アルゴリズムを動かしている。

　市場のボラティリティが高い場合、投資家とトレーダーがETFの原資産の債券の取引を考える水準は、直近の取引データや推定される水準、またはIIVに組み込まれているマトリックス・プライシングの近似値から大きく外れる可能性がある。2008年の秋には、多くのクレジットに特化したETFの日中価格の基礎となるLIBORの推計の困難さにより、予期せぬ不確実性が生じた。債券ETFの原資産の価値からの短期的なかい離がいくつかあったが、より正常なボラティリティ水準に戻ることでこれらのかい離は抑制された。これは裁定のメカニズムの失敗によるものではなく、原資産バスケットの真の流動性および価格の透明性の欠如によるものである。現物移管用の債券のバスケット、特により繊細なクレジット投資のものを組成することは、ETFの取引デスクのコストを増加させることが多い。債券およびFXの店頭市場において流動性の低い原資産の構成銘柄に基づいたETFは、実際はその原資産の価格発見の役割を担っている。市場で取引されているETFの価

格は、リアルタイムの価格がない原資産の直近のバリュエーションとセンチメントの組合せとして利用可能である。これは、閉じている市場のセンチメントを伝えている海外構成銘柄のETFの機能に似ている。しかし今回の場合は、ETFの価格は流動性の低い証券の原資産バスケットの価値を発見している。

　これらのハードルとそれを克服するための解決策を考え、債券の価格づけのみの役割を負っているいくつかの企業が出現した。彼らは、債券の価格を決めるために、独自のマトリックス・プライシング・スキームを使用する。どれか1つの会社が100％のカバレッジをもっていることは非常にまれである。多くの発行体によりあまりにも多くの債券の発行がされているが、大手のデータプロバイダーは非常に高いカバレッジを誇っている。債券価格、利回り、およびその他の指標を数十年にわたって蓄積してきたこれらの企業は、債券データの保管庫となっている。多くのライセンスにより、そのデータが大手銀行やインデックス・プロバイダーに提供され、インデックスの価格設定のもととなっている。いくつかのケースでは、これらのデータプロバイダーは、債券ファンドがベンチマークとして使う独自の債券インデックスを作成している。ETFの発行体およびその他のファンド会社は、ファンドのNAVの価格づけのためにそのデータを利用することによって、NAVの算出プロセスにある程度の正当性を追加している。このデータは完璧なようにみえるにもかかわらず、債券トレーダーがNAVの価格に同意しない場合がいくつかある。市場における価格がいくつかのポイントによって異なる場合があるということには、驚くかもしれない。

　プライシング・ソースとマトリックスが選択されると、ファンドのスポンサーは、NAVの債券価格をビッド、ミッドまたはアスクのどれにするかを選択することができる。いくつかのスポンサーはビッドでの債券価格を選択する。彼らは、ファンドが売却された場合に投資家が受け取る潜在的価値を表しているということで、これを正当化している。ファンドを成行で売却するとその結果として債券はビッドで取引されるからである。ビッドでの価格

づけはまた、債券価格と利回りの逆の関係によって、ファンドの表示利回りを増やすことができる。同じカテゴリーの他のファンドと比較した場合に魅力的にみえるので、高い利回りはファンドにとって有益である。ファンドの売買に関係なく利回りの影響に中立であろうとするときは、ミッド価格での価格設定が一般的なやり方である。

債券ETFの裁定取引　　株式ETFと同様に、裁定のメカニズムは債券ETFでも存在する。しかし、債券が店頭取引である性質を考慮すると、ミスプライシングが発生する程度は、債券ETFのほうが大きい可能性がある。債券は店頭で取引されているため標準化された価格はなく、トレーダーは、NAVが記録しようとしている価格からかなり離れた価格で、ファンドが保有しているのと同じ債券を見つけることができるかもしれない。ETFがNAVに対して大きなプレミアム・ディスカウントで取引されている可能性がある場合には、店頭で取引されている債券との価格のかい離と組み合わせることによって、もし売買の執行が成功すれば、より大きな利益を得ることができるかもしれない。しかし、トレーダーは債券の流動性を重視する必要がある。トレーダーが債券を売り払うのに時間がかかりすぎる場合、価格が動いてしまい、取引全体からの利益を部分的にまたは完全に損なうような損失を余儀なくされる可能性がある。

通貨ETF

　全体として、通貨の商品はETF全体のごく一部を構成するにとどまっている。アセットアロケーターが、通貨戦略をコアポートフォリオの一部とすることは難しく、そして通貨への投資は主に短期的なものとみられているため、これは理解できることである。14のカテゴリーの利用可能な19の商品のうち47％は、そのカテゴリーでエクスポージャーを提供するさまざまなファンドのなかにおいて、1億ドルを超える資産を有している。

　通貨ETFにはいくつかの用途がある。まず最も単純に、投資家は特定の通貨の価値についての投機をすることができる。これらの投資家にとって、

通貨のロングまたはショートのどちらかを行うファンドがいくつか存在する。ブローカーと通貨やデリバティブの口座を開設するよりも、取引所の株式と同じ方法でETFを購入するほうが簡単である。通貨ETFは既存の海外、すなわち外貨建てになっている株式のポジションをヘッジするために使用することができる。ユーロ建ての欧州株式で構成されたETFをロングしている場合は、ユーロに投資するETFをショートするか、逆にユーロをショートするETFを買うことが可能である。最後に、特定の通貨および通貨戦略は他の資産クラスとの相関が負であると計算されている。アセットアロケーションのオルタナティブの部分に通貨戦略を組み込むことにより、ポートフォリオのリスク／リターン特性上のメリットを受けることができる。

通貨商品の形態

最初の通貨商品は、2005年に、グランタートラストの仕組みで市場に登場した。ETFの形態は2008年まで市場に投入されなかった。通貨ETFは、登録投資会社（RIC）として発行され、1940年投資会社法（1940 Act）に基づき登録されている。登録投資会社として、リスク／リターン特性を具体化するために、これらのファンドは原資産への投資を管理するうえでの柔軟性を追加することができた。これらのファンドは、登録投資会社として、以下を含む、ファンド構造上の保護特性をもっている。

・ クレジットリスクの分散
・ レバレッジと貸出の制限
・ 取締役会による監視
・ 適格カストディアンによる資産の分別管理

興味深いことに、通貨の変動と米国以外のマネーマーケットの金利に対するパッシブ・エクスポージャーを合理的に提供しようとしているにもかかわらず、インデックスを追随していないため、通貨ETFはアクティブ運用ファンドの免除規定のもとで市場に出たのである。このアクティブ運用の免除規定の利点は、主にファンド構造内の業務の効率性にある。柔軟性を与え

られたことにより、ファンドは受益者へ望ましいエクスポージャーを提供するための投資アプローチを変えることが可能である。為替市場は世界で最も流動性の高い市場であるが、現地通貨のマネーマーケットの商品やスポットの為替レートへのアクセス方法はさまざまな地域間で異なっている。いくつかの先進国市場では、通貨ETFは直接的なアプローチをとっており、現地通貨建てのマネーマーケットに直接投資している。図表11-6に示されているのは、課税投資家が利用可能なETFと旧来型のグランタートラスト商品の典型的な構造的特徴である。

　このファンド組成上における直接的なアプローチに必要な発行体の幅広さと、発展およびアクセス性の組合せを備えた現地マネーマーケットをもつ国はほんのわずかである。アクセスが困難な市場へのエクスポージャーを提供する通貨ETFは、エクスポージャーを管理および達成するために、米国の現金相当物への投資とともに通貨先渡契約を利用している。この組合せは、現地通貨建てのマネーマーケットへの投資手段と経済的に類似したリスク／リターン特性を提供する。為替の先渡契約はデリバティブであるが、特にETFの形態としてのリスクは大幅に緩和される。これについては本章で後述する。ETFがこのアプローチを使用しているほとんどすべての市場において、FXの取引量は商品の成長を支えるのに十分なほど高い。エマージング市場の通貨と米国の現金相当物への投資を組み合わせた原資産ポートフォリオの流動性によって、これらのETFは、通常、多くのクレジット特化型の債券ETFよりも狭いビッド／アスク・スプレッドを特徴としている。現在、利用可能な通貨の商品には、ETF、グランタートラスト、ETNの3種類がある。上場金融商品の形態は同様のエクスポージャーをもった商品と争う新しい戦場となるであろうと何度も言及してきた。通貨の商品の市場においてこれは最も明白である。利用可能なさまざまな通貨商品の形態の特徴をいくつか図表11-6に示しておく。

通貨戦略の種類　　通貨ファンドの間にはいくつかの違いがあり、これらは、単一通貨または複数通貨、レバレッジまたは非レバレッジ、アクティブ

図表11-6 通貨ファンド形態の特徴

	通貨ETF	通貨グランタートラスト	通貨ETN
形態	アクティブ運用登録投資会社（RIC）	非運用トラスト	銀行により発行された無担保負債性商品
原資産への投資	マネーマーケット証券への投資、一部は為替先渡契約の利用	外貨建て銀行預金	原資産の保有はない
分配政策	さまざま	さまざま	さまざま
インカムの分配	分配されれば一般所得税率で課税	無分配であっても一般所得税率で課税	分配されれば一般税率で課税
年末の値上り益の分配	証券の売却における実現益（期待値は最小）、デリバティブの実現および未実現の値上り益（一般所得の一部として課税）	限定的、外国為替（FX）の値上り益の可能性	なし
売却	値上り益はキャピタルゲインとして課税、1年以上保有していれば長期キャピタルゲインの税率が適用。1年以下の場合は一般所得税率が適用	値上り益は一般所得税率で課税	通貨の変動による値上り益と債券の経過利息は一般所得税率で課税

出所：WisdomTree Asset Management

またはパッシブ、ロングまたはショートといったいくつかの異なる方法で区分できる。ほとんどのものはその名称によって説明されているが、それほど単純ではない。長期的または戦略的なものとは対照的に、多くの投資家にとって、通貨への投資は主に戦術的なものとして考えられている。為替は大きく変動しており、ユーロ、スイスフラン、ドルなど主に安定的と考えられていたハードカレンシーでさえ、近年の変動や長期的トレンドの方向性に大きな変化を示している。

　ETFへの通貨投資の最も基本的な形態の一つは、通貨の先渡契約を利用して通貨自体のエクスポージャーを得ることである。為替の先渡契約にはインプライド利回りが存在する。すなわち、その通貨の国の現地マネーマー

ケットの金利が先渡契約自体に組み込まれている。ほとんどの先進国では、これらの利回りはそれほど高くないかもしれないが、多くのエマージング市場の国では、これらの利回りは5～6％以上、場合によっては10%を超えることがある。ETFが先渡契約を使用して通貨に投資する場合、ETFはこれらの金利からの利益を受益者に渡すことができる。この主要な利回りの優位性に加えて、ETFの通貨先渡契約による投資は、いくつかの重要な理由により、トラストまたは外貨銀行口座に保有されている通貨を使って投資するよりも現実的である。これらの契約は、他の銀行および取引デスクの既知の取引相手と取引される。大規模な金額を外貨建てで保有する必要はないため、実際の資産の転換は行われていない。これらの証券の裏付けとなる担保のみを、カストディアンに移管する必要がある。また、そのカストディアンは顧客と同じ国に設立されていることが多い。通貨は特定の時間に特定の換算レートを使用して単純に評価され、先渡契約の評価に利用される。

通貨への投資の戦術的な性質は、レバレッジとショート戦略にも向いている。投資におけるレバレッジは、実際にそうするよりも少ない資本配分で、自身の見方を表現する一般的な方法である。

しかし、通貨ETFが登場する以前は、個人投資家はもちろん一部の機関投資家でさえ、為替動向の見解を示すためにレバレッジを利用することはできなかった。多くの登録投資アドバイザー（RIA）は、レバレッジの有無にかかわらず、どの資産の部分でデリバティブを保有することができるかについての制限を設けている。ここ数年、発行体は多くの一般的な通貨に対してさまざまな商品を立ち上げてきた。これらには、ロングまたはショート、2倍および3倍のレバレッジ・エクスポージャーが含まれている。いまや自宅にいる投資家でさえ、追加の口座を設定することもなく、また銀行の為替トレーダーに電話してクオートを提示してもらうこともなく、ユーロがドルに対して相対的に下落するという見方を表現することができる。レバレッジおよびロング／ショートの通貨ETPは、一般的にETNとして設定されている。

ほとんどの通貨ETPは、前述のようにレバレッジまたはインバースのエ

クスポージャーを提供しているかどうかにかかわらず、単一の通貨のエクスポージャーを提供するように設定されている。マルチカレンシーのETPには、いくつかの異なる種類がある。いくつかのマルチカレンシーETPは、通貨バスケットへのエクスポージャーを提供しようとしている。これらのファンドは、エマージング市場の通貨、G10通貨、またはコモディティ通貨などの特定のテーマをもつことができ、ファンドマネジャーは、これらの市場へのエクスポージャーを提供するためにさまざまな加重方法でこれらのテーマに適した通貨を選択する。

　別のマルチカレンシー戦略は、どの通貨をロングまたはショートするのかを決定するアクティブマネジャーを通じたエクスポージャーを提供する。マネジャーはテクニカルまたはファンダメンタルな理由でこれらの判断を下して、単にエクスポージャーを提供するのではなく、一般的にトータルリターン戦略を目標としている。

　最後に、マルチカレンシーETPでも1つの通貨を対象とすることができるが、それは複数の通貨を通じてエクスポージャーを提供する。通貨の取引は常にペアトレードであることを覚えておいてほしい。つまり、ある通貨を売って別の通貨を購入する必要がある。一般的に、もしあなたが米国の投資家であって外貨のエクスポージャーをとりたい場合、日本円であれば、ドルの売りと日本円の買いを行うことになるだろう。たとえば、あなたが米国の投資家であって、ドルの上昇から利益を得たい場合、あなたの見方を表現するためには、別の通貨を売却またはショートして、ドルを買う必要がある。しかし、1つの通貨をショートするだけでは、ドルの一般的な傾向とは対照的に、その1通貨の動きにさらされる可能性がある。そのため、この見方を表現するためには、ドルに対して証券のバスケットをショートするほうがよいかもしれない。通貨バスケットとしてドルを表現することは新しい概念ではない。米連邦準備銀行と同様に、いくつかの著名な銀行、取引所、およびデータプロバイダーは、それぞれ独自の貿易加重の幅広いドルインデックスをもっている。最大の通貨ETPのうちの2つは、2つの異なるインデック

スに基づいたドルに連動している。

　予想できることかもしれないが、単一の通貨戦略のAUMは、通貨そのものと同じくらい変動する可能性がある。投資家にとって幸いなことに、非常に大きな為替市場のサイズによって、ETPの設定／交換を利用した通貨ファンドへの大きな出入りの動きは、残存する受益者または通貨市場そのものにいままでほとんど影響を与えていない。これらの戦略の大半は先物または先渡取引のどちらかを採用し、通貨が実際に受け渡されるのではなく、主に現金で決済される。そのため、通貨における流動性イベントはなく、主要通貨の価格を操作することができる市場参加者は（国の中央銀行を除いて）ほとんどいない。

　ETF、特に通貨ETFは、投資家が、証拠金口座、デリバティブの制限、または店頭取引といった古風な性質を使わずに、リスクを適切に管理したり、通貨の見方を表現したりすることを可能にしている。

通貨ETPの成長トレンド

　図表11－7のグラフは、通貨ETPの10年の歴史において、残高の水準がどのように動いてきたかを示している。2015年時点では、そのAUMの合計が2011年のピークから半減していることが明らかである。

　前述したように、ドルの幅広い上昇は、通貨ファンドの2つの傾向を生み出した。これは、AUMの成長または減退の2つの面に関連している。1つ目は、ファンドに残っている資産については、ドルに対して相対的に他の通貨が下落したことで、市場価値が下がったことである。2つ目は、商品の運用資産が投資家によって解約されたことである。彼らは幅広いドルの強さとその継続可能性の理由に反応したのである。

　その影響については、ドルETFのAUMが2011年の最初の下落の後に回復を示していることから確認できる。最後に、大半の投資家が、幅広いドル買いの通貨戦略に投資することが彼らのポートフォリオのリスク／リターン特性にどのように役立つのかについて、まだ完全には教育されていないため、

図表11-7 通貨ETPの残高

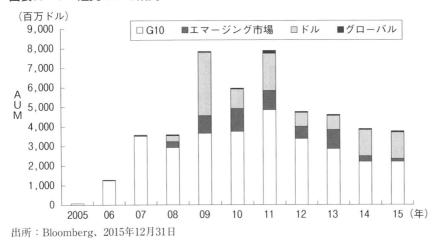

出所:Bloomberg、2015年12月31日

ドルETP資産への大きな資金流入はみられていない。

　図表11-8のグラフは、1年ごとの利用可能な通貨ETPの数を示している。ETFの約20%が2015年に償還されているように、間違いなくいくつかの統合がなされてきた。その影響はカテゴリー全体でみられてきたが、主にはグローバルおよびG10の部分になっている。グラフにおける興味深い点は、カテゴリーごとのファンド数が必ずしもAUMと相関があるとは限らないことである。2016年初頭には、ドルのファンドは通貨ETPの総資産の約37%を占めている。しかし、これらの資産の大半は2つのファンドである。また、多くの通貨戦略は、ショート、レバレッジ、またはその両方であることに注意することも重要である。3倍ショートのユーロファンドはユーロに対するネガティブな見方とドルに対するポジティブな見方をとっているため、単純にG10やグローバル通貨戦略に区分されているだけで、外貨に対する強気な見方を意味するわけではない。実際、2016年初頭において、G10の通貨ETPの21億ドルのうち、約8億ドルが、ユーロと円をドルに対してショートするファンドである。すなわち、本質的にドルをロングするファンドに資金が流入しているという明確な傾向が維持されているのである。ドル

図表11-8　利用可能な通貨ファンド

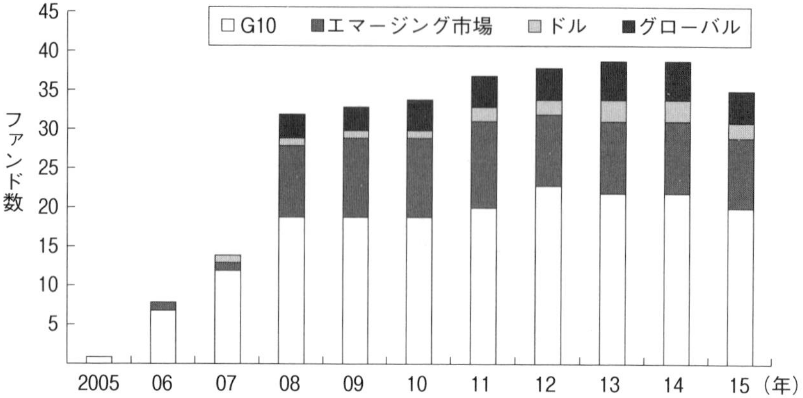

凡例：□G10　■エマージング市場　□ドル　■グローバル

縦軸：ファンド数
横軸：2005, 06, 07, 08, 09, 10, 11, 12, 13, 14, 15（年）

出所：Bloomberg、2015年12月31日

をショートし外貨をロングするファンドは、歴史的に利益が出る期間は短かったが、将来的にはその日がくるかもしれない。長年のドルの強気相場の終わりは、これらのファンドの数とAUMの合計の双方に増加をもたらすと信じられている。

通貨ETFのリスク　通常ETFの場合と同様に、通貨ETFへの投資に伴うリスクは、ETFの構造自体のものではなく、主に原資産への投資に基づくものである。最大かつ最も流動性のある市場の一つではあるが、通貨への投資にリスクがないわけでない。これらのリスクは、適切に緩和されなければ、ETPに移転されるだろう。

　もし通貨のファンドが通貨エクスポージャーを達成するために先渡契約を使用しているのであれば、ある程度のカウンターパーティー・リスクが存在する。先渡契約は、所定の将来の時点で、両当事者が資産自体の引渡しまたは現金決済により資産価格の差額を決済することに同意することで、両当事者間で結ばれる。金利や通貨といった金融資産は、主に現金で決済されるが、相手方、特に取引における損失側の当事者が、支払ができない可能性があるというリスクが存在する。これは、いくつかの直感的な理由で発生し、

金融危機における大きな懸念であった。そのため、両当事者は、契約金額（想定元本）の一部を第三者または信託に担保することを選択できる。ETFは主に第三者のカストディアンに信託として資産を保管しているため、このプロセスはETFに適したものである。これらの信託においては、デリバティブの想定元本全体を、米国債やレポ契約などの短期のマネーマーケットの証券を利用して担保する必要があるだろう。これによりその損益については、契約終了から新契約が開始するまでのロールの間のみリスクとなる。

前述したとおり、通貨はかなり変動する可能性があり、ハードカレンシーでさえも1日の取引で2％以上動くこともある。特定の通貨に連動する通貨ファンドは、ETFのなかでどのような具体的な手段が使われているかによって、その通貨自体よりも大きくないにしても、しばしば大きく動く可能性がある。

為替市場の細かな違い　為替は1日24時間取引されているが、特定の通貨の売買高は、通常3つの主要な取引のハブ（アジア（東京、シンガポール、香港）、欧州（ロンドン）、米国（ニューヨーク））に最寄りの現地時間帯に集中している。多くの通貨には先物が存在するが、為替の取引の大部分は、スポット取引、先渡取引、およびスワップを通じて店頭インターバンク市場で行われる。タレットプレボン・グループ、ICAP、およびWMロイター社は、使用頻度の高い時間のフィキシング価格を提供しているが、ほぼすべてのブローカー・ディーラーもまた、他の指定された時間のフィキシング価格を提供している。リアルタイムのクオートは、ブルームバーグやロイターのデータサービスを通じて、ますます利用可能になってきている。たとえば、ブルームバーグはリアルタイムのコンポジット・クオートを提供し、タレットプレボン・グループや他の企業は、ロイターとブルームバーグ経由で利用可能な為替のリアルタイム・クオートを提供している。流動性が低く、アクセスが少ない通貨ほど、価格のばらつきが大きくなる。ポイントは、一般的に為替市場は、さまざまな流動性とアクセス性をもつ店頭市場であるということである。ETP発行者は、最終投資家に最良のサービスを提供するために、

IIVを定義して、通貨とマネーマーケットの商品を利用して投資戦略を作成するという課題を抱えている。

IIVとNAVのプライシング

通貨ファンドの価値を算出する際の主な特徴は、ファンドが米国の取引所においてドル建てで取引されているため、ファンド内の資産をドルに換算することである。現地通貨建ての外貨またはマネーマーケットの契約を保有するファンドについては、ファンドの価値を得るために、ドルでその価値を計算し、それに米国のキャッシュ商品の価値を加え、他の手数料および費用を差し引いて、発行済口数で割る。

IIVとNAVの主な違いは、為替レートの変換の時間である。原資産の株式が存在しないため、終値を変換する必要はない。ファンドが立ち上がると、スポンサーは為替レートの提供者とそのレートが記録される時間を指定する。これらのレートは、NAVを評価するために使用される。IIVを計算する場合、原資産デリバティブの最新のスポットレートまたは市場価格を利用する。

[グランタートラスト（ETV）形態のファンドの場合]
1　保有している原資産通貨をドルに換算する。
2　未収未払いと経費を加減算する。
3　発行済口数で割る。

[現地通貨建てのマネーマーケット商品に直接投資する通貨ETFの場合]
1　現地為替として保有している原資産の価値を計算する。
2　原資産デリバティブの現在の損益を加える。
3　この値を、現在のスポットレートでドルに換算する。
4　未収未払いやその他の費用および手数料の値を加算または減算する。
5　発行済口数で割る。

[先渡契約を利用した通貨ETFの場合]
1　主に米国の政府証券である米国マネーマーケット商品に投資している原

資産の価値を計算する。
2　為替契約の価値を計算する。
3　デリバティブの現在の損益を加える。
4　未収未払いやその他の費用および手数料の値を加算または減算する。
5　発行済口数で割る。

　一部の専門家は、現地のマネーマーケットに投資するファンドを評価する際のスポット為替レートや、アクセスしにくい通貨に連動するファンドをモニターする際の為替の先渡契約について、主に焦点を当てている。

構造上の裁定取引　ユーロと日本円の通貨の商品にはETFとETVの両方の形態のものがある。これにより、一方または双方の商品にミスプライシングが存在する場合は、2つの間で潜在的な裁定機会が生じる。異なる税制とわずかに異なる管理報酬も、ほかのいくつかの潜在的な取引機会をつくりだす。金融危機をきっかけとした規制によって、大きな銀行のほとんどが自己取引部門を閉鎖している。こうした裁定機会の利用は、通常はこれらのデスクの権限のもとに置かれる。彼らの不在により、マーケットメイカーと独立した自己勘定トレーダーが後を引き継いでいる。これらの企業のうちのいくつかは、通貨ETPだけでなく、すべての資産クラスのETPを活用することにかなり熟練している。通貨ETPは、同じ通貨へのエクスポージャーを提供する多くのビークルが存在するため、潜在的により多くの機会を提供する可能性がある。たとえば、為替の先渡契約を利用しているETFは、通貨先物のバスケットに対して取引することができ、さらにこれらの通貨先物も複数の取引所で取引されている。このように、これらの機会を利用できるだけでなく、通貨ETPの流動性を高めることができるデスクが増えてきている。

取引のヒント

　可能であれば、通貨ETPの取引とその特定の通貨の取引のピークをあわせたほうがよい。これはビッド／アスクのスプレッドが最もタイト

な時間帯である。先進国市場の通貨は24時間を通じて活発である。アジアの通貨（日本を除く）はアジアの取引時間に、より活発に取引されているが、原資産の比較的タイトなビッド／アスク・スプレッドが米国時間の朝でもまだ利用可能である。欧州とアジアの通貨の取引は、通常、ニューヨーク時間の昼前であるロンドンの引け以降に急速に減退する。南米の通貨は、米国株式の取引時間のほとんどで活発に保たれている。

まとめ

　一連の商品はこの瞬間も非常に急速に進化しているため、書物として債券および通貨のETFの特定の見方を記録することは困難である。いくつかの新規参入者は、債券の領域において競争するために準備を進めている。今後10年間で、これらの商品の非常に大きな残高の成長を見続けることが期待できるだろう。これは、ETFの形態にポートフォリオを変換しようとしている新しいアドバイザーとリテールの顧客にとって有益となるだろう。これらの商品の利用が個人の口座や401(k)プランに拡大するにつれて、債券および通貨の領域への需要は非常に高くなっている。

　通貨の世界においては、まったく新しい投資のための資産クラスが存在している。以前は個人投資家やアドバイザーが管理する資産からはアクセスすることが困難であったグローバルの通貨にアクセスするためのいくつかの新しい手法が、投資家全員が利用できる形態に変わってきている。通貨のETPの他にも、外貨の銀行口座や電子証券口座を経由することで、いくつかのグローバル通貨市場にアクセスすることはできる。しかし、一般の投資家にとって、ETFの形態に仕立てあげられた通貨は、広範なポートフォリオにうまく収まり、便利でメンテナンスの必要性も少ないエクスポージャーを提供している。

ETFの形態は、当初は株式の商品のためのみのものであったが、代替資産クラスへと大きな飛躍を遂げた。それは、簡単に証券口座で取引が可能な株式形態の商品の利便性を用いて、債券や通貨への容易なアクセスを投資家に提供しようとしている。イノベーションによるこの飛躍は、他のすべてのトレーディング部門と株式部門を接続し、市場知識、取引システム、およびリスク管理システムの共有をするように、市場参加者に問いかけている。この挑戦は熱意と活気に満ちているが、これらの商品が、兄弟分である株式の商品のように効率的に取引されるまでには時間がかかるだろう。

　投資家の嗜好と慣れおよび流動性供給者の協調がこれらの商品が提供するものに追いつくにつれて、この分野が拡大することは間違いないだろう。第12章では、伝統的なポートフォリオの保有資産の領域から、さらに遠い所にあるいくつかの商品について触れる。レバレッジとコモディティの商品群は、投資家のポートフォリオ管理に対する見方を変化させている。

第12章

レバレッジ、インバース、およびコモディティ

レバレッジ、インバース、およびコモディティのファンドのグループは、運用資産の大きさ以上にメディアの注目を集めている。その理由は統計的裁定取引や投資家のコミュニティにおける利用が急速に普及しているためである。この商品は、短期的なタクティカル戦略や先物のロールを必要としない短期的なヘッジとしての利用において、非常に魅力的である。2009年にレバレッジ商品について書かれた報告書によると、「レバレッジETFは、時価総額においてはETF市場の5.1％しかないが、過去数カ月間のETF市場の売買代金の約15〜25％、売買口数の30〜45％を占めていた[1]」とある。その後、レバレッジおよびインバース商品は、ETFの資産クラスにおける他の部分の成長によっていくぶん影が薄くなり、2015年末には米国における資産全体のわずか約2％となっていた。それらは潜在的には投資家にとって貴重なツールではあるが、商品の複雑な性質が多くの投資家を遠ざけている。2015年末時点で、レバレッジとインバース商品はグローバルで約640億ドルの残高があった。ETF GIによると、その時点で、コモディティに焦点を当てたファンドはグローバルで約930億ドルであった。

　コモディティファンドは、ハードおよびソフト双方のコモディティに対して、個人投資家のアクセスを可能にした。これらの商品の多くは、このような広範囲にわたるポートフォリオのアロケーションに以前は利用できなかった。これは、大小両方の投資ポートフォリオの組成に適用される方法の変化を促している。

　2016年の初めにおいて、コモディティとレバレッジ商品の残高は合わせて、米国上場の上場投資信託（ETF）の資産全体の約2％を占めていた。図表12-1は、これらのカテゴリーにおける利用可能なAUMと銘柄数の内訳を示している。

　純資産価額（NAV）と日中インディカティブ・バリュー（IIV）を算出し、日常的にこれらのファンドを評価するための基本的な仕組みは、国内および

---

[1] Jon D. Maier and Joseph Zidle, "ETF Research: Leveraged ETFs," Bank of America/Merrill Lynch, June 29, 2009.

図表12-1 米国上場のレバレッジ、インバースおよびコモディティETFの残高

エクスポージャー	ETFの銘柄数	AUM（百万ドル）	カテゴリーの割合（％）
コモディティ総合	10	4,332	10.9
農作物	5	904	2.3
エネルギー	4	108	0.3
工業用金属	5	256	0.6
貴金属	10	5,972	15.1
レバレッジ	83	14,910	37.6
インバース	24	4,450	11.2
レバレッジド・インバース	64	8,686	21.9
	205	39,618	

出所：ETF GI、2015年12月31日

海外構成銘柄のファンドに関する章で説明したものと同様である。本章では、これらのETFの重要な相違点について検討し、この魅力的な資産カテゴリーのパフォーマンスおよびその他の特徴的な性質について解説する。

レバレッジ商品の概要

アドバイザーと個人投資家にとって、証拠金を使わずに、株式形態の商品を通じてレバレッジを得る能力は非常に魅力的である。投資家が尋ねられるべき質問は、求められているレバレッジが短期ポジションなのか長期ポジションなのかということである。ETF市場で今日入手可能な商品は、幅広い原資産のカテゴリーにおいて日々のレバレッジを提供することによって、前者の要望を満たすように構築されている。

日次レバレッジという用語の意味を理解することは、これらの商品を正しく利用して目標を達成するのに役立つだろう。これらの商品は、原資産のインデックスと比較して、2倍、3倍、またはそれ以上のレバレッジの日次パフォーマンスを提供することを目的として構築されている。インデックスが

今日10％上昇した場合、ETFのパフォーマンスは今日20％上昇するはずである。日中に取引される形態のものにレバレッジを導入することは簡単ではない。その商品が、日次ベースで原資産に対して求められた倍数のパフォーマンスを達成するためには、各取引日の終わりに商品のエクスポージャーを100％にリセットする必要がある。つまり、レバレッジのパフォーマンスは、取引を開始したベースではなく、日次の価格変動にのみ適用される。ベンチマークに対する倍数のパフォーマンスが1日以上の長期にわたって保証されるわけではない。このユニークな商品デザインにおいては、ポートフォリオは基本的に毎晩リセットされている。あたかも前日が存在しなかったかのように、翌日には白紙の状態から始まる。このプロセスが日次のレバレッジという結果を生み出すのである。しかし、時間が経つと、このリセットが複利化することにより、原資産のベンチマークとファンドのパフォーマンスがかい離する可能性がある。これにより、個々の保有期間を通しての最終的なレバレッジの程度がより高くなるか、またはより低くなる可能性がある。

　主要なリサーチプロバイダーは、ETF市場についての膨大な情報を提供している。彼らは、ETFの商品の仕組みやレバレッジファクターのさまざまな影響について述べている。市場全体でより容易に理解されるように、このテーマについて解説しよう。レバレッジ商品は、潜在的なリターンの結果を適切に理解していれば、ポートフォリオのなかで非常に価値のある役割を果たすことができる。保有期間の潜在的なパフォーマンスがどのようなものであり、投資意図とどのように比較するのかを理解するためには、商品構造を綿密に調べる必要がある。

　ここでは、これらの商品の2つの重要な属性、すなわち、日次リターンの複利効果とそれがどのようにパフォーマンスの変化につながるか、およびファンドの提供者がレバレッジファクターを維持するためのリバランス行動の潜在的な結果に焦点を当てる。

リターンの複利効果

　ロングのレバレッジETFの日々の複利効果は、市場が上昇する際に上昇率を増加させ、市場が下落する際に下落率を低下させるだろう。インデックスが数日連続して上昇している場合は、ETFの上昇がより速いペースで進むため、トレンドの動きは非常に重要となる。ロングのレバレッジ商品は、上昇する市場でベンチマークを上回り、下落する市場では期待される目標を下回る。

　図表12-2には、10日間、毎日10％ずつ上昇している市場のデータが示されている。インデックスとそのインデックスを対象とした2倍レバレッジのETFはともに100で開始している。1日目に市場が10％上昇すると、インデックスは10％上昇し110、ETFは10％の2倍上昇して120となった。2日目、この新しい高値からインデックスはさらに10％上昇するため、結果として1日目の110から121へと10％の上昇となる。同時に、2倍レバレッジ

図表12-2　上昇市場のデータ表──市場が日々10％ずつ10日間上昇した場合

経過日数	日々の市場のパフォーマンス（％）	インデックスの期待値	ETFの期待値	ETFの日次パフォーマンス（％）
0	0.00	100.00	100.00	
1	10.00	110.00	120.00	20.00
2	10.00	121.00	144.00	20.00
3	10.00	133.10	172.80	20.00
4	10.00	146.41	207.36	20.00
5	10.00	161.05	248.83	20.00
6	10.00	177.16	298.60	20.00
7	10.00	194.87	358.32	20.00
8	10.00	214.36	429.98	20.00
9	10.00	235.79	515.98	20.00
10	10.00	259.37	619.17	20.00
10日間の累積変化率（％）		159	519	

ETFは、1日目の値である120から144へと20％上昇する。ETFは、1日目に上昇した後の高値からのリターンを提供する。インデックスの10％の利益と比較して、ETFは日々20％の期待リターンを生み出していることがわかる。ETFはインデックスの日々のパフォーマンスの2倍の結果を生み出すという、本質的に期待されていることをしている。しかし、価格が上昇することによって、より速いペースでの価格上昇を生み出している。表の最下部には、インデックスとETFの両方の10日間のリターンが示されている。ETFの10日間のリターンがもとのインデックスの2倍になると期待するのは間違いである。日々の複利効果のために、上昇トレンドの市場では、インデックスのリターンの2倍以上のリターンを達成することになる。

図表12－3は、そのパフォーマンスがどのようにみえるかを視覚的に理解するために、この期間にわたるリターンをグラフで示している。2つのベンチマークの間でパフォーマンスの差が広がっていることがはっきりとわかる。

図表12－4と図表12－5には、その反対の出来事を描いた表とグラフが示されている。この状況では、市場は1日当り10％で10日間連続して下落している（2008年の後半と2009年の初めのある時点においては、それが実際に起こっているかのように感じられた）。この例では、インデックスが100から90に下落すると、10ポイントで10％の変化となり、2日目については10％の下落は9

図表12－3　上昇市場のグラフ──市場が日々10％ずつ10日間上昇した場合

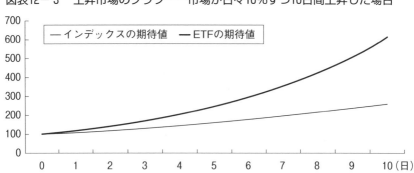

図表12-4　下落市場のデータ表──市場が日々10％ずつ10日間下落した場合

経過日数	日々の市場のパフォーマンス（％）	インデックスの期待値	ETFの期待値	ETFの日次パフォーマンス（％）
0	0.00	100.00	100.00	
1	－10.00	90.00	80.00	－20.00
2	－10.00	81.00	64.00	－20.00
3	－10.00	72.90	51.20	－20.00
4	－10.00	65.61	40.96	－20.00
5	－10.00	59.05	32.77	－20.00
6	－10.00	53.14	26.21	－20.00
7	－10.00	47.83	20.97	－20.00
8	－10.00	43.05	16.78	－20.00
9	－10.00	38.74	13.42	－20.00
10	－10.00	34.87	10.74	－20.00
10日間の累積変化率（％）		－65	－89	

図表12-5　下落市場のグラフ──市場が日々10％ずつ10日間下落した場合

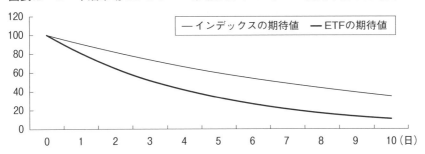

ポイントのみとなる。レバレッジETFの日々の複利効果は、この効果を増大させる。ETFは長期にわたって日々－20％の変化を達成しているが、複利効果によってインデックスの下落の2倍よりもはるかに少ない下落となる。この例では、10日間にわたりインデックスは65％下落したが、ETFは日々の損失となる額が徐々に減っているために89％しか下落していない。これはレバレッジ商品のリターンの重要な側面を示している。つまり、この商

品の価格はゼロより小さくはならないということである。図表12－5のグラフからみることができるように、ETFの価値はゼロに近づくが、それには到達せず、マイナスにはならない。このようなかたちのレバレッジにおいては、投資した分以上の損失を被る可能性はない。

図表12－6と図表12－7では、ボラティリティが高くはあるが、レンジ相場であった市場における結果をみることができる。市場は10％上昇して、その次に10％下落するということを10日間続ける。この激しい動きは、ロングのレバレッジETFのポジションにおける劣化を増幅させてしまうだろう。変化率は日々同じ大きさであり、ETFは日々2倍のリターンを達成しているが、長期的なパフォーマンスには大きな劣化が生じている。

1日以上にわたってレバレッジETFのポジションを保有していた場合には、期待できる結果の種類がいくつかある。それらは、長期的なリターンの結果に直接的な影響を及ぼすレバレッジETFのリターンの経路依存機能がどのようなものかを示している。レバレッジETFのポジションは、エクス

図表12－6　フラットだが変動性の高い市場のデータ表――10％の上昇と10％の下落を10日間繰り返した場合

経過日数	日々の市場のパフォーマンス（％）	インデックスの期待値	ETFの期待値	ETFの日次パフォーマンス（％）
0	0.00	100.00	100.00	
1	10.00	110.00	120.00	20.00
2	－10.00	99.00	96.00	－20.00
3	10.00	108.90	115.20	20.00
4	－10.00	98.01	92.16	－20.00
5	10.00	107.81	110.59	20.00
6	－10.00	97.03	88.47	－20.00
7	10.00	106.73	106.17	20.00
8	－10.00	96.06	84.93	－20.00
9	10.00	105.67	101.92	20.00
10	－10.00	95.10	81.54	－20.00
10日間の累積変化率（％）		－4.90	－18.46	

図表12－7　フラットだが変動性の高い市場のグラフ──10％の上昇と10％の下落を10日間繰り返した場合

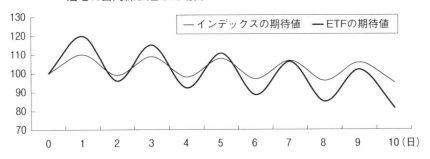

ポージャーのパフォーマンスだけでなく、そこに到達するまでの経路によっても影響を受ける。タイミングとポジショニングが正しければこの効果はそのポジションにとってメリットになるかもしれないし、そうでない場合はポートフォリオを劣化させるかもしれない。市場の方向性とタイミングの見方について、正しく行わなければならない。これはトレンドが始まるときにポジションをとるのに役立つものだろう。これらの例には、スワップではないデリバティブの利用、税金、およびその他の費用による日々のパフォーマンス目標に対するETFのかい離は含まれていない。

経路依存のリスク　市場が高いボラティリティを経験しているときに発生する可能性のある他のものとしては「フリップ」と呼ばれるものがある。フリップは、レバレッジETFのリターンが原資産のインデックスのリターンに基づくべきものとは反対になる場合に発生する。たとえば、投資家がスタンダード＆プアーズ（S&P）500指数に連動する２倍レバレッジのロングのETFのポジションをもっているとする。計測期間の終わりにインデックスが上昇した場合、投資家はそのレバレッジのロングのETFがその上昇分の２倍に近い結果となると期待するだろう。しかし、複利効果のために、その期間の結果は経路依存のかたちをとることを覚えておく必要がある。つまり、結果は市場のボラティリティの関数となっているのである。その計測期間の終わりに、もしそのETFがパフォーマンスの点で純損失となった場合

は、そのリターンの結果についてはフリップであったと考えられるだろう。

一定のレバレッジを提供するための日次リセット

　レバレッジファンドが適切な資産の水準を達成して、計算上のレバレッジを提供できるようにするためには、日次でリバランスをする必要がある。それらは、望まれたリターンを提供するために、資産へのエクスポージャーにレバレッジをかける。ロングの2倍のレバレッジ・エクスポージャーを提供するETFの場合、通常、NAVの2倍の資産を想定したエクスポージャーを確保する。資産を100単位保有するが、パフォーマンスを提供する資産としては200単位のエクスポージャーを提供するために、カウンターパーティーとスワップを行うETFがその一例である。これらのファンドのリバランス行動は、ほとんどの場合、市場と同じ方向になる。

　ロングのレバレッジETFのヘッジ行動の例をみてみよう。この例の最初のインデックスのレベルは、図表12－2でみてきたように、0日目には100である。ETFがインデックスに対して2倍の動きを達成するためには、200相当の資産へのエクスポージャーが必要である。1日目のインデックスが100から90に下落した場合（10％の下落）、ETFのNAVは80に下落するが、原資産のエクスポージャーも10％低下して180となる。しかしながら、NAVが80となったこの時点において、ETFが翌日に必要な2倍のエクスポージャーを提供するためには、160の資産へのエクスポージャーのみを必要とする。これにより、ファンドマネジャーは原資産へのエクスポージャーを160にするために、20単位の資産を売却する必要性が生じる。

　その結果は、レバレッジのショートエクスポージャーを提供するETFにおいても同じである。図表12－8では、レバレッジロングおよびレバレッジショートETFの双方における1日の資産変動の結果をみることができる。レバレッジショートETFは、120の資産の－2倍のリターンを生み出すよう資産水準を240のショートにするために、そのエクスポージャー・ビークル内でさらに20単位の資産をショートする必要がある。これらのリセットは通

図表12-8　レバレッジロングおよびショートETFの1日の資産変動の結果

[レバレッジロングETF——市場が10％下落した場合]

日	インデックス	ETF	リターンを提供する資産 （エクスポージャー）
0	100	100	200
1	90	80	180

[レバレッジショートETF——市場が10％下落した場合]

日	インデックス	ETF	リターンを提供する資産 （エクスポージャー）
0	100	100	－200
1	90	120	－220

常、引けで行われる。つまりレバレッジファンドは日々の引けでエクスポージャーを調整し、取引を行う。

この日々のリバランスには取引費用が発生する。潜在的には負の税務上の影響があり、日常的に原資産の想定金額を取引するための実際の費用がかかる。エクスポージャーの大半はスワップによって達成され、ファンドは米国債のような投資手段を保有しているため、これらの費用の一部はそこから発生する金利収入によって相殺される。

インバースETFの理解

レバレッジ商品と同様に、インバースETFは期待されるリターンを提供するためにギアリングを利用するので、レバレッジとインバースのカテゴリーは通常一緒にされる。通常のインバースETFの場合、ギアリングレシオは－1になるが、レバレッジショートのファンドでは、ギアリングは－2または－3になるかもしれない。インバースのエクスポージャーを提供する商品よりもレバレッジショートの商品のほうが多く存在している。インバースファンドは、複利効果とリバランスという観点でレバレッジファンドと同

じような特徴を示すが、商品のギアリングが低いためこれらの影響は弱められている。その影響はまた、ボラティリティに依存し、それに比例して増減する。

　基本的には、レバレッジ商品と同様に、これらのファンドはエクスポージャーを達成するためにスワップを保有している。S&P500のショートファンドはスワップを保有し、インデックスのリターンをカウンターパーティーに支払う。ある特定の日にインデックスが上昇した場合、ETFはインデックスのリターンをカウンターパーティーに支払わなければならず、ETFの価値は下落する。インデックスが下落すると、ETFはインデックスのリターンを受け取ることになり、その日のNAVは上昇する。

　インデックスの日々のリターンをローリングベースで達成するために、ファンドはレバレッジ商品と同じ方法で、そのエクスポージャーを日々リセットする。理論的には、レバレッジおよびインバースの商品では、日々のリセットは必要ないかもしれないが、ファンドは管理報酬と日々のヘッジのための資金調達費用を支払わなくてはならない。その少額の負債は、引け時点で計上する必要がある。この場合、日々のリセットがあったとしても、非常に小さく、そのため複利効果も非常に小さい。インバースファンドは、負のエクスポージャーをロングするというかたちで、投資コミュニティに重要なツールをもたらしている。次の項では、この種のエクスポージャーが取引および流動性に及ぼす影響について議論する。

取引と流動性

　他のETFと同じ方法でインバースETFを利用することで、取引を実行し、流動性にアクセスすることができる。たとえば、インバースのS&P500ファンドの買い手であれば、市場において電子的に購入することも、NAVベースの執行のために流動性供給者のところに行くことも、リスク価格の提供を彼らに尋ねることも可能である。このシナリオでは、流動性供給者（LP）はインバースS&P500ファンドをショートすることになるので、結果的にS

&P500へのエクスポージャーがロングとなる。自身のヘッジとして、LPは、ロングのエクスポージャーを相殺するためにバスケット、先物、または別のデリバティブのうちいずれかの相関のあるなんらかのエクスポージャーを売却する必要がある。これは、顧客にロングのETFを売却するLPのシナリオとは反対となる。

　取引する際には、インバースETFに関するいくつかの重要な要素を理解する必要がある。それらは、個人退職勘定（IRA）のように通常はそのような種類のアクセスを実現できない口座において、市場の下落から身を守るための優れた方法である。市場が下落した時に価値が上昇する商品を購入することができるのである。これにより、ポジションをとったりポートフォリオの保護を行ったりするためのまったく新しい方法が可能となってくる。以前は、ロングオンリーのタイプの投資家は、ロングの市場エクスポージャーか現金しかもつ機会がなかったが、いまでは、市場が下落するという予測を活用したり、それから身を守ったりすることが可能となっている。このことは、人々が将来的に自身の投資ポートフォリオを管理する方法に大きな影響を与える可能性がある。

　インバース商品のもう一つの特徴は、そのエクスポージャーの変化である。これまで上場商品をショートすることができた者にとって、これらの商品は、無制限の損失のリスクなしに市場をショートする手段を提供している。市場で株式やETFをショートすると、潜在的にその銘柄が無制限に上昇する可能性にさらされる。そのため、ポートフォリオは、大きな損失を被る可能性がある。インバースETFを利用する場合は、損失はそのポジションに投資した金額に制限される。しかしながら、そのポジションが正しかった場合、すなわち、インバースETFを使用していて原資産のエクスポージャーが下落していた場合は、そのポジションへのエクスポージャーも増加している。その累積的な方向性が正しかったのであれば、市場がさらに下落したとき、そのポジションへの想定エクスポージャーは増加し、ETFのNAVはより高い水準となるはずである。これは、市場が下落するにつれて、

想定エクスポージャーが減少する一般的なショートポジションとは反対の効果となる。想定エクスポージャーがより高くなることの結果として、アウトライトでそのエクスポージャーをショートした場合よりも、バランスシートの使用量が増えることになるかもしれない。

コモディティ

過去数年間において、連動対象とする多くのコモディティの価格水準はさえないものであったにもかかわらず、コモディティETPの利用の増加は驚異的であった。コモディティの専門家が、テレビでスーパーサイクルの終わりについて叫んでいるのを聞いたことがあるかもしれない。この本の執筆時点である2016年の初めには、原油（最も頻繁に取引されているコモディティ）は数年間の最下値である1バレル当り40ドルを割り込んでいる。市場価格がさえないためにETPの残高は低迷している一方で、これらのうちのいくつかでは発行済口数が劇的に増加している。これは、SPDR S&P Oil and Gas Exploration and Production ETFの発行済口数と価格を示す図表12－9にみることができる。2014年の初めから、ロングサイドにおいてもショートサイドにおいても関心が高まったため、ファンドの発行済口数は劇的に増加した。ショートへの利用のために短期間で発行済口数が急増することもあるが、今回の場合はこのファンドの空売り残はこの期間にわたってほぼ一定であった。これはより多くの投資家がロングポジションをとっていることを示しており、「落ちてくるナイフは掴むな」という相場格言における重要な教訓を思い出させてくれる。

さまざまな形態で、多くの投資家にとってアクセスが困難であった資産クラスへのエクスポージャーが提供されている。そのカテゴリー内では、単一のコモディティまたはコモディティのバスケットに対する幅広いまたは狭いエクスポージャーを得ることができる。いくつかの商品は、異なる戦略的な取引モデルやさまざまなファクターに基づいて、いろいろなコモディティの

図表12－9　発行済口数と価格

出所：Bloomberg、2016年3月6日

バスケットをアクティブに運用しようとしている。

　投資商品は、コモディティの3つの主要カテゴリーに分類される。
1　農作物
2　エネルギー
3　金属

　しかし、これらのカテゴリー内においては、異なるエクスポージャーの組合せを提供する多くの商品のバリエーションがある。ETVは、コモディティへのエクスポージャーを提供するためにいくつかの方法を利用している。これらには以下が含まれる。
・現物のコモディティ
・単一のコモディティに連動する先物
・コモディティのバスケットに連動する先物
・さまざまなかたちでコモディティへのエクスポージャーをもつ株式

さまざまな株式のバスケットを保有するファンドは、国内または海外の銘柄を保有する1940年投資会社法のETFとまったく同じようになる。それらは、コモディティ関連の活動を行っている企業の株式を通してエクスポージャーを提供するために、さまざまな加重方法を利用している。

先物ベースのファンド

コモディティに焦点を当てた株式へのエクスポージャーを提供する株式ベースのファンドのほかに、期待されるエクスポージャーを達成するために、先物、スワップまたはその他のデリバティブを利用したファンドが存在する。先物を原資産としたコモディティファンドを利用する場合、考慮すべき影響が2つある。

1　ファンドが保有する想定元本の規模または規制上の懸念のいずれかによるポジション制約の潜在的な影響
2　これらの先物ポジションのロールによる潜在的な影響

先物ベースのファンドの規模が拡大し、原資産の市場に対して規模が相対的に大きくなったため、2009年夏にコモディティ市場における潜在的な影響について商品先物取引委員会（CFTC）が市場レビューを行っている。

先物ベースのETFの事例　　2009年夏、天然ガスETFが一時的に設定を止め、新たな受益権の発行を制限した。これは当初、ファンドの規模に関する懸念からではなく、発行可能な口数を増やす必要があるためであった。そのファンドは先物またはその他のデリバティブを保有しているため、典型的な1940年法のETFではなくコモディティプールのような形態であった。レバレッジを掛けるために、多くの投資家の資産が合わさって、単一の主体として先物契約の取引が行われるビークルは、コモディティプールとみなされる。このタイプのファンドは発行される特定の受益権口数を登録し、さらに拡大する必要がある場合には、正式にその増加分を要求しなければならない。多くの場合、これは過度の成功により生じる問題である。新受益権の発行が承認されたにもかかわらず、CFTCによる将来のポジション制限につい

てファンドの運用会社が懸念したため、ファンドは設定プロセスを直ちには再開しなかった。この本の執筆時点において、経営陣は、新しいファンドの受益権の発行を再開する前に、規制上の変更について見守るというスタンスをとっている。これによって、ファンドの価格はNAVに比べて上昇した。ETFが、一時的であれ、受益権の設定または交換を停止した場合、そのETFはクローズドエンドファンドのプレミアムおよびディスカウントの取引特性となることが想定される。受益権の価格は、需要と供給の力に基づいて、NAVからかい離するであろう。ETFが設定を制限した場合は、ファンドの価格は理論的にはプレミアムになるはずである。これがまさに今回起こったことである。

いくつかの潜在的な需要要因がこのプレミアムを促している。ファンドの受益権に対する自然な需要は、NAVに比べてファンドの価格を上昇させる可能性がある。マーケットメイカーは、市場に流動性を提供している間、通常の設定プロセスを通じて解消することのできないポジションに対しての資金調達コストを価格に組み込むだろう。さらに、新たな受益権が発行できないため、発生したショートポジションをカバーするために、流動性供給者から受益権を借り入れるという需要が追加されることになる。

これらの2つの関連した要因に加えて、ファンドとそのNAVの間のスプレッドで収益を得ることを試みる裁定取引業者の新たな参入がある。裁定取引業者は潜在的に2つの行動を追求するだろう。もし彼らが、新しいポジション制約内ですぐに完了できるという見方をした場合は、裁定取引業者は（プレミアムであるので）ETFをショートして、原資産の先物契約を購入しようとするだろう。貸株分が急速に使い果たされるため、ETFのショートは困難となり、ショートによる売り圧力は価格をNAVに近づけることができなくなる。あるいは反対に、CFTCが、ファンドが利用可能な先物契約額を制限し、発行済口数を減らさなければならなくなるのではないかという見方もある。これによりプレミアムは現在のレベルよりもはるかに高くなる可能性がある。もし、ファンドが設定を再開することを決定した場合、ETFの

受益権と原資産の先物ポジションとの間で実際の裁定が再開され、プレミアムが直ちに縮小する可能性がある。現状のプレミアムはETFの受益権への需要を反映しているため、ETFの受益権を保有することには利点がある。それは、ETFの受益権の貸出に対してロングの投資家に支払われる貸株のリベートの高いレートに反映されるだろう。これは決定を待つ間の短期的な取引のようにみえるが、CFTCがファンドによる保有を恒久的に制限することを決定した場合、その受益権は長期間にわたりプレミアムで取引される可能性がある。

コモディティの先物契約は、今日合意した価格に基づいて、将来の特定の日にそのコモディティを購入または売却するという標準化された契約である。重要なことは、先物契約にはその契約が満了する期日があるということである。すなわち、ポジションをとった特定の先物契約に応じて、原資産または現金のいずれかを提供しなければならない。先物を保有しているファンドは、期日のたびにそれらのポジションをロールする必要がある。これはファンドが原資産へのエクスポージャーを失わないようにするために必要である。先物ポジションをロールするためには、保有している期日が近くなっている契約（期近契約）を売却し、利用可能な次の期間の契約（期先契約）を購入しなければならない。この定期的な期近契約の売却と期先契約の購入のために、先物ベースのファンドは、しばしば「バックワーデーション」または「コンタンゴ」の影響を受ける可能性がある。

バックワーデーションとは、先物契約の価格が、本質的に期近契約の清算価値を意味するスポット価格よりも低くなっている先物市場の状態である。反対の状態がコンタンゴであり、先物契約の価格はスポット価格よりも高くなっている。これらの2つの市場の状態は、ベンチマークに対してETFのNAVのパフォーマンスをかい離させる可能性がある。ファンドが何をしているのかを注意深くみて、それぞれの目論見書を読むことが重要である。ファンドが先物市場におけるこのような状態にどのように対処し、ファンドのパフォーマンスにどのような影響を及ぼす可能性があるのかを知っておく

ことは重要である。特定の先物市場におけるこれらの状態は、ETFへの投資において、エクスポージャーを求めている現物のコモディティからパフォーマンスをかい離させる可能性がある。

現物のコモディティ

コモディティの分野における最大のファンドはSPDR Gold Trustである。2009年8月末時点でこのファンドは約300億ドルの資産を保有していたが、2016年初めにおいてもこのファンドのAUMは約300億ドルであった。ファンドの価格は2011年9月に186ドルに近づき、執筆時点では約122ドルで取引されている。その時々の比較をみるだけでは、劇的な動きを伝えるのはむずかしい場合もある。

保管コストはおそらく、現物のコモディティを保有するETFの最も重要な考慮事項である。金塊を保有することは、同じ金額の天然ガスや原油と比べると比較的容易である。これが、あるファンドはデリバティブを用いており、他のものはそうではない理由である。

一般的な現物のコモディティファンドを評価するのは、合理的で簡単である。たとえば、このゴールドトラストのウェブサイトでは、金塊の実際の保有状況と発行済口数を毎日確認することができる。ファンドの価値を計算する際には、オンス数に金の直近のミッド価格を掛けることによって、保有する金のリアルタイム値を算出する。そして、その数を発行済口数で割る。これは、1口当りのファンド内の費用控除前の金の価値を示すものである。

コモディティファンドに投資する際に理解しなければならない重要なポイントは、課税である。このゴールドトラストの場合、金は長期キャピタルゲイン目的のコレクティブとして扱われる。1年以上にわたって保有されていた場合は、個人は28％のキャピタルゲイン課税を受けることになる。このゴールドトラストのウェブサイトによると、退職プランによる投資を許可する私的通知書も受けている。これは税務アドバイスではないことに留意してほしい。税金に関する個人の状況判断については、会計士との協議を通じて

することが重要である（訳者注：上記は米国の投資家の場合を示している）。

■まとめ

　まず、投資する商品およびその潜在的な投資リスクを理解する必要がある。レバレッジETFとインバースETFは非常に重要で機能的なツールを提供しているが、それらがどのように使われているかということが、最終的な投資パフォーマンスにとって重要なことである。投資の目標と期間を見分けること、および潜在的な市場の動きがポートフォリオのパフォーマンスに及ぼす影響を理解することは非常に重要である。

　コモディティやレバレッジ商品は、多くの場合、1940年法のETFの透明でわかりやすい形態からはほど遠い。しかし、これらの商品は、適切に理解されていれば、投資ポートフォリオにおいて非常に価値がある。さまざまな発行体のウェブサイト上では、豊富な情報が利用可能であり、膨大な量の研究と分析が投資家に向けて業界から提供されている。

　本書の第3部を通してファンドのバリュエーションの観点から議論していることの多くは、これらのファンドを評価する際の助けとなるだろう。それらが先物、現物のコモディティまたはスワップのどれを保有しているかは、追加的な考慮点となるだろう。しかし、そのコンセプトは同じである。ファンドと同時に取引される原資産を有する商品は、すぐに裁定取引の対象となる。取引が困難であるか、異なるタイムゾーンに存在するバスケットを保有する商品は、米国の取引日においては、価格発見機能としてのバリュエーションを促している。

第13章

ETFの形態

上場投資商品は、しばしば**上場投資信託**（ETF：Exchange-traded fund）という単語で一括りにされてしまうが、実はさまざまな異なる形態で存在している。ETFは伝統的には取引所で取引される解約可能な受益権をもつ投資会社だといわれる。一方で、「投資会社」や「ファンド」の形態ではないが、同様のエクスポージャーと取引可能性を提供するさまざまな新しい商品も存在する。それにもかかわらず、多くの人々がこれらの商品も伝統的なETFと一緒に扱っている。これらの商品の多くがもっているさまざまな異なる構造上の特性によって、投資家は混乱させられているのかもしれない。これらの商品はさまざまな異なる税務処理やリスク特性をもっているために、投資家にとって大きなマイナスの影響を与えている可能性がある。この本の主たる焦点は取引所で取引される商品群のうち最も資産の大きな商品である上場投資信託である。しかしながら、市場において利用可能で形態が異なるタイプのものを無視したり、それらすべてをETFという名称のもとでひとまとめにしたりすることは不注意といえるだろう。本章では、利用可能な異なる形態とその明らかになっている特性について述べている。そして、さまざまな形態における取引や税制、それ以外のメリット・デメリットの影響などについて議論する。

　投資ポートフォリオのなかで、すべての異なる形態のものを有利に利用する機会はある。本章はどのビークルが特定のポートフォリオに最もふさわしいかといったなんらかの断定をしたものではない。それよりもむしろさまざまな形態とそれらに固有の微妙な差異について書いている。本章は、さまざまな形態とそれらの主な特性を見分けるために、何が市場で利用可能なのかについての幅広い視点を提供しようとするものである。これを理解することで、適切な判断を下すことが可能となるだろう。

　今後のさらなる理解のためには、これまで以上に形態の問題が重要である。上場商品が黎明期のときは、特定のエクスポージャーに関してどの商品タイプを用いるかという選択肢はそれほど多くなかった。業界が成熟してきた現在は、似たようなエクスポージャーについて異なった商品形態のものが

利用可能である。それぞれの形態はそれが利用されているポートフォリオに対して異なる影響を与える。商品開発チームは、彼らがよりよい形態で競争できる投資分野の新しい商品に焦点を当てている。レバレッジや先物の利用、または他のやり方を用いているかどうかによって、いくつかの商品は期待されたエクスポージャーを提供できていないという報告がされている。ほとんどの場合、それは商品が不適切な動きをしたわけではなく、異なった状況下においてさまざまな形態の商品がどのように反応するのかということに対する投資家の誤った理解によるものである。多様な形態とそれがどのようにエクスポージャーを実現しているのか、および特定の市場環境においてどのように振る舞うのかを理解することは、投資戦略の収益性を高めるためにそれぞれの商品を利用する一助となるに違いない。ここで提供される情報は案内であり、投資アドバイスや税務アドバイスとして利用されるべきものではない。税務上の結論や形態についての意思決定については会計士や弁護士と議論すべきである。

上場商品のカテゴリー

　現在、伝統的なETFの定義とは一致しないが、人々にETFとしてみなされている異なる商品形態のものが存在している。それらを、4つの主な商品カテゴリーに区分し、それぞれにどんな商品が含まれるべきであるか議論することは重要である。標準化された慣習がなく、公の場やメディア、または発行体でさえもしばしばそれらの境界線があいまいであり、無用な混乱を招いている。皆が同じ名称の慣習を利用することで、投資にかかわる者がより簡単にさまざまな商品の種類を理解できるのではないだろうか。ニューヨーク証券取引所（NYSE）は商品を区分するために有意義で基礎的な定義をいくつか利用している。その定義とは以下のようなものである。

上場投資商品（ETP：Exchange-traded product）……商品カテゴリーの上位
　　概念の用語である。上場され取引所の流通市場で取引されるファンド、指

数連動債券、リミテッド・パートナーシップ（LP）および信託が含まれる。

共通の特性としては以下のとおりである。

- 発行体は投資家に直接に受益権を売却しない。発行体は指定参加者（AP）にクリエーションユニットと呼ばれる大きなブロック（典型的には5万口かそれ以上）を発行する。
- クリエーションユニットは一般的には現金で購入されるものではない。そのかわりに、現物交換のメカニズムを利用して、特定の証券のバスケットがETPの受益権と交換される。これは税務上とポートフォリオマネジメント上の優位性を促している。また、現金設定／解約のビークルであるファンドと債券もいくつか含まれる。
- ETPの受益権は公の取引所で日中を通して取引される。
- 原資産のバスケットとETPの受益権を交換するという設定／交換の特性を利用するマーケットメイカーによって、多くのETPの市場流動性が提供されている。

上場投資信託（ETF：Exchange-traded fund）……ほとんどの人々がETFと考えているもので、これらのカテゴリーのなかで最も幅広く使われている商品である。ETFはミューチュアルファンドと同様に証券または他の資産のプールの持分を一般の投資家に提供するが、ミューチュアルファンドと異なるのは、受益権を株式のようにブローカー・ディーラーを通じて取引所で売買できることである。ETFには以下のようないくつかの明らかな特徴がある。

- ポートフォリオは投資アドバイザーによって、指数またはポートフォリオのベンチマークに連動する目的で運用される（UITの場合を除く。以下参照）。ETFはアクティブ運用の場合もあるかもしれないが、そうでなければ指数連動型である。指数連動型であれば、ポートフォリオマネジャーは指数に連動する方法についての裁量をもっている（たとえば完全法か指数のサンプリング法かなど）。ファンドのなかで保有されている

現金の運用（たとえば配当の再投資）やタックスロス・ハーベスティング、セキュリティ・レンディングなどが形態として許容されている。
- ETFは1940年投資会社法（1940Act）のもとで登録されており、投資家は特定の規制上の保護を提供されている。
- 伝統的なミューチュアルファンドのように、一般的には独立した取締役がファンドを監督している。しかしながら、SPDR S&P 500 ETF Trust（SPY）のようなユニット・インベストメント・トラスト（UIT）は取締役会をもっておらず、UITは投資アドバイザーではなく受託者によって管理されるため事実上投資の柔軟性がなく、そしてセキュリティ・レンディングや現金の運用もできない。

上場投資証券（ETN：Exchange-traded note）……特定の原指数のリターンに連動するように引受銀行によって発行された負債性の証券。この負債は一般的には優先債務であり、無担保で非劣後である。ETNはその他ほとんどの負債性証券のように満期日がある。主に認識されるべきリスク特性は、ETNが発行体の信用力に裏付けられているということである。ETNはまた後述の特殊な税務処理が課せられている。

上場投資ビークル（ETV：Exchange-traded vehicle）……この用語はETFやETNのように広く用いられているものではない。このカテゴリーの商品の多くはまた、しばしば幅広くETPと呼ばれるが、それは正しくはあるもののETFとETNの形態との区別を表さなくなってしまう。上場コモディティ（ETC）という名称もまたしばしばこのカテゴリーと同義で使われるが、独特な形態を示すのには十分ではない。「ETVは信託またはパートナーシップのユニットであって、1933年証券法のもとで登録されていて、証券取引所で投資家によって取引されている。これはコモディティと通貨の信託を含む」[NYSEユーロネクスト]。ETFとは異なり、保有者は、1940年法のもとで登録された投資会社の持分保有者に関連した保護を受けることはできない。税務処理もさまざまである可能性がある。このカテゴリーは最も名称のズレが大きいところでもある。多くの人々はこれらの商

品を、より深掘りして実際にETVのラベルを使うかわりに、ETPとみなしている。2016年中旬のこの本の出版時点において、ETPのほうが好まれていて、この用語の利用はほぼ完全に放棄されてしまっている。

　各商品が1940年法とどのように関係しているのかをみてみるとよいだろう。図表13－1はその商品が要求を明らかに満たしていてETFの形態と一致しているのか、またはそうではないのかを示している。上場ファンドのすべてをETPとすることは合理性があるが、その描写ではクローズドエンドファンドを同様に含めてしまうかもしれない。さらにいくつかのプロバイダーはETPと同様にETFという用語もそれらの商品のために何年も使用してきた。この線引きのあいまいさは一般の投資家が商品を理解するのをさらに困難にしている。

　図表13－2ではETPの区分の図解を示している。ETFはETPの区分の一つではあるが、資産の大部分を占めている。これは透明性や税効率といったETF固有の特性によるものである。発行体にとって、ETFの形態としての便益を投資家に提供するというゴールを認識することは重要である。一般的に、原資産に対する制約が理由となってETFという形態がとられないことがある。それは、（現物のコモディティのように）資産の取引が複雑な場合か、（債券のように）他のカウンターパーティーとのスワップによってのみ複製可能な場合のどちらかである。ETFと同じようにみえる多数の商品が存在するが、そのうちのいくつかはマーケティングや他の方法を通じて、投資家にすべての商品は同じ一連の便益を提供してくれると信じさせようとしてい

図表13－1　異なる商品形態の理解

1940年法／1933年法	1933年法
ETF	上場投資証券（ETN）
オープンエンド・ファンド	グランター・トラスト
ユニット・インベストメント・トラスト	リミテッド・パートナーシップ
	上場コモディティ（ETC）

図表13-2 ETPの区分

商品		法規制	依拠するもの	形態	例		税制
ETP	ETF	1940年法／1933年法 SEC N1-A	証券のポートフォリオ	ユニット・インベストメント・トラスト	SPDRs, Diamonds, QQQ, BLDRs		一般インカム
				RIC-登録投資会社	現物型	FXI, GXC, EPI, PIN, GDX, SIL	一般インカム
					デリバティブ型	WDTI	一般インカム
	ETVまたはETC	1933年法 SECとCFTC S-1	カストディアンの信用	グランター・トラスト	GLD, IAU, Currency Shares		一般インカムまたはコレクティブルについては最大28%の長期レート
				コモディティ・プール／リミテッド・パートナーシップ	USO, UNG, DBC, GCC		デリバティブについては60%長期レートと40%短期レートの混合
	ETN	1933年法 SEC S-1	カウンターパーティーの信用	無担保債券	iPath, Elements, GCE		一般インカム

出所：The Visual Guide to ETFs, David Abner 2013

る。この誤った認識が、商品の成長とともに、異なる形態とその詳細を理解することがかつてないほど重要になっている理由である。

ETFの規制

ETFは証券取引委員会（SEC）の複数の部署によって規制されている。

投資会社協会によると、投資会社を管理する4つの基本的な証券法がある。以下は調べた限りで最も明確で簡潔な説明である。

1940年投資会社法（1940Act）……ディスクロージャーの要求と日々の業務の規制の連携を通して、投資会社の形態と業務を規制している。とりわけ投資会社法は、投資会社の資本構造、資産の保管、投資行動（特に関係者との取引と他の潜在的な利益相反を伴った取引を重視）、そしてファンドの取締役の義務について扱っている[1]。

1940年投資アドバイザー法……投資アドバイザーを規制する。登録投資会社のすべてのアドバイザーとその他の規模の大きなアドバイザーにSECへの登録を要求している。このアドバイザー法は、ファンドのアドバイザーに、レコードキーピング、保管、レポーティング、その他の規制上の義務を満たすよう求める条項を含んでいる[2]。

1934年証券取引法……投資会社の持分を含めた証券の取引、購入と販売について規制している。1934年法は、投資会社の主幹事とその他の投資会社の持分の販売者を含めたブローカー・ディーラーを規制し、SECへの登録を義務づけている[3]。

1933年証券法……投資会社の持分を含めた証券の公募について規制している。1933年法はまた、すべての投資家がファンドについて説明した最新の

1　2011 Investment Company Fact Book, Investment Company Institute, Appendix A, pg. 191.
2　注1に同じ。
3　注1に同じ。

目論見書を受け取ることを求めている[4]。これは一般的にETN、グランター・トラスト、ETC、そしてリミテッド・パートナーシップについて用いられる。

SECの投資運用部はETFの「ファンド」としての側面を取り締まっている。同時に、SECの取引市場部はETFの「市場取引」の側面を規制している。双方の部署はETFが一定の規則に従うように求めている。米商品先物取引委員会（CFTC）もまたコモディティを保有する一定のETPを取り締まっている。これらの商品はSECの投資運用部の管轄ではない。CFTCはETFやETNに関しては規制する権限をもっていない。CFTCはコモディティ・プールとして運営されているETPのみを規制している。ETVとETNはSECの企業金融部に登録書類を届出している。

投資運用部（IM）は、すべての投資会社（ミューチュアルファンド、クローズドエンドファンド、UIT、ETF、そしてインターバルファンドなど）と、変額年金、および連邦政府に登録された投資アドバイザーを監督している。ETFスポンサーもまた、一般的には登録投資アドバイザーである。すなわち、ETF自身と登録投資アドバイザーの2つの段階において投資運用部とかかわることが求められている。

ETFはミューチュアルファンドやクローズドエンドファンドを管理する規制に完全には当てはまらないため、ETFスポンサーはETFを運営するために1940年投資会社法の「免除規定（exemptive relief）」を獲得する必要がある。1940年法のこの免除規定を得るために、ETFスポンサーは詳細な申請書をSECに提出しなければならない。免除規定は、通常広い範囲の資産クラス（たとえば株式、債券）を対象としていて、スポンサーが最初の商品を設定できるようになる前に必要となるものである。SECは1993年に最初の指数連動型のETFを承認したが、2008年になるまでアクティブ運用のETFの承認はしてこなかった。

---

4 注1に同じ。

免除規定（exemptive relief）

ETFは1940年投資会社法の規定に基づいて設定される。ETFは1940年法で考慮されていない方法で運営されるため、その運営行為の免除をされる必要がある。このことは一般的に「免除規定」と呼ばれる。免除規定を得ることはETFの発行体にこの特別な免除のもとにおいて市場に商品を提供することを可能にする。また、ETFはこの免除規定なしには運営することはできない。この免除の申請は数カ月から数年を必要とし、多額の法的費用やその他の管理費用がかかる可能性がある。

ここではETFの発行体とETFが申請する必要のあるいくつかの一般的な免除規定を列挙する[5]。

- クリエーションユニットと呼ばれる大きなブロックでのみ解約可能な受益権の発行が可能となること ［Section 2(a)(32)および5(a)(1)］
- ETFの受益権が流通市場において市場価格で売買することが許可されること ［Section 22(d)およびRule 22c-1］
- 外国の証券の長期の受渡しの許可 ［Section 22(e)］
- 5％以上のETFの保有者であるAPによるクリエーションユニットの現物設定および交換の許可 ［Section 17(a)(1)および(2)］
- ETFを運営するためには不要ではあるが、他の投資会社がETFの受益権をファンドオブファンズ規制を超えて購入することに対する免除 ［Section 12(d)(1)］
- その他の免除としては、とりわけ、ETFの受益権の販売に関連したブローカー・ディーラーの行動について証券取引法のもとで求められるものがある。さらに、継続的なオファーとしてみなされる取引と解約を可能にすることを含んだReg.M（訳者注：レギュレーションMとは公募時の引受業者等の活動に関する規制のこと）からの免除も求められる。これらの免除は、

---

[5] 出所："ETF Regulatory and Operational Considerations", Citibank Transactional Services.

ファンドをすべての投資家が利用可能な取引証券のように扱うことを許可するために求められるものである。

ETFビジネスの成長は、さまざまなETFの発行体による非常に似通った免除の要望を大きく増大させた。2008年にSECはRule 6c-11の提案を発表した。この規定は、ETFを許可するための投資会社法からのいくつかの免除規定について、個別の免除規定をSECから得る必要なしに組成と運営を可能としようとするものだった。これはSECによって以前から指数連動型のETFに与えられていたものと、いくつか発行された最近の免除規定に従って、完全に透明なアクティブ運用ETFに与えられたほとんどの免除を法文化するものであった。この提案された規則はSECによって採用されず、時間が経過したため、将来の規則についてはまた一から始めることになると思われる。

それぞれのETFは届出書Form N-1Aに従って、(伝統的なミューチュアルファンドと同様に) 目論見書の提出が求められている。この規制当局への提出書類にはファンドの目論見書と追加情報書(SAI)が含まれる。

SEC取引市場部

SECの取引市場部は、2007年11月以前は市場規制部として知られていたが、米国のすべての主要な取引所を監督している。現在、NYSE、ナスダック、BATSとその他の地方取引所と電子取引所を含めて約16の証券取引所が1934年証券取引法のSection 6(a)のもとに登録され、SECの監督下に置かれている。

取引市場部の監督下には、ETFを含めたすべての証券の取引所の上場規則が含まれている。国内株式ETFの一般的な上場基準は2000年代の前半に適用された。海外株式とその他のものについては2006年とそれ以降に続いた。この一般的な基準は潜在的に新しいETFの上場までの時間を短縮させた。スポンサーとETFが免除規定をとり、ETFが一般的な上場基準を満たしてさえいれば、そのETFは目論見書が有効と宣言されると上場が可能と

なる。

上場のための要件

　取引所の上場規則には、最少受益権口数や指数算出の規則などを含めて、ETFの上場要件の長いリストが詳細に記述されている。取引所は最少10万口の発行済受益権口数を当初の取引時点で求めているが、特定の額面金額や最小の受益権価格については求めていない。最小の提示価格の変動幅は0.01ドルである。

　上場規則は指数連動型ETFの制約についてもまた詳細に記載されている。ファンドの設定時点における国内株式の指数ETFのポートフォリオに対する主な5つの規則を以下に示す[6]。

1　指数またはポートフォリオのウェイトの少なくとも合計90％までの構成銘柄は、それぞれ少なくとも7,500万ドルの時価総額がなければならない。
2　指数またはポートフォリオのウェイトの合計90％までの構成銘柄は、それぞれ直近6カ月の各月の月次売買高が少なくとも2万5,000株なくてはならない。
3　最もウェイトの大きい銘柄は指数またはポートフォリオの30％を超えてはならない。かつ、その範囲内において、最もウェイトの大きな5つの銘柄が指数またはポートフォリオの65％を超えてはならない。
4　指数またはポートフォリオは最少で13の構成銘柄を保有しなければならない。しかしながら、もし、(i)1つ以上のユニットまたはポートフォリオ預託証書が少なくとも部分的に原資産を構成している、または、(ii)1つ以上のデリバティブ証券が指数またはポートフォリオの100％を占めている場合については、最少構成銘柄数の制限はない。
5　指数またはポートフォリオのすべての証券は国内の証券取引所に上場されている米国株式であり、かつ1934年証券取引法のもとのRegulation

---

6　NYSE Arca Bylaws and Rules : http://wallstreet.cch.com/PCX/

NMSのRule 600に定義されたNMS Stockでなければならない。

海外またはグローバル株式指数のETFのための主な要件は国内株式ETFの規則と若干異なり、原資産の証券バスケットの流動性についてはやや厳格なものになっている。主な5つの要件は以下のとおりである[7]。

1 指数またはポートフォリオ（デリバティブ証券を除く）のウェイトの少なくとも合計90％までの構成銘柄（デリバティブ証券を除く）は、それぞれ1億ドルの時価総額がなければならない。
2 指数またはポートフォリオ（デリバティブ証券を除く）のウェイトの合計90％までの構成銘柄（デリバティブ証券を除く）は、それぞれ直近6カ月の世界における各月の月次売買高が少なくとも2万5,000株なくてはならない。
3 最もウェイトの大きい銘柄（デリバティブ証券を除く）は指数またはポートフォリオの25％を超えてはならない。かつ、その範囲内において、最もウェイトの大きな5つの銘柄（デリバティブ証券を除く）が指数またはポートフォリオの60％を超えてはならない。
4 指数またはポートフォリオは最少で20の構成銘柄を保有しなければならない。しかしながら、もし、(i)1つ以上のユニットまたはポートフォリオ預託証書が少なくとも部分的に原資産を構成している、または、(ii)1つ以上のデリバティブ証券が指数またはポートフォリオの100％を占めている場合については、最少構成銘柄数の制限はない。
5 各米国株式は、国内の証券取引所に上場されていて、かつ1934年証券取引法のもとのRegulation NMSのRule 600に定義されたNMS Stockでなければならない。また、米国以外のそれぞれの株式は、直近取引報告がある取引所に上場され、取引されていなければならない。

債券指数ETFの6つの主な上場要件は以下の通りである[8]。

1 指数またはポートフォリオは（上場規則に定義されている）債券で構築さ

---

[7] 注6に同じ。
[8] 注6に同じ。

れていなければならない。

2 　指数またはポートフォリオのウェイトの少なくとも合計75％までの構成銘柄は、それぞれ最低1億ドル以上の元本発行残高がなければならない。

3 　構成銘柄が転換証券の場合もあるが、一度転換証券が原資産の株式に転換されたら、その銘柄は指数またはポートフォリオから除外される。

4 　どの構成銘柄の債券（米国債と政府支援機関証券を除く）も、指数またはポートフォリオの30％を超えることはできない。また、指数またはポートフォリオのなかの最もウェイトの大きな5つの構成銘柄が合計で指数またはポートフォリオの65％を超えてはならない。

5 　原資産の指数またはポートフォリオ（すべてが例外となる証券から構成されるものを除く）は、最少でも13の関連しない発行体を含まなければならない。

6 　指数またはポートフォリオのウェイトの少なくとも合計90％までの構成銘柄は次のどれかでなければならない。(i)1934年証券取引法のSection 13と15(d)に準拠して届出が求められる発行体のもの、(ii)非関連者によって保有されている発行済株式の世界における時価総額が7億ドルかそれ以上である発行体のもの、(iii)ノート、債券、債務証書、または負債証明が合計の残存額面で少なくとも10億ドル発行されている発行体のもの、(iv)1934年証券取引法のSection 3(a)(12)に定義されている例外証券、または(v)外国政府または外国の行政機関が発行体のもの

一般的な上場基準を満たさない指数連動型のETFとすべてアクティブ運用のETFは証券取引所に上場する前に特別な許可をSECから受けなければならない。一般的にこのような場合は、ETFスポンサーはファンドに関する特別な規則について取引所と協力し、取引所は取引所規則の変更のためにSECの取引市場部に19b-4の届出をする[9]。いくつかの取引所はSECにアクティブ運用ETFの一般的な上場規則についての提案をしていたが、この規則は出版時点においては承認されていない（訳者注：2016年7月にSECはBATSとNYSEが提案したアクティブ運用ETFの一般的な上場基準について承認し

た。)。

ファンドを保有するファンド：Section 12(d)の免除　ETF業界の成長を可能にした一つの注目すべき要素は、機関投資家たちによるETFの利用であった。ETFはキャッシュマネジメントのために利用されたり、トランジションやほかのときに、しばしば実現するのが難しいエクスポージャーへの容易なアクセスのためやその他の機関投資家のポートフォリオ管理のニーズのために採用されたりする可能性がある。しかしながら、投資会社法のSection 12(d)(1)は、1940年法からの特別な免除なしに、投資会社（または投資会社であろうポートフォリオ）が他の（ETFのような）投資会社に投資することを制限している。ミューチュアルファンドによるETFへのより大きな投資を可能とするためにETFとそのスポンサーは投資会社法のSection 12(d)(1)からの免除を得ている。該当箇所は以下のとおりである。

1　登録投資会社（買収会社）とその買収会社によって支配されている会社または複数の会社が、他の投資会社（被買収会社）によって発行されている証券を購入または別の方法で買収する場合、および投資会社（買収会社）とその買収会社によって支配されている会社または複数の会社が、登録投資会社（被買収会社）によって発行されている証券を購入または別の方法で買収する場合は、もし買収会社とそれによって支配されている会社または複数の会社がこの購入または買収直後に合計で以下を保有していたのであれば、それは違法となる。

9　登録証券取引所として、ニューヨーク証券取引所はSECの監督下にある。したがって、すべてのNYSEによる規則および規則の変更の提案は、19b-4として知られる届出を通じてSECに提出されなければならない。19b-4届出には提案された規則の文章と意図する目的および基礎となる法令が含まれる。規則の変更の提案がSECに届出されると、関係者にコメントをする機会を与えるため、変更の中身が定められた期間中、米国の連邦官報に公表される。コメントレターは返答のためにNYSEに送られる。必要でありかつ適切な場合は、NYSEはコメントレターへの対応としてもとの届出を修正し、SECに修正された届出を再提出する。SECが提案された規則の変更を承認したときは、官報に公表するために「承認指令」が発行される。その後まもなくして、一般的には、NYSEは付属情報のメモ、参加者への規則変更の通知、その経緯およびその発効日を発表する。

ⅰ　被買収会社の全発行済議決権付株式の3％を超える
　　　ⅱ　被買収会社によって発行された証券が合計で買収会社の総資産の5％を超える
　　　ⅲ　被買収会社とすべての他の投資会社によって発行された証券（買収会社の金庫株以外）が合計で買収会社の総資産の10％を超える[10]

　2003年の中頃に、バークレイズ・グローバル・インベスターズはⅰシェアーズの商品群のためのSection 12(d)(1)からの免除を受けた。この免除はミューチュアルファンドが規則で命じられているものより潜在的に大きな部分を保有できるようにするものであった。およそ1年後、大きな信託であるSPDR S&P 500 ETF Trust（SPY）、Diamonds Trust（DIA）およびS&P Mid-Cap Depository Receipt（MDY）が同様の免除を受けた。今日においては、ほとんどのETFがSection 12(d)(1)の制約からの免除を受けている。ミューチュアルファンドによる大規模な保有を可能とするためにこの免除を得るかどうかは個別の発行体次第である。そして、望むだけのETFのポジションを達成するために、（他の要求とともに免除規定で求められている）ETFまたはスポンサーと合意をするかどうかは個別の機関投資家次第である。

上場投資証券（Exchange-Traded Note）

　上場投資証券（ETN：Exchange-Traded Note）は、1933年証券法のもとの、優先、無担保、非劣後の負債性証券である。ETNは投資家に経費控除後の指数または特定の投資戦略のリターンへのエクスポージャーを提供するように設計されている。これらの証券は銀行か専門の金融会社によって発行され、その持分は証券取引所に上場されている。株式と同様に、ETNは取引所で取引され空売りも可能である。インデックスファンドと同様に、ETNは、投資家の経費控除後で、ベンチマーク指数のリターンに連動し、市場指

10　www.law.uc.edu/CCL/InvCoAct/sec112.html

数のリターンへの容易なエクスポージャーを投資家に提供する。それらはまた、目論見書で述べられている頻度のみで現金によって設定または解約ができるものであり、現物による設定／交換のプロセスがETFの形態に提供しているのと同様の税効率につながらない可能性がある。ETNの形態は原指数または参照証券のリターンを得るという意味において透明性がある。しかし、保有銘柄のディスクロージャーを行う必要はない。ETNの形態は、他のタイプの形態では規制上の制約によって得るのが困難な市場の領域や戦略のエクスポージャーを投資家が獲得することを可能にする。ETNはまた他のETPとは異なった税務上の取扱いとなっているため、ある一定の投資家には魅力的であるかもしれない。しかしながら、この税制措置は不確かなものである。

　ETNは所有権や資産を譲渡するものではなく、解約または満期までのベンチマーク指数（経費控除後）のリターンを支払うという発行体からの約束にすぎない。ETNの価格はそれが連動する指数のトータルリターンと発行体の信用力によって決定される。ETNはETF、株式、インデックス・ミューチュアルファンドのどれでもないが、上場株式のような証券を通して最終投資家にエクスポージャーを提供するという点においてはいくつかの類似点がある。

　以下はETNをETFと区別するリスクのリストである。
・元本は保証されておらず、発行体が破産を宣言した場合その証券に投資したすべてを失う可能性がある。
・指数のスポンサーは、指数の水準に影響を与えるような方法で指数を調整するかもしれないが、指数スポンサーには投資家の関心を考慮する義務はない。
・活発に取引される市場がないかもしれない。ETNの市場流動性は大幅に変動する可能性がある。
・ETNは負債性の証券で、投資家は負債の保有者であり原資産の保有者ではないため議決権はない。

・個別のETNは格付をもっていないが、一般的に発行体の格付に依存している。発行体の信用力の変化はETNの市場価格に非常に大きな影響を与える可能性がある。
・ほとんどのETNは発行体がその選択肢として買い戻すことを許可するコールの特性を含んでいて、元本の払戻しが期待しているよりも早くなるかもしれない。
・ETNは銀行によって発行された負債性の証券でありCFTCによる規制下にはない。しかしながら、もしETNが原資産に関連した市場指数の先物契約を間接的に保有していたとしたら、それらの契約はCFTCによる規制を受けるかもしれず、銀行がその市場にアクセスする能力が制限されるかもしれない。
・ETNは1940年投資会社法の規制下にはない。

　指数連動債券および類似の仕組みの商品は数十年前からウォール・ストリートに存在していた。債券を証券取引所にETNのかたちで上場できることは、ETFとは異なる形態ではあるものの、銀行がその人気にあやかって収益を得る機会となった。2006年の中頃にバークレイズ銀行はETNの形態を利用して取引所で売買される商品を初めて上場させた。この初めての発行は、(1)他の上場投資商品と比べて税務上有利であるという主張、(2)1940年法のもとで登録された伝統的なETFの形態では利用できない戦略や資産クラスへのアクセス、(3)SECの投資運用部の審査が必要なより伝統的な形態と比較して、発行体がより素早く市場に商品を提供できる可能性、によって促された。ETNのスポンサーの観点からの唯一の実務的な制約は、発行体が特殊な投資戦略を提供することにおける能力と欲求だけである。負債性証券であるというETNの形態の特色はETFの世界においていくつかのイノベーションを引き起こした。特に、コモディティ、オルタナティブ戦略、そしてボラティリティなどのアクセスが困難な資産カテゴリーにおいてである。ETNの提供における主要な参加者のリストは以下のとおりである。

・プラットフォーム……ETNのスポンサーである。プラットフォームはさ

まざまな第三者の指数のものを提供するオープン・アーキテクチャー（たとえばElements Groupの商品）のものもあれば、独自の指数戦略のみを提供するクローズド・アーキテクチャー（たとえばUBS）のものもある。
- **指数プロバイダー**……指数プロバイダーの役割は指数ベンチマークの計算、保守、そして必要な情報を配信することである。指数プロバイダーは通常は第三者である。
- **発行体**……ETNは発行体の投資適格の優先無担保の債務である。
- **ディストリビューター**……ディストリビューターはETNのマーケティングと販売促進に責任をもつ。ディストリビューターは一般的に純資産総額ベースのフィーを受け取る。ETNはよくディストリビューターのブランド名称を用いるが、これは必ずしも要求されるものではない。
- **証券取引所**……ETNが上場する場所であり、指数およびETNが上場承認を得るためにはいくつかの規則に従うことが求められる。

税　　制

　ETF形態の税効率は他の競合商品と差別化する主な特色である。ほとんどのETFは、伝統的なミューチュアルファンドに比べて非常に税務上効率的である。ミューチュアルファンドとETFを含んだ1940年投資会社法のもとに登録されているファンドは、年間ベースでキャピタルゲインを（配当などの）インカムに加えて、受益者に分配することを求められている。キャピタルゲインはポートフォリオ内でポーフォリオマネジャーが証券を買い付けて、最終的に売却した時に発生する。ポートフォリオマネジャーは受益者の解約に充当するための現金の確保、または資産配分の変更のために株式を売却する。ミューチュアルファンドの保有者が受益権を売却しておらず、かつ未実現損があったとしても、ミューチュアルファンドからのキャピタルゲインを受け取ってしまうかもしれない。指数連動型のミューチュアルファンドは、アクティブ運用のミューチュアルファンドに比べるとより税効率がよい

傾向がある。それは単純にポートフォリオの回転率が低いためであり、すなわちポートフォリオのレベルでの売買の頻度が少ないからである。ポートフォリオマネジャーは取引の影響を最小化するために、前年からのキャピタルロスの持越しやタックスロス・ハーベスティング（訳者注：値下りしている銘柄を売却して損失を実現し、売却益と相殺することで税額を抑えること）、そしてその他の税最小化戦略の優位点を利用することができる。

ETFの税務上の優位性の主な特徴を以下にあげる。

・投資家はETFを流通市場で売買する。このことは多くの日次のETFのフローが、ETFのポートフォリオとは別に、お互いに相殺しあうことを可能にしている。そして、ETFのポートフォリオマネジャーは取引の頻度をより少なくすることができ、ポートフォリオ内での税金の発生機会をほとんどなくすことができる。さらに、取引執行の費用のうちのいくらかは、すべての投資家がそれぞれ個別にファンドに出入りする費用をとられるよりも、個別の投資家レベルにおいても低減されている。

・ETFの設定／交換のメカニズムは、ETFの受益権に対する原資産のバスケットの現物移管を利用している。ミューチュアルファンドが受益権の設定または解約を受けた場合は、ポートフォリオマネジャーは原資産の株式の売買をしなければならない。ETFが受益権の設定または交換を受けた場合は、ポートフォリオは課税機会や取引費用またはポートフォリオの毀損を発生させることなく、要求された原資産の証券のバスケットを提供または受け取ることができる。

・ポートフォリオのリバランスや（コーポレートアクションなどの）他のイベントによるポートフォリオの取引の執行によって、ETFの運用者は現物移管の手続によって除くことができなかった他の税務上の影響も管理できるかもしれない。

・ほとんどのETFはアクティブ運用のファンドと比べて非常に低いポートフォリオの回転率となる指数連動型のファンドである。

設定／交換のプロセスはETFの形態に市場で利用可能な多くの他の投資

プールや形態に比べて税務上の優位性を与えている。現物移管の取引を通じて、一般的な設定はETFが株式／債券を受け取ることで行われ、また交換はETFが株式／債券を提供することとなるため、ポートフォリオマネジャーはETFのバスケット内の実現益を効率的に管理することができる。交換のプロセスにおいて、ETFの運用者はバランスシート上の潜在的な実現益の消去のために会計上簿価の低い株式／債券を選択して提供することができる。主な指数連動型ETFの相当部分はキャピタルゲインの支払を行っていない。しかしながら、現在の指数連動型ETFは投資目的の実現のためにデリバティブと一緒に株式または債券を用いている。これらのデリバティブは株式や債券と同じ税務処理を共有できないため、その結果としてキャピタルゲインを発生させる可能性がある。

一定の外国株式／債券のETF、レバレッジ／インバースETF、通貨連動型ETP、そしてコモディティ連動型ETPについては、税務上の取扱いと投資家への関連する示唆が非常に異なっている可能性があることを記しておくのは重要であろう。

海外原資産のETFは、特に新興国へのエクスポージャーをもっているものは、国内または先進国市場のETFに比べて税効率性が低い可能性がある。多くの新興国は証券の現物移管を実行することに制約がある。そのため、新興国ETFは証券を提供するかわりに証券の売却によって解約のための現金の創出を行わなければならないかもしれない。現物移管プロセスの欠如は新興国ETFから税負債を最小化するという1つの武器を奪うかもしれないが、他のETFの特性はすべて同じである。歴史的にはこれらのファンドからのキャピタルゲインはゼロの方向へ最小化されてきている。

レバレッジ／インバースETFは比較的税効率が低いビークルであると証明されている。ロングとショートの両方のファンドにおいて、多くのファンドがかなりのキャピタルゲインの分配をしている。これらのファンドは指数へのエクスポージャーを得るために一般的に、特にスワップや先物といった、デリバティブを利用している。デリバティブは現物移管ができず売買を

しなければならない。これらのデリバティブからの利益は一般的に内国歳入庁（IRS）による60/40処理を受ける。これは、デリバティブ契約の保有期間にかかわらず60％は長期キャピタルゲインとみなされ、40％は短期キャピタルゲインとみなされるというものである。歴史的にこれらの商品への資金フローは変動性が激しいことと、日々の指数への連動を実現するための日次のポートフォリオの再調整は、これらのファンドがかなりの確率で税務上の影響を受けるであろう引き金となっている。

コモディティETPもデリバティブを利用しているためレバレッジ／インバースETFと同様の60/40の税務処理を受ける。しかしながら、コモディティETPはレバレッジ／インバース戦略のように日次で指数連動のための調整をする必要はなく、そのファンドの性質上キャッシュフローの変動性がそれほど高くない。コモディティETPは一般的に税務処理のためにSchedule K-1（訳者注：パートナーシップなどに用いられる損益持分計算書）が付与される。現物のコモディティを保有するファンドについての詳細については第12章で述べている。

ETNの税務処理

2006年6月に最初に立ち上がってから、ETNが税務処理上で優位性があるかもしれないということは、ETNが人気となってきた一つの理由であった。発行体は、税務アドバイザーの支持を受け、ETNは指数連動のストラクチャード商品と同じ税務処理を受けるべきであるという議論をしてきた。この税務処理はオープンエンドのミューチュアルファンドや伝統的なETFと比べてETNに優位性を与えた。内国歳入庁（IRS）はこの税務処理に疑問を呈している。これらの商品を利用する投資家は潜在的な税務上の論点とその税負担を慎重に検討しなければならない。

ETN投資に関する米国の税務上の結論は不確定である。2007年12月7日、IRSと財務省は、彼らがこの商品に関する新たな規制またはガイダンスを検討していると記したNotice 2008-2を発行した。この通知は、IRSと財務省が

投資家にETNの保有期間におけるインカムと経費の発生を求めるべきではないかということを検討していることを示していた。しっかりとしたガイダンスがないなかで、ETNの税務処理についての現在の実務は、ETNのスポンサーによって述べられているところでは、株式またはコモディティ連動のETNは、一般的には税務上は事前支払の先渡契約として処理されるというものである。

投資家は、ETNの売却、解約または満期の時点で、その収入金額と証券の原価との差額と同じ金額を利益または損失として認識する。もしこの税務処理が重視されるならば、株式またはコモディティ連動のETNは米国の連邦所得税上の債務として処理されるべきではなく、また、投資家はこれらのETNの保有期間における利息算入分または当初発行の割引分のための課税所得を認識するべきではない。したがって、この処理のもとでは、投資家は売却、満期、またはその株式またはコモディティETNの発行体による買取りの時点において、キャピタルゲインまたはロスを認識するだけである。

市場参加者のなかには、IRSはETNが目立った税金逃れの手段になっている可能性があるという懸念をもつかもしれないと思っている者もいる。しかし、他のストラクチャード商品の税務処理が保たれている間はETNの税務処理を変更するのは困難かもしれない。投資家にとっての主なリスクはIRSがETNの保有者に対して、投資家は満期までその証券に関して何も支払を受けていないかもしれないにもかかわらず、ETNを保有していた間の利息の発生を求めることである。最悪の場合、投資家にとってはあまり現実味のないシナリオではあるが、IRSはこれを遡及適用するかもしれない。

通貨連動ETNの税務処理　　IRSは、通貨連動ETNが連邦所得税上外貨の債務証券として処理されるべきであると規定している。投資家は、クーポン支払が発生した時点または投資家が受け取った時点で、そのクーポンの支払を一般所得として年次の納税申告に含めることを求められる。一方で、投資家が満期まで何も支払を受けないだろうということは真実である。売却、満期、またはこれら通貨連動ETNの発行体による買取りに関連して認識され

た利益または損失は、為替レートの変動に起因する範囲まで、通常は一般所得または損失として処理される。

米国外の投資家の税務処理　ETFが米国で成長するとともに、それはまたグローバルにも着実に発展していった。過去ETFに投資するために米国市場に入ってきていた米国外の投資家は、現在は彼らの自国市場の似たような商品にアクセスすることができる。米国のETFからUCITSや他の自国上場商品にまで至るそれぞれの形態の租税条約と源泉徴収の要件を理解しておくことは、投資家にとってより重要になってきている。自国の投資家に資するためにさまざまな為替ヘッジの商品が利用可能になったのと同様に、ETFの発行体はまた、さまざまな形態で彼らの商品が利用可能になるようにしている。それにより投資家は個別の税務状況をより適切に管理することが可能である。

その他の重要な税務処理

1940年投資会社法のもとで登録されていないほとんどのETVの保有者はパートナーシップとしての税が課せられる。結果として、彼らはSchedule K-1の税務書類を受け取る。これらETVの保有が1日であろうが1年間であろうが、投資家は利益、損失、インカム、そして控除の割当て分を反映したK-1を受け取ることになる。

米国外の通貨に投資しているグランタートラストは一般所得税率で課税される。これらは実現キャピタルゲインの分配はしないし利子所得もない。投資家が原資産に現物の貴金属を保有しているファンドを保有した場合はコレクティブルとしての課税が適用される可能性がある。現行法では、1年以上保有した金や銀の地金などの"コレクティブル"の売却から個人が認識した利益は、他のほとんどの長期キャピタルゲインが15％であるのに対して、最大で28％が課税される。

商品の形態の多様化に伴って、投資家は税務上の影響における潜在的なリスクを考慮する必要がある。この本は税務アドバイスを行うものではなく、

個人の税務状況によって、個別の商品の課税が異なる可能性について述べたものである。

形態による問題が発生するとき

　さまざまな形態について、その商品が最初に立ち上がったときには想定されていなかったと思われる問題が生じている可能性がある。たとえば、いくつかの商品は一時的に新しい持分が発行できなくなったり、原資産の問題によって償還されてしまったりなどした。

ETNの信用リスク

　ETNの形態の最も主要な特性の一つは商品に内包された信用リスクである。通常時であれば、ETNの発行体は歴史的に、大きくて安定した金融機関であったため、この信用リスクは疑わしいものとして扱われた。2008年に始まった金融危機により、ほとんど起こらないだろうと考えられていたことでさえも起こるということと、特にLehman OptaシリーズのETNに関して、一般にリスクは市場において間違って評価されているということが証明された。

　ETNの形態においては、その債券の裏付けに特定の資産があるわけではない。それは、上場スワップのように宣言されたレートを引受銀行が支払うという約束である。リーマン・ブラザーズが破産を宣言した時、Opta ETNの保有者は完全にリスクにさらされた。2年後になっても彼らは他の債権者と会社の資産として何が残されているかをまだ継続して確認していた。ETNは潜在的な課税所得を最小化しようとしている投資家にとっては競合商品と比べて魅力的にみえるかもしれないが、発行体の倒産リスクは考慮に入れるべき事項である。投資家が信用リスクの問題から遠ざかっていくにつれて、これらの商品はポートフォリオにより受け入れられるようになっている。投資家が特殊なよりよいリターンを探し続けているなかでは、一般的に

記憶とは短いものである。

発行制限によるプレミアム・ディスカウント

制限のある市場へのアクセスも近年のETN市場に影響を与えた。iPath MSCI India ETN（INP）、これはMSCI India Total Return Indexに連動したものであるが、2007年の終わりに持分の発行について困難な状況に直面した。このとき、インド証券取引委員会（SEBI）はインドの株式に連動するデリバティブについての制限を実施した。iPath MSCI India ETNは相対取引のデリバティブを通してインドの株式市場にアクセスしていた。SEBIがアクセスを制限したとき、このiPath ETNは新規発行をする能力を失った。オープンエンドの商品が新規の持分を発行できない場合、それはクローズドエンドファンドのように振る舞い始める。それは原資産の価格とETNの価格とのつながりが失われるということである。商品がもはや新規の持分を発

図表13－3　INPのプレミアム・ディスカウント・チャート

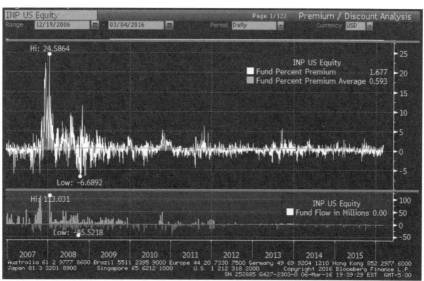

出所：Bloomberg

行できないとき、ETNの価格は純資産価額に対してプレミアムの方向に動くことになる。これは資産間の典型的な裁定取引をするためにETNを売却して原資産を買うという行動を起こす流動性供給者がほとんどいなくなった結果である。トレーダーはETNの持分を設定できなければ、ETNのショートと原資産のバスケットのロングを、設定のメカニズムを利用して解消することのできない永続して変動するポジションとして保有しなければならない。図表13－3の左端にみられるように、INPが2007年末に設定を停止したときにファンドのプレミアムはしばらくの間急上昇した。これはなんらかのイベントにより裁定のメカニズムが遮られたときに起こると考えられることの一つの例にすぎない。ファンドがその後に新たな持分の発行が可能になった時にこのプレミアムは解消された。

　指摘したこれらの問題については、ETFの形態であれば、ETNを投資ビークルとして利用した場合に潜在的に生じる可能性ほどには重視する必要はない。このような問題はファンドの原資産を代表する証券のバスケットを用いるETFの形態であれば起こらない。ETFのポートフォリオまたはバスケットの透明性が、原資産の市場が閉じているときに、それが1日であれ、より長い期間であれ、取引の成功を促すのである。市場は、もし原資産を取引した場合にいくらくらいになりそうかという評価をETFの価格に転換することを可能とする。ETFの取引は、さまざまな異なる種類の利用者すべてが透明性の高い場所でそれぞれの価値評価をもとにやりとりすることを促すものであり、これが市場の混乱時やシステム障害、他の市場トラブルの間にETFの売買高が増加する理由である。

ブローカー・ディーラーの信用制限

　市場で"テーパータントラム"として知られる期間である2013年6月に興味深い事件が起こった。米国上場の債券ETFから大きな資金流出が起こり、売買高が非常に増加したのである。ある大手のブローカー・ディーラーが午

後の間、ETFの交換の注文を受けることを停止せざるをえなくなった。このことは、事件をよく理解していないメディアによって、ETFのインフラストラクチャーには潜在的な欠陥があるという内容のさまざまな記事が書かれた。真実は、トレーディングデスクが、取引に対してどれくらいの担保を発行することができるかという会社が課した内部制限に達するまで、大量の一方的なフローを受けたという話である。

　ETFの売買高は主にETFの流動性供給者によって促されている。彼らはマーケットメイクをして商品の注文を執行している。それぞれのトレーディングデスクはある取引日においてどこまでの潜在的なリスクをとれるかという内部制限をもっている。この時のケースは、ある特定のデスクが会社の内部の制限に達し、顧客を受け入れられなくなったというものである。これはETFの問題であるはずがない。解約をしたいトレーダーは、他の多くのETFの流動性供給者に電話をして、彼らに交換を実施してもらうだけであった。このことは、あなたがお気に入りのガソリンスタンドが閉店していたときに、もう数ブロック先まで運転するというのと同じことである。この事件は業界にとっては有益なこともあった。この事件の結果、クレジットおよびリスク制約に関してETFの売買高の再評価がなされ、多くのETFの流動性供給者は業界の成長のために内部制限を増やしたのである。

市場が閉鎖したとき

　エジプトは、混乱とその後のムバラク政権の転覆の前、有名なフロンティア市場としてみなされていた。この国に起こった政変のため、エジプト市場は2011年の初めに閉鎖されたが、それは1月27日から3月23日まで続いた。ほぼ8週間にわたる閉鎖の間、原資産へのアクセスができなくなっていたために設定／交換が停止されていたという事実にもかかわらず、エジプトETFは米国で取引されていた。混乱と不安のなか、このETFは市場で20％を上回る幅広い値幅で取引された。貸株に回る口数の割合が制約されたため

に空売りは非常に高価となった。すなわち、投資家が空売りをするときの借株の要求に応えるための新たな受益権を発行することができなかったのである。しかし、このETFはまだ自由に取引でき、そしてこの間、非常に価値のある価格発見ツールとして振る舞ったのである。このETFは変動性の激しい市場環境において投資家がそれぞれの見方を表すために利用できた数少ないツールの一つになっていた。

　図表13-4は市場の混乱とこの間に新たな受益権を設定することができなかった結果としてETFがプレミアムになったようすを示している。チャートの左側において、2011年の8週間、このETFは10％を超えるプレミアムになっている。また、このプレミアムの間の底面では、ファンドへの資金フローが空白になっているのをみることができる。この商品の確かな機能はまた、市場が再開して取引がより正常化したときにこのファンドが再び通常の小さなプレミアム・ディスカウントでの取引に急速に戻ったという事実によ

図表13-4　市場の閉鎖の間にETFがプレミアムになっているようす

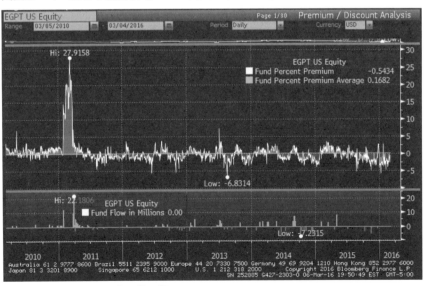

出所：Bloomberg、2016年3月4日

り示されている。

> **取引のヒント**
>
> 　設定／交換が停止されていたとしてもETFが取引され続けることは、自然な市場の力によってそのETFが期待されるフェアバリューの水準まで動くことを可能にしている。このことは、以前は価格評価が難しかった資産に対して、さまざまな価格発見ツールをつくりだすことを可能にした。市場イベントの予期しない結果の可能性と、それがポジションをとっているファンドの価格にどのように影響するのかを理解することは投資家の義務である。

まとめ

　すべての利用可能な商品とそれらの形態による特性の違いについては、市場ではいまだに混乱が生じている。本章では投資の意思決定をする際に認識しておくべき最も重要なことを強調するようにしてきた。この先数年の間に市場に登場する可能性のある１つの商品形態はノントランスペアレント（不透明な）ETFである。保有銘柄が不明なことからくる流動性の特性の違いからパフォーマンスの差まで、投資家が理解しなければならない形態の問題が出てくるに違いない。それぞれのファンドの形態の中身を解釈しようとする際、投資アドバイザーの仕事はより難しくなってきている。業界が拡大し、またさまざまな形態でエクスポージャーが複製され始めているため、異なる特性を理解することはよりいっそう重要になってくるだろう。

補論 A

ブルームバーグのETF参照方法ガイド

　ここではいくつかの頻繁に使用される上場投資信託（ETF）に関連したブルームバーグ端末の機能の概要を紹介する。以下の多様な機能について解説する。
・ブルームバーグのETF機能の基礎
・ETFの検索
・ETFの分析
・保有者分析
・ETFの取引

ブルームバーグのETF機能の基礎

　ブルームバーグはコマンドの入力方法を標準化している。すべてのETFは原資産にかかわらず、流通市場で取引されるため株式とみなされる。あるETFのデータにアクセスしたければ、ティッカーをタイプし、EQUITYボタンを押し、表示したい特定のコマンドを入力して、GOとタイプするか、入力ボタンを押す。DTN、WisdomTree Dividend ex-Financials ETFの解説ページを表示させるコマンドについては図表A－1に示されている。

　図表A－1のコマンドは、図表A－2のDTNの解説ページをスクリーンに表示させる。ここでは幅広く総合的な一連のETFの情報を一画面で確認することができる。DESの画面は、スクリーンの上部の表示のとおり、5つのデータのページに分かれていて、それぞれが選択されたETFのさまざまな情報を提供している。

図表A−1　ブルームバーグの入力コード=DTN DES

DTN ＋ EQUITY ＋ DES ＋ GO

図表A−2　ETF解説ページ（DES）

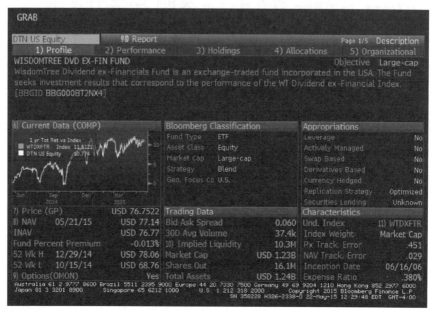

出所：Bloomberg

1　プロファイルページ……プロファイルページはファンドの簡潔な解説や鍵となるデータなどのファンド情報の概要を提供する。NAV、INAV、経費率、売買高、などの関連するデータを素早くみることができる。

2　パフォーマンスページ……パフォーマンスページは、関連する追加的な指標や分配金の情報とともに、ファンドが連動対象とする指数との比較を含めたファンドのパフォーマンスの概要を表示する。

3　**保有銘柄ページ**……保有銘柄ページはファンドの保有銘柄とウェイトを提供してくれるため、ファンドの構成を素早く確認することができる。

4　アロケーションページ……アロケーションページは地域、セクター、そ

図表A－3　ブルームバーグの入力コード＝DTNIV DES

DTNIV ＋ INDEX ＋ DES ＋ GO

して資産クラスごとのファンドのアロケーションの概要を提供する。
5　ファンド構造ページ……ファンド構造ページは、ファンドのオペレーションに関するデータや発行体についてなど、鍵となる情報を提供する。

　一度特定のETFのティッカーを引き出してしまえば、他の多様な機能を利用するために、すべてのコマンドを再入力する必要はなくなる。確認したいと思うコマンドのコードのみを入力するだけで、ロードされているETFについての該当スクリーンが表示される。

ETFの原資産データ

さまざまなETFのための標準化されたコードを用いて、以下についての関連ページをみることができる。
・NAV（NV）
・インディカティブ・バリュー（IV）
・発行済口数（SO）
・推定キャッシュ（EU）
・トータルキャッシュ（TC）

　ティッカーの最後に2文字のコードを加え、INDEXボタンを使うことによって、欲しい情報についての指標を直接みることができる。DTNのインディカティブ・バリューの解説ページを表示させるための標準コマンドを図表A－3に示している。

ETFの検索

　ブルームバーグにはETFを検索するためのいくつもの方法があるが、このシステム上の最も包括的な検索ツールはETF<GO>である（図表A－4）。

図表A−4　ETF<GO>

出所：Bloomberg

　ETFコマンドでは、資産クラスやセクターまたは地域などの、ETFの仕様に基づいた投資基準に適合したETFを見つけ出したり比較したりすることができる。そして、コスト、パフォーマンス、アロケーションなどのさまざまな基準を出力して比較することが可能である。

ETF検索のための追加的な機能

・FRSC<GO>……ファンドスクリーニングのツール。特定の基準に基づいたファンドのリストを作成することができる。

・BI ETFS<GO>……ブルームバーグ・インテリジェンス・リサーチ・ダッシュボード。最新のトレンドや新商品などについて学ぶことができる。

・NI ETF<GO>……ブルームバーグまたはその他の情報ソースによるETFに関連したニュース。

・NI ETFMKT<GO>……ETFの資金フローのニュース。

　さらに、特定のファンドを名称によって探すためには、ファンド名称をコ

マンドラインに入力すれば、オートコンプリート機能によって関連した証券のリストが提供される。また、キーワード検索には、FI<GO>コマンドを用いることができる。

ETFの分析

特定のETFの分析や証券のグループの比較をするとしても、ブルームバーグはより深い分析を補助するためのさまざまなツールを提供している。

ETFL<GO>は、保有銘柄のデータが利用可能であれば、どんな株式ETFの原資産の流動性も分析することができる重要なツールである（図表A－5）。この分析はETFのインプライド流動性として知られていて、ETFへのアクセスと理解のための重要な要素である。

図表A－5　ETFL<GO>

出所：Bloomberg

インプライド流動性は原資産バスケットに基づいた流動性を評価するための重要な基準である。その算出は、まずクリエーションユニットにそれぞれの構成銘柄が何株ずつ入っているのかをみることから始める。想定される最終結果は、もし原資産を取引した場合に最も流動性のない銘柄に、30日平均日次売買高の25％より大きなインパクトを与えずに、どれだけのETFの受益権に転換できるかというものである。流動性は日次ベースで測定されるため、市場の変動によっていつでも変化する可能性がある。

図表ツール

ブルームバーグは、ユーザーが興味のあるファンドを視覚的に比較または対比することができる一連の図表作成機能を提供している。ユーザーは、COMP<GO>（図表A－6）またはCORR<GO>を用いて複数の証券の分析機能にアクセスでき、また、G<GO>（図表A－7）を通して、価格、リターン、発行済口数、時価総額そして売買高などの幅広いさまざまなETFのデータのグラフをみることができる。Gは特にカスタマイズ可能で、グラフは将来参照するために保存することもできる。

追加的な分析機能

・DVD<GO>……ETFの分配金／株式分割の履歴を表示
・CN<GO>……特定のETFに関連したニュース
・CF<GO>……すべての公開された利用可能なファイリング資料へのアクセス
・BETA<GO>……選択したETFについての総合的な市場インデックスに対するヒストリカルな感応度のグラフと画面
・FREP<GO>……特定のETFについてのPDFのレポート作成
・HS<GO>……特定期間の２つのETFのヒストリカルスプレッドのチャート
・HFA<GO>……ファンドまたはファンドによるポートフォリオのヒストリカルなリスクとパフォーマンスの分析

図表A-6　COMP<GO>

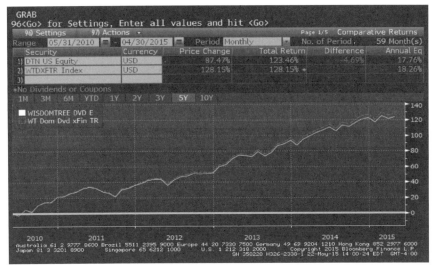

出所：Bloomberg

図表A-7　G<GO>

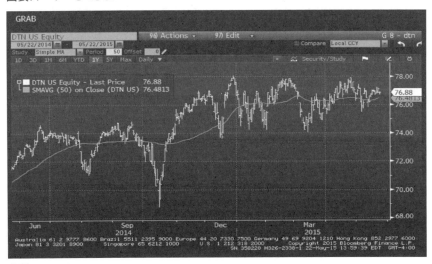

出所：Bloomberg

補論A　ブルームバーグのETF参照方法ガイド　417

- FLNG<GO>……13FファイリングによるETFを保有している企業の検索
- RV<GO>……選択したETFと事前に選択されたピアグループとの相対価値分析

保有者分析

ブルームバーグはどのETFに関しても機関投資家とインサイダーの保有者の両方の詳細な情報を提供している。いくつかの知っておくべき機能があるが、最も重要なのはHDS<GO>で、現在と過去のファンドの保有者をみるための主要なツールである（図表A‒8）。

追加的な保有者分析機能

- HDSM<GO>……複数のETFの複数の保有者をみるための保有者のマト

図表A‒8　HDS<GO>

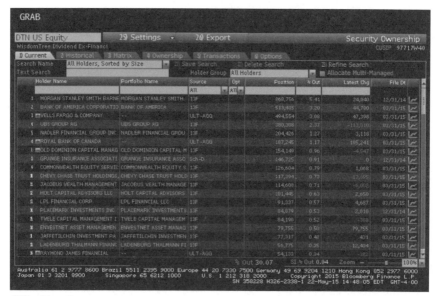

出所：Bloomberg

リックス
- OWN<GO>……ある 1 つの ETF についての機関投資家保有者の詳細な分析

ETF の取引

ブルームバーグは ETF の取引に関する重要な情報にアクセスするための多彩な機能を提供している。それは、主な取引からコーポレートアクションまで多岐にわたるが、特に ETF のトレーダーにとっては必須のデータである。

- AQR<GO>……VWAP に影響した主要な取引を表示する。これは特定のファンドの最も大きなブロックトレードをみるために便利である（図表A

図表 A - 9　AQR<GO>

出所：Bloomberg

−9)。

　AQRのほかのタブをクリックすると、サマリーマトリクスや、価格ごとの合計売買高の分析であるVAP、そして特定の期間の価格と売買高を表示する価格表のTSMをみることができる。

　QR<GO>は取引のサイズ、価格、コンディションコードを含めた特定の期間における取引をみることができる追加的な取引分析ツールである（図表Ａ−10）。"クオート歩み値"のタブをクリックすることで、同様に特定の期間のクオートをより詳細に確認できる。

追加的な取引分析機能

・HP<GO>……特定の期間の高値、安値、平均価格の詳細、および時系列の価格と売買高のテーブル
・MDM<GO>……マーケット・デプス・モニター

図表Ａ−10　QR<GO>

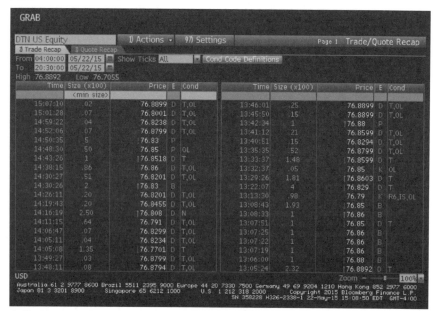

出所：Bloomberg

420　補論Ａ　ブルームバーグのETF参照方法ガイド

- QM<GO>……ETFが取引されているすべての取引所のクオートと市場シェアを表示
- HCP<GO>……時系列の価格と売買高とともにその変化と過去からの変化率を表示
- OMON<GO>……特定のETFのオプションのリアルタイムデータと価格を提供
- CACS<GO>……コーポレート・アクション・カレンダー
- SI<GO>……ETFの空売り残の表示
- MBTR<GO>……世界のブロックトレードのモニターで、特定のポートフォリオやローンチパッドモニターとのリンクも可能
- VBAR<GO>……過去の日次売買高のグラフ
- RANK<GO>……過去の取引におけるブローカーごとの売買高報告を提供。どのブローカーが特定の銘柄において最も流動性を提供できるかについての示唆を得ることが可能

補論 B

ETFの発行体

　ここではいくつかの米国のETFの発行体と彼らのウェブサイトを紹介する。

#	発行体	ウェブサイト
1	ALPS	www.alpsfunds.com
2	Arrow Investment Advisors	www.arrowfunds.com
3	BlackRock [iShares]	www.ishares.com/us/
4	Calamos	www.calamos.com
5	Cambria	www.cambriafunds.com
6	Columbia	www.columbiathreadneedleetf.com/
7	Deutsche Bank [X-trackers]	www.etf.deutscheam.com/GLOBAL/ENG/Entry
8	Direxion	www.direxioninvestments.com
9	Emerging Global Shares	www.emergingglobaladvisors.com
10	ETF Securities	www.etfsecurities.com
11	Exchange Traded Concepts	www.exchangetradedconcepts.com
12	Fidelity	www.fidelity.com
13	First Trust	www.ftportfolios.com
14	Franklin Templeton	www.franklintrust.org
15	Global X	www.globalxfunds.com
16	Guggenheim	www.guggenheiminvestments.com
17	Highland Capital Management	www.highlandcapital.com
18	Huntington Strategy Shares	www.huntingtonstrategyshares.com
19	IndexIQ	www.indexiq.com
20	Invesco PowerShares	www.invescopowershares.com
21	JPMorgan	www.jpmorgan.com
22	KraneShares	www.kraneshares.com
23	LocalShares	www.localshares.com
24	Merk	www.merkfunds.com/
25	Northern Trust	www.flexshares.com
26	OppenheimerFunds	www.revenueshares.com/

#	発行体	ウェブサイト
27	PIMCO	www.pimco.com
28	Precidian	www.precidianfunds.com
29	ProShares	www.proshares.com
30	PureFunds	www.purefunds.com
31	QuantShares	www.quant-shares.com/
32	Recon Capital	www.reconcapitalpartners.com
33	Renaissance Capital	www.renaissancecapital.com
34	Schwab	www.schwab.com
35	SSGA (SPDR)	www.ssga.com
36	Teucrium	www.teucrium.com
37	US Commodity Funds	www.unitedstatescommodityfunds.com
38	Van Eck	www.vaneck.com
39	Vanguard	www.vanguard.com
40	Velocity Shares	www.velocityshares.com
41	Victory CEMP	www.vcm.com
42	WisdomTree	www.wisdomtree.com/
43	Yorkville	www.yetfs.com

補論 C

日本のETF市場の概要

概況

日本のETF市場が本格化したのは2001年に日経平均やTOPIXといった有名な指数に連動するものが上場されてからとされている[1]。その後、金融緩和策の一環として日本銀行がETFの買付けを開始したことで急速に残高を伸ばしている。

日本のETF市場の大きな特徴としては、金融機関が大きな保有割合を占めており、アドバイザー中心の市場といわれる米国とは異なる投資家層となっていること、売買代金ではレバレッジ型が非常に大きくなっていることである。

また、海外に上場しているETFを直接売買する動きも広がっており、ETFの投資は国内上場、海外上場を問わず広がっている。

日本のETF市場

日本には2015年末時点で225本のETF（ETP）が上場されており、その大部分が東京証券取引所に上場している。2007年に東京証券取引所が上場推進室を設立してETFの上場を積極的に促すようになって以降、銘柄数は着実に増加しつつある。その一方でAUMの増加は2010年11月から日銀が金融緩

---

[1] 1995年に日経300に連動するものが上場されている。

和策の一環としてTOPIXおよび日経225に連動するETF（2014年にはJPX Nikkei 400も含まれた）を継続的に買い付けていることが大きい。これは図表C－1でも確認することができる。また、2012年以降レバレッジ／インバース型のETFが上場されたことも日本のETF市場の規模と売買代金を押し上げた。（訳者注：さらに2017年7月の政策決定会合において、日銀はETFの購入額を年間6兆円に増額することを決定した。）

図表C－1は以下の事象を考慮する必要がある。
・日銀は2015年末時点で約7兆円のETFをすでに購入している。
・日銀は2015年12月の政策決定会合で「設備・人材投資に積極的に取り組んでいる企業」の株式を対象とするETFを買入対象にすると決定した。
・純資産総額は投資信託形態のもののみである（投資信託協会のデータによる）。

図表C－1　日本のETP市場の拡大

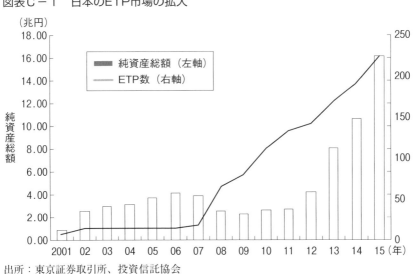

出所：東京証券取引所、投資信託協会

日本のETFの種類と形態

日本のETF（ETP）の形態は日本籍の投資信託の形態をとるものを中心と

図表C−2　形態別ETP

ETPの形態			本数
外国ETP	重複上場		25
	ETF-JDR（注釈1）		22
内国ETF/ETC	投資信託法（注釈2）	現物設定・現物交換	81
		金銭設定・金銭償還	61
		金銭設定・現物交換	3
	信託法		4
ETN			29

注釈1：JDR＝Japanese Depositary Receipt（日本型預託証券）
注釈2：日本の設定／交換については、現物で行うのかキャッシュで行うのかは厳密に区分されている。これは比較的柔軟性がある米国やその他の国のものとは異なる制度になっている。
出所：東京証券取引所、2015年12月

図表C−3　指数別ETP

連動対象指数	本数
日本株	80
外国株	41
債券	6
REIT（日本および海外）	9
コモディティ	38
レバレッジ／インバース、エンハンスト	45
その他	5

出所：東京証券取引所、2015年12月

して、信託法に基づくものや外国籍のもの、ETNなどがある。もともとは日本株へのエクスポージャーをとるものがほとんどであったが、外国株やコモディティのエクスポージャーも増えてきている。2012年以降はレバレッジ／インバースの銘柄数も増加している。図表Ｃ－２およびＣ－３はETFとインデックスの数と形態をそれぞれ示している。

銘　柄

　日本のETFのAUMは、日銀や金融機関が主たる投資家であることから日経平均、TOPIX連動型の銘柄が上位を占めている（図表Ｃ－４）。同じインデックスに連動するものがかなり複数存在していることは日本のETF市場の特徴の一つである。

　売買代金でみた場合は、レバレッジ／インバース型のもの、なかでも日経平均のものが群を抜いて高い売買高を誇っている（図表Ｃ－５）。短期の取引を好む個人投資家を中心に人気があると考えられる。

　レバレッジ（またはインバース）ETFは日次のリターンを増幅（または反

図表Ｃ－４　純資産総額ランキング

コード	名　称	純資産総額（十億円）
1321	日経225連動型上場投資信託	3,239.5
1306	TOPIX連動型上場投資信託	2,945.7
1330	上場インデックスファンド225	1,576.6
1320	ダイワ上場投信―日経225	1,491.1
1305	ダイワ上場投信―トピックス	1,377.2
1308	上場インデックスファンドTOPIX	1,325.9
1346	MAXIS 日経225上場投信	823.2
1570	NEXT FUNDS 日経平均レバレッジ・インデックス連動型上場投信	734.5
1348	MAXIS トピックス上場投信	422.1
1591	NEXT FUNDS JPX日経インデックス400連動型上場投信	255.4

出所：東京証券取引所、2015年12月

図表C-5　日次売買代金ランキング

コード	名　称	日次平均売買代金 （十億円）
1570	NEXT FUNDS 日経平均レバレッジ・インデックス連動型上場投信	169.6
1357	NEXT FUNDS 日経平均ダブルインバース・インデックス連動型上場投信	15.1
1321	日経225連動型上場投資信託	12.4
1579	日経平均ブル2倍上場投信	10.7
1306	TOPIX連動型上場投資信託	6.4
1568	TOPIXブル2倍上場投信	5.6
1330	上場インデックスファンド225	3.9
1320	ダイワ上場投信―日経225	3.7
1360	日経平均ベア2倍上場投信	1.9
1365	ダイワ上場投信―日経平均レバレッジ・インデックス	1.9

出所：東京証券取引所、2015年の平均

転）させたものであるため、長期投資には適さないということを知らしめることは非常に重要となっており、プロバイダー、取引所などはさまざまな啓蒙を行っている。

日本のETF投資家

　日本では米国のRIAのようなビジネス形態が限られるため、日本のETF保有者は基本的に機関投資家か個人投資家に二分される（図表C-6）。そして、日本のETFの約8割は金融機関によって保有されている。なかでも信託銀行が大きいが、これは日銀の金融緩和策により保有されている分が大部分を占めると推測される。保有者としての個人投資家はわずか6％にすぎない。

図表C−6　日本のETF保有主体（注釈）

	カテゴリー	銘柄数		合計		日本株指数 84		REIT指数 7		外国株指数 30		その他 14		ETN 29	
				153,764	100.0	146,261	100.0	3,398	100.0	1,253	100.0	1,458	100.0	1,392	100.0
(1)	政府・地方公共団体			—	—	—	—	—	—	—	—	—	—	—	—
(5)	国内法人小計 (2)+(3)+(4)			131,944	85.8	128,328	87.7	2,768	81.5	316	25.2	385	26.4	144	10.4
(2)	金融機関小計 a+b+c+d+e			122,648	79.8	119,614	81.8	2,635	77.6	237	18.9	146	10.0	15	1.1
	a 都銀・地銀等			19,849	12.9	17,829	12.2	1,921	56.5	69	5.6	27	1.9	—	—
	b 信託銀行			88,226	57.4	88,056	60.2	63	1.9	5	0.4	99	6.8	1	0.1
	(a+bのうち投資信託分)			134	0.1	96	0.1	2	0.1	2	0.2	32	2.2	—	—
	(a+bのうち年金信託分)			131	0.1	65	0.0	—	—	—	—	66	4.5	—	—
	c 生命保険会社			4,360	2.8	4,360	3.0	0	0.0	—	—	—	—	—	—
	d 損害保険会社			258	0.2	218	0.1	39	1.2	0	0.0	—	—	—	—
	e その他の金融機関			9,954	6.5	9,149	6.3	610	18.0	161	12.9	19	1.3	13	0.9
(3)	証券会社			7,399	4.8	7,109	4.9	92	2.7	57	4.6	70	4.8	70	5.0
(4)	事業法人等			1,895	1.2	1,605	1.1	40	1.2	21	1.7	168	11.6	59	4.3
(6)	外国法人等			12,624	8.2	11,188	7.6	322	9.5	208	16.7	159	10.9	745	53.5
(7)	個人・その他			9,196	6.0	6,744	4.6	307	9.1	728	58.1	913	62.6	502	36.1

注釈：海外投資家も存在するが、海外拠点のマーケットメイキング業者やHFTなども含まれている。
出所：東京証券取引所、2015年7月（重複上場のもの、およびこの時点でデータが取得できないものを除く）

海外上場ETF

　日本の投資家は海外市場に上場しているETFに直接アクセスすることもできる。適格機関投資家であれば、基本的に世界各国の取引所に上場しているETFを取引することが可能である。また、それ以外の日本の投資家も、その国内に投資信託法上の届出がなされていて、証券会社が取り扱っている場合であれば、個人投資家を含め売買をすることが可能になっている[2]。

---

[2] 米国、アジアおよび欧州の取引所に上場している400銘柄程度が日本国内での届出がされ、証券会社で取り扱われていると推測される。

補論 D

欧州のETF市場の概要

欧州のETF市場

　欧州のETF市場は2000年4月にドイツ証券取引所に最初の商品が上場されてから15年が経過した。資金流入は継続し、資産残高は過去最高を記録しているが、欧州のETF市場は、より高度に成熟していて先端的な米国のETF市場と比べて、いくつかの重要な障害に直面している。

　流動性の地理的なばらつきは欧州ETP市場の主たる障害となっている。さまざまな取引所や場所で行われる取引は、流動性を分散させてしまっている。ETFは複数の取引所において、時には各取引所において複数の通貨で上場することさえも可能である。それぞれの取引所が固有の清算機関（CCP：Central Counterparty）と証券保管振替機関（CSD：Central Securities Depository）を保有しているため、ETFがどこの市場に上場しているかによって別々の場所で決済しなければならない。取引後の過不足の処理のためにETFをある場所から別の場所へ移管させることは、オペレーションの非効率性の原因となっている可能性がある。これらの非効率性は決済サイクルのばらつきから、CSD間の連携の欠如やその他の潜在的な長期間の決済の遅れまで、多岐にわたっている。ユーロクリア・バンクによる国際的なETFストラクチャーなどの解決策は、取引コストの削減と決済の集中化を目指したものである。ECBもまた新たな証券決済のプラットフォームについての活動をしている。

　欧州のETF市場における別の潜在的な障害は取引報告義務の欠如である。

このことは米国のETF市場と比較した場合に、透明性の欠如を浮き彫りにしている（訳者注：ようやく欧州においても2018年からETFのOTC取引についての報告義務が課されるようになる）。米国市場はETFがもたらした透明性の向上による恩恵を受けてきた。透明性の高い方法で取引を集中化させることができることは、投資家に統一化された価格を提供するために非常に有益である。

　欧州のETF市場には、市場の多様性や乗り越えなければいけない規制などの問題点はあるが、ETFの継続的な成長と成熟そしてそれを受け入れるための機会はたしかに存在している。

　投資家層もまた欧州と米国で多少異なっている。欧州では機関投資家がはるかに多く、個人投資家層はいくぶんまだ開拓されていない領域である。ETF保有者のうち個人投資家の割合は、米国では45％であるのに比べ、欧州では15％程度である[1]。いくつかの欧州の取引所がETFを提供しているが、その多くが非常に限られた選択肢しか提供しておらず、さらに情報も限られている。ETFの提供者は個人向け金融商品販売制度改革（Retail Distribution Review）がETFに対する個人投資家の興味の拡大を促してくれることを期待している。そのゴールは、業界のプロフェッショナルなスタンダードを確立すること、個人投資家が利用可能な異なるタイプのサービスをよりわかりやすくすること、そして費用の透明性の確保である。継続した投資家教育と、一連のETFの情報へのアクセスと利用のしやすさは、資産の増大を引き起こし続けるだろう。

　最初の欧州におけるETFは、欧州株へのエクスポージャーを提供するiShares Stoxx Europe 50 Ucits ETFとiShares Euro stoxx 50 Ucits ETF[2]であり、2000年4月11日にドイツ証券取引所に上場された。

　2015年末時点で、2,443銘柄（ETFおよびETC/ETNを含む）の欧州籍ETP

1　"ETF Providers Eye Europe's Retail Market", FT.com, 9/7/2014.
2　出所：http://www.funds-europe.com/home/news/15535-15-years-since-the-first-etf-hit-europe

図表D−1　欧州籍ETP

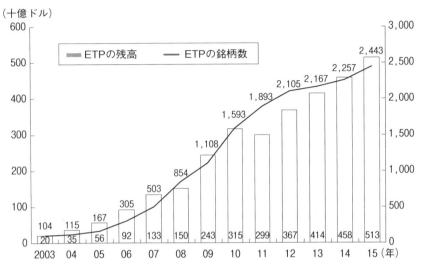

出所：BlackRock Landscape Report—January 2016, Morningstar Direct

が存在している。2003年から2013年の間に欧州籍ETPの純資産総額は200億ドルから513億ドルに増加し、その年平均成長率（CAGR）は約31％であった。その間の資産の伸びと銘柄数は図表D−1で確認することができる。

形態別の欧州ETP

　欧州のETPは成長を続けてはいるが、2014年9月末時点において、ETPは欧州におけるすべての投資ファンド資産のうちおよそ5.5％にすぎない。これは11％に迫る米国のそれと比べるとかなり低い。さらに、純資産総額は約5分の1ではあるものの、実は欧州のETPの銘柄数は米国よりも多い。重複上場を求める各国の取引所の数が多いこと、およびファンドが複数のシェアクラスを発行できることが、米国と比べて非常に多い商品数の提供を促している。加えて、欧州の投資家が多様な通貨を用いて投資をすることがさらなる商品の細分化を引き起こしている。

　モーニングスター・ダイレクトによると、ETFは欧州のETPの主要な形

図表D-2　形態別欧州籍ETP

ETPの形態	ETPの銘柄数	純資産総額（十億ドル）
ETF	1,630	497
その他ETP（ETC、ETN）	813	16

出所：Morningstar Direct、2015年12月31日

図表D-3　資産クラス別欧州籍ETP

資産クラス	ETPの銘柄数	純資産総額（十億ドル）
株式	1,014	348
債券	303	118
コモディティ	351	30
その他	775	16

出所：Morningstar Direct、2015年12月31日

態で、2015年末時点において1,630銘柄、純資産総額は4,970億ドルとなっている。ETCとETNはETP市場全体の残高からみるとわずかであり、約160億ドルである（図表D-2）。

資産クラス別の欧州ETP

2015年末時点で欧州のETPの資産クラスのうち最も大きいのは株式であり、1,014銘柄のETFがあり、その残高は約3,480億ドルとなっている。債券とコモディティがそれぞれ資産クラスの残高で2位と3位である一方、アクティブ、ショート型、レバレッジ、キャッシュファンドなどのその他のカテゴリーは、銘柄数は775と多いものの残高はわずか約160億ドルと少ない。資産クラスごとの残高と銘柄数の詳細は図表D-3で確認することができる。

上場国別の欧州ETP

2015年末時点においては、ドイツが最も上場ETP数が多く、シェアクラスを含めて3,057銘柄が上場されている。

発行体別の欧州ETP

欧州における(残高という意味で)最大のETPの発行体はブラックロックのiシェアーズであり、2015年末で275銘柄のETPで約2,330億ドルの残高を有する。ブラックロックが2015年末では約47%の市場シェアをもっており、残りを約45のその他の競合他社が分け合っている。多くの利用可能な商品は同じような時価総額加重インデックスを対象とした指数連動型のものである。図表D-4と図表D-5はそれぞれ欧州の2015年末時点の上場国別の銘柄数および発行体別の純資産総額を示している。

欧州のスマートベータETP

スマートベータETPはファクターまたはファンダメンタルによる加重戦略を採用することによって時価総額加重ETPの魅力的な代替となってきた。2015年末で、欧州には235のスマートベータETPがあり、残高は約450億ドル、欧州全体のETP残高の約8.8%を占める。図表D-6に詳細を示している。

図表D-4　上場国別欧州籍ETP

国	上場銘柄数(シェアクラス別)
ドイツ	3,057
英国	2,873
スイス	1,280
イタリア	1,008
フランス	481
オランダ	169
ノルウェー	109
スペイン	70
デンマーク	46
ルクセンブルク	45

出所：Morningstar Direct、2015年12月31日

図表D-5　欧州籍ETPの発行体と銘柄数

ETP発行体	ETP銘柄数	純資産総額（十億ドル）
iシェアーズ	275	233
db X-トラッカーズ	233	61
リクソー	241	52
UBS	131	27
アムンディ	99	22
ソース	84	19
バンガード	17	19
ステート・ストリート	79	13
ETFセキュリティーズ	359	12
デカ	47	8

出所：ETF GI、2015年12月31日

図表D-6　欧州のスマートベータETP

スマートベータETP	ETP銘柄数	純資産総額（十億ドル）
スマートベータ以外	2,208	467
スマートベータ	235	45

出所：Morningstar Direct、2015年12月31日

著者紹介

　デビッド・J・アブナーは2008年以来、ウィズダムツリー・アセット・マネジメントのシニア・マネージメント・チームに在籍し、同社が5本の指に入るETF運用会社に成長するまで、多方面において貢献してきた。2016年までキャピタル・マーケット・グループの責任者を務める。キャピタル・マーケット・グループはウィズダムツリーETFのすべてに関連をもっており、その範囲は商品開発や顧客管理、商品の最良執行技術や取引戦略に関する啓蒙活動にまで至る。直近においては、アブナーはウィズダムツリーの欧州市場への拡大・編成に専念している。

　2008年にウィズダムツリーに入社する前はBNPパリバにてマネージング・ディレクター兼米国のETFトレーディング責任者として2年間在籍。アブナーのキャリアは1992年にベア・スターンズに入社したところから始まる。ベア・スターンズでは、クローズドエンドファンド・トレーディング・グループの管理者および日本の転換社債の裁定取引やアジア株式の取引を執行。2000年にETFトレーディングビジネスの立上げの任を受け、2006年に同社を退社するまで同ビジネスを率いた。

　ストーニーブルック大学（ロングアイランド）にて経済学の学士号、および経営学の修士号を取得。業界で著名な書であるThe ETF Handbook（Wiley, 2010）、およびVisual Guide to ETF（Bloomberg, 2013）の著者。20年の業界経験を活かし、上場投資信託の取引執行やポートフォリオマネジメントに関する技術に焦点を当てながら、ETF業界に関する情報をグローバルに発信している。また、トレーディングのアドバイザーとしても広く世界中のポートフォリオマネジャーから信頼されている。

　自宅では、妻と3人の子（ソフィー、サム、ルーシー）、ヤドカリ3匹、魚3匹と暮らす。日々、広くテクノロジーを取り入れる一方で、陽の光の下で最大限の時間を過ごすことを楽しんでいる。

訳者あとがき

　私がデビッド・アブナーと初めて会ったのは、毎年フロリダで開催されるETFのカンファレンスにおいてだった。それまでも何度か彼がセミナーで日本にきたときに講演を聞いたことがあったが、実際に話すのはこれが初めてだった。デビッドがカンファレンスの会場にいることはわかっていたが、広い会場内で、さまざまな人々が彼と話したがっていたため、彼を探し出すのは大変だった。そしてついに彼を見つけたのは、ある証券会社のブースにあった酸素バーで、彼はそこで鼻にチューブを指して酸素を吸っていた。その後、実際にいろいろと話してみると非常に気さくな人物で、「ETF Handbookの翻訳版を日本で出版したい」と申し出たところ、快く承諾してくれた。そして逆に「だったら、マサ、君が日本のETF市場の部分を書いてくれないか。ちょうど第2版を出すところなんだ」といわれてしまった。そして、翻訳の前にそちらの作業をすることになってしまった。

　デビッドは、ETF業界で知らない人はいないといってもいいほどの有名人であり、インプライド流動性のアイデアの生みの親でもある。ETFの流動性についての伝道師として、この業界に長年貢献してきている。

　ETFにかかわる者として、私はインプライド流動性のアイデアに感銘を受け、このアイデアを詳しく解説している本をいつか日本の投資家と関係者のために出版したほうがよいと常々思っていた。そんな折、実際に翻訳版の手伝いをする機会に恵まれたのは幸いであった。しかし、想定外なことに、なかなか翻訳作業を任せられる人物が見つからず、結局そのほとんどを自分でやることになってしまった。

　本書のなかにもあるが、この本は変化についての本である。ETFがもたらした資産運用とその業界に対するインパクトは、日が経つにつれて大きなものになっており、それと同時に、投資家がよりETFのことを詳しく知りたいというニーズは高まっている。ETFは簡単に低コストで投資ができるツールであるという表現は間違っていないが、ETFの実際の仕組みを理解

するためには相応の努力が必要である。しかし、ETFの仕組みや取引、流動性供給のメカニズム、市場での価格形成などを詳しく解説した書籍は日本にはいままで存在せず、書店にあるETFの本もそのほとんどが、ETFがいかに簡単に投資のできるものであるかを述べたものばかりであった。

　本書はそのなかでは異色のものであり、ETFの業界関係者、指定参加者、マーケットメイカー、証券会社、運用会社、金融商品仲介業者からファイナンシャル・プランナーまで、いわゆるプロフェッショナルにこそ読んでもらいたい本である。また、ETFのことを本当に理解したい個人投資家にとっても有益なものであろう。ETFの大半の投資家はETFの背後にある仕組みの詳細まで理解する必要はないだろうが、一度そこを知りたいと思ってしまうとなかなかそれを自分で調べ上げることはむずかしく、このような本が日本語であれば、どれだけ助かったかと私自身の個人的な経験からも思うところがあった。このような本を提供できることを非常に嬉しく思っている。

　本書の内容は、米国のETFを中心に論じられているため、制度や税の部分については直接日本にあてはまるものでは必ずしもない。しかし、ETFの仕組みや概念の大半は普遍的なものである。ただ、翻訳作業に時間がかかってしまったため、日本語版の出版時においては、ETF業界は本書の内容からさらに先に進んでしまっているだろう。また、業界で使われている一般的な用語を除くことなく、一方でわかりやすく翻訳することを心がけたが、専門的な内容も多分に含まれるために読みづらい部分もあるかもしれない。これらはすべて訳者の責任である。

　本書の翻訳作業は、デビッド本人はもちろん、翻訳作業に協力をしてくれた友人のY.T、ウィズダムツリー・ジャパンの同僚の方々、訳者の家族の温かいサポートがなければ実現しなかっただろう。そして、遅々として進まない翻訳作業に最後までお付き合いいただいた金融財政事情研究会の堀内駿氏には本当にお世話になった。この場を借りて厚く御礼を申し上げたい。

渡邊　雅史

【訳者プロフィール】

渡邊　雅史（わたなべ　まさふみ）

ウィズダムツリー・ジャパン株式会社　ETFストラテジスト
アクセンチュアにて金融機関向けコンサルティング業務に携わった後、バークレイズ・グローバル・インベスターズ（現ブラックロック・ジャパン）にポートフォリオマネジャーとして入社。その後、ETF部門のストラテジストを務める。金融ベンチャー企業に参画した後、2016年より現職。ETFとETF市場の分析や、機関投資家および個人投資家に対するETFを用いた運用戦略の立案・提案業務などに幅広く携わっている。慶應義塾大学総合政策学部卒、早稲田大学大学院ファイナンス修士（MBA）。著書に『計量アクティブ運用のすべて』『ロボアドバイザーの資産運用革命』（ともに共著、金融財政事情研究会）。

するためには相応の努力が必要である。しかし、ETFの仕組みや取引、流動性供給のメカニズム、市場での価格形成などを詳しく解説した書籍は日本にはいままで存在せず、書店にあるETFの本もそのほとんどが、ETFがいかに簡単に投資のできるものであるかを述べたものばかりであった。

　本書はそのなかでは異色のものであり、ETFの業界関係者、指定参加者、マーケットメイカー、証券会社、運用会社、金融商品仲介業者からファイナンシャル・プランナーまで、いわゆるプロフェッショナルにこそ読んでもらいたい本である。また、ETFのことを本当に理解したい個人投資家にとっても有益なものであろう。ETFの大半の投資家はETFの背後にある仕組みの詳細まで理解する必要はないだろうが、一度そこを知りたいと思ってしまうとなかなかそれを自分で調べ上げることはむずかしく、このような本が日本語であれば、どれだけ助かったかと私自身の個人的な経験からも思うところがあった。このような本を提供できることを非常に嬉しく思っている。

　本書の内容は、米国のETFを中心に論じられているため、制度や税の部分については直接日本にあてはまるものでは必ずしもない。しかし、ETFの仕組みや概念の大半は普遍的なものである。ただ、翻訳作業に時間がかかってしまったため、日本語版の出版時においては、ETF業界は本書の内容からさらに先に進んでしまっているだろう。また、業界で使われている一般的な用語を除くことなく、一方でわかりやすく翻訳することを心がけたが、専門的な内容も多分に含まれるために読みづらい部分もあるかもしれない。これらはすべて訳者の責任である。

　本書の翻訳作業は、デビッド本人はもちろん、翻訳作業に協力をしてくれた友人のY.T、ウィズダムツリー・ジャパンの同僚の方々、訳者の家族の温かいサポートがなければ実現しなかっただろう。そして、遅々として進まない翻訳作業に最後までお付き合いいただいた金融財政事情研究会の堀内駿氏には本当にお世話になった。この場を借りて厚く御礼を申し上げたい。

渡邊　雅史

【訳者プロフィール】

渡邊　雅史（わたなべ　まさふみ）

ウィズダムツリー・ジャパン株式会社　ETFストラテジスト

アクセンチュアにて金融機関向けコンサルティング業務に携わった後、バークレイズ・グローバル・インベスターズ（現ブラックロック・ジャパン）にポートフォリオマネジャーとして入社。その後、ETF部門のストラテジストを務める。金融ベンチャー企業に参画した後、2016年より現職。ETFとETF市場の分析や、機関投資家および個人投資家に対するETFを用いた運用戦略の立案・提案業務などに幅広く携わっている。慶應義塾大学総合政策学部卒、早稲田大学大学院ファイナンス修士（MBA）。著書に『計量アクティブ運用のすべて』『ロボアドバイザーの資産運用革命』（ともに共著、金融財政事情研究会）。

事項索引

【数字】

1933年証券法 ················· 388
1934年証券取引法 ·············· 388
1940年投資アドバイザー法 ········ 388
1940年投資会社法（1940Act）
　·················· 347, 385, 388
60/40処理 ····················· 402

【英字】

BATS ·············· 71, 89, 270, 391

Claymore Raymond James SB-1
　Fund（RYJ） ·················· 23
CUファクター ·················· 139

DEM ·························· 147
Diamonds Trsut（DIA） ·········· 396

EEM ·························· 147
Eendragt Maakt Magt ············ 13
eNAV ························· 290
ETFアドバイザーズ ············· 330
ETF取引のための10のキーポイント
　···························· 207
ETFのインキュベーション ········ 76
ETFの償還 ····················· 90
ETFの登場 ····················· 30
ETFの売買高 ·················· 107
ETFバスケットインプライド流動性
　スケール（EBILS：ETF Basket
　Implied Liquidity Scale） ···· 134, 160

First Index Investment Trust ······ 25

IDTS（インプライド日次取引可能口数）················ 143
iPath MSCI India ETN（INP）···· 406
iShares Euro stoxx 50 Ucits ETF
　··························· 432
iShares Stoxx Europe 50 Ucits
　ETF ······················· 432
IVV ························· 163
IWM ························· 146
iシェアーズ ·········· 23, 330, 396, 435

Lehman Opta ·················· 405
LQD ························· 334
LRP（流動性補充ポイント）······ 269

NAV ························· 356
NAVクロス取引 ················ 196
Notice 2008-2 ·················· 402
NYSE ················ 250, 251, 260, 391
NYSE Arca ··············· 89, 268

QQQ ························· 146

Reserve Fund ··················· 25

S&P Mid-Cap Depository Receipt
　（MDY） ···················· 396
Schedule K-1 ·················· 402
SEC取引市場部 ················ 391
SPDR Gold Trust ·············· 379
SPDR S&P Oil and Gas Exploration
　and Production ETF ········· 374
SPDR S&P 500 ETF Trust（SPY）
　···· 30, 36, 146, 158, 163, 334, 385, 396

事項索引　441

Vanguard 500 Index Fund（VOO）
······························ 25, 163
VWO ································· 147

WisdomTree Dividend ex-Financials ETF ····························· 411

XLF ································· 120

【ア行】

アクティブ······················ 339
アクティブ運用ETF ············· 49
アクティブ運用型················ 26
アップステアーズ··············· 212
アドバイザー・シェアーズ······· 49
アルゴリズム取引··············· 185

インサイドマーケット··········· 136
インターディーラーブローカー(IDB)
································· 230
インターミディアリー・デスク ···· 218
インディカティブ・バリュー（IV）
································· 256
インディカティブ最適ポートフォリオバリュー（IOPV）·········· 278, 296
インディカティブ純資産価額(iNAV)
································· 296
インデックスファンド············ 27
インデックス連動型··············· 26
インド証券取引委員会（SEBI）···· 406
インバース······················ 362
インバースETF ················· 371
インプライドNAV ·········· 200, 322
インプライド価格··············· 138
インプライドサイズ············· 138
インプライド日次取引可能金額
（IDTドル）················· 161

インプライド日次取引可能口数
（IDTS）················· 54, 148
インプライド流動性······· 141, 148, 415

エイドリアン・ヴァン・ケトウィッチ······························ 12
エージェンシー・クリエーション
································· 204
エジプト························· 408

欧州のETF市場················ 431
オープンエンドファンド·········· 25
オファー························· 136

【カ行】

海外構成銘柄のETF············ 305
外国為替レート（FX）··········· 304
貸株······························ 238
株式の売買高··················· 105
為替ヘッジ······················ 304
為替ヘッジ付ETF ·············· 307

機関投資家向けETFトレーディングデスク······················ 214
企業金融部······················ 389
金匠銀行家······················· 12

グランタートラスト············· 347
クリエーションユニット・サイズ
································· 285
クリエーションユニット（CU）
······················· 53, 138, 284
クレイモア・アドバイザーズ······ 23
クローズドエンドファンド（CEF）
··············· 14, 127, 288, 293, 317

原資産····························· 50

原資産取引価値（アンダーライニング・トレーディング・バリュー）……………………………… 296

交換プロセス………………………60
高頻度取引………………………241
高頻度取引業者…………………229
個人向け金融商品販売制度改革（Retail Distribution Review）……… 432
コモディティ……………… 362, 374
コモディティETP ………………… 374
コレクティブル…………………… 404
コンタンゴ………………………… 378

【サ行】

債券ETF ………………… 326, 331
指値注文（リミットオーダー）…… 180

シーダー……………………………79
シーディング………………………78
シード………………………………78
資金フロー………………………117
自己勘定の裁定取引デスク…… 221
指定参加者（AP）……… 64, 192, 287
シュワブ……………………………42
純資産価額（NAV）……… 282, 284
純資産総額（AUM）……………117
証券取引委員会（SEC）………… 388
証券保管振替機関（CSD：Central Securities Depository）………… 431
上場…………………………………33
上場コモディティ（ETC）………… 386
上場投資証券（ETN：Exchange-Traded Note）……………… 385, 396
上場投資商品（ETP：Exchange-traded product）……………… 383
上場投資信託（ETF：Exchange-traded fund）………………… 382, 384
上場投資ビークル(ETV：Exchange-traded vehicle)……………… 385
ショートクリエーション…………238
ジョン・ボーグル……………………25
シンセティックNAV取引………… 197
信用リスク………………………… 405

推定NAV（eNAV）… 198, 300, 315, 317
推定キャッシュ………… 282, 287, 318
スタイルドリフト…………… 32, 284
スタブクオート………… 255, 268, 269
ストップ・リミット・オーダー…… 184
ストップ・ロス……………………184
ストップ・ロス・オーダー……… 184
スプレッド………………………… 199
スペシャリスト…………… 73, 212
スマート・オーダー・ルーティング…………………………………72
スマートベータ………… 343, 435
「スロー」モード………………… 263

税効率…………………… 37, 399
清算機関（CCP：Central Counterparty）………………… 431
設定／交換……………… 57, 192, 309
設定プロセス………………………59
セルフヘルプ…………… 263, 266
全国最良気配（National Best Bid and Offer）…………… 75, 201

総キャッシュ…………… 282, 287

【タ行】

代替可能性…………………………17
タックスロス・ハーベスティング……………………………………400

多様性……………………………………43

追加情報書（SAI）……………………391
通貨ETF…………………326, 346, 349
通貨ETN………………………………349
通貨ETP………………………………352
通貨グランタートラスト……………349

ディスカウント…………………………17
テーパータントラム…………………407
適格機関投資家………………………430
デュレーション・ヘッジETF……342

ドイツ証券取引所……………………431
東京証券取引所………………………424
統計的裁定取引………………………241
投資運用部（IM）……………………389
透明性……………………………………32
登録投資アドバイザー（RIA）……350
登録投資会社（RIC）………………347
トランスペアレント・アクティブ
　ETF…………………………………343
取引コスト分析(TCA：Transaction
　Cost Analysis)……………140, 209
取引市場部……………………………389
取引モデル……………………………135

【ナ行】

内国歳入庁（IRS）…………402, 403
ナスダック………72, 89, 266, 268, 391
成行注文（マーケットオーダー）
　………………………………178, 201

日次リセット…………………………370
日次レバレッジ………………………363
日中インディカティブ・バリュー(IIV)
　………………137, 278, 282, 296, 315

日本銀行………………………………424
日本のETF市場………………………424
ニューヨーク・ストックトラスト…13
ニューヨーク証券取引所（NYSE）
　Arca……………………………………70

【ハ行】

バークレイズ・グローバル・イン
　ベスターズ……………………330, 396
売買高加重平均価格（VWAP：
　Volume Weighted Average
　Price)……………………………63, 186
バックワーデーション………………378
発行市場…………………………57, 118
発行済口数……………………………282
パッシブ………………………………339
バンガード………………………25, 42, 51

ビッド…………………………………136
ビッド／アスク・スプレッド………144

フォワード契約………………………307
複利効果………………………………365
ブラックロック…………33, 42, 51, 435
フラッシュクラッシュ（FC）
　………………………………184, 248, 261
フラッシュクラッシュⅡ（FCⅡ）
　………………………………………248, 249
フリップ………………………………369
ブルース・ベント………………………25
ブルームバーグ…………283, 285, 411
プレミアム………………………………17
プレミアム・ディスカウント
　………………………………288, 290, 321

平均日次売買高(ADV)…107, 142, 146
米国金融業規制機構（FINRA）……272

米商品先物取引委員会（CFTC）…389
米投資信託協会………………………334

ボストン・パーソナル・プロパティ・
　トラスト………………………………13

【マ行】

マーケットメイカー…………………213
マーケットメイク……………………169
マサチューセッツ・インベスターズ・
　トラスト………………………………24
マトリックス・プライシング………344
マネーマーケットファンド……………25
マルチカレンシーETP………………351

未収配当………………………………282
ミューチュアルファンド………24, 127

免除規定（exemptive relief）…389, 390

【ヤ行】

ユニット・インベストメント・ト
　ラスト（UIT）………………………385

【ラ行】

リードマーケットメイカー（LMM）
　………………………71, 73, 104, 175, 226

リーマン・ブラザーズ………………405
リスク価格取引………………188, 204
リミット・アップ／リミット・ダ
　ウン（LULD）………………170, 251
流通市場…………………………57, 118
流動性アグリゲーター………………230
流動性供給者（LP）…………104, 213

ルール48………………………………250
ルール80C……………………………251
ルールベース・アクティブ…………342

レバレッジ……………………………362
レバレッジETF………………………362

ロール…………………………………378
ロンドン銀行間取引レート（LIBOR）
　…………………………………………344

【ワ行】

ワールド・エクイティ・ベンチマー
　ク・シェアーズ（WEBS）…………23

ETFハンドブック
──プロフェッショナルが理解すべき最先端投資ツールのすべて

2018年3月26日　第1刷発行

著　者　デビッド・J・アブナー
訳　者　渡邊　雅史
発行者　小　田　　徹
印刷所　株式会社太平印刷社

〒160-8520　東京都新宿区南元町19
発　行　所　一般社団法人　金融財政事情研究会
企画・制作・販売　株式会社きんざい
出版部　TEL 03(3355)2251　FAX 03(3357)7416
販売受付　TEL 03(3358)2891　FAX 03(3358)0037
URL http://www.kinzai.jp/

・本書の内容の一部あるいは全部を無断で複写・複製・転訳載すること、および磁気または光記録媒体、コンピュータネットワーク上等へ入力することは、法律で認められた場合を除き、著作者および出版社の権利の侵害となります。
・落丁・乱丁本はお取替えいたします。定価はカバーに表示してあります。

ISBN978-4-322-13054-6